韩山师范学院老校友口述历史系列

韩师情 学子心

韩山师范学院老校友口述历史 II

韩山师范学院图书馆 编

陈俊华　李伟雄　刘秋梅
高晓军　陈丹琪　刘心继

编著

暨南大学出版社
JINAN UNIVERSITY PRESS
中国·广州

图书在版编目（CIP）数据

韩师情　学子心：韩山师范学院老校友口述历史．Ⅱ/陈俊华，李伟雄，刘
秋梅，高晓军，陈丹琪，刘心继编著．—广州：暨南大学出版社，2021.12
（韩山师范学院老校友口述历史系列）
ISBN 978 - 7 - 5668 - 3291 - 7

Ⅰ．①韩…　Ⅱ．①陈…②李…③刘…④高…⑤陈…⑥刘…　Ⅲ．①韩山师范
学院—校史　Ⅳ．①G659.286.53

中国版本图书馆 CIP 数据核字（2021）第 242450 号

韩师情　学子心——韩山师范学院老校友口述历史（Ⅱ）
HANSHI QING XUEZI XIN——HANSHAN SHIFAN XUEYUAN LAOXIAOYOU
KOUSHU LISHI（Ⅱ）
编著者：陈俊华　李伟雄　刘秋梅　高晓军　陈丹琪　刘心继

出 版 人：张晋升
策划编辑：武艳飞
责任编辑：刘　蓓
责任校对：孙劭贤　苏　洁　黄亦秋　陈皓琳
责任印制：周一丹　郑玉婷

出版发行：暨南大学出版社（510630）
电　　话：总编室（8620）85221601
　　　　　营销部（8620）85225284　85228291　85228292　85226712
传　　真：（8620）85221583（办公室）　85223774（营销部）
网　　址：http://www.jnupress.com
排　　版：广州市天河星辰文化发展部照排中心
印　　刷：深圳市新联美术印刷有限公司
开　　本：787mm×1092mm　1/16
印　　张：23.5
字　　数：442 千
版　　次：2021 年 12 月第 1 版
印　　次：2021 年 12 月第 1 次
定　　价：80.00 元

序

三年多前，我从广州来到韩山师范学院（简称韩师）工作，既是奉命而来，也是为了回归我的学术生命所系之潮汕方言与文化研究，还因为这所办学历史悠久、杰出校友众多的百年学府对我之感召。

从宋代韩山书院到 1903 年改为我国近代教育史上第一批、广东省第一所师范学校——"潮惠嘉师范学堂"，韩师经历了从初级师范、中等师范，到高等专科师范、本科师范的 110 年发展历程，为粤东地区的基础教育与文化建设做出了广东省其他高校都无法相比的贡献。110 年间，韩师为社会培养了70 000 名师范毕业生。在粤东的汕头、潮州、揭阳等几个市的中小学，几乎找不到一所学校是没有韩师校友的，担任校长、主任，乃至教育局局长的校友也为数不少。有老校友说："快解放的时候，汕头那些小学校长都是韩师出来的，要列举的话就太多太多了。饶平也一样，有的名校，从校长到教员全部都是韩师人。"在现在的潮汕地区，也还是这样。一代又一代的韩师校友们，在朴素的三尺讲台上默默无闻、无怨无悔地工作着，为粤东基础教育的发展奉献着自己平凡而伟大的人生。当然，还有一些校友，在其他行业也干得很出色。

110 年的韩师，艰难办学，历经坎坷，但成就卓著。1939 年 5 月，韩师在潮州沦陷前夕举校迁往揭阳古沟乡尾寨，是抗日战争时期粤东沦陷区唯一一所没有停办过的省立中学。而在这艰难困顿中，韩师勇于承担教育大任，不断收容各地失学师生，师范部与中学部并存，成为抗战期间粤东地区规模最大的学校，在揭阳办学 7 年所培养的毕业生占解放前 40 多年韩师各类毕业生总数的 46%。韩师在揭阳古沟办学条件非常艰苦，据老校友回忆："我们高一的教室条件最差：房子四面已经砌好墙但没有屋顶，就搭了个顶棚；地面没有铺水泥，就把土夯实，钉上木桩，铺上木板。高的是桌子，低的是椅子。"

老校友回忆那时的许伟余老师："许老师那时年过半百，穿一袭长衫，戴一顶瓜皮帽子，拿着一根手杖，还留着胡须，胡子和头发都白了，清瘦的脸上呈现出一种慈祥庄重的神情。"

韩师对粤东地域文化的贡献，表现在对地方文化的研究传播、民风的教化等方面。从掌教韩山书院的丘逢甲，到民国初年的温廷敬、翁辉东两位校长，都是现当代粤东文化研究的先行者。宣统元年（1909 年），翁辉东与黄人雄合编出版了石印本《潮州乡土地理教科书》、《潮州乡土历史教科书》（海阳剑光编书社），这是粤东地区最早的乡土系列教材。韩师的教师中有被誉为"澄海三才子"之一的学者许伟余，有潮汕民间文学研究先驱林培庐、丘玉麟，有编写《潮州志·药用植物》《潮汕植物图集》的杨金书、翟肇庄伉俪，有"名满天下"的画家王显诏，有美术教育家黄家泽，有"南詹北夏，一代词宗"詹安泰，有"潮汕文化百科全书"蔡起贤，以及后来成为国际汉学泰斗的饶宗颐教授，等等。他们既是"传道授业解惑者"，又是粤东文化传承和传播的先驱。

　　韩师历史在老校友的口述中是如此生动、鲜活、具体，不同于档案文献里罗列的数字、人名和各类规章、报告。而两者相互比较、印证，也使我们对韩师的历史有一个更加全面的认识。

　　尽管由于年代久远，记忆可能不够准确，表述可能不够客观，但是如果没有老校友的述说，我们可能会遗漏一些史实。同一时期的亲历者，不同的身份会有不同的经历和感悟，从不同角度和立场发出不同的声音，这给我们提供了多角度观察韩师历史的机会，扩大了我们研究校史的视野，有着其独特的史料价值和学术价值。

　　因而，为了丰富韩师百年发展历程中的历史细节，补充校史资料的不足，更好地记录老校友们所亲历、亲见的韩师故事以及其自身的奋斗经历，学校在两年前启动了老校友口述历史项目。校友口述历史工作的目的首先是存史，是对老校友记忆中的韩师历史进行抢救性的挖掘，这些记忆在档案文献不足的情况下弥足珍贵。项目负责人陈俊华老师在学院校友办的协助下，在诸多同学、校友的帮助下，终于在校庆前夕完成了这个项目，为韩师诞辰110周年献上了一份厚礼。当然，有着110周年办学历史的韩师本身就是一本厚重的史书，如果说每一位校友都是其中的一页，那么这本口述历史说出来的，还不足七万分之二十。因为校友不仅指曾在这里求学的学生，还包括曾在这里工作过的老师，学校的历史是由老师与学生共同创造的。希望有更多的校友继续"说下去"，把韩师校史编写、研究得更加完善。

　　是为序。

林伦伦
癸巳年龙舟竞渡声中
写于110周年校庆的韩师

目　录

李咏雪

　　1917 年 12 月出生于广东省揭东县塔岗村。1925—1937 年，先后在广州旅汕女校、私立坤纲女校、汕头市立女中就读。1939—1940 年，在揭阳渔湖京冈村培英小学任教。1940 年秋，进入位于揭阳古沟的广东省立韩山师范学校高中师范科学习。1942 年毕业后，受聘为韩师图书馆管理员。1946—1952 年，先后在普宁兴文中学、普宁一中、普宁南光中学、汕头私立晨星女中、私立若瑟中学任教。1952 年成为汕头市第二中学①教师，1970—1979 年曾下乡务农，1979 年退休。李咏雪兢兢业业，桃李满天下。

　　其爱人罗舜祯先生，1910 年出生于广东丰顺汤南镇新楼乡。1929 年秋进入广东省立第二师范学校（韩师前身）乡村师范科学习，并于 1931 年夏毕业。1931—1950 年先后在潮阳成田中民小学、潮安三小、丰顺一中、普宁一中、丰顺三中、汕头一中、普宁南光中学、汕头私立晨星女中等校任体育教员、体育组长或体育主任，1950 年 9 月—1984 年先后在潮安五中、揭阳三中、汕头五中、汕头二中、汕头九中、汕头十二中等校任美术教员。1970—1979 年回乡务农，虽历经坎坷仍不改初衷。改革开放后曾赴广东省教育厅参加初中美术教材编写，为全省初中美术教师代表做示范教学。罗舜祯擅长国画，作品多次展出并在报刊发表，晚年是汕头市老年书画研究会会员、广东省老年书画协会会员、中国老年书画研究会创作员。

访谈时间：2013 年 11 月 17 日、22 日
访谈者：陈俊华　杨晓雯　严志成
访谈地点：汕头李咏雪校友家

---

　　①　1952 年，汕头私立晨星女中、私立若瑟中学由人民政府接管并改名为汕头市第二中学。

童年求学经历

我 1917 年 12 月出生在揭东县塔岗村，当时我母亲 18 岁。我 1 周岁的时候，由于她要继续读书，我被寄养在外祖父家。

我的外祖父孙丹崖①是辛亥革命的功臣，汕头和潮州就是我外祖父与张醁村②率同志们光复的。他是一位有学识的人，年轻的时候读书很努力。当时一些读书人吸食鸦片，认为这样会比较有精神。为了能更集中精神读书，外祖父也吸上了鸦片，结果他去考秀才时就耽误了。第二天早上要考，他前一晚吸了鸦片，到天亮还没醒，没能去参加考试。等到其他人考完出来讨论题目时，外祖父非常痛惜地说："真是糟糕，这些题目我都会，可惜啊。"从此他彻底戒掉了鸦片，也明白了鸦片是西方列强用来麻痹国人的。

后来外祖父去日本留学，遇到孙中山先生在东京组织兴中会③，他积极加入了。后来兴中会改为中国同盟会，他还被选为同盟会广东分会会长。1911年，孙中山先生派他到广州参加黄花岗起义，由于起义时间提前，他没能赶上。在赴广州的路上得知黄花岗起义失败后，他转道回潮汕继续参加革命。我曾亲耳听他说过："唉，我要是赶上黄花岗起义就好了，我愿意做第七十三个烈士！"外祖父对清政府很不满，我听过他大骂慈禧太后，他对进行革命、推翻清政府的态度很坚定。他回到潮汕家乡后，就联络当地同盟会会员，策划再起事。

不久，革命军在武昌起义，全国各地纷纷响应。汕头革命党人成立了以张醁村为司令、外祖父为副司令的革命军。革命军收缴了清政府驻汕头的巡防营的武装，占领了电信、银行、盐运、交通运输等部门，控制了潮汕铁路，光复了汕头和潮州府城。但后来袁世凯称帝，革命军被迫解散。外祖父得知孙中山在上海，曾赴上海追随孙中山。他对孙中山先生很有感情，因病去世前嘴里还在念着："孙先生，慢走，孙先生，慢走……"

再后来，陈炯明叛变，外祖父愤而辞职，开始了他在潮州金山中学和潮

①　孙丹崖（1871—1943），广东揭阳渔湖京冈村人。早年赴日本东京弘文学院留学，结识孙中山、黄兴等人，加入中国同盟会，任中国同盟会广东分会会长。1911 年底，与张醁村等一起带领革命党人在潮汕地区起义，先后光复汕头和潮州。1915 年底袁世凯称帝，1922 年陈炯明叛变，遂弃武从文，先后在金山中学、溪东中学任教，并创办揭阳中山中学。

②　张醁村（1886—1976），字杏芬，广东兴宁永和大成村人。1905 年考入广东陆军中学堂，在此期间加入同盟会，先后参加黄花岗起义等，光复潮汕。1945 年抗战胜利后投入中国共产党领导的民主运动。

③　兴中会是中国国民党最早的前身，是孙中山先生于 1894 年 11 月 24 日在美国檀香山创建的中国近代第一个民主革命团体。1895 年 11 月孙中山东渡日本，创立兴中会横滨分会。1905 年，兴中会与华兴会、光复会等革命团体合组中国同盟会。

阳溪东中学的教书生涯。

最初外祖父在潮州金山中学任教，然后在潮阳溪东中学任教，最后回到揭阳。我被寄养在外祖父家时，他正在金山中学教书。当时在乡下，像我这样的女孩本来是没有机会读书的，而是很小就开始学抽纱、绣花赚钱帮助家庭，等到长大就出嫁。但外祖父很开明，他在我很小时就教我认字，等我七八岁时，就送我到京冈私塾读书。私塾就设在祖祠里。那里是男生读书的地方，只有我一个女生，我也不觉得害怕。但是有一天，轮到我做值日生，看见老师来了，我便举起铜铃，想将它举到头上，用力一摇以表示上课。谁知铜铃很大很重，我没拿稳，它脱手而出滚到很远的地上，惹得全班男生都哄笑起来："你连摇个铃都不会啊。"我羞得无地自容。第二天，我不敢去上课，带着书本在溪边闲逛，挨到放学时间才回外祖父家。晚上有乡人向外祖父揭发我逃学，他笑了笑，并没有责备我。我很不好意思，隔天又继续去上学了。

我在私塾读到三年级时，母亲带着弟妹在汕头定居，要送我去广州旅汕女校读书。我哭着与外祖父、外祖母告别，一个人到汕头与母亲会合，那时我才11岁。广州旅汕女校还是很不错的，在其他学校还没有课间操的时候，那里就已经有课间操了。那时我的头发已经剪短，老师以为我是男生，就安排我和男生一起坐。女校一般情况下是不收男生的，只有姐弟这种情况才收。后来老师发现我是女生，才另外排了座位。学校里的老师和教导主任都是广州人，讲广州话。我虽然在学校学会了广州话，但后来没有机会讲，现在已经忘记了。

小学毕业后，我考上了汕头市立女子中学，当时女生要读书一般都读女中。由于母亲又去了广州，我成了内宿生。女中的校长和老师对我都很好。有一天他们在查宿舍时，发现我是班里的"财务"。因为同学们都把钱交给我管理，而我把钱放在宿舍的行李里。我的行李很少，衣服也很少，但把钱整理得很好。他们认为我是一个好学生，为表扬我，就把我的照片放大，下面写上我的事迹，挂在礼堂旁边的墙上。

初一上学期结束时，我按学校要求交了下一学期的学费。假期里，舅父带我去广州与母亲住了一段时间。我看到广州的执信中学挺不错，很想留在那里读书。但是由于已经交了汕头市立女中的学费，只得回到原来的学校继续就读。初三下学期，汕头市举行统一考试，我成绩优等，可以免试升高中。

我读高一那一年正是1937年，"七七"卢沟桥事变爆发，日军侵略中国，我们全家搬到揭阳外祖父的村子里。当时外祖父在家乡教年轻人学古文评注。他很疼爱我，让我跟着一起学。学了一年半左右，外祖父看到很多孩子因战乱没有书读，就创办了一所学校——培英小学，寓意为培养英才的学校，他担任校长。当时的学生不用交学费，但教材资料等要自己买，读完六年级就可以去读初中。我母亲问外祖父：咏雪可不可以在学校任教？那时我已经读到了高一，又学了古文，外祖父因此同意了，但是工资只能领一半。于是我就在培英小学当上了老师。这也说明外祖父公私分明，对家人则更加严格。

在韩师的日子

我在培英小学任教到1940年，然后就去韩山师范学校继续读书了。当时韩师为躲避日军，已经从潮州县城搬到揭阳古沟村。我去韩师报名的时候本来想读普通高中，读完可以考大学。但是学校老师说："你在汕头市立女中读了高一，女中是师范性质的，所以你要继续读师范。"那个时候是抗战期间，能够在韩师读书已经很幸福了，所以什么都不讲究，更不会提什么要求，我就读师范了。

抗战的时候学校少，所以读师范的人很少，我们全班只有11人[①]，我还有一张当年全班同学与吴老师的合影，而读普通高中的一个班就有五六十人。我入学时直接读二年级，读到1942年毕业。

1941年4月27日，全班同学与吴老师合影，前排左二为李咏雪（李咏雪提供）

我从外祖父家出发走三里路，就可以坐船到揭阳县城，从揭阳县城到古沟上学还有三十里路，我都是一个人走路前往。虽然还可以坐船到离古沟不远的地方，但是我不坐船，因为那时年轻，不管走多久都不觉得辛苦，反而

---

　　① 据韩档444卷28页，师范科该班入学时有14名学生，分别为：王淑爱、王续盛、李素丽、林柔娟、许典娴、陈好璧、陈盛松、邓梦雄、蔡宗和、蔡德禧、罗英和、李天云、刘长学、李咏雪，据韩档451卷114 - 115页，该班毕业时学生共10名，少了王续盛、蔡德禧、罗英和、李天云。

很享受。抗战才辛苦！当然，我只有寒暑假的时候才能回家。

　　韩师搬去古沟的时候，那边的房子还没有完全建好，都是空的，还有大操场，所以学校搬去的时候刚好利用上了。老师的宿舍并不集中，我记得图书馆在中间，左边的房子有老师住，右边的房子也有老师住；教生物的翟肇庄老师[①]就住在那里。去年，翟老师 105 岁的时候，我还去潮安看过她。

　　学校那一排的宿舍，第一座就是女生宿舍。旧式的建筑，进去有 4 个大房间，前厅有 2 个房间，中间有口天井，天井旁是农村当厨房用的 2 个小房间，厨房里也住了一位同学，后面的大厅是大房。我们用水很方便，天井那边就有一口井，所以洗衣服就在旁边自己洗。

学生时期的李咏雪（李咏雪提供）

我们同班 5 个女同学住在一起，有位管理宿舍的女老师也和我们一起住，她的爱人也在韩师工作。

　　学校的厨房和饭厅就在河边，饭堂的菜式还不错，饭则是我们自己用饭盒洗米然后放上去炊的。我们师范生不仅不用交餐费，还发大米。那时正值荒年，古沟的农民就会跟我们买，用公价买了再去卖，我们也傻乎乎地把多余的米卖给他们。

　　学校旁边有一条河，我和同班女同学在河边拍过不少照片。

---

　　① 翟肇庄（1907—2012），广东潮州人。1921 年考入潮州金山中学，是金山中学招收的第一届女学生。1926 年任教城南小学，是该校历史上第一位女教师。1927 年赴日本，就读于东京东亚日语学校。1930 年秋考入北京中国大学生物学系。1934 年大学毕业，执教韩山师范学校生物科长达 30 年。1964 年调至潮州劳动大学任教至 1967 年退休。曾任潮安县、潮州市人大代表、政协委员，汕头市生物学会名誉理事长，潮州市环境科学学会顾问。

同班女同学在古沟（李咏雪提供）

　　每天晚上，我们在宿舍各自学习，集中自修。每天早晨，我们在操场集合，升旗、做早操，吃完早餐后，就去教室上课。我们师范班的教室在一个叫"侯厝围"的地方，要走一段路。教室不小，我们班上课人少，挺宽松的。我们要学物理、化学、国文等课程。在国文老师中，大家最佩服的是许伟余老师。虽然他没有教我们，但我和陈好壁同学喜欢到他办公室听他讲古文，我们都很尊敬他。许伟余老师的女儿许心影也在那里教书。林守谦老师教我们语文，王显诏老师①本来是教美术的，但他也教我们音乐。我印象很深的是他总是教我们唱《我们在太行山上》这首歌。我理解他，因为他是潮州人，家乡沦陷了，回不去了，就将情感寄托在歌中，希望把鬼子打退。

在韩师读书的时候，我的作文还不错，写了一篇文章叫作《喜雨》，题目是老师出的。因为我住在农村，对农民了解较深，所以写出来的文章就比较有感情。教作文的林守谦老师把这篇文章贴在图书馆进门的墙上，还写了评语。很多年后，我去揭阳，有一位高中老师是当年的学友，还记得这事，对我说："哎，你那时写了一篇文章《喜雨》在图书馆贴出来了。"

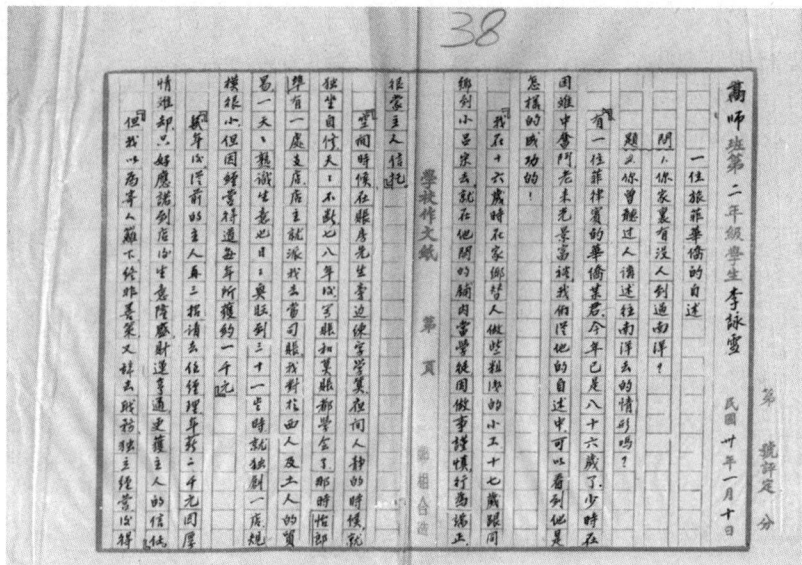

李咏雪作文《一位旅菲华侨的自述》，写于 1941 年 1 月 10 日（韩档 185 卷 56 页）

那时，韩师搭了一个舞台，我们排了一出抗战剧，剧名字不记得了，演员全部是女生。有一位女生演护士，正好我在汕头读书时的校服很像护士的服装，我就拿给她穿。因为我当时的头发本来就不长，所以就在剧里演男角。当天晚上要表演，我下午 4 点多悄悄让理发师把我的头发剪得再短一些，剪

---

① 王显诏（1902—1973），广东潮州人。1923 年在上海大学美术专科毕业后，在韩师任教 30 年。对美术、诗词、篆刻、书法、音乐、文物均有所研究，20 多岁就活跃于民国画坛，是具有全国影响力的画家，出版有《王显诏山水画册》。在《题王显诏先生法绘诗词集钞》中，收入海内名流柳亚子、林风眠等 78 家题词，可谓"名满天下"，其以自身的艺术修养陶冶学生，无疑也对潮汕绘画的艺术气质产生了潜移默化的影响。

成男式的。晚上表演时大家都感到奇怪：咏雪的头发怎么那么短？登台表演后，大家都觉得这出剧不错，这出剧还被推荐到揭阳县城去表演，不过县城表演的男角就不是我来演了。揭阳的学校也演了这出剧，但是韩师演得更好。

毕业的时候，我拿了一个本子，请老师给我题言或画画留念。老师们都很热情，写了好多赠言，画了不少画。可惜，这个本子后来放在家里的楼上不见了，再也没找到。

从1940年在韩师读书到现在已有70多年了。回想起来，那些日子过得很开心。韩师对我们师范生是很优待的，老师都很关心我们，同学之间也很友爱，生活很安定、很快乐，我感到很幸福。

1942年8月，我毕业回家后收到韩师寄来的聘书。因为我在学校是公认的好学生，才会被学校聘用。当时学校聘我去当训育员，但因为训育员要惩罚学生，我不喜欢，就把聘书寄了回去。后来学校又重新发来聘书，聘我为图书馆管理员。我觉得不错，就去了，之后和另外一位老师一起管理图书。当时的工作比较简单，如有学生来借书，就登记一下。那些书都是用很多大箱子分好类装着从潮州搬过来的，也有一些书放在上锁的箱子里。

李咏雪训导成绩登记表（1941—1942年），总评学行俱优（韩档459卷2页）

我的爱人是由韩师教化学的罗尧范老师①介绍的，回忆起来还很有趣。1943 年的一天，罗老师叫我去学校旁边的田里散步。他说："我想给你介绍对象。这个人叫罗舜祯，是我同乡，也是韩师毕业的。"我听了觉得还不错，就答应去见面。罗老师很开心地说："太好了，你是我介绍的第九个。"他很热心，很喜欢给人介绍对象。于是，在罗老师的安排下，我们到揭阳县城罗氏宗祠里见面。第一次去的时候，我跟着母亲一起，感觉非常不好意思。等到可以走了，我就飞快地走了出去，像逃跑一样。结婚后，我爱人曾跟我开玩笑："哎呀，你就算不要我，也不要走得那么快嘛。"

可恶的日本兵

抗战时期，那些日本兵很坏，有关他们到各个地方做了什么的消息，我真是不敢去听。我在韩师的同班同学林柔娟，就是被日本兵打死的。那时她已经毕业，在揭阳县城教书，②而日本鬼子说来就来，她就不幸遇到了。

日本兵在汕头做了什么，我没见过，但听说他们从汕头坐船到炮台后，还强奸了一位老太太。年轻的妇女听说日本兵进来了，或是跑掉或是藏了起来，因为日本兵到处找妇女来发泄。而这位老太太觉得自己年纪大了，应该不会有那样的危险，正好有事就出门了。谁知，她走在路上遇到一队日本兵，就被他们强奸了。那位老太太被弄到躺在地上不能动，一点力气都没有。后来不知道是家里人还是邻居，把她放到长椅上抬了回去。

还有那位特别好的给我介绍对象的罗老师，也是被日本兵打死的。他原是广州一间制糖厂的厂长，后来制糖厂被日机炸毁了，他才回来揭阳在韩师教书。1943 年秋，因罗氏宗族邀请，他去丰顺龙山中学当校长。第二年，揭阳已沦陷，他听说日本兵要来了，就及时疏散老师和同学，但他自己在往山上逃的过程中，被日军的机枪打死了，也有不少人跟他一样在那段路上遇难。我听说他当时把学校的钱藏在身上，在中山装外面还披了一件大衣，被打中

---

① 罗尧范（1910—1944），字建模，号楷人。揭阳榕城人，祖籍丰顺汤南。毕业于广东省勷勤大学（后并入中山大学）化学系。1930 年受聘于广东省建设厅兼任广州第三中学化学教员。著有《分析化学》一书。1936 年，受聘于番禺新造糖厂，主持该厂的生产技术工作。1939 年春，该厂遭日机轰炸，机器毁坏，职工伤亡，损失惨重，工厂关闭，他携家眷回故乡揭阳榕城，先后受聘于普宁一中、惠来葵中、潮州韩师及丰顺龙山中学。1939 年 10 月受聘于韩师，任化学教员，曾兼任事务主任。1941 年，小女出生，为纪念在韩师期间所得，取名舜韩。1943 年冬，经丰顺汤南罗氏宗族多次请邀，转任龙山中学校长。1944 年冬，日寇进犯丰顺汤坑，他马上组织师生疏散入山，自己同少数精干断后。他将学校的图书、仪器等物资分别藏于农民家中，然而在往山中撤退途中，不幸遭日军枪击牺牲。1946 年，根据抗日优抚条例，广东省教育厅厅长黄麟书亲笔题写《育才英烈》横匾以表彰他的功绩，汕头《原子能报》（现《汕头日报》）以《潮汕著名数理化教员、龙山中学校长殉难记》为题，加以报道。

② 据韩档 451 卷 114 页，林柔娟毕业后分配在揭阳县立简易师范附属小学。

时躺在那里无法动弹，但还没有断气。一些逃的人看见后就脱了他的大衣，拿了他身上的钱，连中山装也拿去了。他伤得很重，喊又喊不出来，知道学校公款被人拿去却无力阻止，就这样在那里叹气而终……

坎坷人生

我的爱人罗舜祯老师是一位画家，也是韩师毕业的，他毕业后先教体育，后来教美术，在教育岗位上勤勤恳恳，是学生们非常喜爱的一位老师。我们结婚后，曾一起在普宁一中、南光中学等好几所中学工作过。

1949 年初，我经朋友的介绍到汕头一所由法国天主教徒办的晨星女中任教。因为外祖父的乡里有一位叫孙波①的地下党员，他在抗战后期曾组织学生和一些年轻人参加读书会，宣传共产党。我那时虽然不是地下党，但是听多了自然对共产党就有了感情。得知要解放了，我非常高兴，不管三七二十一，也没有经过校长或其他人的同意，自己就到外面请了一个会跳舞的人来学校，在操场上教我那两个班的学生跳舞。后来解放军进城的时候，我就带着学生去欢迎解放军，自己也和学生一起很开心地跳起了舞。

当时我没经验，只是感到高兴，就那样做了。但是晨星女中比较保守，法国的修女对我的行为很不满。我本来是教语文的，但因为这事她们不让我教语文，改教手工。还好我在广州旅汕女

罗舜祯的乡村师范科毕业成绩表，其入学时间为 1929 年 9 月 1 日，学习科目有：党义、教育、国文、生理卫生、手工、西画、国画、音乐、体育、公民等，毕业时间为 1931 年 7 月 30 日（韩档 389 卷 215 页）

---

① 孙波（1922—2002），广东揭阳渔湖上巷村人。1938 年在揭阳一中读书时加入共产党。1942 年，中共南委遭到破坏，组织要求党员停止活动，"勤交友勤学习"，遂于该年秋入学韩师读高中。1944 年冬回到家乡成立京冈学友会，宣传革命思想。1949 年 8 月任地委青委书记兼青年团潮汕地工委书记。1955 年后在广州农业部门工作，1983 年任广州市农业局党委书记。

校念书时学过做纸花，就把这些教给学生。有些跟法国修女很亲密的老师，也总想收拾我，我觉得这样长时间下去就没办法教了。正好若瑟中学请我过去教书，我很高兴地去了，因为在那不会被欺负。同是天主教徒办的学校，若瑟中学是男校，晨星女中是女校，但后来若瑟中学也招收女生。1952 年 9 月，晨星女中和若瑟中学由人民政府接管，两校合并改名为汕头市第二中学，于是我就成了二中的老师。

但这个时候我爱人却遭了殃。他本在潮安第五中学教美术，有一次在潮州庵埠开会，他发表了一些意见："如果叫美国纸老虎，我们作战的时候就会轻视它，没有用全力；如果说它是真老虎的话，我们才会认真去对付。"这一番话被一位老师记了下来，说他同情美国、信仰美国，属于反革命言论。于是，他就被打成"反革命"，被发配去做苦工，到韩江扛木材，到兴宁去开矿，还被叫去牛田洋当牛拉犁，一干就是四五年。好在他以前是教体育的，身体比较好，经得起这个考验。到 1955 年的时候，潮州有关方面说他的这些话不是反革命言论，安排他去揭阳第三中学继续教书，一年后又调去汕头第五中学。

1957 年遇到反右运动，他先被打成右派，后来又说他不是右派。1961 年，他被调到汕头第九中学。"文革"期间，学校管政治的一个女主任为了显示自己比别人更进步，把他再次打成右派分子，让学生拿米袋把他罩住，用童军棍狠狠地打。他因此受了重伤。我们的两个孩子正在上山下乡，得知父亲被打伤了，就带治伤的药膏给他用，幸亏他身体底子好，这才保住了性命。

1970 年，九中的校领导说我爱人要下乡接受农民的教育，我们全家都要回到他的家乡丰顺去。去乡下的时候，我心里是轻松的，因为汕头当时很混乱，他常被批斗，在这一年我也受牵连成了一名临时工，所以下乡逃避也挺好。

回到乡下，自由地已经分完了，我们只好到很远的地方去耕种。我爱人很勤劳，每天很早就出去劳动，种上了黄豆。我还买了一只猪仔来养，每天煮米汤、菜，舀给它吃，它长得很快。我爱人种的黄豆临成熟时长得很茂盛、很大，但一天夜里却不知被谁全部偷走了。第二天，他去地里只看到剩下的枝条叶子，一粒黄豆都没留下。有亲戚说："太可惜了，他们肯定不知道你们的情况，才把你们的豆偷去，如果知道你们那么困难就不会偷你们的了。"

我们在回乡之前曾领了一些钱，包括工资和安家费，就在乡下花五百块钱买了一间房子，还要承担三个孩子的读书费用。后来钱花完了，黄豆也没有了，只好去跟亲戚借钱。这个亲戚在我们经济宽裕时曾向我们借过两三百块钱，但现在他连五块钱都不肯借。万般无奈之下，我只好将那头还未长大的猪送去屠宰。那猪对我很有感情，它走在路上不用拴绳子，走几步就回过头来看看我，还发出"哼哼"的声音跟我打招呼。到了屠宰场，要登旋转的楼梯上去，它是自己往上走的，我在下面站着看。它每走到转弯的地方看见我，就会探头"哼哼"几声跟我打招呼。我忍不住哭了，真的非常舍不得它。

一直到1979年邓小平主张落实政策时，我们才回到汕头。整整十年，我的三个孩子都是在农村接受教育的。二儿子书念得非常好，后来考上华南工学院建筑专业，当时全乡就他一个人考上了。小女儿是个很有志气的孩子，她看到家里经济十分困难，念到初中就自己退学了，到山上挑草、学习缝补衣服等技能减轻家庭负担。她年纪轻轻就有这样的吃苦精神，这让我感到欣慰。

二中校长陈绿漪

"文革"时，学校不少老师受到迫害。最可惜的是我们二中的陈绿漪副校长①，她也是韩师毕业的，解放前和丈夫一起被派往台湾从事地下党的工作。撤离的时候，她带着儿子历经千辛万苦回到老家。丈夫在台湾白色恐怖中牺牲成为革命烈士。她的儿子后来去东北工作，她则在我们学校任副校长。"文革"期间陈校长受到迫害，有一天天亮的时候被发现死在井里。我看见陈校长的遗体被放在操场边的教室里的一条长椅上。远在东北工作的儿子得知后很快就回来了，但学校里的造反派不让他过去看自己的母亲，叫他隔着操场远远望着。那时我实在是很痛心，人死了，孩子连看母亲最后一眼也不行，怎么能够这么做！后来，陈校长平反了，教育局还开了隆重的追悼会。

安享晚年

我从乡下回汕头后就办理了退休手续，以便照顾家庭，而我爱人还在坚持教书。他在落实政策后参加了很多美术教学工作，也曾被广东省教育厅召

---

① 据韩档390卷78页，陈绿漪1930—1931年曾在韩师乡村师范科读书。据陈仲豪校友回忆，她因参加革命活动，被迫转到上海读书。1934年参加中国共产党的外围组织——社联，同时在共青团江苏省机关工作。1935年被调往河南省委机关，因郑州地下党负责人叛变，陈绿漪等一批人被捕入狱。1936年在河南反省院出狱回乡，到普宁进步学校梅峰中学任教，与从事"青抗会"革命工作的林英杰同志结婚。1940年春，随林英杰转到地下党创办的南侨中学工作。不久，学校被国民党政府解散。林英杰到苏北参加新四军。陈绿漪因怀孕未能同行，她把家庭作为潮汕地下党秘密活动的联络站，做了许多革命工作。1946年2月，新四军奉华东局令，派林英杰几个同志潜入台湾从事地下活动。不久，党组织决定让陈绿漪赴台与丈夫在一起工作。1947年11月，因据点暴露，地下党组织通知陈绿漪迅速撤离。她不得已将幼儿送给台南乡下的农户，带着儿子辗转回到家乡揭西县东桥园，1948年被党组织安排到五经富道志中学教书。1950年7月，林英杰在台湾白色恐怖中牺牲。1957年9月5日，中央人民政府颁发林英杰烈士证明书和烈属通告书，上面盖着大印，还有毛泽东主席的签名，书上写着："林英杰同志在革命斗争中英勇牺牲，丰功伟绩，永垂不朽，其家属应当受社会上之尊敬。"

去参加初中美术教材的编写，为全省初中美术教师代表示范教学，对国画教学法进行总结并发表论文。他80多岁的时候，还在老干部书法班义务教绘画技术的课程。当时班上有一位学生就是曾经狠狠整过我们的人，对这名学生，他丝毫没有埋怨记恨，一样进行悉心辅导。这名学生画技进步很快，画作屡屡获奖，他非常感谢罗老师，每年来拜年，也为过去的事情内疚道歉。罗老师说，那都是特殊时代造成的，过去的事情不用再提了，我们都应该以发展的眼光面对新的生活。有空时，罗老师喜欢听潮乐、看潮剧，也关心国家大事。他95岁后，视力开始下降，我就天天读报纸给他听。

罗舜祯老师创作中

罗舜祯老师与李咏雪老师合影

我今年已经97岁，大家都叫我"老寿星"。有位老师问我，您怎么那么大年纪了还那么健康？我认为要注重养生，比如按摩。每天早上我差不多5点就醒了，然后自己进行全身按摩，从头按摩到脚，下床的时候就感到很舒服。我每天早上在小区门口坐公交车去汕头工人文化宫锻炼，10点回家，公交车司机也优待我，总把第一个位子留给我坐；下午，我就在家里看报、读书。

我自己都想不到能活到现在，我是八个兄弟姐妹里的第一胎。我母亲18岁生我时难产，我出生的时候不会哭，整个人皮肤都是黑的。幸亏接生婆很有经验，听说她用手抓住我的脚，拍打我的背，我把羊水吐出来了才会哭。大概3岁时，我在外婆家得了"惊疯"，病得很重，快不行了。农村有一种习惯，看见小孩子快不行了，就在地上铺张草席，把小孩放在草席上，等小孩断气后就包裹起来扔出去。我那时生命垂危，家里人已经准备扔掉我了。刚好乡下有户人家有可以医治这种病的药片，邻居来告诉外婆，她便跑去拿来让我吃下，我的病慢慢好了。可能命不该绝吧，从那以后我身体还算健康。

最后，对韩师将要当老师的年轻人，我想说的是：每年的教学要求都不同，所以要与时俱进。现在比较流行一种不太好的现象——家长送礼感谢老师，我觉得那是没必要的行为，因为教好学生是老师的职责所在，而学生考出好成绩才是对老师最好的回报。

访谈现场，左起李咏雪、杨晓雯、严志成（陈俊华摄）

陈呈祥

　　字炯文，1918 年生，广东揭西京溪园镇蛇头村人。1938 年在日新学校专修古文时投考广东省高炮营当炮手，参加抗日战争。在战斗中受伤，伤愈回梓复学。1939 年入南侨中学读初中，1940 年入揭阳师范插班读书，后转到韩山师范学校（古沟）读暑期班。1941 年毕业后回乡办学，任卫安乡文化股主任兼中心小学教师。1942 年考入黄埔军校，入读第 20 期骑兵科。1946 年毕业后，被分配入国民革命军第 20 军的骑兵连。解放后曾任潮州新桥路小学教师。1957 年，受地方保护主义事件牵连回乡接受管制劳动。1981 年落实政策后恢复 32 年教龄，办理退休。1986 年参加黄埔同学会。自编有诗文集《拾草集》。2017 年 3 月 10 日去世。

访谈时间：2014 年 11 月 7 日、2015 年 7 月 18 日

访谈者：刘秋梅　陈俊华

访谈地点：广州同和社区颐养中心、深圳龙岗区平湖

家族往事

我是揭西京溪园镇蛇头村人。当时村里没什么水源，村周边种了很多竹子。村民大都以卖竹子为生，到了农历尾数为一、四、七的日子，那边称为"对圩"，也就是市场开放，大家砍竹子拿到市场上卖，换猪肉、米、菜等食物。那时候村民们过着比较悠闲的生活，除了管理竹子，其余时间就是找柴火。当时我们那边大片大片都是山地，用来种番薯、甘蔗等农作物。在山脚处有山泉水的地方才有水田，田地相对少而且离得比较远，难管理，单靠种田为生是比较累的，大家一般把田租给邻近的人或者远房亲戚耕种。等到解放后，兴修水利，才逐渐开始种田。

我生于一个大家族中，父亲是做生意的，生了七个儿子，两个女儿，我排第五。大哥在揭阳开铺子，二哥在家种田，三哥在京溪园的市场做生意，四哥与六弟带人专门去河婆、陆河等地砍竹，再和几十人撑竹排到揭阳卖给做竹制品的人。我与七弟、妹妹还有大哥的儿子、儿媳就去读书。大哥的儿媳以前是我们家的童养媳。童养媳能一起读书，这在当时封建思想严重的旧社会，算是很难得的。她1950年去当兵，后来在潮州当卫生员。

我的家族在乡里算是最大的了，人多，田地多，竹地也多，相对来说比较富裕，但还是很勤俭的，家中常喝番薯粥。等到解放的时候，怕被说是封建大家庭，才分了家。

我大儿子5岁时，我的父亲去世了。我的母亲因高血压中风偏瘫16年，不会说话，常年需要人照料。刚好我们有七兄弟，就轮流照顾，每天由一个家庭照料她的饮食起居。老人家经常坐在大厅的一张躺椅上。那张躺椅是华侨亲戚从暹罗（今泰国）带回来的，可坐也可卧。当时家里小孩多，就在大厅里吊了十来个摇篮，用一根绳子连着，老人家躺在那里，用一只脚踏一下，这些摇篮就晃一下，这情景现在想起来都觉得很有趣。从我父亲这一辈算起来，现在家里有170多口人。我的大伯、细（小）叔后来都去"过番"①，我三叔家外出赚钱的人也比较多，他的小儿子现年82岁了，经常来看望我，大校级别。他是在1950年与我大哥家的儿媳一起去当兵的。当时他18岁，刚在揭阳读了高中，比较有文化，后来在部队当参谋长。他的姐姐以前也在部队当兵，1984年离休。

---

① 过番：到东南亚谋生。

投笔从戎

我小学在乡里读，寨子里的人到梅县请老师来教，学生只有十几二十人，类似于私塾性质。读书的机会是我自己争取的。我家兄弟姐妹比较多，父母又不识字，也不知读书重要性，就马马虎虎地过着。我三叔当时说，这孩子那么爱读书，就得让他读，如果没钱他来出。

小学毕业后，我在日新学校专修古文。当时一个班才十几人，请了五华一位叫陈雨春的老秀才来教书，他曾任广东军阀陈炯明的秘书。

20 岁那年，我和同学一同前往揭阳找我的兄长，没想揭阳当时刚遭遇日军飞机轰炸，满目疮痍，很多百姓被炸得四分五裂，手脚都断了，有的肢体挂在树上，有的横倒在路边，惨不忍睹！我看了十分悲愤，心想一定要参军，上前线杀敌，为这些死去的同胞报仇！

回家没多久，我的一位同乡陈和就来信说，政府要成立高射炮营，他成功入选了，我们都替他高兴。又过了一段时间，他二度来信，说已经晋升为排长了，而且还带来了一个好消息——高射炮营要增设一个连，因此要招收炮手，而且要求有一定文化程度。得知这个消息，我立刻跟三四个要好的同学一同前往兴宁报名。

在兴宁报名后，我们参加了作文测试，然后就接到录取通知，没想到真能如愿以偿。我被编排在广东省防空处高射炮营第 6 连，这让我十分高兴，心想：终于可以上阵杀敌，为同胞们报仇了！

在兴宁招收到的新兵，一共有 20 来人。我们被带往广州黄埔军校燕塘分校，在那里跟其他新兵会合，一同训练。可是才到达广州，就遭到日军飞机的轰炸，于是我们又前往广州沙河躲避，那里有个竹篷，大家就在简陋的竹篷里学习了 3 个月。

学习结束后，我幸运地被选为炮手，这在当时是件很光荣的事情。我们同村几个人，只有我被选上了。

一开始我以为我们要使用的是大炮，看到才知道原来是直径 4 厘米的高射炮。据营长说这些炮是在英国制造后运过来的，十分难得。我们连有两门炮，1 排、2 排各一门，3 排则是弹药排。一门炮得 12 个人分两组守着，除了炮手（发射手）外，还有 4 个人帮忙搬运。

1938 年，日军飞机频频来袭，每次警报一拉响，我们就要入阵地做好发射准备。由炮手用望远镜观察，测量飞机飞行速度、高度，瞄准飞机，一旦下令就发射炮弹。

但很多时候，我们瞄准后并没有发射。一是为了节省，因为炮弹也是从英国运过来的，数量有限；二是因为高射炮营是新成立的，大家都是新手。

我们营长曾留学英国，但班长则是从空军调过来的，对炮的使用还不是很熟悉，所以，我们常常把警报当训练，一有敌情大家都进入备战状态，在一次次备战中熟悉高射炮的操作。

虽然有英国制造的高射炮，可是相比日军的飞机轰炸，这样的军事装备是远远不足的。当时日军常每3架飞机排成一排，3排飞机共9架轮番来袭，我们的军队虽然在地面做好了准备，可还是难以抗衡。他们会突然变换高度，避开我们的攻击，然后再低空投掷炸弹，很多设备都被炸毁了。

为了保存实力，我们从广州撤退到翁源。当时广东省政府也已搬到曲江，很多重要物资都用铁路运输到后方。撤退到粤北的翁源县后，因地处战斗后方，我们有几个月没有发射高射炮。

几个月后，营长要与防空处联系，却不知防空处所在的黄处坳的具体位置，于是决定派人前去探路。粤北地区讲的是客家话，可是部队里很多人来自珠三角，讲的都是粤语，语言不通。这时班长告诉营长，我会讲客家话。于是营长让我去乡下找老百姓问路。

我在乡下遇到了一位姓钟的老伯，他得知我来自揭阳而且姓陈后，说我们是亲人，因为他祖籍也是揭阳的，而且田、陈、钟等几个姓多年前本是一家，于是很热情地给我指路。

不久，日军出动飞机轰炸翁源。在空防战中，我们的高射炮因为难以瞄准目标，起不了作用，结果我军损失严重。当时飞机投下的炸弹如雨般密集地落在我们四周，每枚炸弹落下时，都会在地上炸开一个大坑，砂石受到冲击向四周飞射。当时，一枚炸弹正好落在离我不远处，巨大的冲击力将一块大石头掀了起来。石头砸在我的右后腰上，使我动弹不得。战友将我送到距离最近的钟伯家，钟伯为我包扎伤口，用草药治了一个多月才治好。

我负责的那门炮，没了炮手就发挥不了作用，后来炮也在那场战斗中被炸毁了。更悲痛的是，我的一位战友在负责装弹时被击中，不幸牺牲了。原本大家都想着与敌人死拼到底，却发现在武器上落后对方太多，根本无法对等作战。我给上级打报告说要回家读书，得到允许后我就返回揭西老家了。

韩师求学

1939年我回到揭西后，就到华侨开办的位于揭阳石牛埔的南侨中学读书。南侨中学当时是共产党领导的，宣扬新思想，崇尚马列主义，夜里还给农民们上课。一年后，南侨中学被国民政府强行解散，我便插班到揭阳师范继续读书。读了一半，学校说我是插班生，不是本校正式学生，继续读下去也没有学历文凭，是无效的。而像我这种家庭，是没有机会重新读书的，所以我便转到位于古沟的韩山师范学校去读国民教育师资进修班，以便拿到有效证明去教书。

　　1941 年，我在韩师（古沟）读暑期班，正好 1 个月时间。韩师每年都办暑期班，有些地方的教师也过来进修。我们读韩师是不用学费的，政府有补贴。那次进修有上百个学生，我的同学有说潮州话的，有说普通话的，也有说广州话的。学校实行军事化管理，有军事教官，集会时军事教官会出现，戴着红布条的就是值星官。周日也不放假，要一起开大会，由校长、主任发言。开大会时我当队长。原本有一个姓张的同学当队长，他当时任小学教师，也过来集训，与我同班。但由于他来自单亲家庭，没有母亲，他的父亲让他回去找对象，他就离开了学校，于是我被选上了。后来我回京溪园教书，他还写信问我的情况，真是个有心人。当时还有一个揭阳师范的同学跟我一起去读韩师暑期班，叫张立藩，后来去了台湾，现在去世了。

　　我家离古沟大概有 20 公里路，所以我是住宿生。当时在古沟是十几个人住一间房子，床铺是双层的，我睡上铺，我和我的下铺同学相处得比较好，他是惠来人，我们经常一起活动。同学之间年龄差距不大，我们一起晚自修，晚自修也有固定的时间，会打铃。抗战时期，生活比较艰难，大家也都比较勤俭，我们都是在食堂吃饭，大部分时候都是喝粥，我一次能喝两大碗。

　　韩师在揭阳古沟那边的校区较大，是借用当地民居和祠堂作为教室和宿舍的。当时韩师的校长名气很大，老师们讲课用普通话，上课之前会自我介绍。在韩师读暑期班，上的课程现在都忘得差不多了，只记得好像是简易师范的课程。上课非常简单，我们没有课本，只有讲义。由于培训时间短，大部分时间以读书为主，没有什么课余活动，美术、音乐这些课基本没有上过。毕业时有毕业典礼，但似乎没有拍照

陈呈祥韩师附设国民教育师资进修班学员教学实习报告表，所学课程有国语、历史、地理、自然常识、公民、书法、珠算（韩档 454 卷）

留念。

我的证书是由五经富的一个人帮忙拿的，当时她要请我去当老师，顺便把证书带给我。但我想回到自己家乡办学校并教书，所以没有跟她去。我的家乡当时很落后，没有独立的学校，读书的人少，认识字的人也很少。当时揭阳县有老师知道我是韩师暑期班毕业的，就推荐了我，于是京溪园所在区政府便叫我回家乡筹办学校，让我任卫安乡文化股主任兼中心小学教师。

黄埔骑兵

1943 年，黄埔军校来揭阳招生。因为觉得留在家乡学校教书没什么前途，我又想赴前线抗日，就去报名了。黄埔军校在当时很有名，考军校的人很多，也有人考不上，我很幸运地考上了。当时要去四川成都的黄埔军校本部①，报纸上刊登了要出发的地点时间。我考上后整个人都很懵，不知该不该去。因为那时候我还没结婚，但已经确定了婚事。双方的父母都说结婚后再去。所以我在结婚后的第七天出发的，没想到一去便是好几年。

我入读的是第 20 期骑兵科。骑兵科最注重的就是马术，在战斗中跟马的配合很重要。所以我们的学习是从骑马的基础训练开始的，先是个人的马术基础训练，之后是战斗动作。个人掌握后还要整个班、整个排、整个连统一训练，之后才开始搭配实弹射击、野外演习等术科训练，目的就是希望我们在战斗中能做到人马一体。但当我们 1946 年从军校毕业时，日军已投降，没能正面与敌人交锋。毕业后，我被分配到国民革命军第 20 军的骑兵连，部队在山东。

和平解放

1948 年，我所在部队接获增援淮海战场的作战命令。当船将我们运抵南京时，淮海战役已接近尾声，我们便留守长江防线。1949 年我随军参加江防战役（渡江战役）。不久，芜湖解放，我便弃职回汕头，就任保安第二营第五连连长。当时我在南侨老同学的帮助下投诚起义，配合北山游击队的行动，在潮州和平解放中立了功，整编后调任汕头军分区干部轮训队教官。

我在南侨时的同学有很多是地下党员，常常宣扬马列主义，参加青抗会②，开办夜校宣传新思想。他们离开南侨后大都去当了老师，平日在各个学校教书，到了晚上便秘密集中到五华的山里开会，开展革命活动。但那时我

---

① 1935 年 10 月 1 日，国民党在成都设立黄埔军校成都分校。1937 年 8 月，黄埔军校本部从南京迁出，于 1938 年 11 月抵达成都，一直办到国民党败退大陆。

② 青抗会，即潮汕青年抗敌同志会，是中共潮汕地方组织领导下的抗日救亡团体，成立于 1937 年。

已经去黄埔军校了，没有参加这些组织和活动。我回到潮州后，这些老同学联系我，其中就有丘志坚①，我自然是支持解放的。

解放后，由于当时揭西县公安局局长曾长江也是我的南侨老同学，我就到公安局上班，在彩塘派出所当所长，后来又借用到潮安县公安局干了几天。但我更想当一名老师，所以就通过南侨老同学的介绍去了教育部门，到潮州新桥路小学当教师。

回乡管制

那时揭西已开始土改，我父亲被评为中农。他当时是竹贩子，经常砍竹子到揭阳卖，认识不少人。但因为在解放前夕，我父亲与我三叔建了一座有9间房的大宅子，还没全建好。有些群众就说，这家有这些房子，应该被评为地主，要没收。1952年揭西县土改复查，要把父亲划成地主，把三叔划成中农，房子将没收一半。父亲一直申诉家庭贫苦，没有什么收入，不是地主，不应该没收房子。于是我就请人帮忙，最后我家被划成富农。父亲说富农就富农，只要房子不被没收就行。

1957年，我在第二次反地方保护主义的运动中受到很大影响，离开了教师的岗位，回乡接受管制劳动。当时解放潮州的那些老干部，由于执行政策时不够严格，被认为执行地方保护主义，遭到撤职处理，下放到各地的农场劳改。其中有潮汕地区的专员曾广——他被下放到海南劳改，还有公安局局长曾长江、组织部部长陈权等也被下放。因为我与他们关系较好，所以也遭到调查，回到揭西种田，持续了近23年。这段时期我只能在家干农活，去哪里都要汇报，但过得还算可以。

落实政策

我1979年就"摘帽"了，但落实政策时却找不到我的档案。我的南侨老同学丘志坚将军和汪勺波将军都很关心我。1981年，丘志坚回家乡时帮忙找有关部门了解此事，后来潮州市相关部门派专人来到我们村委了解情况，让我第二天去潮州政策落实办公室填表格。表格内容很简单，我填完后就恢复

---

① 丘志坚，揭阳京溪竹尾沟村人。1925年生于泰国，1932年回揭阳老家读书。1939年进南侨中学初中部就读，1941年7月加入中国共产党。1942年秋，就读于省立韩山师范学校高中部。1945年3月加入潮汕人民抗日游击队韩江纵队。1948—1949年先后任潮汕支队（边纵二支队）第一团团长、边纵直属第五团团长兼政委。所在部队参加了解放潮汕的主要战斗，屡立战功。1949年11月任潮汕军分区独立一团团长。曾荣获中央军委颁发的三级解放勋章、独立功勋荣誉章。1984年7月离休，军级干部待遇。

了 32 年教龄。因为已达到退休年龄，政府便为我办理了退休手续，安排小儿子顶替我在学校的职位，还解决了我们一家户口迁移到潮州的问题。当时我每个月可以领 48 块退休金，现在有 2 000 多块。

2009 年 12 月 22 日赴泰国探亲途中寓羊城，陈呈祥（坐者中）探亲团与丘志坚（坐者右）、陈德明（坐者左）合影

我与妻子是韩师同学

我的妻子叫张世芳，她是揭阳霖磐人，在全家女孩中排第三。她的二哥张世本曾任海丰县县长。她的小姨小时候就去了泰国，常通过水客寄番批（侨批）过来，也寄牛奶、大米等生活物资到家乡。

我和妻子是在韩师相识的，都读暑期班。但当时我们不同班，她的堂弟和我是同班同学。她大嫂力主我们的亲事，总是陪着她来见我。我们成亲时是在揭西，后来她在揭阳教书。我去黄埔军校后，她就去河源教书。后来她随军和我在一起，1949 年还未解放时，我大儿子在武汉出生了，不久她就带着儿子先回到潮州。

我膝下有五个子女（四男一女），九个孙女和五个孙子。我的大儿子之前住在揭西，他读完中学便成家立业，在家干农活，养猪，种柑橘，其间曾去深圳打过工。1981 年我平反后，我的小儿子在潮州当老师，我和妻子就跟他住在潮州。2001 年，我们随大儿子回揭西住。

我教过的潮州新桥路小学的学生前几年还举行过聚会，请了我们几个老师，我和妻子都参加了。黄埔军校潮州同学会成立后，每年的日本投降纪念日，潮州市统战部就会组织这批黄埔军校的抗战老兵开会，集中慰问，发放礼物、安排旅游等。林盛传、丁有基、陈英波等这些潮州的黄埔军校校友都来参加了。一开始有 30 多人，现在大都去世了。2000 年，我曾去四川成都参加黄埔军校第 20 期的同学会。首次聚会有 500 多人，计划每 5 年举行一次，但到了第二次就没那么多人参加了。后来大多校友因年岁已高走不动，聚会也就取消了。

　　我妻子是 2009 年 8 月 1 日去世的，享年 90 岁。她这一生可分为三个阶段：前 30 年享受的是大小姐生活；中间 30 年则度过了相当艰苦的岁月；最后 30 年过上了平凡人家的生活。我们感情一直很好，结婚以来从没红过脸，无论发生什么都不离不弃。

　　我孙女婿在广州成立了同和社区颐养中心，去年我过生日时被接来广州住，这里医疗设施较好，也热闹，有很多老年活动。我现在的生活比较规律，7 点半吃早餐，11 点半吃中餐，下午 5 点半吃晚餐，晚上 9 点就睡觉，一觉睡到天亮。我很乐观，也不用操心家里的事。

陈呈祥和妻子张世芳合影（摄于 2000 年）

访谈现场

附录：

投笔从戎（五言）

日新读专修，国难急堪忧。

敌机狂轰炸，同胞血横流。

京海相继失，平津先后失。

匹夫安坐视，振臂报血仇。

投笔投戎去，广东高炮收。

戎装加身上，军旅乃开头。

当高射炮手（五绝）

入伍在燕唐，训练三月忙。

五连当炮手，阵地黄花岗。

转进翁源（五律）

一九三八秋，日寇侵惠州。

羊城累卵险，百姓倾巢忧。

策略持久战，进退服运筹。

省府迁曲县，高炮翁源留。

伤愈复学（五律）

军民北撤忙，我炮担空防。

阵遭敌机炸，炮烂吾胯伤。

幸逢钟老伯，救治左村堂。

伤愈归复学，南侨上课堂。

进军校（满江红）

　　弃笔从戎，投军校，雄心已决。辞父母，别妻兄弟，起程期迫。国难当头洪水急，硝烟压境烽火烈。弗犹豫，即去把军投，阵前列。

　　男儿志，焉能灭？同脱恨，定要雪。钻研新军学，用兵法则。祖国山河当完整，东洋鬼子必自绝。自今天，将血肉头颅，报中国。

摘帽有感（1979 年）

　　二十余年故旧疏，相依为命菜茨禾。
　　原怀一腔凌云志，白发催人憾若何？

回潮感（1981 年 11 月）

　　案情落实返潮州，几度沧桑暗怅惆。
　　天地深情偿夙愿，人间正气解烦忧。
　　西湖濯足留清影，湘圯凭栏唾涡流。
　　万物得时皆挺秀，独怜棚下老黄牛。

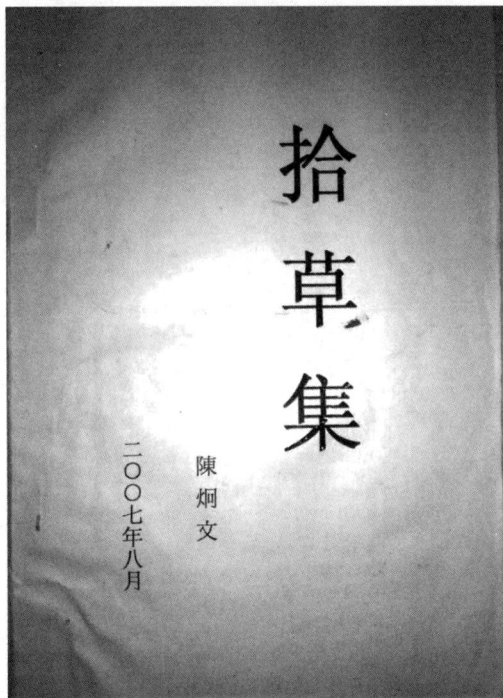

陈炯文著《拾草集》

丁有基

　　1919 年 6 月 9 日生，潮州市磷溪镇社光村人。1935 年 9 月考入省立韩山师范学校简易师范科，1939 年 7 月毕业，9 月考上韩师高中师范科。曾在韶关曲江的"战时教师服务团"当小学教师，后考入黄埔军校第 17 期辎重科。毕业后任中央军辎重兵汽车第五团少尉副排长，在云南参加远征军，负责运兵及粮草、弹药。抗战胜利后到南京、苏州的汽车教导团任职，升上尉军衔。1949 年 11 月在贵州安顺参加起义。解放后在贵州省龙里、贵定县文化馆任副馆长。1964 年调回潮州，在潮安县华侨商店工作。"文革"期间受冤入狱，后去"五七"干校。之后重新安排工作，先在交通局下属车辆修配厂，后到潮州市运输总公司，直到 1987 年退休。1978 年潮安县公安局对其在"文革"期间受到的错捕（拘）进行纠正，1986 年 12 月中共潮州市委发文彻底平反。2016 年 12 月 11 日去世。

访谈时间：2014 年 9—12 月、2016 年 11 月 16 日
访谈者：刘秋梅　陈俊华　高晓军　林海燕　郑煜晓
访谈地点：潮州丁有基校友家

妻子和我一样毕业于韩师

访谈者：您好！您能否谈谈您的家庭情况？

丁：我的老家是在磷溪仙田对面的社光村，桥头隔壁。韩师当时在山脚边，比较远，从社光村要经过卧石洞才能到韩师，我小时候很少去韩师。

我的家族中很多人是中医师，父亲年少时在潮安城内一家族人开的药材铺当药童，跟着学习，后来就成为一名中医师，自己开了一家中药店。我这一辈兄弟三人，我排行老二，还有三个姐妹。因为我父亲是中医师，所以很重视对孩子的培养。我大哥成绩没有我好，小学毕业后就跟父亲学中医，而我一直读到高中师范。

我的妻子叫谢淑真，我们是简易师范科的同学，她比我小一岁，已经去世了，享年93岁。她是南门谢①，大户人家的女儿。她的父亲是清末最后一科的举人，家门原有几块牌匾，门口还有一对旗杆石，都在"文革"中被砸没了。她有两个哥哥、两个姐姐、一个妹妹，哥哥都"过番"去了安南②。

我的妻子本来跟我同届，后来她为躲避战乱去了香港一年，回来后就低了我一届。简易师范毕业后她就去教书，沦陷第三年她在揭阳曲溪教了4年书，还当过班主任。抗战前我们没有私人感情，她去我家那边避难后，有一次在韩江边上要坐船回家时不慎掉进江里，当时还没报考军校的我救了她并送她回家，这才产生了私人感情。她从韩师毕业后一直当老师，抗战胜利后和我结婚，之后就随军，从苏州、杭州、南京到贵州，她都在我身边。在贵州时，她在文教局工作。1962年，她和孩子们先回了潮州。回潮州后，她先到教育局工作，一开始是进行"扫盲"活动，教人识字，后调去潮安六中教书。潮安六中后来迁去东凤（镇），改名为红旗中学。她在潮安六中工作到1980年退休。

---

① 潮州南门外，是谢氏宗亲聚居的地方。谢氏宗祠在潮州已有400年历史。
② 安南指越南，为越南古名，得名于唐代的安南都护府。

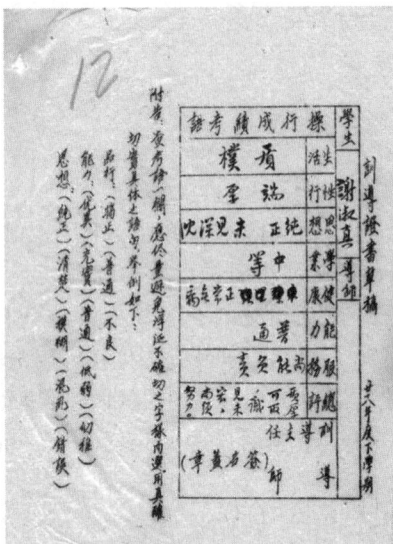

对谢淑真的考评语：生活质朴，
性行端厚……（韩档 437 卷 14 页）

丁有基和妻子谢淑真（2002 年摄于潮
州家中）

我在学生时代就喜欢打篮球，后来在部队也经常打，转业后还当过篮球
教练，也喜欢打乒乓球。在军校我还学会了拉小提琴，后来经常拉，当文化
馆馆长时也曾上台表演。我画画、写字是非常不错的。以前经常画很大的宣
传画，大部分是水粉画。我西画水平较高，在军校时我也常画，什么题材都
有，但主要是画在墙上，让校园更好看。早些年，买来的对联不满意，我就
自己写。现在家里没有存留的书画作品了。

我们有一子二女，名字都是根据孩子出生地起的，大女儿丁瑾 1948 年出
生于苏州，儿子丁鸿贵 1951 年在贵州贵阳出生，小女儿丁龙珠在贵州龙里县
出生。从贵州回到广东潮州时，儿子读小学四年级。他 1964 年考上六中，和
韩师后来的副书记余浩明是六中的同学。大女儿当时在一中读初三，1972 年
到海南下乡，十年后调回潮州华侨旅行社侨务办，退休时是正科级。

我现在每月有退休工资差不多 2 000 元，加上军转补贴千余元，个人生活
基本够用，日常生活主要由儿子打理。

从附小读到高中

访谈者：您是什么时候在韩师读书的？

丁：我在韩师读了好多年，在韩师附小读了一年，在韩师初中部读了四

年，然后还读了高中师范①。我小学一开始是在乡里读，四年级的时候便转学到韩师附小，读了一年后又转回仙田读到小学毕业。接着我考上了韩师初中部，毕业后又考上了韩师的高中部。

初中毕业后继续读高中的人更少。当时可以考两个学校，一个是金中（即金山中学，后文同），一个是韩师。并不是说金中的分数就比较高，而是当时是韩师录取在先，金中录取在后。当时考上韩师很开心。

访谈者：当年读韩师需要什么条件吗？韩师的招生情况如何？

丁：需要有小学毕业证，还要有担保人。担保人是父母，父母要证明自己是支持子女读书的，要担保子女读到毕业。当时报考韩师是分批考，但都要到韩师考试。首先要审查学历是否达到资格，没有资格不能报考韩师。当时考试科目有语文、数学等，其中数学相对来说比较重要。当年韩师一年招一二百人，有专科、高师、乡师②等。

访谈者：您还记得当年在韩师的学习情况吗？还记得有哪些老师吗？

丁：我在韩师的学习成绩算不错的，我比较勤奋，老师们都喜欢我。当年韩师的老师都非常厉害，我非常佩服他们。他们教学效果好，受人尊重，上课时严肃待人，教学效果完全不一样。老师们大都讲普通话，不少是外地人，有一些老师曾在美国和日本留过学。

虽然我不是读图工乐体专科的，但我很喜欢画画、体育。当年韩师教画画的老师有四五人，分为国画、西画等。我当时都学习过。

我记得转到韩师附小读四年级时，黄家泽老师③专门教我们画画。初中的

---

① 据韩师档案 409 卷 99 页、439 卷 11 页，丁有基 1935 年 9 月入学，第二届 4 年制简易师范乙班，1939 年 7 月毕业。据韩档 436 卷 59 页，丁有基 1939 年 9 月进入师范第 11 班，该班有 29 名学生。据韩档 442 卷 77 页，丁有基于 1940 年 2 月休学，休学原因是经济困难，该页还登记了其他 7 位休学学生的名字，其中 4 位休学原因是"经济困难"，2 位是"成绩低劣"，1 位是"服务社会"。

② 据《韩师史略》（林英仪、吴伟成著，汕头：汕头大学出版社，2003 年）载，1922 年至学校搬迁古沟前的专业设置有图工乐体专科、乡村师范科、高中师范科和简易师范科。

③ 黄家泽（1911—1985），广东潮州人。1927 年考入上海新华艺术大学，次年转入上海美专，毕业后留校任助教。1933 年 9 月，应同学刘昌潮之约，执教于韩师，专任图工教员兼导师，1934 年兼图工乐体讲习科主任，1939 年任高中部班主任兼导师，1943 年在韩师创办白虹国画研究社。其间于1938 年，与王显诏、吴维科合办潮州艺术学校，出任校长。抗战全面爆发后，艺校被迫停办。抗战胜利后，黄家泽为复办艺校，通过义卖书画、演出话剧《雷雨》等筹款，并将其岳父赠他建屋的一笔巨款挪为校用。中华人民共和国成立后，他将校产全部上交政府，并回到韩师任教。1972 年，创办"金山画苑"。1980 年受聘为汕头画院画师。

国画老师是当时韩师校长李育藩①的岳父，叫孙裴谷②，擅长国画，他当时的国画水平最高。王显诏老师教美术、音乐，他是专业出身，画国画尤为突出，教音乐也很厉害，当时他教我们乐理，韩师校歌也是由他创作的。每当升国旗或纪念周时，我们都会唱他创作的校歌。杨金书和他的妻子翟肇庄教生物，还教日语，他们都曾留学日本，教书都很厉害，认真负责，我很喜欢上他们的课。翟肇庄很长寿，她在饮食方面很讲究。另外，我还记得张华云③曾教过我们国文。而数理化是一个客家老师教的，讲客家话。陈可名是我们的导师，当时学校实施导师制，称为导师，其实就是班主任。

韩师校史碑廊，有"第一宿舍""戴欣然教室"等

① 李育藩（1906—2001），广东省潮安县沙溪镇上园村人，毕业于中山大学教育系。1932年9月至1933年8月任惠来县立一中校长，后任南京交通部职工事务委员会教育组干事。1936年9月至1943年2月任韩师校长。卸任后到广东省教育厅任职。1949年赴香港，1952年后赴台湾私立铭传大学任总务长兼夜间部主任、图书馆馆长等职至1972年退休，晚年定居美国旧金山。

② 孙裴谷（1891—1944），原名熙，又名炽君，号裴谷山人、闲闲草堂主人、岭东画痴、黄岐山樵，岭东著名画家。广东揭阳榕城桂坊人，祖居渔湖京岗乡。昔年随同画家林奕华、林伯虔学画。1912年应聘赴新加坡端蒙华侨学校美术科执教，1918年在新加坡举办个人画展，后因母病归国。先后执教于揭阳、汕头各校，1932年在汕头市中山路设谷园画室，广收学生，传播国画艺术，其间出版有《岭东名家画集》，并举办个人画展。1936—1943年任教于广东省立韩山师范学校。擅长国画，尤以人物为佳，也擅篆刻，学生甚多。除《岭东名家画集》外，还出版有《抗日宣传画集》2册。1944年日军侵入潮汕腹地时，他闻讯含恨恸哭，口涌鲜血，逝于小西村。有《裴谷山人铁笔》钤印本传世。

③ 张华云（1909—1993），广东普宁燎原镇泥沟村人。潮汕地区知名的潮剧大师、潮剧编剧、诗人、教育家。1934年毕业于中山大学文学院历史系。抗战期间，任广东省立韩山师范学校国文、伦理学教员，教务主任，当时的名字是张华痕。1954年当选为汕头市副市长。1981年出任汕头市政协委员会副主席。

访谈者：那时韩师的环境怎样？

丁：当年韩师的楼座较少，大部分的楼座和教室都是华侨捐款修建的，这些华侨大部分是以前在韩师读书，毕业后在暹罗等地发展。楼座基本以捐款华侨的名字来命名。但具体是什么名字我忘了。当时韩师有两幢宿舍楼——第一宿舍楼和第二宿舍楼，一间宿舍住六人。韩师还有一个"中山纪念堂"，楼下是礼堂，楼上是图书馆。图书馆很有名，里面的书挺多的。每个学生都有一张借书证，凭证借书。一般想借几本就几本，借书期限为一个星期。但我在中学看书不多，经常去打球锻炼身体。

访谈者：您喜欢打什么球？学校有什么课余活动？学生经常进城玩吗？

丁：我什么球都打，因为打球能锻炼身体。我平时打乒乓球、篮球比较多。学校有一个篮球场，一个足球场，一个网球场，网球场也做排球场用。当时功课比较少，相对较轻松，基本上是上午4节课下午2节课，也有上午下午都是2节课的。学校的课余活动甚少，偶尔会组织旅游，或者毕业的时候有毕业游。

家庭条件不好的同学在学校过得比较艰难。不过因为知道赚钱艰苦，学生们都勤俭节约，吃穿都不敢浪费。没什么人炫耀，看展览、比赛几乎都只看免费的，例如画展、各类球赛。有钱人家的孩子大部分都去读金中，相比韩师，金中的花费较高。在韩师我属于普通家庭，学生甚少进城，只有"大闹热"或者有事才会进城。因为城里消费高，吃的相对比较贵。如果进城，常去开元寺，或者去西湖公园看球赛或看戏。但西湖公园里面很多玩乐都要花钱。公园里经常举行各种球赛和活动，一般的球赛，比如学校的球赛则在西湖后广场举行，好的球赛会在公园内举行。篮球、足球赛较多，看球赛是需要门票的，有些球赛的门票也是要钱的。

学校经常举行比赛，至少一星期一次，其他学校也会来韩师参观交流，一起比赛。我在学校参加乒乓球赛、篮球赛、足球赛较多，排球赛就比较少。足球是我的强项。足球队一般由体育生组成，他们比较清闲，也比较专业，有时举行比赛还能赚门票钱，作为学校的收入。学校也有校运会，但并不是每年都有，还有演讲比赛，主要是要练习国语。

访谈者：学校提供补助吗？学校如何奖励优秀的学生，如何处罚违规的学生？韩师的学风如何？

丁：家庭贫困的就有助学金。学校有补贴，例如伙食补贴，如果你经常不加菜，就会给你加菜。学习成绩好的学生拿奖学金，如果家庭贫困而成绩又好，就是拿奖学金。我也拿过奖学金，我成绩好，画画厉害，画得好看就有奖励。奖金多少视情况而定，有时还会奖一个口琴。学生做错事学校会批评、处罚、记过。在韩师，考试的时候也会有学生作弊，但不多。如果作弊被同班同学知道，同学会去老师那里揭发，老师知道后会批评作弊的学生，但只有很严重的时候才会取消成绩。

当时正值抗战时期，为加强军事训练，军训被列入课程，初师学生穿的是童子军装。高师学生日常训练也算作军训，都要穿校服。韩师的管理比较严格，学校严格管理有利于学生发展，学生们不会乱来。我们每个星期都要唱一次校歌。当时也学过一些古典歌曲。

韩师的学风是不错的。一天4~6节课，寄宿生要晚自修。韩师学生都比较勤奋努力。每天一大早便有很多学生在韩文公祠或后山上读书。我也经常去，我读的书都是比较有难度的，但我是走读生，我家在社光村，比较近，走读生唯一不好的就是没有老师做课外指导，不能像寄宿生那样有晚自修，有问题就能随时请教老师。

访谈者：那您平时在学校的食堂吃饭吗？

丁：韩师有两个食堂，第二食堂在第二宿舍。食堂伙食相对来说是比较好的，我们一般6个人在一桌吃饭，6样菜，有鱼有肉。我中午不回家吃饭，遇到学校食堂饭菜比较好的话，我会选择在学校食堂吃。有的时候也会在学校门口的湘子桥上买吃的，有钱时就会吃好一点的，常吃蚝煎①，不然就吃得比较普通，有时吃1毫钱或者半毫钱一碗的香粥，也会吃粿条或甜面。

随校迁至揭阳古沟

访谈者：您读完简易师范科后有继续升学吗？

丁：我在简易师范毕业后，本来应该服务社会，但因为战乱就申请继续读书，获批后就考上了韩师的高中师范，相当于高中水平的师范班。

1939年，为避战乱，韩师迁到了揭阳古沟。迁往古沟不久，汕头、潮州城相继沦陷。潮汕沦陷区的中学生，还有从海南和东江等地逃难来的学生陆续到揭阳古沟的韩师借读。我们5月底考完试迁校，我也随校迁到了古沟。

访谈者：当年韩师迁至揭阳古沟，您是怎么去的？在古沟的情况是怎样的？

丁：当时我是走路去的，开始是走大路，走了大概两三天。在半路坐船过渡口到了锡场，后来还走过头到了丰顺，再掉头走回古沟（笑）。从古沟再回潮州时，我向老师建议走小路，走小路比较近，一天就可以到达。

在古沟读书时，生活艰苦，但因为家在沦陷区比较危险，我只有寒暑假才回家。

古沟的课外活动少，也没有哪里可玩，一般都在学校，不像在潮州偶尔

---

① 蚝煎是潮州独特风味的名小吃，将鲜蚝拌入番薯粉中，两面油煎，外酥内嫩，香脆细腻，煎时可加上蛋、芫荽，吃时则用鱼露洒上胡椒粉做蘸料。

还有戏看。但校内会举行文艺活动，我时常参加。我会唱歌、弹风琴、弹钢琴、吹口琴。当时还参加一些抗日救国活动，经常自己设计东西外出宣传。我们在潮州时会进城到西湖等地宣传，在古沟时也一样，会到乡村宣传，一般都是周日进行。我学习能力强，接受能力也较强，虽然不是读图工乐体专业，但我也学过，而且学得比别人快。所以在宣传时候，我是主力。我在古沟读书时也打球，但古沟场地没有那么大，所以不常打。古沟的食堂伙食比起潮州的差多了，我和几个同学一个星期会去校外吃顿好的改善一下生活。当时学校的宿舍环境不差，我们住在祠堂里面，一间宿舍住十几人。

韩师在古沟的学风比在潮州还好，大家都是背井离乡，知道珍惜。大家学习都很认真，晚自修要一个多钟头，学习氛围很好。我不是会出风头的人，在学校安安静静，跟同学相处得比较好，会和同学一起吃饭、学习，没事也会经常跟朋友谈天说地，什么都聊。

黄埔军校及远征军

访谈者：您当时是没读完高中师范就参军了？

丁：是的。本来高中师范要读 3 年，但因为古沟校区环境差，又觉得（战争年代）读书没有出路，我就不想读了。因为家在沦陷区，我没法回潮安城，出来后也没事干，便出去"流浪"。到了丰顺汤坑，我以卖字画为生，主要卖三个字的大条幅，供人挂在大堂。当时有个人了买一幅画，给了我100 元。

有一位郑老师是汤坑人，其妻子在韩师读书的时候，他在韩师教书，也教过我。后来他们两口子一起回到汤坑工作。他当时在汤坑中学当教务长，看到我在卖字画，问我原因，我说因为没找到其他事做，就只能卖字画谋生。他又问我要不要去省政府韶关那边教书？当时广东省国民政府因广州沦陷已迁到了韶关曲江。我便说好。于是他通过韩师帮我联系，我被分配到韶关曲江的"战时教师服务团"当小学教师。这个服务团由小学教师组成，主要任务是收容各地失学的小学生，一起去的人许多彼此都不认识。当时和我一起去的还有同乡师兄丁章鸿。我们到丰顺汤坑教育局报到，丁章鸿分配到一个初中教体育。

访谈者：那您又是怎样考上黄埔军校的？

丁：学校工资很低，生活艰苦，吃都吃不饱。当时小学教师一个月工资16 元，中学教师一个月 23 元，无法支撑我的生活。与我一起去的丁章鸿，后来去了暹罗发展。我到韶关后不久，黄埔军校来招生，我觉得还是读军校好，可以当军人。但参军要有担保人做担保，而我当时还找不到担保人。那里的人不肯给我们担保，说我们这种师范类教书的他们也不清楚，怕我逃走，还要负一定责任的。后来我找到了一位在汤坑当官的姓丁的参谋长，他老家也是仙田村的，祖上当过七省巡按。但他与我素不相识，开始不肯给我当担保人。后来我的父母与他父亲联系，寄了信向他介绍了我的情况后他才答应。他收到信后很高兴，因为潮州在外参军的人少，更别说是仙田的老乡，后来还与我认作亲戚。

在军校时，林盛传和陈英波是我的潮州同乡，我没遇到过其他潮州人。当年潮州当兵的人并不多，反而"过番"去暹罗赚钱的人比较多。军校里姓丁的只有我一个，当时我要去参军有些人还不肯我去。

黄埔军校的考试科目是语文、数学、时事。我通过考试后很快就被录取为黄埔军校第 18 期辎重科学员。我原先报考时是 17 期的，后来 17 期与 18 期合并，我就算作 18 期的学员了。当时招考的人告诉我要去甘肃天水入伍，要走半年的路程。我起先还不相信，后来果真走了半年。从贵州到四川、陕西然后再到甘肃，我们徒步七个省份到甘肃天水入伍。

在黄埔军校读书时不用交什么费用，那边什么都有。那里有来自全国各地的学员，有些同学的素质和能力都很强。我们都有一个共同的目标：要为维护民族的独立与尊严而战。

访谈者：您在军校学习了几年？参加过哪些战役？

丁：我在军校共 4 年，经过 1 年入伍训练、3 年专业学习才毕业。毕业后我们又受训半年驾驶、修理，即学习怎样在危险崎岖的山路中随时修理好车辆，使它能重新上路。

战时交通非常不方便，记得当时一起步行到天水的有两三千人，经过湖南、广西、贵州、四川等省，白天不敢走大路，因为天上有日军飞机轰炸，只能走小路和山路。我们脚上的鞋子都是自己编结的，到天水的时候，我都记不清走烂了几双鞋。进入黄埔军校后，我被分在 22 总队，成为辎重科学员。我们辎重科科目分得很细，有机械辎重、骡马辎重，还有肩挑、火车、轮船等辎重。简单说，就是为了适应战场情势，培养各种能顺利完成运输任务的士兵。我学的是机械辎重。当时黄埔军校已经办到十多期了，不像刚开办时那么简单，更注重培养我们的实战本领，每天安排足够的机会练兵。我们既有随时准备牺牲的精神，更有专业的警惕性和硬本事。

毕业时，我已是少尉军衔。经过这些训练和学习，我成为中国远征军的一员，参加过松山战役、腾冲战役、零陵战役和同古战役的后勤保障工作。我和战友们一起运了 7 个多月的兵，从云南一车车运到缅甸参战，最先从昆明运兵到保山，日夜兼程要走三天才到。我是副排长，配有步枪和冲锋枪，以备路上遭遇突袭。后来，我们辎汽团又从保山运兵、运军粮到腾冲、龙陵、松山等前线。

当时我们的部队强渡怒江，血战腾冲，围攻松山。我们不停地运兵运弹上前线，兵员损失很惨重。夜里走山路，开车要非常小心，否则随时都有翻车的可能。我知道车上的战友都是抗敌的生力军，在开车运送他们去前线的时候，都非常谨慎。有时怕暴露部队行踪，夜里行山路都不能开车灯，只能在黑暗中摸索前进，相当危险。那时候，云南的路很难行车，我开的车是美国产的万国牌汽车，必须小心再小心，否则随时可能从山上跌下谷底。我亲眼看到过这样的场景啊！

松山战役打得很苦，战斗惨烈，有时候一个连上去，全没了，有时候一个营冲上去，只回来几个人。3个多月后，攻克松山那天，我们刚好运炮弹到松山一个指挥所。当时我这个副排也是负责带队的。指挥官要我们马上将炮弹运到龙陵，并命令第二天上午8点前必须运到。

因为时间太急，我告诉指挥官可能办不到，他即刻火了，拿起枪来威胁要枪毙我。我解释不是不执行命令，而是走山路又逢雨季，安全第一，我们会尽量按时完成任务。最后，我们之间解除了误会，他还允许我们看了刚刚停歇的战场。真是血流成河，很惨，不敢回想！

我记忆最深的还有一幕：为了攻下那些暗藏在山间的坚固堡垒，我军切断了日军的供水线，断了他们的水源，使这些日军无水可喝而困死，人不吃饭可以撑上十天八天，没有水喝，两三天就受不了的。

我们运粮草、运兵上前线，有时候也会运载受伤的俘虏到后方野战医院。但日军俘虏都很蛮横，他们被打败了，还是一副气焰嚣张的样子。我们从松山运下来的日军俘虏，几乎都自杀了，我想这与他们在国内受到的军国主义教育有很大关系。有一次我送粮食去龙陵兵站，顺便运回一个日军战俘到野战医院。那个战俘受伤躺着不能动弹，神志却是清醒的，给他水他不喝，待车到达医院，他已经在车上咬舌自尽了。

1945年抗战胜利那天，我正在大理的远征军指挥所做车辆维护。突然听到日寇投降的消息，我们所有人都高兴地狂跳起来，又唱又哭。抗战胜利后，我又立即运兵到湖南，后被派到南京、苏州教导团教新兵学开车，军衔仍然是上尉。但那时我已经很想回潮州了，更想念淑真，我们在抗战前就已订婚了。于是我在这时候回去结婚了，婚后我把她接到苏州，我的大女儿就是在苏州出生的。后来我又随部队辗转到云南，1949年，我在贵州安顺参加起义。再后来，我在贵州龙里、贵定当过县文化馆长，我在工作实践中，吹拉弹唱样样通，还爱打篮球和乒乓球，当过业余篮球教练。

丁有基的起义人员证明书

回潮州后经历

（儿子丁鸿贵口述）

访谈者：老人家回潮州后的经历是怎样的？

丁鸿贵：父亲1964年回到潮州，在潮安县华侨商店工作。他是在"文化大革命"中幸存下来的。"913事件"发生后，潮州有128人被写上布告，抓进监狱。布告第一行名单是当时政府部门的官员，记得有余昌丰（县委书记）、林香才（镇委书记）、陈忠（县委副书记）等，第二批就是地办集团的人了，父亲名列其中。父亲被抓的罪名是"参加反革命集团、反军夺权"，但当年的128人并未定刑，所以叫拘留审查。父亲关在监狱近4个月才放了出来，出来后便去了"五七"干校。当时关押他的监狱在戏园（现凤城影剧院）附近，门口高挂着"监狱"两字的大牌子，估计是清朝就有的牌子。

潮州"五七"干校在现在的枫洋农校，存在时间持续10年，即"文革"期间。父亲当时去干校劳动改造，待了四五年，在那养鱼、饲牛羊，还把番薯煮熟饲猪，但后来人都没办法吃饱，都要暗地里吃本用于饲猪的番薯度饥。一些参加革命很多年的共产党员，也去了干校。

平反后，他被分配到潮州车辆修配厂。那里的人说，别人都无法赚钱，他一去，生意就好了，可能是他的汽修技术比较好。后来，他到了潮州运输总公司工作，1987年退休。我们的身份在"文革"后得以拨乱反正，生活各方面都比较顺利。

我们以前是住在南门。未分配房子的时候，父亲和母亲住在姐姐中旅宿舍，后期姐姐去了湘桥区工作后，我和父母便住在区政府宿舍。父亲现居地是1987年退休后单位分配的，俗称"干部房"。我自己未分配到房子时，还与父母住一起。到了1995年，单位给我分配了房子，我便搬到自己的房子里。

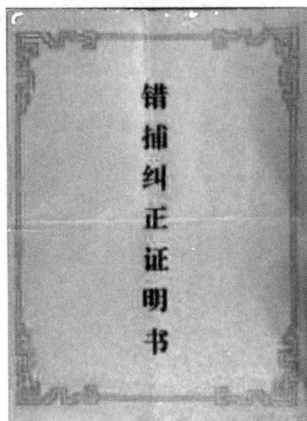

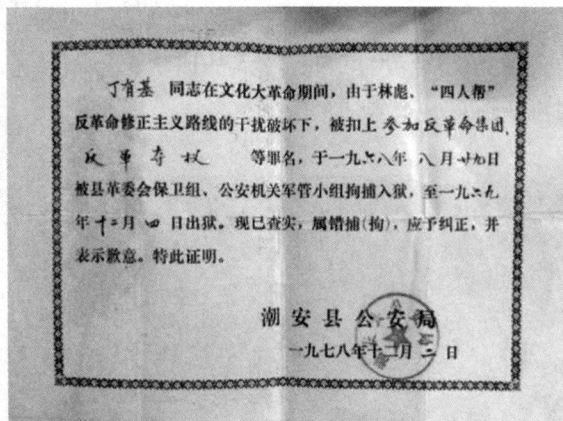

丁有基的错捕纠正证明书

访谈者：父亲对你们子女生活的影响大吗？

丁鸿贵：主要影响是在"文革"期间。我在学生时代积极上进却评不上先进分子，选上京代表、入党都因父亲曾经的国民党身份而落选。初中的时候，一个班能选两个入京代表，本来我被选上了，但因我父亲的原因，又落选了。部队曾到学校招收滑翔兵，我因为家庭关系连报名都没资格。不让读高中，只能去下乡，接受贫下中农再教育。我下乡到凤塘公社茶果场，还当了副队长。过了1年，我在大队的小学代课3年，后来当会计1年。我1973年回城，等待居委会安排工作。后来就进了潮州第二机械厂，在池湖埠那里，做车床工作，生产中型拖拉机。当时第一机械厂在农校那边，2000年，厂子解体了，我已经50岁，就去了枫溪城市发展有限公司，后来还当了办公室主任。

但我姐姐就没怎么受影响，她的思想一直很先进。她是1972年最后一批下乡到海南的，在那儿待了10年，后来我母亲提前退休，作为交换名额，她被安排到中国旅行社，再到侨务办公室，最后在湘桥区工作，退休时是正科级。

我今年64岁，退休3年多了。受到时代的影响，特别是经历了

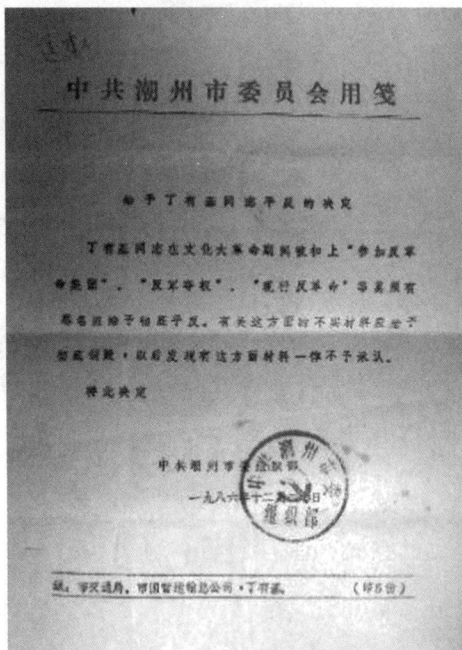

中共潮州市委员会给予丁有基同志平反的决定

"文革"，让我觉得人的心灵是很脆弱的。然而每个人都要学着走出困境，要学会独立生活，磨炼自己。人的成功 5 分靠运气，5 分靠自身努力，要一步一个脚印地走。生活平平淡淡就好。

访谈现场一（左起：杨旸、丁有基、刘秋梅）

访谈现场二（左起：高晓军、刘秋梅、丁有基）

谢 霖

　　曾用名谢易宇，1921 年 11 月出生于广东省潮州市南门外。1936 年就读于省立第二师范学校（韩师前身）。抗战爆发后投笔从戎，1938 年报考黄埔军校，被录取后编入黄埔军校四分校（广西宜山）第 16 期步兵科 9 总队 3 大队 10 分队。1940 年 5 月 1 日毕业，被分配到第三战区驻防福建的第 100 军，在军部任见习参谋。1941 年 2 月调入直属营特务连 2 连任少尉排长，随军部驻守福州。1941 年 4 月 22 日福州沦陷后，曾随第 100 军迁往江西萍乡，后调到福建省保安司令部特务大队，先后任分队长（排长）、中队长（连长）等职务。1945 年日本投降后，驻守福州塘池乡。1947 年与严复的曾侄孙女严培庸结婚。1950 年起先后在福州台屿小学、凤泽小学任教，深受学生爱戴。1958 年因历史问题被捕入狱。1963 年刑满释放，在闽侯砖厂当工人。1981 年调福州供销社任秘书，后又调集美大学函授班工作。2015 年获中共中央、国务院、中央军委颁发的抗战胜利 70 周年纪念章。2016 年 2 月 28 日去世。

访谈时间：2014 年 11 月 11—13 日、2015 年 11 月 6—7 日
访谈者：陈俊华　曹容敏　王俪颖
访谈地点：福建省福州市苍山区盖山镇阳岐村

儿时回忆

我是 1921 年出生的，是家里的老大，老家在潮州南门外。我的家境还不错，父亲是一个知识分子，在金山中学改制前毕业。五四运动前后，他参加进步学生运动，闹风潮，为了躲避政府抓捕，就跑去了马来西亚的柔佛，并在那边的一个小学教书。我五六岁的时候曾和母亲一起去马来西亚找过父亲，在那边待了几年。后来由于母亲总是水土不服，身体不好，所以我们就又回到了潮州。父亲在日本侵占马来西亚的时候也回到了潮州。我的母亲是一个传统的潮汕女性，她的刺绣技术很好，达到可以当师傅的水平。我在南关小学读了初小，小学毕业之后，我曾学过一段时间的书法、古文，15 岁时去韩师读简易师范。

韩园时光

1936 年，我来到韩师读书，一方面是因为前途茫茫，另一方面觉得若考金山中学、县中会使家里的负担太重。我是走读生，每天早上穿上校服从家里出来，经过湘子桥，到学校要走半个多小时。那时候湘子桥上来来往往的人很多，桥上面卖很多吃的，如青果、琵琶粿。我中午一般不回家，就带几个铜板，在湘子桥上买点心或者稀饭吃，偶尔也会吃面。

那个时候韩师有多栋建筑物。有一幢二层楼，一楼是中山大礼堂，二楼是图书馆。图书馆要从后面的楼梯上去。大礼堂的前面是一个大操场，有两三个篮球架。礼堂右边的石阶出去就是一栋二层的教学楼，礼堂背后的左边也有一栋教学楼。学校有一个侧门，是铁门，门外也卖吃的，有炒面、炒牛肉之类的。卖东西的后面还有一个庙。我很喜欢去图书馆，一般是中午吃完饭去。图书馆的管理人员不多，就两三名。我有一个同学叫王肃珍，她父亲就是学校图书馆的管理人员，叫王慎图。图书馆有很多课外书，我非常喜欢。那个时候很喜欢鲁迅，他的《阿 Q 正传》等都有。

学校的教室也不是很大，一张桌子坐两个人，一个班五六十个学生。我们都很喜欢画画，当时教我们图画的老师是孙裴谷先生。他是校长李育藩的老丈人，戴眼镜，爱穿长衫，风度翩翩，给人印象很深。他给我们上课的时候，叫我们用图钉把纸钉在一块斜的画板上，身体斜站着画，他点几笔一勾起来就画出一只栩栩如生的鸟，很厉害！柳青①（柳少青）就是他一手培养起来的。柳青是我的同桌，他父亲早逝，只有母亲和妹妹，后来他成了很有名气的画家，解放后我们还见过几面，听说韩师在校庆的时候曾请他去参加。

韩师那时的很多老师都是中山大学毕业的，也有几个是北京大学毕业的，像林英老师、詹昭清老师②。林英老师当时 30 来岁，地理教得很好，很有条理，我到现在都有印象。林英老师不是照本宣科，而是把课本上的内容归结为一个个知识点，列在黑板上，先给我们讲一遍，让我们熟悉了再看课本，以加深我们的印象。

詹昭清老师是教国文的，他年龄较长，喜欢穿长衫。他上课时就坐在那里讲，资历很深。当他解释一个字是什么意思时，会转过头去写，但是不会全写出来。他的粉笔字写得很好，书法也非常好，但是他不会在黑板上写很多字。那个时候国文老师有好几个，像张华痕老师、张元敏老师都教过我们国文，每个学期都会换老师。后来，我和柳青还骑自行车去汕头看过张华痕老师。

韩师那个时候还有教四科（图画、算术、音乐、体育）的班。上音乐课的时候经常会有风琴的声音，我们有时候还会跑去听。王显诏老师是画家，但他也教音乐，曾教过我们五线谱。学校也有很多活动，我记得学校还组织过一次年级间的辩论会，辩题是："弱国有无外交？"我和林盛传校友就是在这场辩论会上认识的。

学校对体育很重视，学校之间常有比赛，班级之间也常有比赛，如爬笔架山。记得有一个体育老师是广州"五虎将"之一，叫吴梦天，他的篮球打得非常好，带球过人时多少个人都挡不住他。还有一个体育老师叫欧阳。学校有好几个篮球场，操场就在篮球场旁边，还有一个和跑道在一起的足球场。大家都喜欢打篮球，一有时间就打球，但都不怎么去踢足球。我放学后也总是去打球，会玩到很晚才回家。

金山中学和韩师在那个时候是潮州很出名的两所学校，周围各县的很多学生都到这边读书，学风很好，在群众当中的名声也很好，作业也不是很多，像我每天上学只带当天的课本就行了。当然，我们也有期中考试和期末考试。

---

①　柳青，字思燕。1920 年生于广东省潮安县城（今属湘桥区）。1936—1939 年就读于韩山师范学校，拜著名国画家孙裴谷为师，习染丹青。抗战初期从事救亡宣传活动，在成都、重庆等地举办《大凉山画记》个人画展，并在著名教育家陶行知创办的重庆育才学校担任专科部美术组（系）主任、教师。中国美术家协会会员，泰中艺术家联合会高级顾问，汕头市老年书画研究会顾问。

②　詹昭清（1903—1981），广东省潮安县人。1931 年毕业于北京大学。先后任汕头海滨师范学校教务主任，韩山师范学校训导主任和金山中学教务主任。潮州沦陷后，金山中学师生被迫疏散，部分师生转入内迁古沟的韩师。1940 年秋，詹昭清被任命为金山中学校长。他受命于危难之中，义无反顾，到处奔波，终于选定凤凰为金山中学战时校址，并聘请一批流散于各地的知识分子到凤凰任教，至 1944 年，已办起高中班 9 班，初中班 6 班。1946 年初金山中学迁回潮州后，继续任校长。

学校当时组织的活动不多，每周一有一个纪念周活动，是为了纪念孙中山而设立的，校长总是带领我们恭敬地在孙中山塑像前朗读《总理遗嘱》。

从军生涯

我是 1938 年报考黄埔军校的，那时候潮州还没有沦陷，但是日军的飞机总来轰炸湘子桥。飞机警报一响，我们就没办法读书，要跑去一些避难的场所，比如几个人躲避在河堤旁，但多人在一起就很危险，要分散开来。

那个时候韩师的学生是积极支持抗战的，晚上经常出去宣传，演话剧，我就是在这样的氛围中报考黄埔军校的。当时和我一块报考的有同班同学林绍杰，还有林盛传师兄。林师兄是第一届简易师范生，当时已留校当附小老师，而我是第三届的。学校对我们报考黄埔军校是支持的，我母亲也没怎么反对，倒是我舅舅说参军很苦，要穿草鞋之类的话。但我们那个时候满腔热血，一心就想着抗战，对苦没什么感觉。我们离开韩师去黄埔军校时是 1939 年初，要去报到前，学校还组织了欢送会。

黄埔军校当时在潮州招了好几个人，还派教官来带队。刚开始没有发军装，我们自己带棉被和衣服，从兴宁出发走了一个多月到广西宜山（黄埔军校在广州沦陷后，沿西江搬到宜山）。到了广西宜山，我们作为入伍生才给发军装。我和林盛传被分配在一起，按照建制来说，我们是黄埔军校第 16 期步兵科 9 总队。9 总队包括 3 个大队，再分小队。我和林盛传在 16 小队，林绍杰在 11 小队。那时候的教室、山坡操场都是我们自己建的。在军校的时候还有一个小插曲，那时日军向昆仑关进军，我们作为黄埔军校的学生军在广西南宁支援，就驻扎在红水河旁边，敌人驻扎在另一边。我们在河边做警戒，防止敌人从旁边包抄过来。

我于 1940 年 5 月 1 日毕业。那是抗战最吃紧的时候，本来黄埔军校都读三年，因为抗战的缘故，一年多就毕业了。我和林盛传毕业后就分开了，我被分配到第三战区，在江西上饶，是由第三战区分配到第 100 军[①]的，而林绍杰毕业后不知分配到哪个战区了。后来我回到潮州时，林绍杰的父亲还跑到我们家来问关于他的情况，但是我没法回答，因为确实不知道他在哪里。林盛传后来在国民党的"国防部"，和很多国民党的高层都有结交。

我们这些从黄埔军校毕业的人，一般被分配到部队当军官。以前国民党的军官不论职位大小都由"中央"来任命。我被任命为见习参谋时，"中央"批复说军官里面已经有人叫谢霖了，不能重名，所以我就改名为谢易宇。我从军期间一直用这个名字，直到解放后当上教师才改回原来的名字。

---

① 国民革命军第 100 军，该军于 1938 年 9 月由第 75 师、第 80 师在福建合编。

第 100 军军部在福州文山。我在那里当见习参谋，主要工作就是挂地图、画地图、测量地图，收集各地来的情报，抄文件，上传下达等，那几个月过得很平淡。其实我很想去前线打日本鬼子，所以我就向军部申请上前线。军部的人看我年轻力壮，就把我分配到特务营。这个"特务"不是后来常说的那种专门收集情报的特务，主要任务是保卫军部各个直属机关的安全，如参谋处、医务处等。我们要去站岗、守卫。我到特务营的第二年当了直属特务二连的少尉排长，有什么事情就抽调士兵出去巡逻，日子还是过得很平凡。那时候在福建的日军不是很多，我们多是小打。当时双方在整个战略上各有不同。日军有机械化部队，他们分散来打我们，但兵不多。我们是口袋战术，诱敌深入，然后包围歼灭，所以在福州没有大打。军部所属机关很快撤到第二线，属于后方，不用打枪打炮冲锋。打枪打炮的都是下一级的部队。

1941 年 5 月前后，军部看我是青年军官，又把我调去警卫排，保卫军长。福州沦陷后，我随部队转移到江西。到江西不久，我因为郑邦监的关系又回到了福州。郑邦监是黄埔军校第 6 期的学员，海南人，对我很好。我当见习参谋的时候，他是上校参谋，常教我怎么起草文书、整理文件，在工作上、生活上对我很照顾。因为他很熟悉福建的军事布防与人事等，所以军长黄珍吾就安排他到福建保安司令部去任职。他赴任后，就让我回到福建，任务是保护首长的安全。我从江西出发，搭上去建瓯的车，不料路上遇到打劫的土匪，我坐在副驾驶的位置上不幸受伤，在陆军第六医院接受治疗，伤好后才到福建保安司令部报到。开始是保卫司令部下面的一个物资仓库。后来有一个中队长叫陈策奇，他因为盖房子和别人发生了冲突，开枪打死人了，因此被撤了职，我接替了他。中队长相当于连长。抗战胜利的时候，很多人复员回家种田，本来我也要回家，但因为工作需要被留了下来。

后来，我在福州塘池乡当连长。那个时候有很多士兵当了逃兵，因为国民党的很多兵是抽壮丁来的，或者是有钱人家用钱买来应付兵役的，并非出于爱国而自愿参军的，再加上部队生活条件苦，所以逃兵多。因此我就专门安排几个士兵养鸡养鸭，定期给士兵们改善伙食，他们都觉得我很有爱心，我的连中逃兵很少。加上我对士兵管理严格，士兵们和老百姓的关系很不错。到了解放的时候，部队自动解散了，我在福州留了下来，因为 1947 年的时候我已经在当地结婚了。

结缘严家

我的婚姻是我人生的一个转折点。我爱人是严复①的曾侄孙女，叫严培庸。她和台湾海峡基金会原会长辜振甫的夫人严倬云（即严复孙女）一样，都是在北京出生的。

我们连队驻扎在福州塘池乡时，培庸在塘池小学教书。那边有一条在抗战的时候被日军破坏的公路，因为通过这条公路可以深入到后方。路上东一个坑，西一个坑，不能通汽车也不能骑车，只能走路，因此那里就变得很偏僻。早上，人们都要结伴而行，到了傍晚几乎没什么人。因为怕有人拦路打劫，所以我们当时驻扎在这里的目的之一就是维护这条路的治安。培庸当时住在群众家里，我就住在她对面的房子里。我当时 25 岁，常常到学校和老师聊天、打球，后来慢慢就和她熟悉了。

培庸是独生女，家道特别好。她的父亲是日本早稻田大学的留学生，毕业后就被派到上海铁路局当财务科科长。他在上海工作时曾把培庸接去住了一段时间。她的母亲是大家闺秀，家里条件也很好，当时在陈厝村是首富，她的外祖父是很有名的老中医。培庸的母亲当年出嫁时很风光，抬嫁妆的队伍就有两里地长，床铺、家具等都有，连棺材也有。培庸的母亲很善良，但同时又有点封建思想，听说自己女儿与一个军人关系很密切，就让她搬到另一个地方住。但那个时候我们已有感情了，搬地方也不妨碍我们的发展，我经常去看她。新房东也是学校的老师，他的儿子当时 10 来岁，很好奇，会爬到树上看我们如何在二楼谈情说爱。这个孩子后来当过福州市劳改局监狱处处长，现在还和我有联系。

培庸的母亲一开始坚决不同意我们的婚事，因为我只是个当兵的外地人，什么都没有。但是她后来见我与培庸已有感情，再加上有校友黄乃夫做她的思想工作，才慢慢同意了。

黄乃夫也是韩师的毕业生，潮州凤凰人，比我大几届。抗战的时候，他在汕头当过记者，还曾在江苏学院读书。他在福建沙县县中教书的时候，与我成了好朋友，因为我们部队曾驻扎在沙县县中，我俩既是同乡又是校友，一见面彼此就很热情。抗战胜利后，我到塘池，他也跟着我到塘池。其间，他曾回家乡凤凰待过一段时间，再回塘池时正是我和培庸相恋的时候。他比我大几岁，我就请他作为我的家长，到严家去谈婚事。1947 年，我和培庸结婚了。我们结婚的时候也算风光，当时福州总共只有四部小汽车，我开一部

---

① 严复（1854—1921），福建侯官县人，近代著名的翻译家、教育家、新道家代表人物、新法家代表人，翻译了《天演论》、创办了《国闻报》，将西方的社会学、政治学、政治经济学、哲学和自然科学介绍到近代中国。

车去她家接她。我们的证婚人是陈永乐，他是中央报社福州分社的社长，主婚人是我的一个同乡，也姓谢，是福州审计处的处长，我的伴郎是司令的副官，姓戴。我们就在三山会馆的三山小学举行了婚礼，婚后育有三个儿子。我岳母非常爱孩子，她待我也像待自己的孩子一样，让我感觉就像在自己家一样，日子过得非常幸福。后来我岳母过世的时候我就守在她的身边。

我第一次带爱人回潮州是解放后，家里人知道我和一个有知识的人结婚了，都很高兴。后来了解到她父亲还是日本早稻田大学的留学生以及其他情况，就更加欢喜了。我爱人来到潮州，觉得很新奇，比如我们走亲戚的时候，按照潮州的风俗，新人都要吃甜蛋、喝茶，福州那边就没有这个讲究。但到每一家都要吃甜蛋、喝茶，她都吃怕了。

教师生涯

解放后，福州由于缺乏教师，培庸的朋友介绍我去参加一个政府办的暑假教师培训团，经过一两个月的培训后，我被分配到小学去教书。刚开始是没有工资的，发 60 斤糙米，后来才改为工资制，每月 27.9 元。

我先到台屿小学任教，5 年后又到凤泽小学任教。后来几个小学合并在一起，成了凤泽中心学校。我在台屿小学当老师的时候，老百姓的生活好起来了，家长们希望孩子好好读书，以后有个好工作，孩子也这么认为，所以好多学生小学毕业都继续考初中。而那时国家还来不及办那么多初中，所以小升初的升学率非常低，只有百分之几到百分之十几，因此小升初对于一个家庭来说就是一件大事。而我教的这个毕业班差不多有百分之九十以上的学生都考上了初中，这事就在当地引起了轰动。很多人问我有什么技巧。我说就是搞教学改革，改变教学思想，讲课时要启发学生的思维。我读过韩师，知道教书的方法是多样化的，方法死板就收不到效果。我当语文老师的时候，知道老师在课后对学生的指导很重要，比如指导他们读什么书，怎么理解，这些对提高语文能力有很大的帮助。

我到台屿小学的第二年曾经帮助过一个口吃的学生。那个学生讲不清话，我就给他机会让他在六一国际儿童节上读老舍先生的一篇文章。那篇文章既简短又优美，我严格要求他用普通话去读，并且陪着他一起练习，先朗读，再背诵。没想到通过这样的练习，他的口吃竟然好了。后来这个学生当了兵，退伍后又到福建一家国营茶厂当了书记。我也没有用什么药，就是通过普通的练习，激发他对朗诵的热爱，就把他的口吃治好了。

我的学生都对我很好，后来我调走时，台屿小学不肯让我走，家长也出来拦，而凤泽小学那边则放鞭炮迎接我。

在凤泽小学的时候，我当少先队的辅导员，经常搞联欢活动，把外单位的优秀人才请来和学生联欢，这对学生们的启发也很大。有一次，我听说福州市公共汽车公司培养了两名女驾驶员（以前驾驶员没有女性），我就去联系公司，让这两名女驾驶员和学生们搞了一次联欢，跟学生们讲她们是怎样当上驾驶员的，公司是怎样培养她们的，讲完后又让那两名女驾驶员开车带学生们去西湖玩。上课和活动联系在一起，多么生动，多么活泼，学生们当然很喜欢！

我的学生中有一个叫陈小敏，现在是福州一中的校长，很厉害；有一个叫游国经，曾是广东省人事厅的厅长，后来听说被调去湛江市当市长；还有一个叫陈秀玉的女生，她去参军，后来留在北京了。为什么我记得陈秀玉呢？因为她读小学时，有一次跑步摔倒，折断了骨头，我背着她去看医生。她挺坚强的。还有一个叫游鹤楼的学生后来成了作家，他出版的书里有一篇回忆少年时期的文章①，里面一大半是写我的，说我这个老师对他的人生有很重要的影响。

逆境求生

我教书的村庄与我部队原来驻扎的村庄相邻，解放后还有人叫我"谢队长""谢连长"。镇反运动的时候，我很害怕。因为我那个部队不是起义的，是自动解散的。甚至当我带学生去城里观看镇压反革命情景时，有人遇见我还叫我"谢队长"，我感觉很糟糕，但也没办法跟人家说什么。

那时我们当老师的，不是只管教学业务上的事情，每年的寒暑假都要去参加培训班，学习中央的文件，交代自己的历史情况。我和大家一样认真交代自己解放前的问题，况且周围的群众对我的情况也很了解。那时凤泽小学的校长郑逸银是被调来的共产党干部。学校成立了办公室五人小组，对有问题的老师进行训话，郑校长就是五人小组中的成员。郑校长了解我的教学情况和个人实际，他也希望我尽可能留在学校工作，为学校的教学做出更多的贡献。他在泉州安海外调的时候，找过安海镇的镇长了解我和部队的情况，回来就告诉我，你们部队什么时候在哪儿抓了某个人，或者是枪毙了某个人，他们都是地下党。其实，很多事情原先我也不知情，上面下了命令，下面只是执行而已，但我还是根据要求写了坦白书。

---

① 该文发表于《侃山集》（游鹤楼著）一书中，文中写道："谢霖老师仪态端正，风度翩翩。他是黄埔军校出身，文武全才。他来到凤泽小学，立马改变了学生的学风，教师的教风，学校的校风，社会为之一振。我的学习成绩从此走上快车道。谢霖老师讲一口流利的普通话，写一手清秀的文字。他的教学循序渐进，因材施教；他待学生慈祥和蔼，极有亲和力。他的人格魅力马上镇住了所有学生，过去愚昧刁顽的学生在短时间都变成温文优雅的谦谦君子。他教语文又教算术，他教音乐又教美术……"

我虽然平安度过了镇反等运动，但到了1958年，上级根据我以前写的坦白书，突然把我抓了起来。当时快要过年了，我正在组织学生排演节目。来了两个口袋里揣着短枪的便衣，由校长带着直接来到我上课的班级，用手铐把我铐起来要带走。学生们都很奇怪，怎么这么好一个老师突然被带走了？学生都停课出来送我，一路送，一路哭。送我的人加上当地农民群众有百余人，送了一程又一程，直到我被带上汽车。

我在被抓之前没有什么心理准备，但我也知道自己的历史很复杂，这次在审判之前还有预审，让我交代自己的罪行。我之前在寒暑假已经交代过了，在那里无非继续交代一遍，后来就定我"历史反革命"罪，判5年徒刑。

我被关在闽侯县的看守所里，还遇见了原来台屿中学的一位数学老师，叫林荣，年龄比我大。他的数学教得非常好，人也非常有才华。解放前曾经到福建的一个县做过几天的代理县长，他做代理县长的时候不知道犯了什么错误，也被抓了进来。他非常好学，在看守所里还要求家人带几本数学书给他看。

我先是在闽侯劳改，那时生活困难，饭也吃不饱，接着被派到公安厅副业生产队去养猪、养鸭、种菜。5年徒刑快到期的时候，我被调到江西鄱阳湖水库去劳改，开始的时候做苦力，后来就在医务室的外科帮忙涂药，包扎伤口，干一些比较清闲的事。

刑期结束后，我回到爱人所在的阳岐老家。劳改使我失去了教师的身份和工作。我先是在生产队下田，拿过锄头，拉过板车，做过"牛头"；后来在闽侯砖厂干了好多年。我刚开始在砖厂做砖的时候效率很低，还曾让我的三儿子来帮忙，后来才熟练起来。我的学生游鹤楼曾到砖厂来看望我，看见我在烈日下从事重体力劳动，不由心酸难过。我对他说：没事的，每当我看到高楼大厦，想起撑起大厦的砖是我造的，就觉得自己的劳动很有意义，对生活也就充满信心！他很有感触，把这些都写在他的回忆录里了。

我总会在遇到困难的时候想出一些办法去排除困难，渡过难关，在学生眼里也一直是那么乐观自信，用自身经历教学生如何在逆境中求自立，在绝望中求生存。

"文革"的时候，我们家被抄过好几次，我把黄埔军校的佩剑、毕业证等都扔到了家后面的一条河里，不敢让别人知道我是黄埔军校毕业的。另外我和培庸结婚时拍的照片也被抄走了，现在你们看到的这些照片都是改革开放后从台湾那边拿过来又重新洗的。我本人也安分守己，连门都不出去。因为我已经劳改过了，也交代过自己的历史问题了，所以他们也没怎么来找我，当然偶尔会被抓去游街，挂个牌子、戴顶长帽子。反倒是我的爱人因为我的问题受了牵连，别人说她是"反革命"谢霖的老婆，也是"反革命"，因此她也被拉去批斗。

　　我爱人说起来本是一个大户小姐，但她的意志真的很坚强。她解放后一直在阳岐本乡教书，有学生啼啼哭哭地跑去告诉她我被抓走的时候，她表现得很平静，因为她清楚我过去的事情。在我劳改的5年里，她照常去工作。

　　到了"文革"那几年，家里更加困难。严复的直系后人都去了台湾，她父亲也在台湾，曾经有所联系，于是她背上了"里通外敌"的罪名，再加上是我这个"反革命"的老婆，经常被抓去批斗，受了很多苦。想到这儿，我觉得很惭愧，因为我对她基本没帮到什么，还连累了她。

　　不过家里人都一条心，我的几个孩子也很坚强。因为我的爱人是独生女，所以大儿子和二儿子都跟我姓谢，小儿子就姓严。我大儿子叫谢严，现在已经过世了。他是我三个儿子里面最聪明的，很有志气，读书也很好。他出生于1949年，聪明、要强，很孝顺。他很勤奋好学，能写一手好字，只要看到字，不管在什么地方，就会用脚在下面划划当练习。那个时候他的很多同学写信时，都会请他在信封的空白处抄写毛主席语录。他自己还会刻印，他的日记本上就盖有他刻的印章。

　　他写了很多的日记，多次在日记中写到自己的家庭成分问题。因为成分不好，所以学的技术要比别人好！技术好，走到哪里都不会挨饿。他还是一个很有进取精神的人，他在日记中写道："不管我到什么地方工作，都照样能够得到那里人的尊敬和爱戴，因为我有一个钢铁般的意志、一双勤劳的手和一颗热情的心。"他的思想很上进，还在日记中写道："我希望在这个时候可以为祖国做我一生中最大的贡献。"

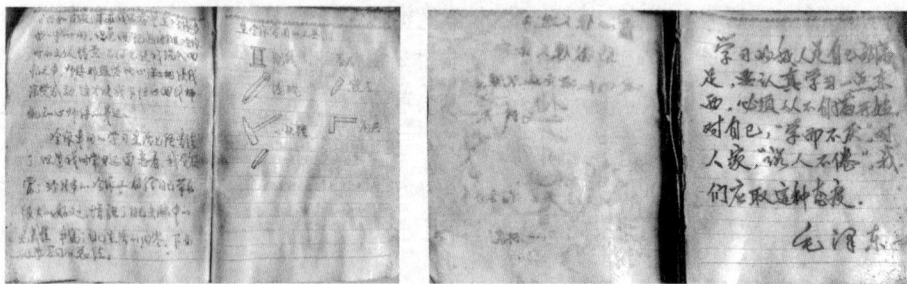

谢严日记

　　谢严心灵手巧，很爱搞小发明。那时候每家都要做蜂窝煤，别人都是要压一下煤才出来，他就做一个开关按一下煤就出来了。他还制作过一个弯弯的台灯。那个技术在现在来说就很简单，但在那时很难达到那个水平。抄家的时候，这个台灯被说成是通到台湾的电台。

　　他在福州动力机厂读中专，毕业了就去福建三明重型机械厂工作，开压路机、挖土机，但他在"文革"时头部受过伤。当时有些部队高干的子弟以红卫兵的身份来到阳岐，与当地百姓同吃同睡同劳动，他们也搞批斗打人。有一次，他看到自己的母亲在台上挂牌子被批斗，就说："我母亲是好人！"结果就被打到头部留下了后遗症。后来，他的头疾发作，我们在福州治疗不成功，就去上海做手术，结果还是失败了。去世前，他已经有了女朋友，我的小儿子还骑自行车带他女朋友去医院去探望他……

我的二儿子一生下来就有小儿麻痹症，走路腿用不上劲。"文革"的时候我带着他到山上去生活，我们在山上也照样劳动，人家挑担，我也跟着挑担。他承担了为山里人剃头的工作，山里人也不讲究什么发型，就是剃光头。剃光头也是一项很有难度的工作，刀子不利不能剃，刀子太利，又怕把人家的头刮破。他本来就是"反革命"子弟，再把人家的头剃破，那还了得！我只在屋里面给他示范一遍，他就会了，也很聪明。后来因为一次突发的疾病，他就丢了性命。他有一个女儿，也就是我的孙女，虽然跟着她母亲，但仍旧是我们供她读书。她高考的时候，因为差了一分，要交 1.8 万元才可以读一家私立的外国语学校，可是当时家里面经济拮据，我到处找人想办法，后来打听到严复的孙女婿叶明勋给这个学校捐过一幢楼，我就去找校长，和他讲了这件事，她才得以顺利进入学校。现在她自己在福州办了几所外国语培训学校，非常不错。

我与二儿子被迫上山的时候，本来全家人要一起去的，包括我岳母、爱人与小儿子。由于当时的教育局局长是我爱人在光复中学的学生，他知道我爱人很有才华，绘画等得心应手，又很好学肯干，所以就把她作为特级教师留了下来，于是我岳母和小儿子也得以留下。

我的小儿子是很坚强的一个人，吃过很多苦，干过很多行当。他最怀念他的大哥，一直珍藏着他大哥的日记。他当裁缝的时候，老大还给他做过一个铜电熨斗，至今还被他保留着。他曾去生产队插秧，学得很快，喜欢挑战。那个时候插秧的平均速度是两个人一天插一亩。他和队长商量一个人插一亩，插完就先走。他插完一亩还能提前 2 小时走，一般大家都干到 6 点，但他 4 点就完成了，很引人注目。但插秧一天只记 5 个工分，一个工分 8 分钱，等于一天才挣 4 毛钱，不够家用。所以他还早出晚归做生意，挑过煤炭，卖过蜂蜜等，帮老二娶媳妇，以此还欠债。他现在和我住在一起，这幢楼就是他盖的。

晚年余热

"文革"后，我从山上回来就到生产队去种田，一直种到 1981 年我 60 岁的时候。

接着，我又被调到供销社去当了两三年秘书。那时候我一个人打三份工，白天在供销社当秘书，晚上就到华联大厦当保卫，大厦关门后我就在那里刻蜡纸。我开始刻蜡纸的时候速度很慢，后来经过一年的锻炼就刻得很快了。那个时候刻一张蜡纸可以赚3块钱，一个晚上可以刻好几张，是份很好的营生。又过了两三年，我经人介绍到福建省财政厅办的财会学校去做事。改革开放后很多单位是新编的，很多财会干事连会计证都没有，连钱怎么收、钱如何运转都不知道，所以就办了这个财会学校。财会学校里面有集美的会计证函授班，办了10年。我在那里给他们收作业，组织考试。那个时候有一份工作就有一份工资，所以干得很高兴。当然，现在就轻松了，在家闲着，还会经常回潮州看看。

回想我的经历，我不觉得委屈，发生在我身上的这些事是能理解的，因此也能保持很平和的心情。我更没有想到自己晚年还能收到政府颁发的70周年抗战纪念章，心里十分安慰。

谢霖获得中共中央、国务院、中央军委颁发的中国人民抗日战争胜利70周年纪念章

我爱人在晚年做了很多纪念严复的事情。她退休后，开始陆续搜集有关严复、严氏家族的资料。严复的墓在"文革"时遭到严重破坏，为此她多方联络，募集资金，还跑去找市长、区长，这是需要莫大的勇气和毅力的！

致力于传播严复思想的严培庸女士

　　经过多年的劳心费力，最终严复墓、严家祠堂和严复纪念馆都修建了起来。她还出了两本书，一本是《严复与阳岐》，一本是《不了的严复情结》。在书中，她讲述了自己多年来保护严复遗迹、整理严复资料的过程，也记录了众多国内外学者、专家多次来到阳岐寻访严复遗迹的故事与情结。她还很喜欢画画，学校里很多作品都是她画的，包括大型的壁画，所以有名人送给她一幅字："艺中奇葩，阳岐女杰"，就挂在家里。她是一个很乐观、很能干的人，80多岁还应邀去香港开会。她希望能把严复的爱国、进步思想传承下来。此外她也很善良，看到那些贫穷的人总是会帮助他们。很多人有事（比如结婚）都会找她帮忙，所以她整天都很忙，走路还像年轻人似的。但有一次她摔倒了，脑部受伤，就这样去世了。

　　最后，我要给韩师的广大师生送一句话：教师是人类灵魂的工程师，教育学生是一项伟大的工作。

访谈现场

访后合影（左起：王俪颖、谢霖、陈俊华、曹容敏）

林 宽

　　1923 年出生，揭阳人，学名林志伟。先后就读于揭阳县立第一小学、第一中学初中部。1939 年起在位于揭阳古沟的韩山师范学校读高中。1942 年毕业后辗转进入广西大学的农学专业学习。1946 年参加中国共产党，曾在揭阳农业职业学校、揭阳真理中学、潮阳八区中学等学校任教，为党收集情报并出版地下刊物。1949 年奉调加入中国人民解放军闽粤赣边纵队，主要负责部队的财务后勤供给。揭阳解放后，任揭阳县委常委、第一副县长，主管财务和经济工作。1958 年调入汕头，任汕头专区财委副主任。1966 年转入工业战线，组建汕头地区第一家氮肥厂——星火氮肥厂，任书记、厂长。1972 年后任汕头地区燃化局副局长，"文革"结束后任汕头地区经委副主任。1983 年离休。2018 年 11 月 9 日去世。

　　本文初稿由曹容敏、周昭根两位同学提供，他们曾于 2013 年和陈俊华老师一起在林宽校友家中访谈。本书作者在组稿时进行了回访，对原稿做了修改与补充，并得到林宽校友之子林群先生的支持，为本文添加了附录。

我家在揭阳县城，家里是经商的。1937 年，我在揭阳一中才读完初一，日军轰炸县城，揭阳一中搬迁到棉湖，我就跟着去棉湖读了初二和初三。

1937 年卢沟桥事变后，日本帝国主义的魔爪伸向我国各地，我国军民奋起抗战，但终因实力悬殊以致沿海多处被日本鬼子占领了。1937—1939 年，我们潮汕地区先是受到敌机轰炸，后来三江沿海口的汕头市区、潮安县城、潮阳县城、澄海县城及县城附近的地方先后落入敌人手中，成为沦陷区，人民群众过着十分悲惨的日子。记得我在揭阳一中读初一的时候，亲眼见过日机轰炸揭阳。当时的飞机有双层翼，是螺旋桨的，飞得很低，飞行员还可以探出头看地面的情况，下面的人也可以看到飞机上的飞行员探出头来。揭阳县城第一次受袭的时候，日机投了两颗炸弹，但是炸弹威力有限，被击中的一座"四点金"（传统潮汕民居）没有被炸毁，只是一个房间倒塌了。那时候的武器远远比不上现在的，但相对而言日军的武器比中国的更先进。他们有战舰，有航母，这些在当时是很了不起的。正因为当时日军有我们没有的武器装备，他们才能经常袭扰我们。

那段时间，为了躲避敌机轰炸或从战火中撤退，许多学校先后搬到比较安全的山区，如汕头一中搬到普宁，大中中学①搬到潮阳铜盂乡，聿怀中学搬到揭阳五经富，揭阳一中搬到棉湖镇，韩山师范学校搬到揭阳古沟乡②。当时澄中③和金中④停办了，学生并入韩师，仍称"韩山师范学校"。

1939 年夏，韩师在古沟新校址重新开始招生，我带着揭阳一中的学历证明书去韩师报名，9 月开始在高中部读书，直到 1942 年夏毕业。

---

① 大中中学创办于 1920 年，1950 年与同济中学（创办于 1906 年）、时中中学（创办于 1920 年）合并为联合中学，1953 年改名为汕头市第四中学。

② 据韩师档案，潮州沦陷前夕，韩师已租下揭阳古沟村八座大屋为新校址，并向教育厅申请了搬迁补助费。学生于 1939 年 5 月 23 日放假回家准备，27 日开始集中迁移。图书、仪器、教具等则于 5 月 26 日用 10 艘 4 肚帆船进行运送。至 6 月，除附属小学因学生年幼未随西迁及部分物资无法搬迁外，韩师顺利完成迁校工作，校务教学恢复正常。1939 年暑假，李育藩校长赴韶关参加广东省教育厅组织的培训时，厅长黄麟书要求韩师增加班额，收容潮汕失学青年。

③ 澄海县立中学因澄海沦陷停办，据韩师档案，韩师与澄海县政府及澄中校长周英耀商议拟定了《省立韩山师范收容澄海中学师生办法》并于 1940 年 1 月 17 日上报广东省教育厅。由澄中开列失业教职员名单（包括姓名、年龄、性别、籍贯、出身、经历及待遇等），送韩师于下学期尽先聘用；由澄中派员登记澄中失学而愿继续求学的学生，送入韩师相当班级就读；学生因家庭在战区经济来源断绝者，由韩师予以免收学杂费并津贴膳费。此次韩师收容的澄中师生中，就有国文名师许伟余先生。

④ 1939 年春，原在潮安县城的金山中学迁到潮安县大和乡（今潮安区凤塘镇）淇园新村，借当地智勇学校上课。由于该地距潮安县城不足 20 公里，县城沦陷时不得不停课。据韩师档案记载，1940 年 1 月 14 日，金中土木科及汕头市立女子中学保姆班学生来到古沟，称金中与汕头女中停办，因潮汕各地中学均无土木科及保姆班，致无法转学或借读，因为土木科系高中性质，而保姆班程度与简易师范相近，因此恳请韩师设班收容。李育藩校长将这一情况上报广东省教育厅，于 2 月 20 日获得批准。1940 年 3 月 17 日，韩师对外发布消息，将依照各生年级程度，接收两校学生插班高中及简师。此次，金中共有 155 名失学学生到韩师插班就读。第二年，这批学生由插班生转为正式生。

林志伟的揭阳一中证明书（韩档
90 卷 59 页）

青年林志伟（林群提供）

　　我记忆中关于学校的印象都是在古沟的印象，现在去潮州的韩师没有那种回母校的感觉，毕竟当时不是在那里读书。我们去韩师参加校庆时也没有那种故地重游的感慨。倒是十多年前，我和陈仲豪①等老同学曾结伴重游古沟，探访当年的校址，回忆当年，感慨万千。

烽火乱世，书声依旧

　　当年的校址在揭阳县城西北方向古沟乡新建的一座村庄里。古沟乡的北面是老寨和圩市，东面邻大头岭圩，西面接白塔圩，南边是赤步村。从县城沿着榕江走可以到达附近。村庄里有二三十座民居，村中间有一座祠堂用作

---

　　① 陈仲豪（1923—2021），广东省揭阳市榕城区人。早年在汕头求学，就读于广州旅汕小学、汕头大中中学。1939 年转读位于古沟的韩山师范学校。1942 年考上广西大学农学院森林系。1944 年在湘桂战乱中流亡到了重庆，转学复旦大学。1947 年夏复旦大学毕业后，赴台湾基隆中学任教，从事地下党革命活动。1949 年 10 月撤回大陆。解放之后一直从事新中国教育事业，历任汕头华侨中学、聿怀中学，以及汕头一中副校长、校长。兼任市共青团教育总支书记、市教育工会主席。曾当选为汕头市和广东省人大代表。"文革"中受到迫害。1978 年任汕头市教育局副局长，尽力恢复学校正常教学秩序，平反改正全市教育系统冤假错案。1979 年，参与筹办汕头大学，后任汕头大学图书馆馆长。1987 年 11 月离休后，参与成立汕头市"关心下一代工作委员会"（任副会长）、"陶行知研究会"（任会长），从事青少年教育和学术活动。出版《教育人生五十年》《桃李春风是此生》专著，主编《汕头陶研》《陶园新葩》《求索行知路》《求真创造二十年》《回眸漫漫行知路（影集）》等书刊。

村里的小学，后来成了韩师附小。祠堂周围建的房子除少数有农民居住外，多数还没有人入住。学校到了这里，把一些建好的房子连同一些还没有完工的房屋一并租了下来，作为教室、办公室、图书馆、学生宿舍。学校离原来的村落有一段距离，方便办学，易于管理。

韩师古沟校园，陈仲豪摄于 1941 年（林志伟收藏）

多数学生和老师是住在学校的，也有学生在附近的村落租房子住，因为学校的宿舍不够。作为校舍的房子有好有差，其中三座最好的房子被学校租下来作为图书馆、办公室、女生和女老师的宿舍。男生住的宿舍相对差一点。各班的教室则有的坚固、明亮，有的简陋。我们高一班的教室是最差的。房子四面的墙已经砌好了，还没有屋顶，就搭了竹叶的顶棚；下面没有铺水泥，就把土夯实，钉上木桩，铺上木板，高的做桌子，低的做椅子。我们教室就有四五排这样的木板，一排桌子，一排椅子，都钉在地上。所以说，既有非常简陋的教室和学生宿舍，也有非常漂亮的办公室和图书馆。

图书馆在一间叫"五间过"的房子里，即一个大厅和四个房间，有几十平方米，最多不过一百平方米。图书馆里图书的数量有限，大部分是从潮州带来的，后来又补充了一部分。里面有报纸，比如《岭东日报》，那家报社原来在汕头，后来内迁了。记得还有一份报纸，叫《国民日报》。

学校从潮州搬迁到揭阳时所携带的物资有限，后来做化学和物理实验时只能由老师演示，学生观看，没法达到人手一套器材。

当时的生活比较困难，抗战期间，物资缺乏，物价上升。学生的来源不一，有当地的，也有来自沦陷区的。来自沦陷区的同学因为家在日军统治范围内而失去了生活来源，所以学校就免收他们的学费并发放生活补贴。这部分同学的生活是比较艰苦的，基本靠助学金生活。生活在国统区的学生还有一定的生活来源，不管家里是务农还是经商，他们的生活还算可以。全校师生在衣食住行各方面还过得去。吃的方面，学校办了食堂，提供饮食，我们每个月交一定的膳费，大家吃的东西都是一样的。学校周围还有几间小吃店，经济宽裕一点的同学也会去买一些小吃。生活虽然艰苦，关系比较好的同学也会在经济上相互帮助，有的同学还在暑假的时候把来自沦陷区的同学带到自己家里住。

我们在校那三年，只要气候正常，农业生产就可以进行，粮食、油、鱼、肉还有蔬菜基本都可以在市场上买到。虽然价格比较贵，而且数量少，但学校的食堂还是经常能供应得上。

在沦陷区，生活就极其困难了。日军不能控制广大的农村，就把城市与农村隔断开来，平民的生活受到了极大限制，又不能经商。日军、伪军有自己的供应系统，平民则非常贫困，经常发生饿死人的情况，听说汕头那边还有人用人肉充马肉去卖，后来被发现了。到了 1943 年大饥荒①的时候，因为久旱粮食歉收，大量饥民流入福建、江西一带。他们有的从饶平进入福建，有的从梅县、兴宁进入江西。很多人饿死在路边，尸骨都无人掩埋。

我们在国统区没有受到大的影响，每到星期天，趁着放假，师生还可以到附近的圩市赶集，叫作"上圩"。学校的东边有桂岭圩，西边有白塔圩，北边有古沟圩。既可以买到一些日常用品，还可以改善伙食。

总体来说，1939—1943 年，战局相对稳定，日军兵力有限，无法向内地扩张，也不能渗透到广大农村地区。到了 1944 年，日军攻入揭阳县城，学校再次内迁到灰寨，那时我已经离开韩师了。

忆师音容，缅师风尚

老师们有的是原金中的，有的是原韩师的，还有一些是学校到了揭阳再招聘的。我离开学校已 70 年，现在尚能记起一些老师的名字，其中任行政职务的老师有陈传文、洪应堃、顾映明、陈承钟等先生；授课教学的则有许伟余②、林守谦、黄家泽、王显诏、杨金书、翟肇庄、罗尧范、陈苑等先生。当时的校长是李育藩。

老师们不少是 30 来岁，如教生物的翟肇庄老师和她的爱人杨金书老师。他们都举止端庄、待人和气。当时的师生关系融洽，尊师也是一种风气，没有什么学生闹事或刁难老师之类的情况。特别是几位德高望重的老师，都是很受人尊敬的。有时候学生会去他们的宿舍做客、向他们请教，或者请他们

---

① 据《揭阳县志》（揭阳县地方编纂委员会编，吴克主编，广州：广东人民出版社，1993 年）记载，该县 1943 年饥荒期间死亡人数达 68 366 人，逃荒达 24 366 人，被拐卖或贩卖的少女、婴儿超过 2 万人。

② 许伟余（1884—1974），原名许挹芬，澄海县莲下镇许厝村人。学识渊博，与同县诗人侯节、历史学家吴贯因被称为"澄海三才子"。1908 年起即从事教育工作，先后在澄海凤山学堂、省立韩山师范学校、澄海县立中学等近十所学校任国文教员。1953 年、1954 年连续被评为澄海县和汕头地区优秀教师。著有《慧观道人诗集》《庶筑秋轩诗集》，辑为《庶筑秋轩文稿》。

指导学校的一些活动。

许伟余老师在当时算是年龄比较大的，有50来岁。他教语文，留着长胡须，胡子和头发都白了，穿一袭长衫，戴一顶瓜皮小帽，拿着一根手杖，气度儒雅洒脱。解放后，许老师到汕头教书。我曾经和同学们一起去拜访他，还为他摆了生日宴，以表达我们几位老学生对他的敬仰之情。许老师给我最深刻的印象在于他一家三代都是很好的语文老师，他的女儿许心影是20世纪50年代汕头有名的教师，孙女许秋子当时还在上初中，后来在汕头一中任教，成了我儿子的老师。

林守谦老师也是教语文的，有时会喝一点酒。他联系抗日战争、国难当头的时局，讲起课来满腔激愤，慷慨激昂。还有教音乐的王显诏老师，教图画的黄家泽老师。黄老师是我们的班主任。那个时候师生关系也谈不上多么密切，但老师们人格高尚、平易近人，他们在教学过程中对学生们亲切、诚恳，在指导班会活动时也会提出一些意见。

老师们多是潮汕人，像许伟余老师、黄家泽老师都是潮汕人，他们讲课大多是讲潮汕话；也有极少讲普通话的，像杨金书和翟肇庄老师夫妇。因为教学仪器很少，上课时主要是靠黑板，由老师讲授、提问。

学校里还有国民党的军事教官，有校级的正教官和尉级的助教。他们对学生进行军事训练，学习操作枪械和初级军事知识，还对学生进行思想控制。学生们对这种军事教官比较抵触，而那时共产党还处于地下状态，没有公开活动。学校对学生的管理比较宽松，但是会密切关注学生的思想动向。

总之，当时的师生关系比较正常，多数老师都受到同学们尊重。现在回想起来，当年老师们的音容笑貌都还历历在目，给我留下了很深刻的印象。

同学少年，　风华正茂

同学们来自四面八方，有的来自沦陷区，如原跟着潮州韩师、金中一起内迁来的学生。他们有的是成批内迁；有的则是单独想方设法撤退过来，辗转来到古沟读书；也有部分学生是在古沟招收的。学校有简师、中师、初中和高中四种学制，招收不同程度的学生。读师范的多数是从潮州随校迁过去的。有一些高二和高三的同学是从其他学校转学过来的，聿怀中学、普宁一中都有人到韩师就读。

我当年就读的高一同班同学就来自揭阳一中、聿怀中学、大中中学、金山中学等好几个学校。比如我和林庆瑞、陈大杰、许志仁等来自揭阳一中，而陈仲豪来自汕头大中中学。

林志伟所在的高一（3）班学生一览表（韩档439卷36页）①

学生的政治倾向大致有三种：一种倾向于国民党。当时国民党在学校里

---

① 林群讲述：我从一览表中看到许多熟悉的名字，有陈大杰、陈仲豪、林庆瑞等经常来往的叔伯，有我的堂叔林志勤，有父亲地下党的上级倪宏毅等。在我的记忆里，那不是一个个名字，而是一张张鲜活的面孔。父亲与许多韩师的老同学一直都有来往，我们从小接触，他们性格各异、各具情态，像国士伯的冷幽默、克屏叔的温厚清正、咏芳姨的豪爽大气、庆瑞叔的羞涩孩子气……我们不懂事时会笑谈品评，父亲不许我们背后论人短长。这些富有情趣的细节数不胜数，但遵父训不敢细说。我整理父亲的遗物时还看到他们耄耋之年的同学会账目：自1988年至2005年，这班韩师学友共聚会70次。我父亲经手所有账目，每次聚会均详细记载。我对他们数十年不渝的友谊羡慕之至。他们这辈人的人生也是丰富多彩的，既有投身革命死而后已的，也有勤勤恳恳一辈子当教书匠的。有天资聪颖才华超拔的，也有性格特立独行的。像我的堂叔林志勤，解放前就敢把列宁画像挂在书房里，胡琏掠兵撞门时我母亲第一时间冲上楼把列宁像摘下扔到窗外的稻田里才保无虞。还有许多爱情故事，有的堪称旷世之恋……

设有党部、区分部。校长和部分老师是国民党员。学生中有少数是国民党员。学校也有组织学生参加三青团。一种倾向于共产党，当时共产党在学校还是地下党，像来自普宁的张开明①等同学是共产党员，他们组成了一个地下党支部。还有一种游离于二者之间，既不参加国民党、三青团，也不参加共产党、共青团，这部分学生和老师占多数。

但从总体上看，当时学生间的政治派系并不十分明显，没有互相倾轧：共产党处于地下状态，国民党则顺应国共合作抗日的潮流，政治斗争不是十分明显。

学生常以学生会或班会的名义进行一些活动，比如戏剧比赛，每晚由一个班演一出，大都跟抗战有关。可以说，同学之间因不同党派的存在，有不同政治见解，但是师生间、同学间的关系还是比较正常的，毕竟当年建立了抗日民族统一战线，没有很明显的对抗。当然，国民党会密切留意共产党的活动。

学生参加课外活动比较活跃，像戏剧比赛、体育比赛（包括游泳比赛和篮球比赛之类）、论文比赛、歌唱比赛等，在学校里都有进行。戏剧比赛中，我们班演的是《东北义勇军》，其他班还表演了《放下你的鞭子》《野玫瑰》《日出》《钟馗》《结婚进行曲》等。那时候我常常当观众，没有参加演出。仲豪兄会摆弄乐器，就有参加。

我们学习的课程主要有语文、数学、英语，这一类课的课时比较多；化学和物理是分时段上的；还有图画、音乐和体育，这一类课的课时比较少，每个星期一节课。音乐课主要是老师教我们唱歌，多是一些关于抗战的歌曲，像《义勇军进行曲》和《流亡三部曲》等。图画课主要是教国画、素描、水彩画等，不同的年级有不同的内容。我们上课时间主要在上午和下午，晚上集中在教室自习。那时候还没有电灯，用的是汽灯。学校还组织学生办起了夜校，给附近的农民上课。

以上就是我回忆的一些母校情况，时间已过去70年，许多往事已经记不清了，但是当年老师们的风范，许多同学的容貌、性格和朝夕共处的校园生活，以及校舍和四周的风景人情，却仍记忆在心，成为温馨的回忆。

① 张开明（1920—1950），又名张伯哲。生于广东普宁县泥沟村。1939年在南侨中学加入中国共产党，任该校学生党总支组织委员。1940年春转入古沟韩山师范学校高中部就读，任中共韩师支部书记。1942年毕业后进入中山大学，后参加广东人民抗日游击队东江纵队。1945年奉调回潮汕，先后担任广东人民抗日游击队潮汕纵队第二支队第二大队政委、第四大队副大队长等职。1946年7月任中共潮安县工委书记。1947年1月被党派往台湾从事革命工作。1949年2月任中共台中地区工委书记。1950年4月不幸在台湾被捕，同年12月在台北被秘密杀害。牺牲时年仅30岁。

求学羁旅，抗日救亡

1942 年夏天，我于韩师毕业的时候，从大坑口至长沙、湘潭的一段铁路还在中国的控制下，华东的人员可以经过这里进入大后方到西北、西南。中山大学、岭南大学都迁到了粤北的韶关一带，我没有赶上招生时间，就去了桂林的广西大学。我们学校有十来人去了广西大学，有的去读农业，有的去读理工，其中有三个跟我同班。

陈大杰同学跟我一路同行，后来他定居在成都了。这段路很曲折，断断续续，先后用了半个月才到达桂林。我们从揭阳乘船去了汤坑——一天一夜走了三十公里；在汤坑通过步行、坐车等方式到兴宁用了三天，当时的车是烧木炭、用蒸汽的，走得很慢；从兴宁再坐两天车到韶关；最后由韶关坐两三天火车到桂林。桂林是当时广西的省会，很繁荣，抗战期间很多人撤退到那里，有来自全国的文化人到那里举办各种文艺活动。当时日机也轰炸桂林，老百姓经常要"走警报"——到山洞或防空洞里躲避敌机轰炸。这时候，美国空军的志愿军"飞虎队"也开始援助中国。

我在广西大学读了不足两年，因为我母亲去世了，我要回家奔丧。随后日军攻占了大坑口一带至长沙、湘潭的铁路线，我就没能再回桂林继续上大学。

当时我国东南半壁江山尤其是沿海比较富裕的省份已经落入日本人手里，但是我们都怀着必胜的信念，希望能赢得战争的胜利，相信一定可以赶走日本人，所以怎样艰苦的条件都忍受了。要是没有这种信念，中国早就亡国了！

在我读大学的时候国民政府提出"十万青年十万军，一寸山河一寸血"，号召青年参军抗日。解放后有一段时间认为青年军是反动的，现在想想，当时青年参军，不管是参加了国民党的军队还是参加了共产党的军队，都是出于满腔爱国热情去抵抗日本的侵略。

当时实行的是征兵制，全国的征兵分两种情况：国民党的军队名义上都是志愿兵，但是在国统区常有抓壮丁的情况，一方面是因为当兵比较艰苦，另一方面是因为当时的习俗认为当兵是二流子，是不务正业，"好男不当兵，好铁不打钉"，军人在旧社会是被人看不起的职业；而在共产党领导下的解放区，人们的政治觉悟较高，大多是自愿参军的。所以，当时全国有两种情况，国统区和解放区的风气也不一样。

投身革命，人生轨迹

1946 年，我在揭阳老家加入了共产党。早在韩师的时候，我的同学中就有地下党员。这些同学毕业后有的去了中山大学，有的去了广西大学。在大学里同学之间都有往来，学生的政治倾向一般都是倾向于进步、倾向于共产党，有的同学也参加了共产党。我受到这些同学的影响，思想上也比较倾向于共产党。

我入党的时候揭阳还属于白区，共产党处于地下状态，接收我入党的是当时党在揭阳县的负责人，我还不知道他的确切身份，只知道他是党员，既不知道他的住址也不知道他的真实姓名，大家都叫他"四哥"①。后来解放军入城，"四哥"是军管会的主任和第一任县委书记。介绍我入党的是我的老同学②，他是一支游击队的大队长。当时我们都在学校教书，趁同学都去上课了，在揭阳一中的一间学生宿舍里为我举行了入党仪式。在那段期间敌我斗争比较残酷，任何文字资料都会留下隐患，所以解放前基本上是没有什么书面档案的。一直到 1949 年揭阳解放后才逐渐建立起公开的书面档案，很多同志也是到了解放后才通过填表等建立了各自的书面档案。

因为我在大学期间返乡后没能再到大后方去，就留在潮汕地区活动。我在几所学校任教过，包括揭阳农业职业学校、私立揭阳真理中学、汕头大中中学、潮阳八区中学。按照党的要求，我以教书作为一种社会职业来掩护我的工作。我为党组织办过地下刊物，也做过情报工作。

抗战后，有的地方已经展开了武装斗争，我在白区和红区之间来来往往。当时经我介绍而入党的同学，有的至今健在，有的入党后不到两个月就牺牲了，记得有一位同志在解放军入城前一个月牺牲了。事实上当时参加革命斗争的大部分都还不是正式党员，党员只是少数。

1949 年，我奉调到游击区加入中国人民解放军闽粤赣边纵队参加武装斗争，主要负责部队的财务后勤供给。

中国人民解放军闽粤赣边纵队成立 60 周年纪念徽章（林群提供）

----

① 据林群回忆，"四哥"是杨英伟（1919—1985），普宁县占陇镇定厝寮村人。1938 年加入中国共产党，历任中共普宁县北山党总支书记、二区特派员、潮普惠南中心县委宣传部部长、潮揭丰边委员会书记等职。1949 年 5 月，任潮汕地委宣传部部长。解放后任中共揭阳县委书记兼军管会主任，领导接管工作。

② 据林群回忆，父亲的入党介绍人是韩师同班同学倪宏毅。

说起我的工作经历，可以说我就像万金油一样，工农商三线都去过，哪里需要我，我就去哪里。

揭阳解放初期，我参加县委常委的工作，是一名中层干部，主管经济工作。计划经济时期的经济工作跟现在完全是两码事，那时候物质比较欠缺，解放军进城的时候，我们带来的纸币是南方券，但是刚开始老百姓对南方券没信心，担心共产党不能坐稳江山或国民党卷土重来，所以直到局势稳定，这种纸币才逐渐流通开来。后来大军南下，带来了人民币，人民币在发行的过程中也遇到问题，因为它的面值太小，老百姓上街买点东西都要带好多钱，很不方便，所以就用新币换旧币的方式，1元的新币可以换 10 000 元旧币，逐渐把物价稳定下来。

在那个时候大家都廉洁奉公，一心为民，不图什么回报，而且那时物质非常紧缺，只有遇到喜事或者节日有什么需要时，才会通过所在部门拿到一些糖、油或者猪肉。春节的时候，如果工人没有休假，干部就要到车间里跟工人一块工作。工人加班，干部就得跟班，这样对工人才有个交代。当时工人与干部关系很好，互相信任。记得临春节前，我一直忙到除夕晚 12 点才回家，第二天又到工厂里跟工人一起过节。

当然，我也经历过社会风气极不正常的时候，经常搞政治斗争，伤害了很多人。我听说有一位中学老师说了几句话："有一次，我上课的时候，肚子非常饿，不得不拿黑板擦捂着肚子……"那时候正好提出"大鸣大放"，大家都可以来对党提意见，可是他却因为提到饿肚子的事就被打成右派，罪名是"攻击党的'三面红旗'"，这太不公平了。还有很长一段时间，银行、大商店等都被垄断起来，小商店只能做一些小生意，不能做批发之类的，哪怕你只是拿一只鸡到街上卖，回来也要被批斗……所幸这一系列错误后来都纠正了过来。

回顾起来，我们这辈人在十三四岁时逐渐脱离童稚进入青年阶段，就体会到那种国家、民族面临深重的危机、国难当头、国家十分贫弱、受人欺负的状况。当时东三省被日本人占领了，建立了伪满洲国，后来日寇还进兵到华北、华南来。虽然离汕头和揭阳还很远，但是我们从报纸上都能了解到这些。青年对此都有清醒的认识，特别是知识分子。当时学生上街游行等抗日活动，对我们有很大的教育和影响。那一代学生深知民族和国家灾难深重，从而培养起强烈的爱国主义观念，促使他们去思考这个国家究竟该向哪个方向发展。后来一批又一批进步青年接受了社会主义的理念，也是在爱国主义的基础上转向社会主义的。当下太平盛世，年轻人不那么容易感受到那种国家民族灾难当头的情况，但这些都是我们这一辈人感受最强烈的。真的希望我们这辈人的故事能使年轻人更了解历史，对历史有清醒的认识，成为一个有益于社会和国家的人。

相濡以沫， 永久怀念

我曾经写过一篇长文纪念我的爱人吴舜香①，我与她的缘分就是在那个不平凡的年代，在韩师求学期间开始的。

1939 年潮州城沦陷，她刚读完初中。身陷危城中的她面临两种选择，一是留在城里，选一户好人家嫁出去，二是背井离乡，越过封锁线，流亡抗日后方再次求学。她选择了后者并得到了她母亲的支持。混出城后，她辗转在一山村找到远道前来接她的叔叔，二人跋涉到揭阳古沟乡。她以流亡学生的身份进入韩师师范部读书，并领取了生活补贴。

青年吴舜香（林群提供）

吴舜香等请求补助学生的膳费表（韩档 437 卷 74 页）

---

① 吴舜香（1922—1999），出生于潮州古城，曾就读于潮安县立中学，毕业后于 1939 年秋来到揭阳古沟，进入韩山师范学校高中师范科第 11 班学习。

我清楚地记得第一次看见她的情形。师范部上军事训练课时，她站在队列最末尾的位置，全神贯注地看着教官做示范，全然不理会围观的我们。我被她的眼神深深吸引住了。十七八岁的她，是男同学们在背后指点品评的人物，同学们都认为她长得好看。也就是从这些议论中，我知道她的姓名，知道她来自沦陷的潮州城。她的教室和我的教室仅一墙之隔，她进进出出总会从我的课室前经过。我默默地关注她近一年的时间，而她毫无觉察。那一年，她参加篮球队，参演话剧，是文娱活动方面的积极分子。

我的心事终于被几位要好的同学知道了，他们一阵取笑之后就给我当参谋，请其中一位同学的姐姐搭桥牵线。1940年夏天第一学年结束，刚放暑假，那位同学的姐姐以请她帮助收拾行李为由，把她约到自己的宿舍，然后让我和另两位男同学进去将已收拾好的行李抬上路，想以这个办法让她认识我。哪知一行人嘻嘻哈哈匆匆而过，又没有一声介绍。她虽然抬眼看，却没法分清张三李四。好在我得到了她假期寄居地的一个通信地址，给她寄去了第一封信。为了证明那天见面时哪一个是我，还附去我的照片。不久就收到她用红色墨水写的回信，也附了一张照片。听人家说用红墨水写是表示绝交的意思，但她肯定不懂这一讲究，因为附上照片就表示同意交往了。照片里的她剪着短发、穿着白色衬衣和灰色军裤，这形象深深印入了我脑海里。

1940年秋天，第二学年开始了，我一直关注她的身影，见到她提着铁桶经过我的宿舍到井边打水，可是未来得及与她再次见面，她就突然从学校里消失了。过了一段时间我才接到她的来信，原来她仅靠助学金难以继续读下去，已与从沦陷区来的几位同学，在普宁早塘乡兴文中学的附属小学教书谋生了。

转眼到了初冬，正好农历十月十五日，是民俗中庆丰收祭的日子，我随学校行军训练的队伍，走了一天到达兴文中学，宿营在中学的教室里。当天晚上，经过关心我们的同学的安排，我和舜香有了第一次正式的约会，在学校的大操场见了面。

她仍然穿着一件白色短袖衬衣和一件灰色军裤，落落大方。操场又大又冷，我们一直站着说话，也不懂得找个地方坐下来。也记不清说了多久，不知不觉已过了学生就寝的时间，我们才在同学的催促中告别。没有甜言蜜语、没拉过手，但已定下终身。第二年春天，双方家长在榕城见了面，举行了订婚仪式。

我家位于揭阳县城进贤门外，是一座有二三十间厅房的住宅，住着五世同堂的数十口人。她虽然是一个漂泊在外刚刚从学校出来的女青年，但她的善良沉稳、从容和气，早已博得我家人的好感。

林志伟与吴舜香的合影（林群提供）

从学校到家庭，她一个女学生开始是不擅操持家务的。记得1941年春天，我和舜香一早从棉湖出发，步行前往旱塘乡。中午经过普宁大坝圩时，我们在一间小饭馆要了几个乡间菜，如杂烩汤、炸粿肉，第一次两个人单独在一起就餐，那顿饭吃得真香！晚上抵达旱塘小学，假期间的学校成了两人世界，舜香以当家人的身份下厨掌勺，但饭菜端上来后，未经充分浸泡过的粉丝炒鸡蛋却难以下咽。第一次出手就闹了个笑话，她觉得挺不好意思。那顿饭总算吃下去了，虽没中午饭那么香，却让我难忘，也许是舜香第一次独立主持"家政"，有点"家"的味道的缘故。

但在为人妻母之后，她渐渐成为一位全能的当家主妇，为衣为食，备尝辛苦：为家中长幼提供桌上餐肴；为弟妹们裁制新衣，裁大改小各种拼接，为女儿做出漂亮的连衣裙；用刺绣换来工钱，帮助解决家中经济的窘迫状态。

我印象更深的是她处变不惊、从容镇定的过人品质。面对日寇的侵略，她能果敢沉着地应对。抗战初期只身离开潮安时的艰险，她只淡淡说过。后来当日寇临近揭阳城时，她果断沉着地整理好衣物，迅速带着女儿、弟妹下乡避难。敌人第二次袭击榕城时，我和她一起从进贤门街匆忙向城西撤离，她背着两岁的女儿、提着行李包袱，不见一丝慌乱的神情，那场景至今印在我脑海里。

解放前夕，胡琏匪军撞门搜屋、拉丁掠人的时候，她呵护弟妹儿女，掩护家人逃脱，又不顾个人安危地出面向匪军头目交涉，为被拉走的壮丁写寄家书，这些我是听当时在场的弟妹们说的，大家都赞扬她当时的机智勇敢。

她长期主持家计，在很多事情中表现出过人之处。在成为林家媳妇后没多久，因战乱、天灾、通货膨胀，招致大家庭经济迅速破产，生活陷入捉襟见肘的困境；解放后一度物资匮乏、供应紧张；"文革"期间更是停薪扣款，全家分处七地，政治、经济都上倍受歧视。她却从不气馁，总是咬紧牙根，默默地一边劳动工作，一边撑持着艰难万分的家计，从不让我为柴米油盐和儿女们上学读书的各种事情操心。

　　舜香的一生，更多时间是以中共党员、国家干部身份从事社会工作。她不仅全力支持我的工作，自己在解放前就已参加中共地下党的一些革命活动，如当交通员传递报刊文件，接待安置过往同志。她工作起来认真、严谨、细致，一直被共事过的同志赞扬。在连续数年的"四清"工作队、社教宣传队的艰苦生活中，她与接触过的当地群众建立了深厚的感情。事隔多年之后，仍有人多次前来看望她。我曾经在闲谈时对她开玩笑说，下了乡你很容易到群众家里找饭吃，我就不一定能讨到一碗咸菜。

　　1994年10月，舜香在去市场的路上绊倒导致手部受伤。四年后，她因转身难以控制平衡导致第二次跌伤手骨……接连而至的病情，使她不得不住进了医院，也使全家亲人万分忧伤。病中，儿女、亲人们对她关心爱护，让我感激和欣慰。然而尽了各种各样的努力，仍无法把她留住，实在是万分无奈和悲伤。我曾写过几首小诗怀念她：

（一）

演兵场上惊初见，执子之手六十年。
风雨同舟人去远，霜冷旱塘月又圆。①

（二）

事亲抚幼担千钧，"文革""四清"倍苦辛。
处变从容见本色，君是我家女中英。

（三）

哀哀一别会无期，悠悠往事记依稀。
已悔同行常先后，负疾并肩少扶持。
淡忘智勇关生死，每以是非评节枝。
寒帏空寂对谁说，独对孤灯泪沾衣。

---

　　① 林志伟为该句作注：1940年冬，从古沟乡韩师校址行军训练至潮阳两英圩，途经普宁旱塘，宿营于旱塘兴文中学，时为农历十月十五日。舜香正执教于该校小学部。当夜，同行学友中知我和舜香有情谊在，热情代我约舜香前来一会。明月当空，露冷霜寒，与舜香并肩立于月光下，坦诚交谈，互相致意，虽无及情爱二字，却已定情，定终身厮守。以后数十年间，每届农历此日，总共忆当年情景，共庆终生无悔。虽有分处两地之时，也常以书信互倾情怀。月缺月圆，人散人聚，今而后，月缺复圆，人却远去，每届此日，能不悲思？

周昭根（左）、曹容敏（右）在林宽校友（中）家中访谈

附录一①

送远行人

林志伟

绿遍江南，春孕育着万物的新生。在这个日暖花香的季节，在你们踏上征途之前，寓着春的意识，祝福你们，朋友，茁壮而康健啊！当你们离开了这南岭之阳的家邦后。

为着你们的远行，多少时候了，我感到多么兴奋！

跨过忠信山、大巴山，你们将驻足在峨眉山下。你们在这南岭之滨，多几时候，你们将投进万壑群峰的山之国去，听嘉陵江水的歌唱，接受祖国火与铁的铸炼。是投笔从戎的时候了，朋友，别忘记呀，擎起枪后也握紧你们的笔来，我们要用枪去抗战，也用我们的笔锋刻画出中华魂的永生。

五千年的古国要翻身，我们要自由和解放！年青的人啊，谁又没有一颗炽热的心？！你们有着康强的心和康强的身的朋友，要一副好身手，驰骋在这圣洁的战场，奔向那光明的烽火。中华的好儿女，活着一天便要有一天活着的意义！

在暮春——你们要走的时候，这里有着莺飞草长的日子，家乡是多情而明媚的呐！你们没有留恋么？有的吧！但你们又为什么要留恋呢？！男儿的壮志、男儿的雄心，应该掩盖过我们的依恋吧！一别行宇内，纵横千万师，朋友，我们这些又算得些什么呢？！听长城刁斗催落月，看塞北黄沙，看关外的风雪，椰子林边已见中华征人的刀光剑影……多少事我们未见未闻，我们为什么要留恋？朋友，别离的辛酸汹涌在你的心湖么？但人生哪能没有离别？平凡的聚首，又哪里比得起有意义的别离来？没有别离，哪会得来重见的欢愉？朋友，这萍梗的人生，终是有离有会的，别把世界看得太大了！

走吧！——放开喉咙唱我们要唱的歌，挺起胸膛，做我们要做的事，走吧！年青的人！

隔重重烟水，我们该不会谁忘了谁吧！朋友，再见在异乡时，拿我们各人的成就来相安慰！

作于 1942 年

---

① 林志伟在韩师临毕业时写下这篇《送远行人》给同学义明、诗魁和仲良等，林群提供。

附录二

怀念母亲

林群

一

母亲生于潮州古城。儿时我曾跟外祖母去过那座老屋，沿着窄窄的青石板路，进一个小小的院落，几间平房，天井里的青龙缸里养着莲花，屋后还有一个园子，很小，但在童年的记忆里很大，花木扶疏，种着龙眼、黄皮、萍桃等果树。等到去念书，读到鲁迅的课文，忍不住笑了，他家的百草园跟外祖母家的园子是一样的嘛。

在母亲还不懂事的时候外祖父便"过番"去了泰国，一直给人帮工。他性情耿直刚烈，一辈子也没有发达。他在母亲九岁那年回过一趟唐山，给母亲添了一个弱弟，从此再没回来，直到客死异乡。家里现在还保留着外祖父的一些番批，极清秀的蝇头小楷，但从内容看，外祖父的脾气很倔，宁折不弯，跟许多人都处得不好。由于他薪水微薄，外祖母奉养婆婆、拉扯一双儿女，过得很难。外祖父没有一般潮汕男人重男轻女的毛病，一再交代要让女儿念书。潮州在 1939 年沦陷，侨汇断绝，这对外祖母来说，几乎是断了生路。古城的湘子桥头，就站着荷枪实弹的野兽。听外祖母说，过往的人必须向他们鞠躬，口称大人，不肯叫的话，鬼子就会一个"老虎背猪"（背摔）把人狠摔一下。有一个村的村民，摸了鬼子的岗哨，鬼子报复，把村里的后生捆得像粽子，一个一个从桥上扔到滚滚韩江。这个以大文豪韩愈命名山水的地方，就这样被鬼子踩蹒。母亲不愿在日本鬼子铁蹄下当顺民，夜走山路逃离沦陷区到国统区求学。而外祖母为了一老一少的活命，当过用人、当过看门人，甚至当过挑夫！我的外祖母是一个平凡而伟大的女性，假如有人问我，你一辈子最尊敬的人是谁，我会毫不犹豫地回答：我的外祖母。她的勤劳、克己、睿智和善良，给了我莫大的影响。

母亲逃到战时搬到古沟的韩山师范学校读书，在那里遇到我的父亲，那时他们不过是十几岁的孩子，也算是早恋吧，开始了"执子之手六十年"（摘自父亲的诗句）的绵长情感。

年少时，母亲跟我说过她与父亲的相恋。她的脸上不无羞涩："他们说，我俩是安生亩旦。"他们，自然是指同学，"安"潮语即夫，"亩"潮语即妻，一个像生一个像旦，很般配。可见，他们的恋情是得到同学的祝福的。

他们结婚了。母亲嫁入的是一个聚族而居、五世同堂的大家庭。见过母亲年轻时照片的人都讶异于母亲的美：光洁的额头、秀长的睫毛、又黑又大的眼睛，加上微陷的眼窝和高挺的鼻梁，父亲九十多岁的曾祖母戏称她为"番仔新娘"。结婚后，十九岁的父亲就到大后方去求学了。大家庭规矩多，新妇每天要到各房的长辈那里敬茶，连排序在前的姒娌都得敬。祖父长年在外跑生意，祖母身体有病，父亲有五个弟妹，最小的妹妹才一岁。不到二十岁的母亲操持一切，伺候病重的祖母，代父亲尽孝。那时大姐才出生几个月，母亲每天在医院和家里来回跑，在祖母病床前守候到她去世，我真不知道她是怎么熬过来的！等到年事稍长，我才知道，是对父亲的深爱，支撑着她"事亲抚幼担千钧"。

二

祖姑母说母亲"一生有担当，大事担当，小事也担当"。祖姑母说的担当指的更多是她在大家庭中的敢做敢当。日寇魔爪伸向揭阳城时，祖父在兴梅，祖母病逝，她果断沉着地料理衣物，背着女儿，提着行李，带着几个弟妹下乡避难，那时四叔六岁、小姑才两岁！解放前夕，胡琏匪军撞门搜屋、拉人掠丁时，多少男子避逃不及，母亲十分镇定，趁匪军疏忽把已被集中的十五岁的三叔拉出来，掩护他逃离。她还不顾个人安危出面向匪军头目交涉，为被拉走的壮丁写寄家书，她的勇敢和热心肠令族亲赞叹不已。她救过细姑一命：祖母去世后，有一次细姑得了痢疾，人泻得奄奄一息，祖父、父亲都在外，大家庭中一位长辈发话了，一个女娃子，就随她去吧。母亲既无财权，辈分又低，但她据理力争，说这病西医能治，抱起细姑就往教会医院跑，抢回了细姑一条命。还有一次，四叔肺部大出血，四婶刚好出差，母亲赶到的时候四叔因血块堵住呼吸道脸色已经变了，在一旁的医务人员手忙脚乱，母亲二话不说，伸出手探进四叔的喉咙把血块抠出来，血溅了母亲一身，事后大家都说母亲真是好胆量，而且一点也没犹豫。

记得"文革"时，一家遭难流散，母亲应对任何危变均镇定自若。1967年武斗时，社会上人人自危，父亲被批斗，母亲让姐妹避到乡下，我觉得自己是男孩子，坚持留下陪母亲。有一天半夜时分，有不明来路的人暴打我家门窗，少不更事的我抄起一根扁担就想去开门，这时黑暗里有一只手死死地拉住我，那是母亲，她厉声斥责门外前来骚扰的人，直到门外销声匿迹。

到了1968年，随着斗争愈来愈残酷，冤案频出，几乎所有干过地下党的人，头上都被戴上一顶"叛徒"的帽子，不管你是否曾被捕过，有没有当"叛徒"的机会，反正你在白区"潜伏"过，你就不干净。父亲正是这样的人，况且他是"资本家"出身，姥爷是同盟会的人，舅舅当过民国的官，社会关系复杂，堂兄弟在台湾就好几个，连我们家属都觉得，尽管解放后历次运动他都过关，这次恐怕是在劫难逃了。

那时不堪凌辱而自杀者不少，有同学的父母，有师长，有父辈的同事、朋友，死后还被戴上"自绝于人民"的污名。从母亲到子女，最担心的就是父亲经不起"考验"而"自绝于人民"。因此，母亲对父亲是千叮万嘱，要他相信群众相信党，无论如何一定要咬牙顶住，绝不能自寻短见。

父亲果然被揪进"牛棚"，定性为"叛徒"（干过地下党）、"特务"（亲属有多人在台湾）、"国民党的残渣余孽"（这个我们百思不得其解，父亲又不曾加入国民党），被游街、批斗、殴打，还要干苦力……探监时，父亲会在衣服补丁、压边里藏纸条，告诉我们他绝不会经不起"考验"，我们也依样画葫芦夹带字条，内容也是鼓励他要相信群众相信党，纸条或藏在衣服补丁里，或藏在食具里，那时有一种带盖的搪瓷口盅，盖顶有蒂，蒂是内空的，正好可以塞字条，看守光注意口盅里的食物了，没注意那个盖。父亲果然经受住了一系列"考验"，没有"自绝于人民"。

再后来，一家八人分居七地，进牛棚、干校、下乡、下基层等，正是母亲用她的坚韧和关爱拢起了这个家，应了那句老话："家是桶，娘是桶箍。"

母亲的担当，跟她坚毅的性格和英雄情结有关。我们这一家子，母亲的字是写得最好的，端正大方中透出几分秀气，"字如其人"用在母亲身上恰如其分。母亲有强烈的正义感和革命理想，我记得童年时母亲教给我们的歌只有两首，一首是《太行山上》，一首是《渔光曲》。学生时代她参加抗日火炬游行，上街宣传时唱的就是这两首歌。晚年她第一次到北京，第一想看的就是人民英雄纪念碑。解放前，我们家是地下党的联络点，母亲接待过往同志，传送信件，义不容辞。有一次，她送信的路上碰到敌人处决地下党，那是一个年轻女子，已经被打得没有人形，走不得路，是用箩筐抬到刑场的。我问母亲："妈妈，你怕吗？"母亲没有说话，脸上有哀戚的神色。

晚年的母亲变得行动迟缓，人也有点懑懑的，她忽然有了一个癖好，就是拿个本子记为国争光的运动员的名字和成绩。我们对此很不以为意，劝她，有报纸有电视，记这个干吗？她也不辩解，脸上露出孩子般羞怯的笑容，还是照记不误。

三

祖母不到四十岁就去世了，祖父去世时也不过五十来岁，母亲其实是嫂娘。母亲去世后，我们整理家中的信件，无意中看到母亲写给父亲的一封信，当时父亲在省党校学习。母亲在信中表达了她的爱意，她对父亲说，我对你的弟妹胜过对自己的弟弟。母亲这话千真万确。母亲对姑叔的关爱既是一个善良长嫂对过早失去母爱的幼者的呵护，也是一个深情妻子为丈夫履行责任的默默承担，更是出于对父亲的深爱。母亲深爱着父亲，她的爱只有"痴迷"二字方足以形容。父亲的胃不好，从我有记忆起，这就是一件令母亲揪心的大事，她到处打听各种偏方，变着法儿给父亲治，隔一段时间便有一种新花样的食疗。当她打听到什么新花样，那就是家里大乱的时候。一般的人家，有好东西是尽着孩子吃，我们家呢，不论是好饭菜还是好点心，都是尽着父亲吃。吃饭时最好的菜，母亲永远是摆在父亲面前的。二十世纪六十年代搞"四清"，地专机关抽人下乡，夫妻俩必须下去一个，当时下乡规定"三不吃"①，又要跟农民一起劳动，很苦，母亲为了有胃病的父亲不用下乡，连续报了两期，在极艰苦的环境中待了两年多。当他们迈入老年，我们子女常开母亲的玩笑，说她是妻性大于母性。

母亲是个很能干的人，但她却不可思议地敬重父亲，几乎可以说是崇拜。子女成年后也常与母亲开玩笑，说她在家里搞个人崇拜，因为我们最常听见的两句话就是："问问你爸爸"，这是需要拿主意的时候，以及"等你爸爸跟他谈"，那是有谁做了错事或有思想问题的时候。

母亲的负荷实在是太重了。她又不会保养自己，常说自己是虚不受补，从来不吃一点补品。她几次随工作队下乡，加上在干校受苦的几年，算起来在艰苦的环境中熬了近十年。从干校回来，五十出头的她已经得了严重的心脏病。退休以后，她的身体就慢慢垮下去了。

四

母亲是一个质朴平实的人。她从来不讲矫饰的好话，也最不喜欢口不对心的甜言蜜语。母亲离去后，我们想起她的，大多不是她说过的话，而是她做过的许多事。

我们兄弟姐妹五个回忆起来，母亲对我们哪一个都没有偏心，就连我这个排行老四、唯一的男孩，也从未有任何特殊，可以说大爱无偏。她总是当哪一个孩子有病或有困难时，就对哪个孩子多一些关切。二姐是我们中最早参加工作的，被分到凤凰山区，当时那里交通极为不便，山高水寒，连青菜也吃不上。二姐在悼文中写道："母亲的来信总是流露出对我的关切与担忧，怕我适应不了山区的生活。我记得在八月份的一天，当营业快结束时，我正埋头清理账务，耳边传来亲切的叫声：'婉！'我抬头一看，原来是母亲赶着二百多里的路途来看我了。因山路崎岖，她晕车晕得厉害，可还提着一大麻袋几十斤的青菜带给我和我的同事。望着母亲瘦弱的身躯，看着那因晕车而显得疲惫不堪的面容，看着山风吹起的那几缕白发，我激动地抱住母亲的双肩，是母爱的力量让她带着与她体重几乎相等的青菜来给我们解馋啊。"

人很怪，有很多大事过后就淡忘了，但一两个琐事的镜头却会长久地留在记忆中。记得母亲下乡搞"四清"，第一次回来开会，人变得又黑又瘦，她说她每天吃的都是清水一样的稀粥、地瓜就咸菜，因为有规定，不能吃鱼、

---

① 三不吃：不吃肉、鱼、蛋。

肉、蛋。我们愤愤不平，说按机关的伙食标准交钱给三同①户，怎么光给你们吃稀饭和咸菜？母亲正色说，农民很苦，这点钱也算是给他们一点帮补。晚上，母亲找出一床旧蚊帐，说有一个五保户的老人没蚊帐，每天都被蚊子咬，补一补，可以给她用。那旧蚊帐有许多破洞，母亲补得很细心，我陪着母亲说话。到底是孩子，熬不住，我睡着了。第二天我醒来，母亲已经一大早回乡下去了。几十年过去，母亲补蚊帐的事就像是昨天发生一样，她专注的神情还不时浮在我眼前。母亲每到一地，人缘总是很好，回来之后总有乡亲们提着土特产来看她。母亲在干校养过鸡，她自豪地告诉我们，人家称她为"鸡司令"。

还有一个印象深刻的镜头，是母亲从干校回来的情景。那时父亲在牛棚，工资扣发，我们又在乡下饿得够呛。干校在穷山沟，农产品便宜，母亲每次回来总是用省下的钱买很多吃的，用一根扁担挑回来，有鱼干、菜干，还有她自己做的沙茶猪肉和咸鸭蛋。她把带来的东西分成几份，给在乡下的几个孩子带回去。我记得，她的手很粗糙，有开裂的口子，她分鸭蛋的神情专注认真。这就是做母亲的心呀！

母亲已经永远地离开了我们，然而我总是频繁地梦见母亲。我是不相信老天鬼神的，可是梦境是那么鲜活！我宁可抛开我的理智，认同世界上真的有灵魂，那么，有一天，我还能遇见我的母亲！

---

① 三同：同吃、同住、同劳动。

林卓群

　　1924 年生于汕头崎碌，在北京读中学至高中时抗战爆发。1944 年，在泸州应征入伍，后成为远征军新一军 30 师部直属工兵营第一连一班下士，空降缅甸密支那。1945 年夏回国。抗战胜利后退伍，到北平辅仁大学读英文专业。回汕后在礐光中学等校任教。1949 年解放后先后在汕头教师进修学院、汕头第三中学（聿怀中学）、汕头业余大学等学校任教。其中，1972 年调任汕头地区工农师范学校（现韩山师范学院），负责外语教学工作，1975 年调回汕头。改革开放初赴美国进修研究生课程，1981 年回国参加汕头大学筹办工作，任外语系主任，后晋升副教授，1989 年离休。著有《余年拾遗——林卓群译作选录》《浮生实录》等。2017 年 3 月 12 日去世。

访谈时间：2015 年 3 月
访谈者：陈俊华
访谈地点：汕头林卓群校友家

我的童年与家庭

我 1924 年出生在汕头，我父亲林豁如是一个商人，经营酒业和水果批发。大约在 100 年前，我父亲在汕头崎碌新兴街以东数百米购置了几亩地，并把这片地用墙围起来，中间用一道墙将之分为两半。围墙之间设有一个大门，可以相通。我家就在西边这一半建起了房子，据说当时用了一万银圆。另一半地则租了出去，给人家种菜。

建起来的房子很大，大门旁边有门房，住着一个看门老人。大门内是一个花园。园中有花圃和小道。进了花园就可以看到一栋两层楼的大房子，上面有"祇园小筑"四个大字。"祇"是神佛的意思，因为父亲是佛教徒。这座二层楼的房子一进门先是二房一厅，然后中间有两间房和一个大食厅，厅房有一个门可以通到坐南朝北的后厅和两间卧室。二楼是四房一厅，并有骑楼、晒台。后面的花园种了不少果树，水果成熟时，一家人吃不完，就送给亲友们。还有三棵大槐树，树下有供我们玩的秋千，北边还有篮球架。后园的东边盖了许多平房，有浴室、佛堂，还有几间客房和佣人的住房，煮饭的伙房等。

我很小就进幼儿园，四岁时就到新兴路口与外马路交界处的一中附小读一年级，我坐在课堂里根本不知道老师讲的是什么，结果只得留级重读。第二年换了一个和蔼可亲的老师，我的学习成绩也有较大的进步。有一次我在期中考试中名列全班第一，父亲很高兴，奖给我一个银圆。我还在全校的国语演讲比赛中获得过第一，那时能讲国语的人不多，课堂上老师都用潮州话讲课。

因父亲经营酒业，所以藏有许多白酒。常有客人喝醉了，成为家里的笑话，大家说起某人的醉态都哈哈大笑。然而在我五岁那年，母亲突然生重病去世了。不久又发生"一·二八"事变，日军突然袭击上海，父亲的货受到严重损失。汕头港也来了七艘日本军舰，人心惶惶。父亲因生意损失过大，不得不把前面主要的住宅卖掉抵债，准备在后园另建住屋。他请了一个风水师到家里住下，到处察看，提出许多建议，比如三棵大槐树属阴需要砍掉等。但从此家道就衰落了。

艰辛京城求学路

我小学毕业后父亲让我去考商业职业学校，考上以后，我对那里的功课毫无兴趣，情绪低落。正好大姐让我去北京找她，于是我 1937 年 2 月去了北京，开始自习数学、英语，大姐的朋友关小姐辅导我。几个月后我有了较大的进步，可是到了 7 月就发生卢沟桥事变，不久北京失陷，我们不得不避居关小姐的三叔家中。日军占领北京后，采取怀柔政策，由汉奸出面管理，让商店开门营业，学生正常上课，只是派去日本教师，开设日语课。到了 8 月中旬，各校开始招生考试，我就近报考了孔德中学初中二年级。孔德中学是中法大学附中初中部，这是一间很好的私立学校，教师都很负责，我的各科成绩都能跟上，英语的进步最快。该校也设有日语课，教师是周作人的儿子周丰一。在孔德中学读了一学期后，大姐让我转到北师大附中读书，说那才是北京数一数二的名校。

我考上北师大附中高中部后，就搬到海北寺街的一间约有 20 平方米的房子里居住，这是北京潮州会馆在宣武门外的产业。后来太平洋战争爆发，我的生活陷入困境。上高三时我为生活奔波，借钱度日，心理负担太重，生了重病。我生病时父亲在汕头逝世，我成了一个孤儿。我的同学和朋友闻知纷纷来慰问帮忙，出钱出力。我卧病在床几个月，直到 1942 年夏天，我的身体基本恢复健康，同学们高中毕业了，纷纷离京各奔前程，我也开始独自谋生。

参军抗日

1944 年秋，日军袭击宜山、独山，逼近重庆地区，国难当头，物价飞涨。蒋介石发出"一寸山河一寸血，十万青年十万军"的口号，号召青年学生参军抗日。我自忖并无一技之长，但还可以扛枪上战场，为国捐躯，于是决心到兵站报名。

1945 年 2 月我到四川泸州入伍，编入 203 师第 6 团第 1 营搜索连，开始每天的步兵训练、队列训练、体能锻炼。此后是负重行军和实弹射击训练，总共约一个月。每到星期日，我们就可以到市里逛街，并在小吃店喝点小酒。和我常在一起的是翁一叶和孙宗汾，他们分别是同济大学三年级学生和武汉大学二年级学生。我们都希望早一点上战场打日本鬼子，但尚不知道要在泸州训练多久。

3 月上旬的一天，营长到我们连来召集全连士兵开会，他说在缅甸的中国远征军兵员严重不足，急需补充，谁愿意上前线抗日，可以报名应征。当场决定赴缅的有十几人，我与翁、孙三人都报了名。我记得出征前给大姐写了一封告别信，说："弟此去抱必死之决心，愿为国捐躯，战死异国他乡。"

我们交还训练时所使用的步枪，穿着蓝色的棉军装，背上装着个人小件用品的军袋，就出发了。先坐船到重庆，然后被军车送到机场，再空运到云南曲靖机场，并在昆明小住几天。当时有空闲时间，我就去西南联大访问大姐的老师毛子水教授和同乡马大猷教授。他们都请我吃便餐，能看出西南联大的教授生活很朴素。

在昆明三天后，我们又回到曲靖集中，准备飞往缅甸。登机之前我们列队接受美国军官的检查。他们只是让我们敞开上身、并张口看看牙齿，目测有无残疾，体格是否壮实。检查后在每人的左臂手腕上，用蓝色橡皮图章盖了一个印，就可以登上运输飞机。

在运输机上，我们席地而坐，几十人坐满一架飞机。到达目的地后，大家列队，由军官发给每人一个小背袋，让我们把要保留的私人物品装在背袋里，然后命令把身上的军衣和内衣裤脱光，把脱下来的衣服和鞋帽堆成一大堆，浇上汽油，点燃烧掉。据说是怕带来虱子或其他寄生虫、细菌之类。然后我们赤裸裸地被带到一处有清水的小河洗净一身，并发给毛巾和新军装，列队到一处营地，由军医给每人打一针预防针。这种预防针反应剧烈，我们第二天都发高烧不能起床，只吃了很少的食物，到第三天才恢复正常。

我们被带到远征军新一军30师师部直属工兵营，我和翁一叶、孙宗汾被分配到第一连当下士列兵。翁一叶是一排一班的副班长，我是一班列兵，孙宗汾是三班的副班长。班长都是上士军衔的老兵，背着冲锋枪，列兵则每人一支美式步枪。

部队在热带丛林中开辟出一片空地，建了简便的营房和训练操场。每连分有一排营房和独立的操场，但一走出竹篱笆外面，就是看不见边的大片树林，丛生的野草有一人高。连里发给每人一瓶防蚊油，身体没有衣帽鞋袜遮住的部分，要抹上这种油，否则成群的蚊子就会叮你。每天早操时，排长亲自监督每人吞一粒黄色的"阿地平"以防疟疾。各处路口都竖着英文路牌，上面写着"服用阿地平，疟疾不会致死"。

日子一天天过去了，我们在密支那的森林里驻扎训练了三个月。部队突然宣布奉命回国，调防广西南宁。日军已在缅甸全线败退，残敌转向菲律宾一带，而国内日军还很猖狂，全副美式装备、作战英勇的新一军应该回国参战，于是我们就回国了。

一身戎装的林卓群

战后求学辅仁大学

我们辗转前往南宁的途中，陆续传来战况，最后传来了日本无条件投降的消息，大家高兴地大呼口号，抗战的苦难终于走到头了。有消息说新一军会派往日本作为代表中国的占领军，多数人不愿意去，想退伍回家继续读书。我、翁一叶和孙宗汾谢绝了部队的挽留，坚决退伍回去读大学。上大学是我的梦想，我回到北京后，辅仁大学的招生考试已经结束，我却未死心，觉得自己是一个退伍的抗日士兵，能够听说英语，有高三学历，可以碰碰运气。辅仁大学的教务长是一个美国神父，他用英语与我交谈了几分钟，问我想读什么，我说想读英语。他说我只能当旁听生，不过如果第一年各科考试合格，可以申请为特别生，第二年各科考试合格，第三年就可以申请为正式生。这让我十分高兴。

西语系一年级的功课很难，因为辅仁大学选用的是英国牛津大学课本，课后作业很多，而我还要为赚生活费奔波。冬天北京很冷，风很大，我骑单车去做家教，常常精疲力竭，食不果腹，回校后还要拼命查词典，读通课文完成作业，往往熬到半夜，又困又饿。

经过一年拼命学习，我终于各科及格，被批准为特别生，升入二年级，但生活依然困苦。当我没有家教可做时，只好到我的几个好朋友家里去轮流吃饭。我的大学同学大多出身于富裕家庭，其余的也至少有稳定的经济来源。我厚着脸皮去五六家吃中餐或晚餐。好在他们的家人都知道我的情况，轮到我去的那一家，主人都加菜请我吃好的。我至今想起这些仍心存感激，终生难忘。

三年的学习有不同的课程，我对英语演讲很感兴趣，在所有课程中只有英语演讲取得 B 或 B + 的成绩。我也喜欢学一些英文诗，济慈、雪莱和拜伦的古典英诗，感情丰富，用词深奥，我勉强能读懂，至今还能背诵一些片段。

在这期间，我朋友中有一些是中共地下党员，对我影响至深。我痛恨国民党的腐败，因此积极参加各种反对国民政府的群众运动。我参加过抗议美军士兵强暴北大女生沈崇的大游行，也积极参与反对国民政府的运动，我们与各大学学生联合举行大示威游行，口号是"反内战！反迫害！反饥饿！"辅仁大学的一些活跃分子在运动后遭到逮捕，我也做好了被捕的准备，但与同宿舍的几个同学都躲过这一劫。与我同住一室的潘同学是个地下党员，他未被发现。共产党员当时在我心中十分崇高，我希望有一天成为他们中的一员。

不久以后，学校通知我要交中学毕业文凭给注册科，以便毕业后可以颁发学士学位和正式大学文凭。我没读完高中三年级，不可能取得中学文凭，心中十分苦恼。于是我决定回家乡去。我搭乘开往上海的轮船，到上海后又上了一艘开往汕头的"济和轮"。"济和轮"的第一个目的地是台湾基隆，先在那里卸货下客，然后再开往汕头。不料船在基隆被扣，到了第十天当局才派了一艘 400 吨的"凤山轮"到码头，送我们回汕头。

归乡从教

我回到汕头才知道，父亲当年留下的房子在抗战时都卖光了，家里没有我住的地方。此时，饶平县立一中的尤维龙校长来到汕头，他正在着急地寻找一个英语代课教师，因为原来的高中英语教师病倒了，没人能顶他的课。他听我说在辅仁大学英语系读了三年，立即聘用我。我便随他到离汕头一百多公里的饶平山城去，学校给的工资是每月白米 350 斤，住宿免费，还有一些补贴。这段时间是我终生从事教学工作之前的一次很好的实习，我开始对教书产生兴趣，也很喜欢我的学生们。

1948 年 9 月，经汕头礐光中学林建华老师介绍，我应聘去该校担任初、高中英语老师。饶平县立一中的尤校长一再邀请我续任，并将我每月工资升为 450 斤白米，但我觉得山城交通不便，在那里也很孤单，没有答应，还是回到了汕头。

礐光中学设在汕头港海湾对面的风景区，原是基督教会资助创办的私立学校，环境优美。到校之后，学校给我安排了很繁重的课程，那时学校有春、秋两季的学生，我要教高三上、下两班共 10 节不同的英语课文，高二和高一上、下两班不同进度的英语语法课，还要教初中两个班的英语，总共每周有 24 节课。学校对教学的要求也比较严格，校长时常站在教室外面听课观察，了解新教师的教学水平。我开始有些紧张，后来才放松下来，毕竟我有了在饶平县立一中的经验，加上同事中有两个基督教浸信会的美国女传教士，与我一起教同样的英语课本，她们的母语就是英语，都受过高等教育，还会说一口流利的潮州话。我没把握的部分就问她们，她们都耐心为我解释，从无看不起我的表现，比起我在辅仁大学的老师好得多。

在礐光中学我住进教师宿舍，与其他三个教师分住相通的两间房。他们是林建华老师、周亨达老师和陈植棻老师。林老师是教徒，但很开明，周、陈两位老师是武汉大学毕业的，思想与我一样，是倾向共产党的。我们很快就意气相投，经常传阅并讨论地下党团的书籍、报刊，反对国民党当局，支持共产党的斗争。当时礐光中学因为是教会学校，又与汕头市区隔一海湾，政府控制不严，地下党团很活跃，大多是由高中的积极分子组织、地下党领导的各种活动。我当时年轻，胆子大，时常在课堂上公开宣传激进思想，有时在演讲中，赞扬解放军，抨击国民政府的腐败。我的宿舍里经常有学生来座谈，大家都希望共产党快点打败反动政府，解放全中国。

再历坎坷

1949 年夏天，我到了香港，并开始在培侨中学教英语。这所学校的领导实际上也是一名地下党员，学校就是党的一个支部，但当时香港受英国殖民统治，这个支部不能公开。他们需要一个英语老师，又不愿录用港英当局派来的人。我经朋友介绍，去补这个缺。但港英政府不喜欢从内地来的老师，多方刁难，最后要我去教育司面试。好在学校副校长徐女士与教育司司长是朋友，由她带我去面试。面试后，司长说我可以先代课，一年后再考虑转成正式教师。于是，我就应聘为培侨中学的英语老师，月薪 260 港元，比其他科老师多 60 元。因为港英当局规定，学校必须重视英语，所以英语老师的工资高于其他各科老师。

我在学校安顿下来，发现学校实际上是个"解放区"，有许多东江纵队留下来的干部。我很尊重他们，希望成为和他们一样的革命者。我参加各种活动，用很多时间阅读共产党的理论和毛泽东的著作，脑子里充满共产主义理想。我也希望我的朋友、亲人和我一样，投身到革命运动中。我在给汕头女朋友的信中摘录了党的一篇宣传文件，不料却被汕头国民党特务机关查获，她因此被捕入狱，惨遭迫害达两个多月，直到汕头解放才重获自由。我得知后悔恨交加，夜不成寐，加上超重的工作压力和负担，最后在学校病倒，不得不离校回汕头休养。

1956 年秋，汕头幼儿师范学校开办，我调任教导主任，在这里遇到了我后来的伴侣顾幼珍。她是上海人，1955 年毕业于南京师院学前教育系，校方分配她到广东省，省教育厅考虑到汕头将开办幼儿师范学校，就将她分配到汕头市。她在幼师担任幼儿教育学专职教员，从此我们在工作中逐渐发展成恋爱关系，并在 1959 年中秋节结婚。她教学特别认真，勤于备课，一丝不苟，对学生严格要求。因此学生对她都很尊重。许多毕业多年的学生，都说读书时怕顾老师，但始终敬爱她。她孝敬上海的父母，每月寄钱给他们，从未间断。她对我的帮助很大，家务事几乎全包。我们两人的收入合在一起，量入为出，从未有过争吵。

解放后各种运动不断，我一向支持党，认为党所制定的方针政策是正确的，运动是必要的，但也有不少出乎我意料，家族中也有人受到波及。"文革"初期，我在任教的第三中学遭到批斗。当时学生抄了我的家，把我轰出来。我那些英语书被他们说成是资产阶级的东西，说要拿到操场上烧掉。其实相当一部分被拿到门口收旧货的地方卖掉了。他们还说我去参加远征军就是反动，说我参加的是反动军队。

我们被当成"牛鬼蛇神"抓去批斗，后来就关在一个教室里面。两个红卫兵坐在前面，手里拿着棍子，敲敲打打，要求我们交代问题。每天晚上都要交代，总而言之，就是搞到晚上 12 点才让我们回家去休息，凌晨 3 点再集合。红卫兵是分批的，今天晚上一批，明天早上另外一批。而我们隔 3 个小时就要即位，开始打扫卫生，如打扫厕所、清理水沟等，打扫干净才能回家吃饭，吃完饭还要回到教室交代问题。每天 10 多个小时听从吆喝，大小便还要报告，由红卫兵押送至厕所。我曾被学生用马桶刷子打头，用墨在我脸上乱涂。而这位羞辱我的学生曾是我十分用心培养关照的。我当时气极，很想跳楼自杀，但突然想到妻子可怜，我走后她在汕头没有亲人，很难独活，所以忍辱负重，过一天算一天，苟且活着。

我们做"牛鬼蛇神"两个月左右，又被这些红卫兵押着，下放到汕头的郊区鮀西农场去劳动。每天早上要光着脚出去挑粪，什么重活都做。我后来也能挑几十斤甚至一百斤。有些老师身体很差，挑不了，就在田里用锄头把土挖出来或者把成块的土用锤子敲碎。晚上还要学习语录，对照检讨，互相批判。

又一个月后，红卫兵突然都走了。农场负责人说："没事了，你们可以回去了。"原来红卫兵都去参加串联了，我们也就回家了。

当时老师里面出身根正苗红的很少，那时候工人、农民出身的很难读到大学，但是也有例外。我在第三中学的助手原本是居委会副主任，后来做到中学副教导主任。他所在的乡认为他可以培养，就拿乡里面的公积金供他读书。

我的社会关系很麻烦。我一个好朋友在台湾是空军少校，后来还升到台湾的参谋总长、一级上将；我还有个亲戚做到台湾海军副总司令。这些复杂的社会关系我都坦白说出来，所以"文革"时才被整。其实我自己什么都没有，没有加入国民党，没有加入三青团，就是一个兵。"文革"结束后，社会逐渐恢复正常。现在风气好多了，国家承认我是一个抗日战士，这是我想不到的。我寿命较长，其他远征军战友都没有享受到这个待遇。我这辈子就这样过来了，但"位卑未敢忘忧国"，内心深盼改革逐步深入，坚持实践是检验真理的唯一标准，以史为鉴，明辨是非，逐步走向富强的社会主义，国家昌盛可期。

调入韩师

1972 年，政府意识到英语的作用，有意培养英语教师和外事人才。汕头需要派一些资历老的英语教师支援韩师，我是汕头市英语教研会主任，所以让我去做负责人。当时韩师名为汕头地区工农师范学校。

之前我在汕头的工资是 94 块，去潮州却降为 92 块。而且交通不方便，我两个星期来回一次要花掉四块钱路费，四块钱在当时可以买一双鞋。我女儿当时还在读幼儿园，特别依赖我，每次我要走时她都抱住我的腿哭，我心里也不忍。所以说我这次调动不但工资降低，还照顾不到家里。但当时什么事都要服从组织安排，也没什么可讨价还价的。

韩师所在的地方给我的印象有些萧瑟。山下是校园，大门对面是湘子桥，跨在韩江上。江对面是城里，有城墙围着。每次发大水的时候城墙的门就关了，被挡住的水就全部淹过来，韩师校园里的水大概能漫到小腿处。

我住的教师宿舍在很高的山顶上，要爬台阶到最上面。那时候我还年轻，爬山还没问题，但是不太方便。一楼是学生宿舍。我住在二楼一间分配给老师的房间，里面有一个书橱，一副桌椅，还有一张床。宿舍中老鼠很多，放一个水缸在墙角，老鼠就会掉到水缸里，我就用这个方法抓老鼠。宿舍也没有自来水，怎么办呢？要么去山下挑水，要么去旁边的山泉打水，有时下雨也有一些积水。有的学生比较勤劳，把水挑回来用水缸盛着，方便洗脸洗脚。我教的学生比较尊师，也会去帮我挑水。

半山腰是女生的宿舍。里面的单人间则是女老师的宿舍。教室、办公室、食堂都在山下。那时候的伙食很简单，吃碗稀饭后就去上课。总的来说生活比较淳朴、艰苦。

外语教学情况

那时候汕头地区很大，包括海陆丰、梅县等地都有学生来韩师学习。学生的水平参差不齐，很多没有一点英语基础的都招了进来，因为工人、农民都可以推荐入学。学生入校后参加分班考试，英语基础比较好的分在 A 班，其他分在 B 班，要从"ABC"开始慢慢地教。A、B 班是培养初中教师的，另外还有一个 C 班是外事班，主要培养外事外贸干部，里面有一些学生是有基础的。

我们采用的教材是中山大学一年级的教材，考虑到有些学生英语水平很低，我们还自己编了一些教材。A、B、C 这三个班我都教。那时候我们教英语要教到学生可以听、基本能够说。学语言要培养思维，要用英语来想，这样讲出来才是通顺的。教学就是训练学生们自己会用，"哑巴"英语是不行的。这个过程很不容易，毕竟有些学生基础薄弱，好在学生上课很认真，学习也很努力。因为他们自己知道出去要当老师或去外事部门，学不好的话就分配不出去。有一些天赋比较高的学生，进步就比较快，会用英语思维思考。他们毕业前要去实习，全区各处的实习都是我分配的，我还要去巡视，并进行指导。

韩师的同事

韩师的领导里有个革委会主任叫张正文，是一个北方干部（地委宣传部副部长），虽然文化水平不高，但他对我们不错，人也算忠厚。他有一个副手叫赵义明，是个知识分子，比较开明。我对他印象不错，后来也和他成为朋友。他喜欢学点英语，有不懂的地方就来问我，他也把我当作他的英语老师。

韩师的老师教书都很认真，学校里面有几位老师很好，有一位年长的叫陈宗民，是一个归侨，教书很不错。还有一位老师叫陆汉姿，是暨南大学英语系毕业的，英语水平比较高，发音也很好。她被分配在潮阳一中，我听了她的课后就把她调来韩师，但是她在广州的丈夫生病了，我只好支持她调走，说："我来顶你的课。"我还亲自送她上车，记得那个时候天还没亮，我蹬单车送她去车站。

外事外贸班里面有英语跟日语两个部分。学校里有两名日语老师，现在都过世了。其中女老师叫郑晶莹，她是从台湾来的，各方面能力都很强。台湾曾经被日本占领，所以她懂日语。男老师叫杨植，这个人也很好，不仅懂日语还懂一些英语。外事外贸班的学生毕业后会分配到各地，有搞外贸的，也有去海关的。学生们跟我们这些老师的关系还是比较好的，因为我们当时是尽心尽力地教他们。

不过我在韩师也遇到过一些不愉快的小事，可以看出当时的社会看不起老师。一次是有一辆汕头小车到学校来，我刚好要回汕头，看见那个车里面还有一两个空位，就问可不可以顺路捎我一下，司机居然说："不行，老师坐什么小车，坐公车去！"我很生气，这太不尊重人了。还有一次，我因公出差回来，午饭时间已过，食堂只剩白饭。这时，我看见有个厨师炒了一大盆绿油油的青菜，就对他说："麻烦给我一点菜配白饭吧。"结果他直接把盆端走了。老师在那时候真是低人一等啊！

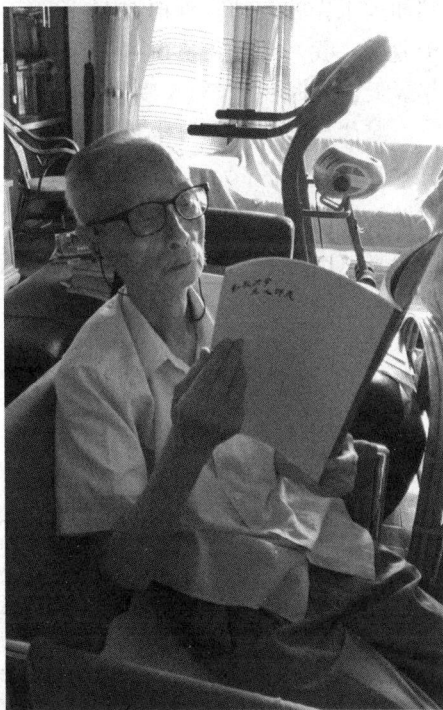

林卓群在看《韩师校友》（陈俊华摄）

机缘巧合回汕头

1975 年一次偶然的机会，我被调回汕头。我家当时在汕头第三中学内。放假的时候，学校组织大家去义务劳动，我也拿着锄头去参加。汕头教育局局长是北方人，也来参加劳动。他问我："林老师，你在哪上班？"我说："我还在潮州，趁着放假回来一下。"他说："怎么还在潮州？回来回来！"就这样，我被教育局调回汕头第三中学，结束了在韩师的教学工作。总之在韩师的三年，虽然辛苦，也发挥了我的专长，做了一点贡献。

改革开放初期，我曾赴美国进修研究生课程。1981 年汕头大学筹备的时候，教育部门委派中国人民大学的罗列同志到汕头任副校长，领导筹办工作。他让我负责汕大外语系的筹办，有几个报名愿到汕大外语系工作的老师，就由我出面做个别交谈并用英语面试。可是我在进修学院和业余大学的课还没人接替，教育局暂时不让我走，调动的工作一直到 1982 年 2 月才正式办理。到汕大以后，我就与宁夏大学调来的许毓伦老师一起到全国各地的大学搜集有关外语系的资料，如教学大纲、学科设置以及有关的资料，同时寻找愿意到汕大工作的老师。外语系是 1983 年开始招生的，直到 1987 年第一届学生毕业后，我才卸下系负责人的工作转为专职教师。我在汕大一直工作到 1989 年夏天，当时我已经 65 岁了。

离休后，我第二次去美国，并到美国、加拿大、欧洲、澳大利亚、泰国、日本等地旅游访问，后来又游历国内各地，现在汕头安享晚年。我的脑子还在转，我的记忆力还很好，我现在什么事都是先用中文想，再用英文想，经常用脑就不会老年痴呆。所以，对现在的年轻人，我想说的就是：要多用脑、多思考，脑子越用越好，脑筋好，身体也会好。

林卓群讲述中

杜楚瑜

　　1929 出生于汕头市兰苑村。1948 年进入韩山师范学校求学，1949 年参加地下新民主主义青年团。同年 6 月上凤凰山参加闽粤赣边纵队第四支队，为政工队队员。10 月 24 日，解放军入城，参加汕头市接管工作，先后任汕头总工会宣传部干事、工人文化宫组长、安平区文教股长。1956 年 5 月入党，1958 年调任海南琼中县长征公社文卫部部长。接着任汕头市档案馆副馆长，澄海县澄中党总支专职书记、副校长，"文革"期间调任盐鸿中学、莲上中学、澄师等校任职，后调任普宁县教育局副局长、汕头大学图书馆支部书记，于 1987 年离休，2016 年 8 月去世。

时间：2013 年 8 月、11 月
访谈者：曹容敏　周昭根
访谈地点：汕头杜楚瑜校友家

　　我出生在汕头市的兰苑村，父亲在我小时候"过番"了，留妻子和儿女在家中。我有两个妹妹和一个弟弟。

　　我先在家乡读私塾和小学，后进苏湾中学读书。在当时的条件下之所以能够读书，是因为乡里用公田收入支持教育，加上乡绅杜国兴（留日学生，曾在国民党第四战区任职）的支持，学生每月可以领到一部分米的补助。初中时正值沦陷时期，要学日语，我学过一些，不过在课上经常偷偷地看小说。还有一个教练，他本是中国人，因为投靠日本人，而且脸上有很多麻点，就被我们称为"木筛子"。

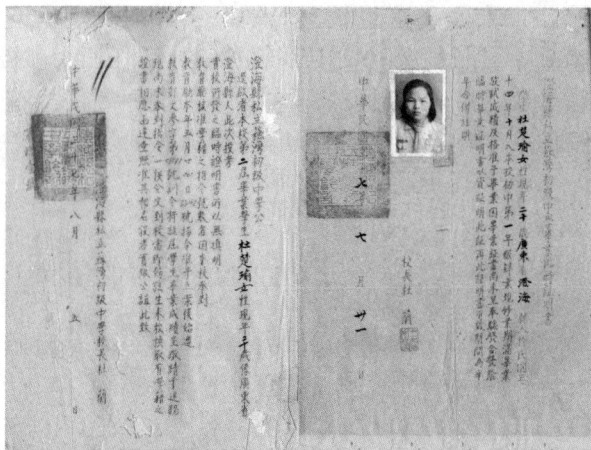

杜楚瑜入学证明书——澄海苏湾初级中学公函与毕业证书（韩档 324 卷）

烽火青春，"海燕"之歌

　　从苏湾中学毕业后，我选择进入韩山师范学校，主要是因为经济原因。要上高中的话经济有困难，读韩师则每个月补助一斗半米。学校的伙食很简单，主要是大米，还有红薯，有时候也将红薯跟米一起熬成粥吃。住宿环境相对简陋，宿舍里是双层的床铺，人们称为"鸭子铺"，记得当时我睡下铺。学校要求学生自备白色的被子，我家里没有白色的被子，就去向我叔叔借了一床。

　　翟肇庄老师当过我们的宿舍管理员，她主要管理女生，就住在我们对面。翟老师时常穿着长裙，我对她的印象比较深刻。有一位来学校实习的老师担任舍管，被我们怀疑为特务，是来监视我们的。

　　当时解放战争正在激烈进行，学校在战乱中坚持教学，但受到国民党当局的严密监控：中统成员、原广九铁路国民党书记长刘子才担任校长，广东省第五专员公署专员郑绍玄管理庶务，专员陈克华的干女儿黄德华任舍监。

他们在湘子桥桥头和校门口设立了哨站，校门南侧的一个祠堂里还长期驻扎着国民党保安团一个营的兵力；笔架山顶峰，专门设有保安团，配置了有机枪和火炮的武装哨所；有的时候国民党官兵还进驻学校。

即使在这种情况下，学校里的革命气息还是比较浓厚的。韩师当时已经成立了地下团，共有 80 多位成员，以文杰民[①]为支部书记，李雁翔（李素）为组织委员，李秀娟（李楚钗）为宣传委员，其中有个别成员是老师和社会人士。记得当时跟我同班的许卓昭、张素芳、罗湘琴等人也参加了革命。刘建英也是地下团的领导，当时她担任女同学组织"励进会"主席，后来也是她带着我们上了凤凰山。本来，当局试图利用学生组织为他们服务，却没想到我们会进入这些组织中，甚至夺取其领导权而控制这些组织，为革命运动服务。

地下团经常组织演出一些进步的话剧，对我们有很大影响。我看过一些报刊，像中共华南党委在香港主办的《华商报》，当时这是一份公开发行的报纸。我常把报纸带到校外同学家阅读。此外有同学阅读《大公报》《文汇报》《群众》等报刊，地下党还通过文艺写作小组、读书会、歌咏队、演剧队、篮球队等学生组织秘密地传阅《自由韩江》《团结报》《海哨报》等进步刊物。同学间还传唱着一些革命歌曲，如"山那边呀好地方，一片稻田黄又黄。你要吃饭得做工呀！没人为你做牛羊""二月里来好春光，家家户户种田忙，种瓜得瓜呀种豆收豆，谁种下仇恨他自己遭殃"。在韩文公祠的殿堂里、湘子桥的拴牛旁、韩江东岸的南北堤顶，时常能看到地下团成员活动的身影。有时还发动募捐，同学们把家里给的零用钱积攒下来购买药品或雄黄（用于制作炸药）等物品支援凤凰山游击队。

当时的交通比较简陋，我们回家主要靠步行，有时候也乘坐汽船。有一次回家的途中，正好见到国民党在抓壮丁，我就把所见所感写成一篇名为《回家路上》的文章，讲述了自己的见闻。地下党组织的领导在布告栏上看到了我的文章，认为我具有进步思想，就吸收我参加了地下党新民主主义青年团，介绍人是李楚钗。李楚钗当时是冒了别人的名字入学的。在青年团的工作主要是协助地下党完成一些宣传和侦察的任务，如在厕所里张贴标语等，我还曾化妆成卖油条的小贩到停泊在韩江边上的汽船上侦察。因为当时的特殊环境，我们在学校里都是单线纵向的联系，从而确保地下团组织的安全。

---

①　文杰民（1926—2015），潮州市潮安县凤凰镇南坑村人。1945 年加入共产党的外围组织"祖国抗日胜利大同盟"。1946 年秋，考上韩山师范学校，是韩师地下青年团的成员，1948 年担任韩师地下青年团支部书记。从韩师毕业后，上凤凰山加入中国人民解放军闽粤赣边纵队。1949 年 10 月，潮州解放后，被分配在军事管制委员会工作。1952 年起，先后在土改工作队、农村生产合作社工作队、对资本主义工商业的社会主义改造工作队工作。改革开放后出任潮州物价局局长。1989 年离休，积极参与凤凰山革命纪念公园的筹建等工作。

1949 年，地下党开始组织参加了地下团的革命青年上山。第一批出发的是澄中的学生，接下来是金中的，然后就是韩师的学生。因为国民政府戒备森严，学生们就趁着星期六休假回家的机会脱离国民政府的控制区。当时韩师共有两批学生上山，我在第二批，由澄海地下党接应。事发后，当局加强了警戒，造谣中伤革命运动，把上山的学生名单上报县政府，意图切断地下团和凤凰山的联系，还提前放暑假以遣散学生。留在韩师的团员成立了支委会来领导接下来的行动，一方面发放传单、张贴标语来反驳国民党当局的谣言，另一方面加强团内的宣传教育、坚定大家的信念。

1949 年 5 月 30 日，我随第二批人员出发上山，到达隆都沟乾村后，我们在许自惠同志家中隐蔽了两天，我还险些被国军俘虏了。当时我在落脚的地点遇上了国军搜查，我就躲到阁楼上，国军在楼下端着刺刀四处查探，没有发现我，因此我也幸免被俘。6 月 1 日我们集合后就出发上山参加凤凰山闽粤赣边纵队。上山之前，我曾去找一起在韩师读书的姑姑，鼓励她跟我一起上山，但是她很害怕，所以拒绝了。我就把从叔叔那里借来的白色被子交给她，让她带回家交还叔叔。叔叔得知我上山参加了革命，便要求我母亲到报社发表声明——宣布跟我脱离关系，但是母亲反对这么做，表示："随她去吧！"当时，喻英奇①发布了"十四杀令"，残酷地镇压革命势头，经常在南教场枪杀革命党人甚至无辜群众。我们也没有顾忌参加革命会遇到的危险，只是有一种坚定的信念，认为这样做是对的，就参加了。

患难相扶，海角相随

入城之前，我们在山下的一个小乡村接受政治培训，被分配到职工班，我就是在那里结识了后来的丈夫陈德鸿。我本来要跟随大部队去接管广州，但由于受到国民党地方民团的阻击，深夜时我在危急中躲到了山上的草丛里，不料被蜈蚣咬伤了，花了很长时间养伤。

中华人民共和国成立后，我与陈德鸿一起在汕头地方党政机关工作，我们于 1953 年结婚，到现在 60 余年了，我们始终相互扶持，走过了一段又一段艰难的岁月。当时我担任汕头总工会宣传部干事、工人文化宫组长，他则负责工业部和劳动部方面的工作。解放后他被提拔得很快，1955 年就成为单位正职书记。在此后的 1957 年反右派运动以及反地方主义运动、"文革"至1976 年期间，他曾三次"落马"，可谓"三起三落"，家人难免受到波及，我们一起经历了风风雨雨的 30 年。

1957 年，汕头市开展反地方主义运动，汕头市委常委有 5 名地方干部，

---

① 喻英奇时任国民党三二一师师长、第五区行政督察专员、闽粤赣边"剿匪"指挥部总指挥。

除林川同志得以幸免外，其余4人和市委各部及政府各局中担负主要领导职务的地方干部大多数都成了被批斗的重点对象。当时给他们罗织的名目是"反对中央关于南下大军挂帅的方针，排斥外来干部，重用提拔本地干部，搞宗派主义"，甚至还有说存在一个"地方主义反党集团"。

1953 年 11 月 14 日，杜楚瑜与陈德鸿的结婚照

德鸿当时任汕头市建筑基层党委书记，运动开始后被任命为市政建设战线领导小组副组长。他认为自己在工作中一贯尊重外来干部，与他们的交情还算可以，更何况立过功、受过奖，自信没有问题；同时，他对于一些当地干部受到不公正的指责也是有抵触的，尤其是对于李亮同志受到批判一事。李亮同志在抗日战争时参加革命，解放前他接受党组织的派遣，以慷慨赴死的决心与一战友深入虎穴，以战友牺牲的代价完成了刺杀大叛徒姚铎的任务，保护了潮汕地下党的安全，受到极高赞誉，是一位受人尊敬的英雄。解放后李亮向青年干部做报告时提到此事，却被说成是"为自己树碑立传""怀有政治野心"。正是因为德鸿对形势认识不足、缺乏思想准备，他很快就受到冲击和批判，并受到了处分。

被处分后的 1958 年 5 月 5 日，他同汕头市 246 名干部下放到海南琼中县潮村开荒垦殖，办起下放干部农场。当时海南环境恶劣，被人们称为"蛮荒之地"。德鸿出任农场的场长，同行一位李同志担任书记。后来李同志带一部分人到县城办起了"乘坡农场"，德鸿又兼任了书记。公社化后，农场与当地区委合并成立长征公社，由他担任公社书记。尽管大家被下放到海南不乐意，但还是满怀豪情地建设社会主义，把到海南建设视为去长征一般。

我本来没有被安排下放，但是被调离文化宫负责人岗位，任市安平区文教股股长，也受到一些人的歧视，他们以"地方主义分子的老婆还当什么领导"之类的话对我冷嘲热讽，给我的工作带来了很多阻力。当时允许下放干部带上家属。我心想：在汕头的工作已经很难维持下去，又不知德鸿何时能够从海南回来，与其在汕头受人歧视，且两头牵挂，不如一起到海南。即使环境艰苦，能够一起生活、一起奋斗，心里也好受些，于是我们举家迁居海南。迁居可不是一件容易的事，况且家中还有 3 个孩子要照料，此时女儿小枫 4 岁，次子小楠 2 岁，幼子牧儿只有 4 个月。再三考虑后，我们还是做了搬去海南的决定，我将小枫、小楠带在身边，但牧儿年纪太小，担心他受不了那边恶劣的条件，只得忍痛把他暂时寄养在普宁流沙的亲戚家。

当年6月，我来到海南琼中县潮村农场，住的房子是用竹子、茅草、泥巴糊成的，尽管饱受风雨日晒，但我们毫无怨言。过了半年多，汕头开始搞"大跃进"，大量的建设工程一展开，干部就不够了，汕头市地委就派组织干部科科长赵庆禄同志到海南把包括我们夫妻在内的一部分干部带回汕头。海南方面不肯放人，不肯开介绍信让我们走，但是赵庆禄同志还是将我们带回汕头了。我被安排到了汕头市档案馆担任副馆长，德鸿被安排担任中共汕头市郊委委员兼建筑工程部部长、经委主任。

疾风骤雨，时多磨难

"文革"时期，我们受到猛烈的冲击，家庭遭受了不少磨难。造反派给德鸿戴上了许多莫须有的罪名，在长达7年的时间内对他进行隔离审查、监禁，还让他到农场改造，承担大量繁重的体力劳动，挑上百斤的担子。而我也因此被隔离审查一段时期，造反派要我同他划清界限、检举揭发他的"罪行"。但是我始终相信他，并叮嘱他："要实事求是对人对己，千万要留着人还我（要经得起考验，不能自寻短见），将来如需回家种田，我愿意和你一起走。"结果，我被定为"包庇走资派丈夫、丧失立场"，也受到了批斗，然后下放到红图岭农场，边劳动边在澄海中学教书。又过一段时间后，我被贬到远离县城的盐鸿中学。

德鸿当时已被下放到白沙农场，在7年时间里，他每月仅领12元生活费，除1元交党费，余11元作伙食费其实还不够，因为劳动强度大，伙食花费也多。而我也只能在每个星期日回家看望孩子一次，家中有3个幼小子女靠60多岁的保姆照顾，家中开支全靠我在中学每月50多元的工资撑着，经济非常困难。上高小的女儿小枫很懂事，她利用课余学习抽纱挣些工钱补充家用，虽然收入不多，但她小小年纪就承担艰难家计十分可贵。保姆——肥姆在我家多年，与我们感情很好，即使是我们落难时她也没有离去，而且表示工钱可以暂时不拿。但是，这些毕竟是杯水车薪，困难关头我不得不卖些衣物应付。

因为我们的原因，三个子女都受到了牵连。

女儿小枫从小聪明活泼，性格开朗坚强，学习成绩优秀，一直担任学生干部，却因家庭而受到歧视。她读初中时，有一所芭蕾舞学校到澄海招生，他们到学校选中了小枫，但最后政审因父亲未"解放"而没有录取，让她受到不小的打击。好在她十分争气，高中毕业后参加县路线教育工作队，做过初中民办代课教师，进过县农械厂、工艺厂当钳工、学徒，工作劳动十分积极，而且不放弃学习，终于在国家恢复高考后以优秀的成绩考进中山大学中文系，现在已经是学校的骨干教师。

　　次子小楠在艰难时期曾寄居在普宁湖东村的二伯家，一边读高小，一边帮忙做些农事劳动，学了不少农耕知识。因思亲心切，他独自长途跋涉回到澄海找我，从此也就跟着我在澄海中学读完中学。与姐姐一样，他也是一个聪明、会读书的孩子，成绩很好。高中毕业后，适逢国家号召知青上山下乡，他与一批青年被安排到县农科所参加劳动。他体质弱、体力差，但同样要从事挑粪水、拖板车到城里积肥等繁重的体力劳动。一开始很吃力，曾几次挑粪水时在田埂上跌倒被粪水溅满身，但他咬紧牙关坚持下去。后来农科所领导在他接受培训后，安排他当农业技术员，因表现好被保送到华南师范学院学习，毕业后回汕头市科技部门工作。他钻研业务、作风正派、埋头苦干、廉洁奉公，在本职岗位表现很好，与小枫一样让我们感到欣慰。

杜楚瑜夫妇与儿女合影（1983 年摄于普宁）

　　受影响、伤害最大的是我们英年早逝的幼子牧儿。他刚出生不久就因我们下放海南而被寄养于农村，适逢饥荒，导致牧儿营养不足又患上麻疹，要不是碰上奶奶从马来西亚回家，听说后及时抱回二伯家治疗调养，那时就可能夭折了。进入学童时期，牧儿又因双亲落难而受到政治歧视和生活贫困的双重伤害，耽误了学业。他上山下乡 3 年，积极参加劳动锻炼；然后参军 5年，经受了西北艰苦环境的考验。他在完成繁忙的军事任务外，还挤出时间，急补功课，创作一大批有关军旅生活的文艺作品，有些还供部队在节假日演出。这时"文革"已经结束，德鸿也落实了政策，家里已经是雨过天晴了。1981 年春节，他在陕西榆林军旅中给我们写信，夹了一首以《励志篇》为题的词：

千余天，餐寝颠，莫笑满屉皆荒笺，还书数百篇。
泉又溅，惊新燕，岁岁迁移去不返，力笔争时间。

可见他在军旅中仍争分夺秒、废寝忘食地努力写作。戎旅生涯结束后，他复员回地方工作，准备实现人生梦想和成家之际，却受到 10 年癌症的折磨。虽然多方求治，最终无力回天！他短短 36 年的生命超过一半的时间都处于苦难之中，而这些苦难与我们前半生的遭遇密切相关，想起来让我们十分难过！

牧儿一生虽短，但他并没有虚度年华。从他在身患绝症期间写成的诗文书稿中更可以看出他为实现人生梦想付出了多么大的努力！2004 年，我们按其遗愿编辑出版了一本诗集《燃烧的头颅》，读来十分感人，也算是他给人间留下的一点东西吧。

杜楚瑜与陈德鸿在接受访问

谢惠卿

　　1930年10月21日出生于潮安县归湖凤东村。1946年毕业于汕头市第二小学，同年9月考进韩山师范学校简易师范就读。1949年7月毕业后考入韩师高级师范班，1950年春节后因当地缺老师而离校回到家乡凤东小学教书。1952年8月在文教系统建立档案，然而同年11月因家庭成分被剥夺了教师身份回家务农。其间于1954—1955年合作创办凤东幼儿园。1979年落实政策，1985年4月恢复教师身份办理退职手续。1997年9月—1999年2月在重办的凤东幼儿园担任教学工作，因成绩突出被评为镇"标兵园丁"。退职后积极参加乡镇活动，热心公益事务。2019年10月12日去世。

访谈时间：2019年9月19日
访谈者：陈俊华　刘泽煊　高晓军
访谈地点：潮州归湖镇凤东乡彩英坑村

一

1945 年抗战胜利，1946 年韩师就从揭阳古沟搬回潮州。彼时，我正好从汕头市第二小学毕业。

我之前在私塾上到四年级，然后到汕头市第二小学插班六年级。因为我没有上过五年级，不懂分子分母，所以数学学得很艰难。小学毕业后，我原本想继续留在汕头考中学，但父亲考虑到中学离家里远，便建议我返回老家去韩师读书。我至今记得，父亲那时说："韩师是家乡的最高学府，将来从韩师毕业能当一名人民教师。"因此我选择了韩师。

1946 年 9 月，我考进韩师的简师班。当时共录取 100 人，我被编到简师乙班。韩师三年的学习生活给我留下了深刻的印象，

谢惠卿学生照

老师都很负责任，关心学生。他们对学生的要求也非常严格，强调"如果在学校时不学好基础知识，将来就没有办法教好其他人"，这是老师常常在课堂上对我们说的。学校要求我们德、智、体全面发展。

我印象最深刻的是翟肇庄老师。翟肇庄老师曾在日本留学，知识渊博。当年她总是身穿旗袍，外加一件长衫，很是优雅。她教生物，她的丈夫杨金书是农业老师。他们家住在潮州北门，我还曾前去做客。翟肇庄老师非常疼爱我，上到植物科分类时，她让我去寻找植物做标本。我到后山找了好多植物，但大多数没有用，唯有一株符合要求，她还因此夸了我。

我们的语文老师是蔡起贤，他经常挑出课文的重点讲给我们听。我至今还记得两句重要的话："老吾老以及人之老，幼吾幼以及人之幼。"意思是我们不仅要敬爱自己的长辈，也要敬爱别人的长辈；要疼爱自己的孩子，也要疼爱别人的孩子。这两句话令我受益颇深，蔡起贤老师就是这样教我们做人的道理的。

谢惠卿的性行自检表（韩档 544 卷 70 页）

　　地理老师是一位讲课很有方法的老师，他给我们讲全国有"四大州"——"吃在广州，住在福州，玩在杭州，死在柳州"。为什么说死在柳州呢？因为柳州多种植柳树，而柳树适宜用来做棺材，因此别人常说"死在柳州"，我至今还记得这四个地方。

　　体育老师黄友和反复强调身体素质的重要性，他说："有健康的身体才会有伟大的事业。"那时除了体育课，还有童子军活动，由老师带领我们登笔架山。黄老师一大早就上山顶插小红旗，吴教官则带领学生爬山，让我们去争夺山顶的小红旗，抢到小红旗还可以得到饼干作为奖励。我个子比较小，爬不过那些身强体壮的人，但有一次，不知道为什么，我精力特别充沛，爬得很快，抢到了小红旗，得到了饼干，感到很自豪。

谢惠卿的服务志愿调查表（韩档 551 卷 54 页）

当时韩师的生活条件很艰苦，不论春夏秋冬，都是没有热水的。我们洗了三年冷水澡。到了冬天，天气很冷，我就趁中午日头最猛的时候，先打一桶水放在太阳底下晒着，下午最后一节课结束后，我立马把晒温的水抬去洗澡，那水就不会刺骨的冷了。那时候的宿舍是几十个学生住在一起。宿舍旁边有一个礼堂，还有一棵高大的金凤树。金凤花开的时候很漂亮，但到了落叶时节，遍地落叶，我们每天要在宿舍走廊扫满两簸箕的落叶。

在韩师读书是免学费的，每个月还会补贴 30 斤大米。我一个月只吃十几斤，剩下的直接卖给米铺换成钱。周末若回家，我就会从家里带一瓶炒菜脯或者炒花生回学校和同学们分享。每次周六回家，我都是一个人从意溪步行走山路。到周日下午，家里人就会把我送到意溪，然后嘱咐我一个人走剩下的路程返程。我人缘很好，走多了，就和意溪的人很熟，每次路过，都会有人和我打招呼。但有一次，我被两个流氓给吓到了，他们见我一个人在走路，就问我："小妹，怎么一个人走，没有伴吗？"我急中生智，说："有，家里人就来接我了。"但其实是没有人来接我，我是诓他们的，总算避过了一险。

二

我们那时有早操，早操之后还要早读。韩师后面半山腰处有一座亭子叫汝平亭，我经常跑去那里静坐读书。有一回，我有感而发，写了一篇作文，题目是"汝平亭远眺"。大致内容我至今还记得："在汝平亭静坐，远眺韩江，眼见韩江下游，孤帆远影，船只众多。船只经过汕头出海口。有的人坐上大船，到外谋生……又见城南村庄林立，工厂众多，村民在工厂赚钱，勤劳致富，走上成功路。"我的文章被蔡起贤老师贴在告示板上表扬，他说我是"奴仔人呾大人话"（小孩子讲大人话）。

除了汝平亭，校门外的湘子桥也是我们常去的地方。到了晚上，同学们就会一起去桥上散步，同学有来自城南、官塘、彩塘的，同乡的同学会结伴站在一起，望向家乡的方向。在学校住宿，会很想念家人。

那时候，我还参加了文杰民领导的地下共青团组织，开始做革命工作。我的主要任务是发传单、贴传单。传单上的内容一般是宣传共产党。我记得传单上有孙中山先生的一句话："革命尚未成功，同志仍须努力。"这些都是瞒着家里人偷偷做的，我从来没有说过。

三

1949 年 7 月，我从韩师的简师班毕业，1949 年 9 月又考上了韩师的高师班。本来简师毕业后应该出来当老师，所以毕业前我们都有填一份志愿表。因为那时临近解放，潮安治安很混乱，即使毕业也没办法去教书，我只好继续考高师。

谢惠卿的韩师毕业证明书

1950 年，因为家乡急需老师，春节后我便到凤东小学教书，所以我只读了一学期高师。

1952 年 8 月，文教系统建档案，我的资料才被录进档案。可才过了三个月，我就因家庭成分问题被叫回家务农，不能当老师了。因为土改的时候，我家被扣上"地主分子"的帽子。这个错误一直到 1979 年才纠正，改正为华侨商人，也归还了祖屋。1985 年，我被回收归队，恢复干部身份和教师名誉。按照当时的规定 60 岁才能退休，而我只有 56 岁，无法办理退休，只好办理干部退职，每月工资 30 元。

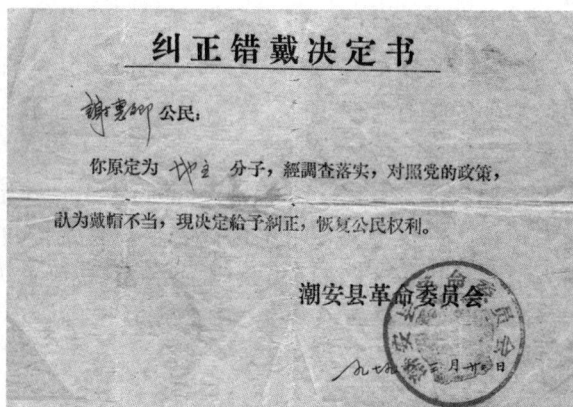

谢惠卿的纠正错戴决定书（许燕娟提供）

大约在 1955 年的时候，我和谢惠娇、赖惠卿三人曾在凤东开办过幼儿园，因此 1997 年 9 月凤东幼儿园重新开办时，我担任了该幼儿园的教学工作。因为成绩突出，我们幼儿园被评为"标兵园"，我也被评为镇"标兵园丁"。当时潮安县县长是汕头澄海人，他还给幼儿园送来了很多物资支援，有杯子、毛巾等，其中还有一本很精美的软皮日记本。

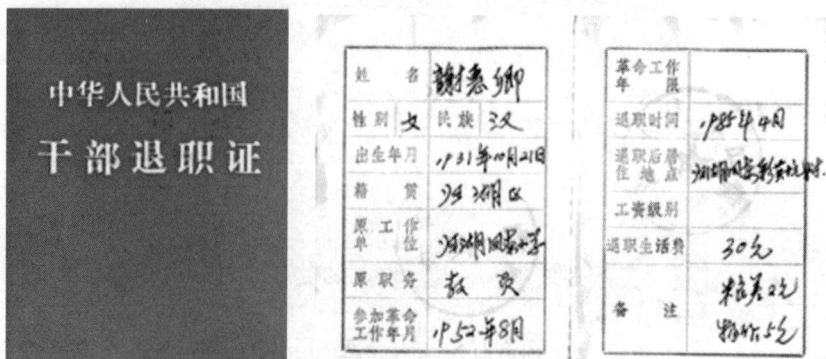

谢惠卿的干部退职证（许燕娟提供）

四

我父亲早年是南京政法大学法律系的学生，毕业后在汕头市当法官。解放后，他先去香港，再去泰国……

父亲知识渊博，是我的启蒙老师。"故人西辞黄鹤楼，烟花三月下扬州。孤帆远影碧空尽，唯见长江天际流。"这是我小时候，父亲抄给我描字的诗句。除了父亲，爷爷也会教我读书写字。

我母亲是潮州溪美村人，在我12岁时就去世了。

我是家中长女，母亲又早早去世，父亲走后，我便承担起照顾弟妹的责任。记得土改分田地时，我们分到的地不好，我常常要上山捡柴，补贴家用。我二妹也受家庭成分的影响，不能继续上学，便只好在家里帮忙种田。

谢惠卿夫妻合影（许燕娟提供）

我和我的丈夫是在1960年结婚的，他是一所民办学校的老师，但受到我的牵连，他和我结婚后就不能再去教书了，所幸他字写得很好看，便帮人写写对联，赚点生活费，补贴家用。

现在，党和政府照顾老干部，提升了工资标准，我每个月可以拿到2 000多元退休金，感到非常满足。

访谈现场

附录

回忆我的母亲

许燕娟

　　我母亲谢惠卿 1930 年 10 月 21 日出生在潮安县归湖凤东村——一个名字吉祥又美丽的小山村，村子背靠青山，村前小溪流水，绿树成荫。在那个封闭又有点落后的年代，她的出生没有什么出奇，跟许多普通村民家一样，她的到来除了为本家添了几声啼哭、几丝喜气之外，村子依然特别平静。人们日出而作，日落而息，在这片土地上勤劳地延续着平凡又伟大的生命。按理说她应该在这里平静地长大，嫁人，生儿育女直到老去。她可能跟当时许多农村女孩一样目不识丁，只有勤劳和朴素。然而，就因为她有位跟其他人不一样的父亲，因此，她一生的命运改变了，甚至改变了她的子子孙孙。

　　外公家在当地是大户人家，是华侨商人家庭。他读过大学并且在汕头当法官。母亲排行老大，还有两个妹妹和两个弟弟，同样在乡下生活。她在家乡上小学，读到四年级的时候，外公把她带到汕头去读书，在汕头市二小学插班。毕竟不同于乡下，母亲在城市良好的学习氛围中学习十分认真，毕业后考上广东省立韩山师范学校，至 1949 年 7 月毕业。同年 9 月又考进韩山师范学校的高师班。读了半年以后，因为乡下缺老师，母亲回到了乡下教书。这时候正是社会与政治大变革的时代，在母亲的支持下，外公辗转去了海外。我不知道他当年出于什么样的考虑选择了背井离乡，从此再不能回来。我知道的是母亲的生活轨迹开始发生了改变，并且在后来波及整个家庭。

　　由于家庭成分的原因，母亲在教了一段时间的书之后，被责令回家种田。那时她有过怨恨，有过彷徨，但依然默不作声地跟着村里人一同在田野里劳作。她没有怨恨命运的不公，她遗憾的是无法在三尺讲台延续她当老师的梦想。读过书的她清醒地看到，农村文盲的比例实在太高了，城市与农村的差距不只是物质的差距，还有文明的差距。而缩短这样的差距绝对离不开教育。

　　幸运之神这一次眷顾了这个怀有青春梦想的女子。母亲不能当老师了，但村民们都明白，她依然是受过良好教育的知识分子，于是，在多方支持下，母亲和两个好伙伴办起了村办幼儿园。这一次的转折开启了她人生新的篇章。那个年代，科班出身的老师可谓凤毛麟角。就这样，母亲又当回了老师，哪怕是一个没有官方认定身份的幼儿园老师。母亲知足了，她的梦想得以实现，幼师同样可以教人育才。更令她惊喜的是，她遇到了生命中的另一半，我那多才多艺的父亲。

那时的人们没有当代所谓"爱情"的伟大概念，更没有对物质太多的渴望。两颗年轻的心因为缘分依靠在一起，两个善良朴素的人走到了一起，他们没有顾忌母亲所谓的"家庭成分"，更没有什么动人的"海誓山盟"。母亲没有对曾经生活过的城市有太多的眷恋，也没有幻想父亲会把她带到传说中繁荣的"海外都市"；她偶尔回想的是她在韩师的生活和她与同学老师相处的片段，更多的是想跟这位志趣相同的爱人平静地生活，生儿育女，相夫教子。

然而，命运又和母亲开了一个玩笑，应该说是时代给他们这一代人的"玩笑"。幼儿园停办了。她又回到另一个角色——农民。母亲此时和父亲结婚了，婚后育有二男二女，我是老二，上面一个哥哥，下面是弟妹。种田需要更多的劳力，于是哥哥在读完小学后便辍学回家种田了，一辈子面朝黄土背朝天，这成了母亲的一个愧疚，她经常念叨着。我自幼喜欢读书，母亲没有重男轻女的思想，她对我只有不断的鼓励和鞭策。遗憾的是，我十二岁那年，因为母亲娘家的成分问题，考上中学的我被别人顶替上了学，之后只能跟随哥哥到田里去耕作。那时，懵懂的我不知这意味着什么，唯有母亲不时叮嘱我有空多看书。1976 年，粉碎了"四人帮"，母亲让我重回学校读书，并且严格要求我。那时我经过"劳动"的洗礼，加上母亲的督促，认真学习，并且继续从事了母亲未完成的事业——教书。

1979 年落实政策，纠正了母亲的家庭成分。1985 年 4 月，党的好政策恢复了母亲的教师身份，给母亲发了教师证和粮簿，享受国家干部的待遇。1997 年，母亲已 67 岁，还发挥余热，帮忙复办起家乡的幼儿园，整天忙忙碌碌。

1999 年，劳累了大半辈子的母亲终于退休了，我也成了家，成为一位母亲。我想母亲该好好享受天伦之乐了。可是在 2008 年，她生命的另一半——我挚爱的父亲离开了我们。此时的母亲虽然没有比我们兄妹任何一人表露出更大的悲伤，但我从她的眼神可以看出，她在忍受巨大的悲痛。她跟父亲一辈子相亲相爱，没有华丽的语言，只有默默的相扶相持。尽管儿女早已长大，成家立业，但老伴才是一生的牵挂，父亲的离去给她的打击比她一生所有遭遇到的痛楚更令她难过。母亲的身体大不如前了，2015 年 3 月，她病倒了，这一次她再也无法站起来，只能与轮椅相伴。她成了我们的牵挂，而我们成了她的依靠。

我隔三岔五回家一趟，为母亲洗漱，做她爱吃的饭菜，推着她到村子走走。

夕阳的余晖透过对面的山梁把我们娘俩的身影拉得好长好长。村口的老榕树历经百年沧桑依然根深叶茂，庇护着这片深情的土地和善良的村民。母亲，我想陪你走得更远，更久一点行吗？几只倦鸟在天空中往家的方向飞去，母亲在哪儿，家就在哪儿。

有个日子我终生难忘，这也必将是我最为痛楚的记忆符号。2019 年 10 月 12 日，前两天还在叮嘱我做人应该豁达乐观和尽力去帮助别人的母亲突然就走了，一句话也没留下，安然地结束了 90 年的坎坷人生路。接到消息的我不敢相信，也不愿相信，从此我成了没有母亲的孩子。她不应该走，她还有愿望呢，她还想让我陪她回母校韩师看看，还想去学校里面的"汝平亭"看看。除了眼泪，再也没有我叫"妈"时的回应了，只有相册里面的她，依然用柔情和蔼的眼神看着我……

一个生命的离去如同流星划过星际一闪而逝，并没有永恒。母亲是平凡的，她没有轰轰烈烈的故事，也没什么值得铭刻在历史丰碑的事迹。但

许燕娟推着母亲散步（摄于 2019 年 10 月 9 日傍晚）

对我来说，她是伟大的，她不只给予了我血脉灵魂，更让我懂得了爱的传递和延伸。2020 年的春节特别寒冷，不只因为母亲的离去，可怕的疫情弥漫在神州大地，我不知道有多少家庭正承受着悲欢离合，有多少母亲为儿女在牵肠挂肚。我深信的是，爱就是这世上最坚强的力量和最温暖的阳光。这是母亲当年身传言教于我的！

谨以此文纪念我的母亲。

2020 年 2 月 2 日

庄　玲

学名庄世玲，1933年出生于泰国侨商之家，3岁时回到家乡普宁。自幼在哥哥姐姐的照顾下成长。1946年秋考上韩山师范学校高师部，1949年6月毕业，8月秘密参加中国人民解放军华南文化工作团。新中国成立后，前往宝安、中山、顺德等地开展土改工作，因工作兢兢业业，能够掌握政策、依靠群众，做到不错不漏，先后被评为土改三等功臣、一等功臣、工作模范。土改运动结束后，先后在顺德县委合作部、计生办、均安文教委等单位工作。1952年已是预备党员，却因家庭原因（海外关系）无法转正、提干，但仍坚持自己的信仰，在工作中刻苦耐劳、任劳任怨，历经考验，直到改革开放后才成为一名正式的中共党员。1989年9月离休，整整工作了40年。离休后，积极发挥余热，组建老人健身操队等。

访谈时间：2015年7月14—15日
访谈者：陈俊华　刘秋梅　庄东红
访谈地点：顺德大良庄玲校友家

童年回忆

我 1933 年在泰国出生，父亲庄锡春是普宁县果陇村鸡笼山协裕家族的三房，在泰国经营"胜裕兴批馆"。在我 3 岁时，母亲去世了，父亲的批馆难以维持，所以我在 4 岁时跟随父亲和哥哥姐姐回国。战乱中社会动荡不安，不久父亲也因病去世，大哥大姐远走他乡失去联系，家中主要由四哥庄世斌和二姐庄曼生照顾。那时哥哥姐姐都很年轻，工作的工作，读书的读书，而我家房子后面有一条小溪，四哥和二姐怕我年龄小，淘气贪玩不注意安全，不放心让我一个人在家，所以就把我托在乡里的私塾读书，能读多少是多少。

我记得当时私塾就一个老师，十几个学生被分成 4 个班。我是最小的学生，一个人就是一个班，一个人坐一个台子。起初我什么都不懂，老师让我描红，我就安安静静地坐在那里，一笔一画地描，慢慢地学写字。第二年，老师发给我一本书，开始教我念，然后背诵，就这样慢慢学会了不少词语甚至句子、段落。

私塾老师穿着长衫，很严肃。因为我年龄最小，记性又好，他很喜欢我，但我还是很怕他，因为我被他用藤条打过一次。那天我正坐着休息，一个大我两岁的男孩子叫我出去一起玩扔铜板的游戏——把铜板往事先画好的圆圈里丢，谁丢进圆圈就能赢铜板。有人跟老师说我们在赌钱。老师便拿着藤条对我们吼道："敢赌钱！把手伸出来！"我也被老师打了两下，手很痛！回家后，哥哥姐姐看我情绪不高，就问我今天在学校的表现。我把事情告诉他们后，他们教导我，学生要遵守学校的纪律，赌钱是犯法的，不能去玩。我那时其实还不理解什么叫纪律、赌钱，但这件事对我来说印象很深刻，后来再有人叫我去玩这类游戏都被我拒绝了。

记得还有一次，我差点没命。一天放学后，几个七八岁的男孩都脱光上衣，跳进我家旁边的小溪游泳。我没脱衣服也跟着跳下去，学他们拍着水却浮不起来。我感到奇怪，他们跳下去就浮起来了，我为什么不能？一不留神，我被急流冲到一个泥堆里，手脚怎么动都控制不了。我很怕，心跳得很快，害怕再也见不到我的哥哥姐姐了！危急之中，幸好那几个男孩游过来，从泥堆里面把我拉上岸。我吓得想哭又不敢哭。回家后，哥哥问："怎么都湿了？"我不得不告诉他实情，哥哥姐姐吓一跳："以后不准去玩水！"有了这次教训，四哥利用周末教我游泳，所以我很小就学会了游泳。初二时，我还救过我的同学张绿叶。当时我们在乌石普宁师范附中读书，要去校外广场上体育课。过小水闸的时候，她不小心跌落水中。生死关头，我大叫了三声"救命啊"，就跳下去救她，经过一番挣扎，才将她拖到河滩上，送回学校。新中国成立后，我俩成为华南文工团的战友，现在每次聚会她都称我为"救命恩人"。

我的童年时期是在四哥和二姐的呵护下度过的，现在回想起来还是挺快乐的。小时候太不容易了，家里全都是孩子，四哥二姐承担的责任重大，一直很关心照顾我。所以我能有今天的幸福生活要特别感谢我的哥哥姐姐。

庄玲（右）与四哥庄世斌、二姐庄曼生合影

考上韩师

我在私塾读了两年，又在当地的乡村小学读到三年级，后来跳过四年级在普宁师范附小读五、六年级。接着在普宁师范附中读完初中，我考上了聿怀中学。我在聿怀中学读了半年，五哥考上了金山中学，这时靠四哥教书的薪水已不足以维持家用并供我们上学。四哥跟我商量说："读韩师不用学费，每个月还发 2 斗米，只需要一些零用钱，你去读韩师好不好？"我马上答应："好，我有书读就好，让五哥读金中。"四哥很好，我什么事都愿意听他的。我们兄弟姐妹的关系都很好。

不久韩师公开招考，四哥带我去考试。放榜那天，我赶紧和四哥一起去看。那里贴着好几张大纸，写着被录取的学生姓名和籍贯。我终于看到在第二张纸的中间，写着"庄世玲"，我高兴地叫四哥："快看！我考上了韩师！"四哥也很高兴。我考上的是韩师 1946 年 9 月开学的高中师范班。

入住韩师

我第一次去韩师是一个人，没有伴，因为乡里能去韩师读书的人很少。四哥送我到码头，帮我买了船票，叮嘱我坐在船上不能乱跑。当时去韩师要在普宁坐船，从练江开始，经过榕江，再沿着韩江就能到达潮州湘子桥附近，全程差不多3个小时。我一学期回一次家，回去时就有同伴了。坐船到达普宁码头后，还要走1个多小时才到家。

湘子桥对面就是韩师的大门，进去后是一个大操场，中间是礼堂，旁边是女生宿舍和教室，左边有几栋楼也是上课的地方。当时是按照地区分班的，甲班主要是潮州的学生，乙班就是来自各地区的学生，我分在乙班。

女生宿舍那栋楼靠近操场，一楼是教室，二楼才是宿舍，有独立楼梯直通二楼宿舍。一般是二十几个人住在一起，上下铺。我们都没太高要求，因为当时大家的家庭环境也不好，有地方住就很好了，并不觉得简陋。整个宿舍叽叽喳喳的，大家都很高兴，特别热闹。宿舍的床位是固定编好的，哪个人睡哪张床都贴有名字，管理很严格，校规写得很清楚，不能随意调换床位。不同班的混住在一起，编到哪你的床就在哪。

开学后三天内，全校总动员，分片区和地段大清洁，师生都要参加。操场也包括在清洁范围内，老师十分重视对运动场器材的检查，以保证上体育课时不出事故，安全第一。

庄玲学生照

严谨校风

韩师的校风很好，对学生的管理十分严格，这对我一生的影响很大。学校采用军事化管理模式，床上用品要求摆放整齐，蚊帐一律要求挂墙，以保持室内空气流通，光线无阻。每天早上六点，钟声一响，我们就得起来收好蚊帐，洗脸梳头，立刻到操场集合，做早操，跑步。晚上9点是自修课。下课也打钟，有半个小时给学生整理内务，洗漱，挂蚊帐，把书整理好等。一到9点半，"当——当——当——"，钟又响了，马上熄灯睡觉，要做到"寝不语"。我姐夫在9点半之前要来宿舍门口点名，所以我总是提醒自己"快点啊"。回想起来，在学校养成的这个不迟到的习惯，从没有改变过。我直到后来工作几十年都从来没有迟到过。所以我组织性好、纪律性强也是在学校锻炼出来的。

在韩师，连吃饭也是军事化管理，礼堂兼作饭厅，桌子一排一排的，高师的、初师的分开摆。我们一下课马上把书包放在宿舍，跑到饭厅，领取自己蒸饭的饭盒，八个人一桌站在那里等待，没有凳子可坐。有个教官就站在台上，等厨房上齐菜就吹哨子，我们马上就吃，好像抢一样，10分钟就要吃完离开。10分钟怎么吃完啊？洗米蒸饭时我都要多放一点水，饭软一点容易吃；饭蒸少点，否则吃不完就离开也不好。一般一桌有四个菜，基本都是青菜、菜汤，有时有豆腐，鱼不多，肉更少，两三块薄薄的猪肉垫底，非常艰苦朴素。一般我们看见有肉也不好意思下筷子，还是豆腐最抢手，每次豆腐一来，你夹一块我夹一块，一下子就没有了。吃饭过程很安静，不能说话，学校要求我们做到"食不言"。

学校对校服也有明确要求：女生只能穿蓝色上衣搭黑色裙子，夏天是浅蓝色、不露胳膊的七八分袖，冬天是深蓝色的长袖。校服是家里按照学校要求的统一款式和长度自己做的。读师范的学生大多家里比较贫穷，都很节约，年龄较大的就自己缝制，小一点的就由家里帮忙做。我的衣服是姐姐帮着做的，她从小就教我学针线、缝制衣服。我姐姐穿的旗袍都是她自己做的，我临毕业那个学期，她做了三件旗袍给我，一个月做一件，让我毕业后穿。

学校还规定女同学不能披长发，要剪短发，不能戴奇形怪状的发饰。学生就得学习，不能想着打扮，更不能化妆，比如不能戴耳环、擦口红，这些都有很严格的规定，大家都要遵守。每个星期四我们就统一洗校服，宿舍附近有女生洗衣服的地方，就在厨房旁边。我们只有周四那天才可以穿便服，但便服也不能随便穿，要求大方得体，以黑色、白色或蓝色为主。

庄玲（右）与韩师同学彭小青（中）、洪佩英（左）（摄于1948年3月31日）

周末若离开学校要写申请，说明目的地，还必须三人同行，一定要穿校服、戴校章，表明自己的学生身份。

韩师校风正，对学生要求严格，培养也好、锻炼也好，让学生不会产生依赖思想。

韩师的老师

学校的老师在我印象中都挺不错的，他们对学生从不摆架子，也没有体罚过学生。我记得教生物的翟老师像母亲一样，很慈祥又耐心，对学生和蔼可亲，从不见她发脾气。如果有学生东张西望，她就走到他身边轻轻敲下桌子提醒，从来都不直接批评。她讲课都是先把重点写在黑板上，再解释原因。我们就带着笔记抄重点。有时重点是以画图或者猜谜等形式展示出来的，比较有趣，便于记忆，所以我很喜欢听她的课。

还有一位军训教官，个子矮矮的，人很直爽，但对我们很严格。他穿军装，穿皮鞋，还带着一把枪。他平时很严格，不怎么说话，你叫他一声，他"嗯"一下，他看到我们在叽叽喳喳，就喝道："不能讲话！"所以只要他站在那里，大家就都很安静。他是负责军训的，每个星期都有一堂军训课。有时候他也负责早操，训练跑步、队列、齐步走等基本功。此外，他还和我姐夫一起管理住宿学生。他们配合得很好，他在男生宿舍点名，我姐夫在女生宿舍点名，每天都风雨无阻，令人佩服。

校长个子不高，有时候穿西装，平时就穿衬衣。他平时很少在学校，但每周一升旗时，他都要给我们讲话。学校管得严，大概与他的管理有关吧。比如校长常提到要尊师重道，同学之间要倡导潮客一家亲；不准搞宗派，要团结友爱，亲如兄弟姐妹；要求大同，存小异，和睦相处，不搞分裂。当时在社会上，客家人和潮州人吵得很厉害，经常出现打架的事，讲客家话的人在潮州地界会被欺负。但是在学校里面就不行，不能分谁是潮州，谁是客家。所以我对校长的印象很好，也懂得了潮州和客家不能分家，同学间都应该友好相处。我在那里住了三年，没发生过一次争吵、打架的事，学生可以安静地读书。

学习情况与业余生活

我个头比较矮，大家都叫我小不点。我是个直脑筋，不会转弯，但记忆力不错，所以除了数学不好，其他各科成绩都很优秀。我充分利用晚上夜修的时间，看提纲，结合课堂内容读熟、背熟知识点，加上平常听课认真，很快就掌握了功课，所以考试时就能应对自如。

庄世玲获得图画比赛甲组第二名（韩档 546 卷 11 页）

在韩师读师范什么都要学，因为不知道以后当老师会被分配教什么功课，所以我们上课都非常认真。大家都是专心听老师讲，安静地做笔记，不敢东张西望。学校会给优秀学生发奖学金，但是不多，因为学校也没什么钱，主要靠主管部门拨下来的经费。

在韩师读书有一个优点就是可以在附小实习，附小就在韩文公祠旁边，非常方便。别人得跑到外边实习，但我们可以在附小给五、六年级的学生上课，这是个很不错的实习机会。韩师附小没有一至四年级，只有五、六年级，学生是考进去的，我二姐就当过附小的老师。

韩师分高级师范和初级师范，占用十来间教室。当时学校的条件很简陋。图书馆好像只有一间教室那么小，在中山纪念堂的二楼。当时不像现在有很多书，想看什么就看什么，也不敢多看，看错就有麻烦。那时候国民党党部会派人来检查学生的背包里装的是什么，在学什么，怕学生赤化、亲共。当时学校在国民党的统治下，思想上控制得很严。所以我除了读书什么都不管，也不知道有地下党、地下团。

上课时整个学校都很静，一下课就热闹了，有的唱歌，有的去打球。我最喜欢在操场上荡秋千。秋千正对着女生宿舍，下面是沙坑。我可以荡得很高，可开心了。操场上还有单双杠，周围是沙地，起到保护作用。韩师的娱乐设施虽然简陋，但比起其他学校算是好的了。我那时年龄小，喜欢玩。姐夫是体育老师，经常带我锻炼身体，也常带大家跑步，形式不固定，有时是爬山，有时也让我们自己玩双杠。那时我还不够高，还需要别人托我上双杠，锻炼臂力。但我打篮球很厉害，是校队队员。我穿8号球衣，别人叫我"8号仔"，巧的是我在家中也排第八。我们曾参加过潮州的篮球比赛，还得了第一名。我还参加过潮州市中学的运动会，有跑步、跳高、跳远、丢圈等项目，我得了全能冠军。这些运动会的奖品被我摆在家里，装在一个玻璃小盒里，后来参加工作时没带出来，很可惜。

庄玲回忆韩师的手迹

我与队友之间的感情是很淳朴的，彼此十分友爱。有一次我遇到困难也是队友们帮我解决的。那次回家返校前，四哥说金圆券贬值太快了，不如将现金换成金戒指带回学校，需要花费时找同伴去城里换成钱。我把戒指戴在手上，因为我的手小，戒指有点松、容易脱落，所以一路上都十分小心地护着它，在船上也一直握着拳头。但是当我回到学校，被队友招呼去打球时，我就忘记戒指了，马上和大家打起球来。等想起来，我手指上的戒指已不见踪影。我非常着急、无助，心想："完了，完了，我的戒指掉了！那是我的生活费啊。"大家见状都来帮我找，可就是找不到。同学们安慰我说："我们大家来凑钱，给你作生活零用钱。"我十分感动。那个学期我省吃俭用不敢跟家里提，四哥辛辛苦苦赚的钱，我一打球就给弄丢了！而姐姐一家生活也艰苦，在学校旁边租房子住，还要养几个孩子。直到后来依靠一点补助慢慢还了钱，我心中一块石头落下，才敢告诉家里人。

在校期间，我和初级师范班的两个师妹关系特别好。这两个师妹总是喜欢跟着我，其中一个叫高娇莲，跟我一样是从泰国回来的。我们最喜欢下课去学校附近的小店买糖水喝，比如绿豆沙，买一碗分着吃。周末我们就申请一起去城里买书、游玩，买书得从东门的城楼进去，街上有一家书店。我们有时会去中山公园（现西湖公园）玩，后面的广场上还有一个体育场，我们曾在那里练跑步。我们仨还有一张在公园拍的合照。

庄玲（左）与两位师妹在潮州中山公园

投身革命

毕业前发生了一件影响我人生的重大事情，使我的思想发生转变，从而为我走上革命道路奠定了基础。一个周六晚上，金中学生和韩师学生结伴去看电影《一江春水向东流》。落座后不久，一群国民党兵冲进来，持枪威逼学生让座。学生不愿意，结果，国民党兵就拿起枪托打学生，影院秩序大乱，学生被迫退出影院。我的同学刘剑英就在现场，后来我才知道她是地下共青团团员。她的性格像男同志一样，是学校励进社负责人，并借这个公开的学生组织团结了不少进步同学，开展投稿、宣传等活动。第二天，地下党团组织发起潮安县中学抗暴力示威游行，大家得知学生被国民党兵殴打受伤，内心无比愤恨，积极参加示威游行，高喊"反对军阀！打倒军阀！"这次行动得到学生与民众的大力支持，国民党当局喻英奇被迫派代表向学生道歉。

当时局势混乱，人心惶惶。而我四哥、五哥已经先后参加了革命。五哥在金中毕业前悄悄上山参加游击队，他是在游行后第二天失踪的。我们都很担心，怕他被喻英奇的人抓走了。后来他在金中的舍友收拾他的行李时发现他留在床头的书里夹了一张字条，上面写着"我上山了"几个字。

四哥更早参加革命。他曾到香港找堂哥庄世平[①]，想在那里教书。堂哥说，现在家乡需要用人，后方需要建立根据地，你回家更有用处。堂哥写了张字条介绍他联系一个叫黄声[②]的地下党，被安排在普宁兴文中学教书。黄声也是五哥的上级，解放后负责侨联工作。所以我们一家人走上革命道路，就是堂哥庄世平指引的。庄世平是香港地下党，当时不敢暴露，连我们作为弟弟妹妹的都不知道他是地下党，也从来没有提过他。

1949年6月下旬，我毕业离开韩师回到老家。那段时间气氛很奇怪，共产党与国民党轮流在村里开会，讲当前的形势，实际上就是在争取群众。我有时去听，共产党讲自由、平等、解放，赢得了坚实的群众基础；国民党这边已是残兵败将，但仍然在讲共产党要"共产共妻"，蛊惑人心。双方并没有正面发生冲突，今天这边讲，明天那边讲。我心想，我们读过书，要自己分析，要用事实来判断是非。

同年8月，我在四哥四嫂的带领下秘密进入中国人民解放军华南文化工作团第三分队，从此正式走上革命道路。当时家里人并不知道，我仅对他们

---

　　① 庄世平（1911—2007），广东省普宁县果陇村人，1934年毕业于中国大学经济系。抗战时期，他奔走于东南亚以及祖国边陲等地，将华侨支援抗战的物资源源不断地输送到内地。解放后，他在香港从事金融事业，创办了南洋商业银行等。周恩来总理评价："潮汕为中国革命贡献了两个经济人才，一个是理论的许涤新，一个是实践的庄世平。"改革开放后，他为深圳和汕头两个特区的建设竭尽全力。曾任全国政协常委、全国侨联副主席、香港普宁同乡会创会会长和永远名誉会长等，是著名的革命家、爱国者、金融家、社会活动家和侨领。他一生简朴奉公，并将名下两家银行超2 000亿市值的股权全部无偿捐给了国家。

　　② 黄声（1909—1966），广东省揭阳塔头镇顶埔村人。高中毕业后考进上海医科大学，后转学中国大学政治经济学专业。1934年在普宁兴文中学任教务主任。1938年受中共普揭县委（潮汕中心县委）的委托，在石牛埔创办南侨中学，出任校长。"二战"后赴泰国主持创办了民盟机关报《民主新闻》和《曼谷商报》。1947年7月加入中国共产党。1948年6月离泰返香港，在中共香港分局财经研究会工作。1949年5月，调闽粤赣边纵队，任潮梅人民行政委员会副主任委员。汕头解放后，出任汕头市军管会秘书长、市人民政府副市长等职务。1953年调北京中国新闻社，旋调回广东省华侨事务委员会工作。

说不能让四哥一个人负担家庭，我要出去找工作。

我们夜里秘密在揭阳灰寨集中，然后跋山涉水绕过封锁线，边行军边宣传，向广州进发。

我们白天急行军，晚上为群众演出。在一次急行军过程中，部队接到命令，集中在一处山丘，聆听了叶剑英和方方做的政治报告。叶剑英在报告中鼓励大家要坚定信心，好好学习，为将来建设社会主义做好准备，全心全意为人民服务。我们听了都心潮澎湃，十分激动。

行军路上，我们的鞋子都磨破了。我穿的是在学校里穿的运动鞋，一路上又过山又过水，没多久鞋就被穿烂了，后来只能打赤脚坚持走到广州。当时天气酷热，地面特别烫，但没有人叫一声苦。打赤脚在潮州很平常，在广州就显得好笑。后来军管会给我们每人发了一双新的解放鞋。

1949 年 9 月，庄玲成为中国人民解放军华南文化工作团一员

进入广州城后，我们驻扎在东山的党校。华南文工团各队很快会师，全团有 500 多人，是华南地区最大的文艺团体。

不久，文工团就接到任务，华南分局将举行庆祝广州解放的大游行和中国人民解放军入城仪式。在军管会的领导下，文工团除了抽调一批骨干参与电影院、剧场及一些文教机关的接管工作外，全团 500 多人组成了红旗、腰鼓、秧歌、唢呐、铜乐、金钱棒、醒狮七支大队参加大游行。我在腰鼓队，腰鼓舞是由著名舞蹈家梁伦同志编导的。经过两个月的刻苦排练，我们胜利完成了任务。1949 年 11 月 11 日，庆祝广州解放大游行及入城仪式声势浩大，盛况空前，吸引了数十万市民。游行队伍经过市政府门前，接受了叶剑英、方方等党政军首长的检阅。我们的红旗舞、腰鼓舞还先后在东较场、中山纪念堂广场等处表演，有近 200 人出场，不仅为庆祝广州解放增添了热烈的气氛，同时也首次在省会展示了新民主主义文艺繁花似锦、朝气蓬勃的风采。

1950 年秋天，华南文工团第三分团受命改为珠江地委文工团，要求我们团结和动员各阶层人民的力量，为建设新广东而奋斗。我们在文工团先接受培训，坚定自己的信心，只有坚持毛泽东文艺思想，才能更好地深入基层，联系群众，发动群众，领导群众。

我们通过文艺的形式给群众讲革命道理，宣传革命思想，组织群众投入革命，建设新中国。我们唱《没有共产党就没有新中国》《我是一个兵》等歌曲，群众跟着唱，十分热闹。我们还扭秧歌、打腰鼓，一环扣一环，坚持走群众路线，也受到群众的热烈欢迎。

参加土改

没多久，珠江地区与其他很多地区一样，准备开展土地改革

庄玲（左二）与文工团团友合影于广州东山驻地

运动，让长期被压在"三座大山"下的贫苦农民彻底翻身。文工团在参加土改工作队前都接受了有关国家形势、乡村情况、土改政策和工作方法等方面的学习与培训，由上级派人来主讲，要求我们要有坚定的立场，要掌握好政策，要深入到群众中去，要有严格、细致的工作作风才能把工作做好。

土改前，珠江地委做了大量的调查研究，强调土地改革要有领导、有计划、有秩序地进行，先试点，取得经验后再铺开。总体指导思想是"充分发动群众彻底完成土改""既要在战略部署上求快，又要在战术中求稳""必须强调斗争""防止'和平分田'思想"，从根本上废除封建土地制度；实行"依靠贫雇农，团结中农，中立富农，有步骤有分别消灭封建剥削制度，发展农业生产"的方针，"既要解决当前农民困难，又要防止产生混乱"，保持社会稳定。

土改第一阶段的工作为"八字运动"，即"清匪反霸，减租退息"。土改工作队队员进村后，要访贫问苦，扎根串连宣传发动，"吃苦住贫"（在受过苦难的贫穷农民家里吃饭住宿），和贫苦农民"三同"（同吃、同住、同劳动），引导"根子"（诉苦挖穷根），认清"谁养活谁"（是地主养活农民，还是农民养活地主）的道理。以贫雇农为核心，团结中农，扩大队伍，建立农会。贫雇农掌握农会领导权后，开展清匪反霸斗争。

第二阶段的工作就是划分阶级成分，斗地主分田地。先向群众宣传划分农村阶级的政策，学习讨论，农村阶级主要划分为雇农、贫农、中农、富农、地主等。各户根据解放前三年占有土地条件自报阶级成分，经过群众公议后，三榜定案。按政策抓紧没收、征收地主阶级的生产资料（土地、耕牛、农具）和多余的生活资料（房屋、家具、衣物、粮食等），然后按照"满足贫雇农、

适当照顾其他"和"填坑补缺""有利生产"的原则，把没收、征收到的土地、财物分配给贫苦农民。

第三阶段的工作为复查补课，解决遗留问题。土地改革的复查工作由粤中区党委领导。粤中区是在 1952 年 11 月珠江地区被撤销时成立的。复查结束后，就转入生产。一方面领导群众兴修水利、积肥；另一方面指导农民搞好副业，解决种子、农具和口粮问题。

我先后被派到宝安、中山、顺德等地开展工作，这段艰难的革命经历磨炼了我。

1951 年 8 月，我被派到宝安县进行土地改革试点工作。当时对于我来说最困难的问题是语言问题，我是潮汕人，不会粤语。为了克服语言关，我从不午休，每天到群众家中学习当地方言。有一次开群众大会，组长要求我用方言主持大会。我写好发言稿，一句一句练，终于顺利完成了任务。大会结束后，指导员夸我不怕困难，勇于挑战。经过努力，我三个多月后基本上能用方言与群众沟通了。在宝安土改试点工作结束的总结会上，我被评为三等功臣。

1952 年 1 月，我跟随工作队来到中山的大同、西郊等乡开展土改工作，由于我带头工作，严格要求，积极团结农民群众，最终得到上级的充分肯定，在 6 月的总结大会上被评为中山县土改一等功臣。1952 年 7 月，根据广东省委的布置，我们中山土改工作队被派到顺德开展土改工作。

回想起来，这个过程真的很不容易。一方面要打击恶霸、地主，另一方面要团结群众。我们必须与农民一起劳动吃苦，冬天光脚在田里帮他们干活，关心他们的生活，与他们交朋友。他们吃什么我们就吃什么，米是不够的，有菜粥吃菜粥，有地瓜吃地瓜，没有吃的就饿肚子。

我那时遇到过很多危险。我还是个小姑娘，但一个人走夜路是常有的事。有一天晚上我独自去开会，尽管去的时候我有注意看方向，但回来的时候还是迷路了。已经走了一个小时了，我还找不到西海驻地。四周黑漆漆的，我只能靠一个小手电筒照明摸索。终于发现一处灯光，我朝灯光的方向走去，看到有个小茅屋和屋里的一对老人。老人看见我，就很奇怪："你是谁啊？一个姑娘，为何这么晚走到这里来？"我说："我是土改工作队的，开完会迷路了，这里是西海吗？"他们听说我是工作队的，就非常热情，告诉我说这里是碧江，给我指了去西海的方向，让我走到土糖厂，到那里再继续问怎么走。我到土糖厂找到一位师傅，他告诉我怎样找到一条小桥，然后过桥直走就能到达西海。等我回到西海差不多半夜两点了，那里的工作队队员们都还没睡，大家担心我，怕我出事，因为当时还有一些暗藏的敌对势力搞暗杀。

还有一次也是晚上，工作队要与"根子"开会，我本来与交通员在一起，但为了让他先通知开会，就让他先走了。但是，我在经过一座木桥中间时，有一处固定桥板的铁钉锈坏了，我一踩上去就摔到河里，撞到头部，当即失去知觉。桥下有几条小船，我被夹在两条船中间，只露出了一双脚。多亏有桥头小茅屋的老伯母，她听到"嘭"的一声响，就提了个灯出来仔细查看，突然照见桥下面的小船之间伸出一双脚，赶紧大喊"救命"，正在附近开会的交通员和其他人听到叫喊声就一起跑了出来。他们把船扒开，把我拉了起来。我的头发、棉衣都湿了，昏迷不醒，当即被送到我的"三同户"家里。那个"三同户"叫葛九根，是我们扎的"根子"。在他家，大家给我灌姜汤、擦油，脱下湿棉衣，又拿来一条被子给我盖上。我的两条长辫子也被解开了，用毛巾擦干，摊开晾在床边上。直到给我擦了很多油后，我才醒了过来。我醒时还不知道怎么回事，开口就道："怎么搞的，还不开会？"他们说："还开会？你差点死了知不知道？摸摸你的头，是不是很疼？"我一摸才感觉到疼，头发还是湿的。葛九根后来当上大队团委书记，干得不错。多年以后，有一次老团干开会，他一看到我就跟我打招呼，还提到这件事。

在土改过程中遇到的困难与危险，现在的人都不知道，我也没有给谁讲过，讲了别人也不信，以为我在讲大话。我 1952 年评上土改模范、一等功臣时已是预备党员，但因为家庭原因（我大哥庄世鸿居于海外）无法转正，直到改革开放后才成为一名正式党员。

大哥庄世鸿[①]

我大哥庄世鸿跟他堂弟庄世平是同个年代考上大学的。我的外公是读书人，几房兄弟都很会读书，家族中有四个人考到外面去读大学，这在乡里被传为美谈。但是大哥自从赴上海读书后就很少与家里联系。他的一些传奇经历，我们一直到改革开放后，他回到果陇老家养老时才知道。他在大学里曾参加"反内战反蒋"的学生运动，由于他非常有才华，又懂多国语言，国民党就拉拢他、软化他，送他去学习，派他到东南亚当驻外使节。"二战"期间，他曾经在海上漂浮七天七夜，死里逃生。他在东南亚做过很多统战工作，也曾保护过一些共产党人。比如，因为庄世平是地下党，曾经被列入过戴笠的黑名单，大哥就帮着讲了话。他跟高层说："这个庄世平是我的兄弟，你们不能抓他，也不能迫害他。"他还保护过黄声，这些潮汕地区的地下党他都认

---

① 庄世鸿（1906—1989），广东省普宁县果陇村人。20 世纪 20 年代毕业于国立复旦大学，30 年代中期被国民政府派往中国驻新加坡大使馆工作。日军轰炸中国驻新加坡大使馆时，庄世鸿因公务在外，逃过劫难。后被国民政府任命为中国驻安南大使。"二战"时期，庄世鸿在印度洋所乘船只被日军炸沉后落海，幸亏下海后抱到一根浮木，经七昼夜漂浮，被印度舰艇所救。庄世鸿精通英语，懂七国语言，其聪明才智被印度军方赏识，被安排在印度参谋部工作。1950 年后自购一艘货轮，往返于中国和泰国，专营粮食生意，后定居香港。庄世鸿晚年思乡心切，决定叶落归根，20 世纪 80 年代中期回到故乡果陇村鸡笼山养老，1989 年去世，享年 84 岁。（摘自果陇村党支、果陇村村委会、《普宁市果陇村志》编纂委员会编：《普宁市果陇村志：1279—2014》，广州：广东人民出版社，2015 年，第 384 页）

识。但是历史上他跟国民党的关系更加密切，所以解放后他就不敢回来了，自己在东南亚各地漂泊，后来住在香港。改革开放后，亲人去香港探望他，告诉他政策有变化，可以回来了，他才敢回到自己的家乡。大哥1989年去世，叶落归根。

庄玲家人与堂兄庄世平（右二）合影

从农业合作化到 "大跃进"

土改任务完成后，又开始搞农业合作化，就是通过各种互助合作的形式，把以生产资料私有制为基础的个体农业经济改造为以生产资料公有制为基础的农业合作经济。这是因为土改后个体农业经济比较分散薄弱，难以进行扩大再生产，而社会主义建设不可能长期建立在公有制的工业和私有制的农业基础上。应该说，从土改后一直到1958年，农村形势是很好的，干部群众打成一片，大家非常团结，干劲大，收入提高，农民的生活普遍得到改善。我当时在顺德县均安镇抓重点农业社——沙头大队，是那里的工作队队长。我所在的沙头农业社在1956年鱼塘生产平均亩产是580斤，1957年是655斤，该社其他作物生产亦连年增产增收，到1957年在生产水平和生活水平上都已超过了当地富裕中农的水平，因此先后荣获县、省以及中央的9次嘉奖。之所以取得这么大的成绩，除贯彻执行了正确的生产方针和先进的技术措施之外，合理的经营管理工作也起着重要的作用。沙头农业社以鱼塘生产为主，有1 827亩鱼塘，占全社总面积近60%，收入占全社总收入的70%以上，同时兼有蚕桑和少量稻田、甘蔗等。由于多种作物生产错综复杂，技术性强，所以，社委会组织多个农作物综合生产队，以充分发挥集体生产的优越性，同时实行产量、成本、工分三包到队。队下面则根据各项生产特点，实行重工集体操作，轻工到户，特殊技术管理工作到专人，即采用集体经营、统一指导与个人负责相结合的管理方法，以保证生产责任制服务于发展集体生产。鱼塘生产增产的关键，除了生产技术之外，还要保证充裕的饲料——光野生茜草，每亩鱼塘每天至少需要 10 ~ 15 斤。此外，还要种植大量的白豆藤、南瓜藤等绿肥，积集、运输猪屎和蚕屎。这些大量的工作，必须由生产队统一安排，集中筹划。

重的魚塘魚兒得水，生長正常，一条魚也沒有損失。該社除和水旱灾作斗爭之外，在抗击病灾方面也是非常突出的。1957年的魚病季節比往年來得早，病疫的严重程度也是历年所未有的。在病疫盛行時，社里曾用漂白粉等葯物進行治疗，但仍不很見效。后來通过召開老农座談会，發揮群众智慧，充分運用群众历年積累下來的經驗，采取了二个办法：一是每亩魚塘施浓屎二担；二是翻土攪泥漿，進行全面施潑（即在一口池中，撈起几載塘泥在船上攪成泥漿，再去塘中進行潑洒），排去汚水，注入新鮮水質，澄清池塘水質。这样終于戰胜了病灾，避免了严重的損失，使草魚的成活率仍达80—90％，保証了魚塘的全面增产。

（1958年 3 月15日）

順德县沙头社魚塘管理經驗

庄　玲

沙头农业社的魚塘生产，連年有所增加。1956年平均亩产是五百八十斤，1957年是六百五十五斤（該社其他生产亦連年增产增收，到1957年，在生产水平和生活水平上都已超过了当地的富裕中农），因此，曾先后荣获县、省以及中央的九次嘉奖。該社所以取得这么大的成績，除貫彻执行了正确的生产方針和先进技术措施之外，合理的經营管理工作也起着重要的作用。

沙头社是以魚塘生产为主（一千八百二十七亩魚塘，占全社总面积60％弱），兼有蚕桑（1957年还有一点甘蔗）和少量稻田的。由于多种作物生产錯綜复杂，而且技术性很强，所以，社委会开始就强調組織多种作物综合生产队，以保証充分发挥集体生产的优越性；并实行产量、成本、工分三包到队，

庄玲的文章《顺德县沙头社鱼塘管理经验》，1957 年发表于《副业生产管理经验》（中共广东省委农村工作部编）

生产搞上去了，受惠的是当地的农民。比如当地有一个农民叫黄大九，原来很穷，通过土改分到了田地和鱼塘，自己耕种、养鱼、卖鱼，不用给地主交税，生活得到了改善。他的孩子就看到这个全过程。后来，他的孩子当上大队的支部书记，带领村民养鱼、养猪、养蚕等，生活就更好了。

我们干部当时都是尽自己最大的努力帮助农民，我自己连零用钱都贴上了。有个农民叫黄开远，因为家里小孩多，经济上比较拮据。有一次他生病，我带医生去他家里。看完病后，我就偷偷拿两块钱给那个医生，作为诊金和药费。医生走后，他才突然想起："我还没给医生钱啊。"我说："不用给啦，你不用担心，我给你搞定了。"其实我的钱袋子已经空了，一个月就剩下这两块钱，这下连零用钱都没有了。

可惜大好的形势到1958年后就乱了，搞"大跃进"浪费了很多东西，比如大树全部砍掉，搞成焦炭，去炼钢铁。那时候非常辛苦，孩子小，我又怀有身孕，工作还忙。有一次，我作为带队的干部，带老师去县里开文教会议，开完会就回各地贯彻落实会议指示。第二天来台风了，县委书记下命令："不开会了，你们赶紧下去帮忙抢割！"我马上带老师们赶去伦教割禾。因为稻子已经熟了，不割的话被台风一打就没有了。跟我们一起开会的文教委谢主任说："你大着肚子怎么带啊，怎么还能去干活啊？"我说："没办法啊，没有人来替我，让老师自己去也不行啊，他们不习惯干农活。"老师们也都不让我去。我说："我不带你们，你们怎么完成任务啊？如果完不成，明天我们就挨批评了。"到伦教后就马上开始收割。老师们干不惯农活，又怕割到手，所以进度慢。我示范给他们看，说："不要抓太低，太低容易割到手指。"经过一番忙碌，总算完成了抢割的任务。

因为工作关系，我的爱人老廖经常调离均安。他不知道我在均安的艰难与辛苦，我也从来没有跟他讲过我吃过的这些苦。之前有一次调动是全家一起走的，当时他调去县里工作。保姆知道后，就悄悄在一边哭了。她跟我们有感情了，舍不得我们走。我发现她眼角有泪，才知道她的心思。我说："不要担心，我把你带走，连户口也带走。你不跟我走不行，小孩子谁来管啊？"她就安心地笑了。但是，搬家是一件很辛苦的事，首先是没有交通工具。公社没有车，我们要去坐公交车，到大良车站还要再转车，一路上都是土路，灰尘满天飞，辗转好几次才到目的地。我还得带着小孩，还有棉被、衣服、锅碗瓢盆等，连个盖子都要带上，不带就没得用了。于是，我不得不跟组织部的领导说："老廖要调去哪里工作，我没意见，作为家属我肯定不拖他的后腿，但我要照顾小孩，守着家，很难这样跟着搬来搬去。"一年半后，老廖又调回均安，我们全家就回来了，以后他再调去哪里我都没有跟着走了。

我带着孩子和保姆就守在均安，一待就是20年，比我在潮州老家的时间还要长。均安算是我的又一个故乡了，那里的人都对我很好。他们也说我有良心，虽然是上面派来的干部，但从来不看低他们。

"文化大革命"

"大跃进"打乱了国民经济秩序，结果使国家面临着严重的经济困难。为了纠正"大跃进"中的错误，农村又开展"清工分、清账目、清仓库、清财物"的"四清"运动。之后，老廖被调去担任龙江公社的党委书记。

1966 年，"文化大革命"开始了。"文化大革命"的出发点是为了防止资本主义复辟、维护党的纯洁性和寻求中国自己建设社会主义的道路，但是这场运动变成了内乱，老廖也在那时被打成右派，我们全家都受到了牵连。

那时还发生了很多事情。1967 年 1 月，顺德跟全国一样，刮起了一场"夺权风暴"，造反派宣布向中共顺德县委夺权。随后，夺权之风刮遍全县，到月底，各级党政机关、工厂、学校被造反派全面夺权，大批领导干部被批斗、停职、罢免，各级党政机关陷入瘫痪状态。好在"夺权风暴"后，为了稳定局势，解放军在顺德实行"三支两军"（即支左、支工、支农、军管、军训），成立了有军队代表、领导干部、群众代表参加的顺德县抓革命促生产三结合委员会。各公社也相应成立领导机构，贯彻"抓革命、促生产"的方针，使全县的经济社会秩序逐渐恢复。

我也顺势跟工作队队长提意见，如果有事我就来集训，如果没什么事就给我自由，我还得工作，一个大队交给我管，我得负责任，不能这样浪费时间。让我天天坐在这里不是偷懒吗？后来他们觉得我说得有道理就让我回去工作了。

对顺德来说，还是农村好。任凭上面搞得有多乱，农民最重要的是有饭吃，他们对于劳动还是自动自觉的，所以"文革"对农村生产的影响不大。那段时间的工作也是非常辛苦的，我是文教委员，教育、卫生都要管，学校、医院都要跑。那时候经常下乡，一早就要出门，很晚才能回家，小孩只能交给保姆带。最困难的大队是我负责的。均安以前没有公路，要过两条河，还要跑很远才能到达大队。那里全是鱼塘，农民住得很分散，在鱼塘旁边建个屋子，就是他们住的地方。一下雨，路就很滑，一个个泥头，被叫作"和尚头"。外人很容易跌倒，我走惯了就不会。当时一个区配三辆单车，区委书记一辆，区长一辆，还有一辆给保安武装部，有突发事件的时候可以用。交通员也没有车，他经常借书记或者区长的单车用，比如去县里取文件再去分发给各个大队。一位保安武装部的同志看见我一个女同志天天跑来跑去非常辛苦，好心要把单车借给我，那是一辆 28 寸木棉牌男装车，又高又重，对我来说，还不如走路方便。有时需要留宿在大队，晚上也没有热水洗澡，只能白天装一桶水去外面晒温，勉强来用。有一次，正遇上晚上刮大风，门被吹得砰砰响。我还以为半夜有人来敲门。那时没有手机，仅有一部电话也在离得很远的地方，有什么事要通知都来不及。我住楼上，连拖鞋都不敢穿，悄悄走下来查看，才发现是被大风吹的，就搬两个凳子来顶住。后来窗也被吹坏了，折腾了一整夜都睡不了。有人形容我们这些驻农村的干部是"铁脚马眼神仙肚"，这句话很形象。铁脚形容脚力好，整天跑路；马眼就是马的眼睛，从来不睡觉，是睁着的；神仙肚，就是能耐饥耐饿。

"文革"结束后，老廖平反了，工作队的人也来跟我们道歉，我们也没有去计较什么。我一直到 1989 年 9 月离休，整整工作了 40 年。离休后什么都不想，最主要是身体健康，身体健康就是本钱。所以，我在老干部活动中心组建健身操队，从无到有，从小到大，逐渐发展成一支近百人的队伍。我也连续 18 年被选为队长。每天早上 8 点钟集中，开始做操，集体锻炼身体，早睡早起，从来不迟到。

寄语韩师学生

首先，我想对年轻人说，我经历了这么多，始终觉得党的群众路线是正确的，要依靠真正的群众，而不是乌合之众。毛主席说："没有调查研究就没有发言权。"这句话很浅，但是道理很深。而如何开展调查研究？当然是要深入群众，依靠群众，相信群众。还要学会分析形势，不能糊里糊涂。当然，干部本身要正直，平时要关心群众，不能有事才依靠群众。一定要把形势搞清楚，坚持党性，讲清政策，什么时候做什么事，自己得思考清楚，在心中树立起一杆道德秤，做有利于社会发展，为人民谋利益的事情。

其次，每一件事都要一心一意地做，但不要太主观，立刻下定论。因为一个人的智慧有限，听到的、看到的都有限，所以还是那句话：要做好工作就要走群众路线，要真心实意依靠群众，相信群众。这有助于我们做好工作，提高自己，解决问题。

2007 年，庄玲（左二）在韩师母校大门前留影，左一为庄东红副院长

访谈者与庄玲合影（庄东红摄）

陈诗侯

1934年生，广东揭阳人。1954年被选送到韩山师范学校读书。在校期间，任学生会学习部部长。1957年毕业后被分配到饶平当老师。三年后调饶平潮剧团、饶平县文化馆等单位。后回家乡揭阳，曾任揭阳县文化馆副馆长、揭阳县文化局艺术股股长兼文化馆馆长。1992年揭阳撤县建市，任榕城区文化馆馆长，政协揭阳市榕城区第一届文艺专委副主任，第二届文史专委主任。1996年退休后应邀编辑地方志。是揭阳市民间文艺家协会第一届主席，中国民间文艺家协会会员，广东省民俗研究会会员。主要著作有《亦伯轩杂谭》等。

访谈时间：2014年10月15日
访谈者：陈俊华　高晓军　郑喜胜
访谈地点：揭阳陈诗侯校友家

家庭情况

在我出生的第二年，也就是 1935 年，父亲就去了南洋谋生，在泰国老万年春戏班当乐队领奏，直到终老。记得我在饶平教书时，曾收到父亲的亲笔信，高兴得不得了。

因为父亲走了，留下我们孤儿寡母，没有生活来源，所以有一段时间我们只能去外祖母家生活。离开外祖母家以后，仅靠母亲做布艺手工挣钱供我读书。直到后来母亲当起托儿所所长，生活才有好转。我从小过着清贫的日子，因此立志好好读书。我很尊重母亲，只要她高兴我就高兴，凡事也遵从她的意见，包括我的婚姻。当时我已经在饶平潮剧团工作，母亲参加揭阳县幼儿教育大会时遇到了一位女孩，是幼儿园的园长，她们十分投缘，后来母亲将她介绍给我认识，要我好好待她。这就是我的对象，我们婚后一直相濡以沫，她和母亲也一直情同母女。

韩师岁月

1954 年，我从揭阳师范学校毕业，就由学校选送去韩师读书。当时揭阳师范有 5 个毕业班：2 个春季班、3 个秋季班，同时毕业。5 个班选 45 人到韩师读书。选送的一般是成绩比较好的学生。我们成为韩师中师第 28 届学生。这一届共有甲、乙、丙、丁 4 个班，我在丙班。丙班由揭阳师范选送，丁班由普宁师范选送；但丙班、丁班也有少数来自汕头、潮州的同学；整个潮汕地区各小学选送的在甲、乙班。我 21 岁的时候到韩师读书，24 岁毕业。按现在的标准，我读书的年龄算是大的，但（20 世纪 50 年代初）我在同学中不算大，年龄算是中等。

当时在其他地方读师范，是不值得炫耀的，因为读师范靠国家资助，一般比较穷的人家才会选择读师范。但是我感觉去韩师读书是不同的。因为韩师是一所历史悠久、人才辈出的学校，是当时潮汕地区的高级学府。所以能够被选送去韩师读书，让我油然而生一种自豪感，同时也带着一种要把书读好的意识。

我只有寒假和暑假回家。家里穷，我就和学校的同学结伴，赤着脚走路回去。那时年轻，一个小时大约能走 5 公里路，走 8 个小时左右到家。当时生活很艰苦，但也很愉快。

虽然在农村的生活很艰苦，但在韩师读书，我每个月有 12 元助学金收入，3 元买文具，9 元当伙食费。学校根据学生家庭经济情况提供助学金，我拿的是最多的一档。

那个时候在学校，早餐吃稀饭，中、晚餐吃干饭，有菜有肉，挺丰富的。每过一段时间，还能吃一次红糖糯米粥，它是下橙糕的，很可口。记得有一次湘子桥涨水，过不了桥，食堂职工没办法去买菜，就用干玉米粒压扁炒成菜下饭，同样可口。每逢庆典或节日，学校也会加菜，也会有大鱼大肉。用餐时，饭桌上的菜都是先摆好的，8人一桌，而且老师都是和学生一起吃饭的。学生站着吃，老师有座位。餐厅和礼堂共用，是竹篷搭的。

住宿方面也很好，我住过第三、第四宿舍，条件都不错。到了晚上，男生轮流守夜、巡逻，确保校区安全。轮到的每个人发一支木棍和一个哨子。听说以前韩文公祠曾作为学生宿舍，但到我们读书的时候就不是了。韩文公祠因为破旧，只是空置着，但它与第三宿舍是连在一起的，左侧门和第三宿舍相通。第三宿舍是楼房，第四宿舍在韩文公祠山门的右侧，是很宽敞的平房。第四宿舍像个大厂房，一眼望去，都是上下铺。第一学年我们班的男生都住那里。那时候学校女生少，男女比例大概3∶1。第二学年我们就搬到山上的第三宿舍住，那是学校最好的宿舍了，我住一楼。第三宿舍的洗澡房不在宿舍内，而是与厨房连在一起，学生和老师都在那洗澡，有冷、热水，热水需自己提到厨房用粗糠灶加热。

有一次我很幸运，遇到罗荣桓元帅。刚好那周要考试，我从山上的第三宿舍下来，从秀夫亭边经过。我看到亭里坐着一群人谈笑风生，当时不知道是罗荣桓来了。后来听说罗荣桓来韩师，我才知道看到的就是他。后来我在姚世雄老师的口述史里读到这一段回忆，觉得十分亲切。

韩师的校风非常好，同学们学习都非常认真，作息时间特别规律：早晨5点天未亮就起床，大家主动到操场做早操，早操后到教室早读；然后上课、吃饭、午休；晚上晚修，准时熄灯。这样的作息被当作天经地义，没有人违反，都自觉遵守。有人说韩师校风确实好，但限制了学生的自主性和创造性。我不以为然。韩师这样的校风，并不意味着大家就会像书呆子一样。那时学校里不仅老师会教，学生也知道好好读书，而且学校还注意引导学生走上社会、融入社会。所以当时的韩师学生不仅读书认真，而且参与的社会活动也非常多。比如下乡宣传，制作大型潮剧——《春风吹到诺敏河》，这是一部由外剧种改编的潮剧，配曲也已配好。但要演戏就得找人才，从演员到后台、声乐等。当时的演员都是来自各个班的学生，主要是我们这一届的学生，谁适合就调配谁，大家都不会推诿，而是积极参加。导演是甲班的林德初同学，他高大潇洒，分析剧情深入浅出，生动活泼，头头是道，很有一套。我记得当时没有外请专业人员，主要是靠老师和同学们发挥才能，互教互帮，虽然水平不算太高，但也不会差。我们到各地农村演出，看的人非常多，评价不错。还有一些小型的活动，各班都有组织。比如我们班，我和杨世夫、陈恩泉几人一起，借一套锣鼓就去潮州各个地方的居委会开展文艺宣传，节目都是自编自导自演的，锣鼓一响就开始表演，再慢慢地引入宣传教育的内容。当时围观的人很多，演员也非常活跃。所以学校不会让学生"死读书"，而是要读好书，服务社会。

韩师是以一名教师的水准来培养学生的，要求学生的知识面要广，无论文科、理科都要掌握。因为我们去其他学校教书还不知道会被安排去教什么，所以不仅书要读好，其他如文学、艺术等知识也要有所涉及。比如当时我们班同学自己创作了一支舞蹈《祖国之花》，编、演都是班里的同学，由班主任叶经珠老师为舞蹈配曲。我毕业后去饶平工作时，发现那里各个小学、幼儿园都在跳我们班创作的这支舞。

因此，在韩师学习不仅书读得好，而且学的知识比较全面。当时是五分制，我的成绩不算拔尖，但我从来不拿三分以下，经常是四分以上。三个学年读下来，我年年都被评为"三好学生"。

在校期间，我任学生会学习部部长，记得当时老师非常信任我。我当了两年的部长，到第三年，进入毕业班的就一律退职，没有再当。那两年我的工作重点主要是抓政治时事学习，姚世雄老师是抓政治时事学习的领导。我抓政治时事学习的第一件事是读报，每天报纸一到，我就去找姚世雄老师。姚老师就把要读内容的标题划出来，我抄好后就把黑板挂在校务处大门口一旁。回想当年，天天都是我抄好黑板，全校各班学习委员带报纸去划，隔天全校读报就读这些，每班都一样，非常统一。第二件事是开展政治时事辩论，这个活动也办得有声有色。我号召各个班来参与政治时事辩论，通知一发出去，各年级各班都有人报名参与。每次辩论，自主参加的人都非常踊跃。辩论通常在教导处附近的音乐室举行。辩论时，发言的都必须举手上讲台。同学间有时会争论到面红耳赤，但都是友好的，彼此关系都非常好。甚至有时候辩论完了，余兴未消，回到宿舍还要继续辩。我记得辩得最久的一次辩题是"社会主义好，还是资本主义好？"以此开展对学生的政治思想教育，由姚世雄老师领导，我组织。有人说社会主义好，有人说资本主义好，自由发言。当然说资本主义好的同学是站在比赛规定的反方角度，只是为了辩论需要，即便他是支持社会主义的。当时我们还做了经验总结。共青团潮安县委在金山中学召开政治时事学习经验交流会时，我代表韩师去发言。

记得有一次，我要去教室自修，路过仪器室，管理扩音仪器的许尚滚老师叫我进去，他说："全国共青团代表大会在北京举行，正在现场实况广播。你是学习部部长，你马上通知全校师生停止自修，听实况广播！"我说我得去找姚世雄老师，看他是否同意。他说："等你找了回来，广播都结束了，你有权现在宣布！"我宣布后，校内都很安静，大家都走出教室，有同学靠在走廊栏杆听广播，也有老师端着椅子走出宿舍听广播，秩序井然。后来，我觉得这一宣布没有请示姚世雄老师，不知他会怎么想。但他并没有说我，这说明他也认同。

1957 年，我们即将毕业，我已不当学习部部长了，姚世雄老师还把任务派给我，让我去办一个政治时事讲座。我问他讲座讲什么内容，他说按照《人民日报》社论，以社论为中心，再参考其他报纸，自己准备，自己主持讲座。这个讲座只号召大家去参加，但不强调人人都要参加。记得当时有三四百人参加，有老师也有同学，在搭竹篷的礼堂举行。

所以我觉得学校相信学生，对于培养学生的自主意识和创造能力是比较有效的，思想也很开放。我担任学习部部长的那两年，在姚世雄老师的带领下，开展这些政治时事学习，让我印象很深刻，以至于以后我走上工作岗位，仍然很重视政治时事学习，在韩师养成的这些习惯总是会表现出来。

叶经珠、翁敬铨二位老师对我特别好，"一日为师，终身为父"，叶经珠老师是我们一年级的班主任，教我们历史，只大我 3 岁。2012 年初夏的一天，叶经珠老师由他的儿子叶党生开车陪同来揭阳看望他的学生。吴式从、宋慕德、杨世夫、邱陶兰、周真旭和我等人在式从的家里等候他。他来了，一边上楼一边喊："诗侯在哪里？诗侯在哪里？""在这里！"我上前搀扶他。大家一起坐下，我提起当年他为舞蹈配曲的事，他即放开喉咙唱起此曲来，他的儿子叶党生和我们也陪他唱起来，气氛热烈，当年的情景仿佛浮现在眼前。接着，叶经珠老师细语轻声地谈及别后思念，鼓励我们要继续自强不息，多为社会做贡献。叶老师一如既往地教导我们，多么温暖，多么贴心。午饭后，我们陪叶老师参观揭阳学宫、城隍庙和双峰寺。每到一处，叶老师对那里的对联、碑刻的评释都很有深度。这次他来，送给我们一首诗《携手笑迎好明天》：

> 韶华易逝 55 周年，惜别韩师未晤颜。
> 忆昔母校教与学，师生情谊暖心田。
> 喜今榕城共团聚，欢声笑语乐无边。
> 祈祝吾侪康而寿，携手笑迎好明天。

他回潮州后，我和诗《次韵叶经珠老师〈携手笑迎好明天〉》一首，用手机发送给他：

> 韩山聆教阅三年，半纪睽违今仰颜。
> 细语谆谆传厚德，名歌泪泪入心田。
> 评碑论对道儒释，合影赠言诸圣边。
> 握别进贤门外处，风和日丽正中天。

　　叶老师来电要我写在宣纸上寄给他，我不会书法，但他坚持要我写，我就写给他了。他还要我以后重视练习书法。从此，我遵照叶老师的教诲，对书法练习不辍。

　　另一位我非常尊敬的老师就是翁敬铨老师。翁敬铨老师是我们的第二任班主任。他教我们语法，讲课句句入耳，语速较慢，每一句话都可做记录，我印象非常深刻。而且他人很好，像慈父一般。我在饶平教书的时候，经过潮州时就去韩师拜访他。有一次，那时我已在剧团工作了，剧团到潮州凤城戏院演出大型古装潮剧《澶州之战》。这部戏是我根据京剧《澶渊之盟》的剧本改编的。我送戏票到翁敬铨老师韩师的宿舍请他看戏指导，隔天又到他宿舍听取他的意见。翁老师笑容满面，一连念了好多句他认为很好的唱词。我很惊愕：老师的记忆力这么好！他为这部戏提了很多全面的意见，有肯定的，也有不足的。这是恩师给我上的一堂特别宝贵的课。但后来"文化大革命"，形势所逼，我没办法去找他，也找不到他。

　　我对抓政治学习的姚世雄老师印象也非常深刻。他后来住在汕头。记得我在潮州车站曾经遇到过他。那次相遇的时候，是他先看到我，就喊我的名字。我望过去："啊，是姚老师！"浓浓的师生情，感觉非常亲切。

　　我也很尊敬我们的语文老师——方若琪，我每次都会认真地听方老师的课。课堂上他喜欢提问，我也喜欢回答他的提问。方老师文学功底深厚，讲课好像不怎么严谨，很随意，但有内容，有深度。除教学外，方老师还擅长古典诗词和国画，晚年出版了《方若琪国画集》。

　　其他印象较深的老师还有：历史老师李扬奕、物理老师李汉民、化学老师林仕松、几何老师马世超等。

　　当时学生会的同学我都印象深刻，像学生会主席詹友生、副主席詹德钦、生活部部长杨世夫、文娱部部长林紫侬等。他们的工作能力都很强，很值得我学习。

　　我对同班同学几十人都印象深刻。最值得一提的是魏立真。他品学兼优，数学特别好。1957年我们毕业以后，他被保送到华南师范学院（以下简称华师，今华南师范大学）数学系读书；1960年9月被选送到中国科学院北京天文台进修学习射电天文学；1961年8月学成回校，任教数学系天文专业；1973年12月至1986年他主持华师函授教育领导工作，1986年华师成立成人教育学院他任副院长；1988年被华师聘为副研究员、副教授。1995—2000年担任《广东职业与成人教育》主编、顾问。魏立真著作甚丰，他的专著及参与编写的著作有：《射电天文学基础知识》《广东天文八十年》《改革开放与高中后教育》《高等函授教育的改革与管理》《中国高中后教育模式研究报告》《广东职业与成人教育蓝皮书》等。发表论文80多篇。其中，《建立函授管理规范》经广东省人民政府批准，授予1993年"普通高等学校优秀教学成果二等奖"和"华南师范大学优秀教学成果一等奖"。2004年12月荣获广东省成人教育协会"成人教育先进工作者"称号；2007年12月荣获广东天文学会"杰出贡献奖"。魏立真颇有成就，但没有忘记韩师的同学。他每年都回家乡揭阳一两次，每次回揭阳都会组织同学聚会。参加聚会的主要有我和杨世夫、吴式从、宋慕德、邱陶兰、周真旭等，每次聚会我们都无所不谈，但总是魏立真谈得最多，最有新意。他在工作岗位上勋名卓著，对家乡事业也热心参与。魏立真是揭阳梅兜村人，被列为乡贤，他曾为家乡新建学校题写校名，为宗祠已失传又重新制作的"深明大义"匾题写匾文，为新编《揭阳魏氏族谱》作序，受到了乡亲的赞赏敬重，也显示了他深厚全面的才华。

杨世夫是韩师同学，也是乡亲，他各科学习成绩都好，而数学尤为突出。他担任学生会生活部部长，工作都完成得很好，特别是厨房伙食管理得很出色。他多才多艺，除自编自导自演文艺宣传节目外，还在大型现代潮剧《春风吹到诺敏河》中扮演老农民角色，惟妙惟肖。

陈恩泉、刘泽琼伉俪都是班里成绩优秀的同学，陈恩泉很活跃，舞蹈《祖国之花》就是由他主持和导编的。他还曾在班里组织武术队传授武术，武术队曾在学校运动会上表演武术。陈恩泉从事教育工作一段时间后转媒体工作，为粤东传媒事业做出了不少贡献。刘泽琼恬静好学，喜爱文学，有才华，曾任《韩师生》编辑，是舞蹈《祖国之花》编导者、表演者，这支舞蹈的名称就是她起的。

林幼驹成绩优秀，发展全面，擅文学，尤喜绘画、书法。他和妻子、儿女都是教师，他家被汕头市委、市政府授予"教育世家"称号。当时我从电视里闻此喜讯，即电贺。印象深刻的同学还很多，不尽阐述。

从学校到剧团

我毕业后被分配到饶平，我们班有35人被分配到那里。到饶平后，我被分配在饶平县第一小学，这是县办的一所小学，简称"县小"，在黄冈镇。教了不到一年我就被调到黄冈工农中学——一所新办的中学当负责人，校长由黄冈镇党委书记李培聪兼任。那时镇文教委员余构养同志经常去我们学校布置工作。学校开办初期，只招收两个班，共有学生108人，专职教师只有我和一位姓余的老师，我教语文，他教数学，其他课程由黄冈镇各小学老师兼任。第二年又招了两个班，教师才全部变成专职的。人们以为这个中学是农业中学或职业中学，其实不是，而是普通初级中学，"工农"二字意思是其学生都是黄冈的工农子女。这所学校创办于1958年"大跃进"时期，是"大跃进"的产物，设备简陋，师资不足，但学生的素质很好。当时上级布置的任务很多，要参加深翻改土，大炼钢铁，劳动任务很繁重。但学生在老师的带领下，勤奋拼搏，既能完成劳动任务，又能按时完成学业，十分刻苦。有段时间公社吃饭不用钱，学校独立自办食堂，当粮食、燃料、经费等不足时，学生们出谋献策，互相关心照顾，克服困难，亲如一家人。这个学校办了不足 3 年，于 1960 年秋解散，我便被调去饶平潮剧团。后来，这个学校初办时招收的两班学生一百多人成立了联谊会。我回到揭阳后，联谊会的学生没有忘记我，他们还陆陆续续来看望我。如今他们也都白发苍苍了，每次来总是说，一日为师，终身为父。所以我教书时间不长，教过的学生不多，没有桃李满天下，但足以使我深深体会到作为一名教师的自豪了。

20 世纪 50 年代，潮剧界经过改制、改戏、改人的"三改"运动，把以前的旧戏班改造成新剧团。60 年代初，潮剧界深深体会到老艺人和演职员文化水平不高，严重制约了潮剧艺术水平的提高。为了适应戏剧改革的需要，迎接潮剧黄金时代的到来，潮汕和闽南所有潮剧团都引进文化教员，以提高演职员的文化水平。1960 年 10 月我被调进饶平潮剧团任文教委员，即文化教员。

当时剧团已配齐学习课本，称为"专业文艺演出团体演职员文化课本"，有初级本和高级本。我便把全团演职员分成初、高级两个班，像学校一样，上课、布置作业和考试。演职员们学习劲头很高，剧团掀起了学文化的热潮。我还把在学校积累的部分图书搬到剧团，装成满满的一戏囊，又请一位读过高中的演员协助我，每到一地，就把图书和报纸杂志摆放起来，办成流动图书室。那时剧团订阅了几份报纸，先在县邮局订，然后把剧团下月的演出排期送给邮局，邮局便按照排期地址把报纸和剧团的信件寄还剧团。所以剧团读不到当天的报纸，看不到当天的新闻，只能看到旧闻。

没过多长时间，上文化课的时间便渐渐地被繁忙的演出任务和新戏排练压缩了。学文化课必须改变方式，那便是灵活结合业务开展学习，如排练新戏时读剧本、分析剧情、分析人物性格特点等都是学习文化知识。我还曾举办戏剧讲座、音乐讲座、声乐讲座和时事政治讲座等，效果很好。总之，来到剧团，就不能吃闲饭，要想方设法当好一名文化教员。我在剧团，演职员们都很尊敬我，称呼我老师，但我觉得不如说我是学生，因为剧团的知识我必须从头学起。不学就是外行，就连和艺人交流的共同语言都没有，难以在剧团待下去。因此，我一边向演职员传授文化知识，一边向艺人们学习潮剧艺术知识，教学相长。所以，我觉得在剧团的这些年，虽然生活流动，长期离家在外，又苦又累，但我学到了许多潮剧的知识。这些知识丰富了我的人生，所以我没有后悔，总认为是值得的。

20 世纪 60 年代政治运动多，特别是"文化大革命"期间，我们团的领导常常不在剧团，剧团长就由我这个文教委员代理。那时，县革委会批准剧团成立革委会，县文化局局长兼任剧团革委会主任，我任革委会副主任。60

年代末，极"左"思潮猖獗，全国各地戏曲团体被解散，我们团也不能幸免。剧团解散后，我被调至县文化馆任副馆长。至70年代末，我为了侍奉老母要求调回家乡揭阳。领导说"百善孝为先"，支持我调动，我便于1981年调回揭阳任文化馆副馆长。1984年任县文化局文艺股股长兼文化馆馆长。揭阳建市后，任榕城区文化馆馆长至退休。

文化事业

我返回揭阳之初，业绩空白，因此必须像小学生一样，从零做起。来揭阳之后，在文化局领导的布置下，工作任务很多，先后有专业、业余文艺队伍建设，业余文艺创作和业余文艺活动等，工作十分繁忙，但都值得回忆。而最值得我回忆的有两件事：

第一件事是民间文学的搜集整理。揭阳民间文学搜集整理有着优良传统。早在民国时期，邑人林培庐①已搜集整理了《潮州七贤故事集》。他还编写了《揭阳风土记》，周作人评该作"自有民俗学以来所未有之作也"。民国时期揭阳除已有《潮州七贤故事集》外，许多潮剧戏班还演出了根据民间故事改编的戏剧，如《苏六娘》《剪月容》《龙舟案》《埔田案》等。林培庐因率先在揭阳搜集整理民间故事集，被誉为"揭阳民间文学工作的先驱"。我回到揭阳后，领导分配我抓民间文学搜集整理工作，我决心继承前人优良传统，把民间文学工作搞好。

经过一年多的努力，《揭阳民间故事》第一集出版了，印5 000册，销售一空。一时揭阳掀起民间故事热，到处争读民间故事。这本书后来再印4 000册，又印3 000册，共12 000册，都销售完。在有些地方，还发现了盗版。《揭阳民间故事》被人们誉为"揭阳第一畅销书"，以后每1—2年出版一集，至1993年共出版八集，每集都印12 000册。民间故事集受到广大读者的喜爱。县委、县政府的外事活动中，曾用该套书作为礼物赠送给海外侨胞和国际友人。1986年全国各省市编辑出版民间文学集成，我们编印了《中国民间文学三套集成·广东卷揭阳资料本》送省供选编。2011年1月，在陈作宏局长的策划下，成立了以原揭阳县王瑞龙县长为主任的出版委员会，在委员会的领导下，由作家出版社出版了《揭阳县民间文学集成》。

第二件事是戏剧史和戏剧评论。揭阳素有"戏县"之称，改革开放以后又有"小戏之乡""戏剧之乡"之誉。但在有关潮剧的史书中，揭阳的相关史料偏于薄弱。因此，我经过调查搜集，结合编纂《揭阳文化志》，写成了

---

① 林培庐，1902年生，就读于中国大学，文章常载京津各大报中，蔡元培、胡适之咸称之。毕业后先后任教于韩山师范学院和揭阳各中学，余暇喜搜集整理民间文学、搜集征访民风民俗。

《揭阳潮剧史略》一文。该文在《揭阳文史》登出以后，不少老艺人前来找我，向我提供了更多史料。接着，我又写成了《清末至民国年间揭阳县戏班述略》和《吴克玉办戏其事》等文章，分别在《揭阳文史》《揭阳史志》发表。不久，我看到有关潮剧史的新著中有揭阳的戏剧史料了，而且分量不小，有些是摘录自我的文章。我深深感受到了为家乡揭阳做点有益的事的乐趣。

　　1994年，母校《韩山师专学报》主编来揭阳约稿，要我提供一篇有分量的反映揭阳"小戏之乡"情况和评价揭阳"小戏之乡"的稿件，我欣然应约，写成《揭阳"小戏之乡"述评》一文，发表在《韩山师专学报》1994年第1期。此文获1996年广东省文化厅举办的全省群众文化论文评选一等奖，被《广东群众文化》转载。同年，我的戏剧论文《戏曲必须重返民间》获广东省文化厅举办的全省民俗文化论文评选二等奖，文章被收录在东北大学出版社出版的《当代社会科学研究文集》。接着又有《谫论振兴潮剧》被武汉工业大学出版社《当代领导者管理艺术丛书》收入，并获该丛书优秀论文评选三等奖。之后还有多篇评论文章在报刊发表。因为有以上戏剧史和戏剧理论的著述，所以我于2007年被广东省潮剧改革和发展基金会评为"潮剧理论研究"一等奖。2010年，作家孙淑彦和我的长女陈晓文将拙文编成《亦伯轩杂谭》一书。该书出版后，多年来，常有戏剧同好莅舍索书、论艺、结缘。

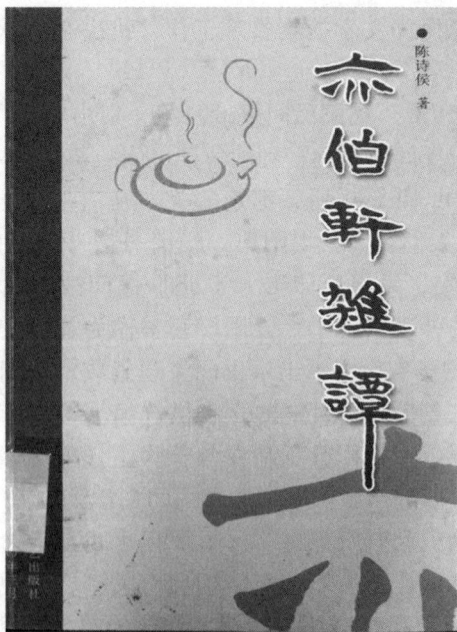

《亦伯轩杂谭》被称为"一本难得的揭阳潮剧史料书"

此外，在编辑方面，我曾被邀为《潮剧志》编委、撰稿人和《潮剧年鉴》特邀编辑。在榕城区政协时，我担任《榕城文史》《紫峰览胜》副主编。退休后，又先后应榕城区地志办、揭阳市国地局和史志办等单位之邀，参与编辑《榕城区志》《揭阳县志续编》《揭阳市地名志》《揭阳市志》等。

我从韩师毕业已半个多世纪了，我还是很怀念母校，怀念恩师，怀念同窗好友。此次陈俊华等三位老师莅舍访谈"韩师情、学子心"，我很激动。现赋七律一首，以表达我对母校的怀念之情和作为韩师学子的自豪之情：

犹闻韩麓荡钟声，业满别离半纪盈。
名校百年桃李茂，韩山千载气灵生。
韩崖永沏恩师德，韩水长歌共砚情。
何故平生常自励，韩师学子有吾名。

访谈现场（郑喜胜摄）

李英群

1936年12月生，揭阳市揭东区玉窖镇半洋村人，笔名林晴、慕乡，中共党员，国家二级编剧、中国剧协会员，著名潮剧作家、散文家、潮州民俗文化专家。1959年考入韩师，1961年毕业后在江东农业中学和古巷中学任教，1965年调入文艺团体任专业创作员，1969年进"五七"干校学习，1977年调入潮州市潮剧团任编剧兼副团长，1980年成为广东作家协会会员，1988年被评为潮州市首批优秀科技人才之一。曾任潮州市文学工作者协会主席，汕头市第六、七届人大代表。

在国内外发表小说、散文约60万字，创作的剧本多次获省、地（市）级奖励。主要有《七日红》《两县令》等十多部潮剧剧本及一大批曲艺作品，出版有散文集《情系故里》《韩江月》《儿时曾饮韩江水》《风雅潮州》《闲话潮州》《南风凉哩哩》《故乡故乡》及小说集《天顶飞雁鹅》等。

访谈时间：2015年4月、2020年10月
访谈者：陈俊华　高晓军　刘雪珊　翁佳茵　李细碑
访谈地点：潮州李英群校友家

早年逃难与求学的艰辛

我 5 岁开始上学，父亲送我去家旁的一座祠堂读乡塾。那是 1941 年，值抗战艰难时刻，汕头和潮州都被日本侵略者占领了，由于有抗日联军坚守大脊岭和枫江，日军一直无法向揭阳推进。我的家乡在枫江西岸，是大脊岭战场的后勤补给基地，因此，日军的飞机三天两头前来轰炸。老百姓则在山园挖了猫耳洞躲藏。我最早的记忆便是 5 岁时父亲抱着我"走飞机"（躲避飞机轰炸）。

我在乡塾读了上半学期，大概会写"人、手、足、刀、尺"等 30 多个汉字，然后就跟着邻居哥姐到乡中心小学读书。在那动荡不安的时代，我仅小学就换了六间学校。日军的飞机在房顶上轰轰地响，我们在下面念书。

1943 年，由于日军飞机常常袭扰，乡亲们纷纷外出逃难，投亲靠友。我们家族内三家十几人，从揭阳半洋村逃难到梅北山区一位叔祖父结拜兄弟那里，在一个叫赵厝埔的小山村里住了两年。我跟小我两岁的堂叔分坐在两个装稻谷用的箩筐里，由木桐叔挑着过去。我在那里读小学二年级。当时的教室是一间大祠堂，我还清晰地记得我当时的座位是在一根柱子旁边。班里有十七八位同学，我当时的同桌阿安，长得像女孩般秀气，肤色很白，因他家中有人在外经商，时常有好吃的都会分给我一份。后来听说阿安就在家门口被日军刺杀。1944 年揭阳沦陷时，我的家乡遭日本侵略者惨烈屠杀，一天之内 1 700 多间房屋被烧毁，700 多位乡亲被害，而我在赵厝埔得以安心读书未受惊扰。70 年后我再回到赵厝埔，那种感觉很难说得清，高兴、伤感都有，岁月就这么流走了。

那时候每个礼拜六下午学校都安排了联欢会，开场总是大家一起念《总理遗嘱》，接着开始表演节目，多以老师和高年级学生上台为主，表演的也多是抗战内容。在一次联欢会上，一群同学围坐在一起玩"击鼓传花"，鼓声停时花传到谁手上谁就要表演一个节目。刚好就传到我另一位小我两岁的小堂叔手上，大家鼓掌让他上去表演。小堂叔才上小学一年级，不太敢上去，不上去又不好。我就提议他唱抗日儿歌，并陪着他一起上去唱。因为我们在逃难之前的小学学过一首抗日童谣《奴仔歌》[①]，在当时很有名：

---

① 据作者王亚夫回忆："当时作歌谣，只是为了抗日救国的需要，有的是在街头顺口溜溜出来的。如《奴仔歌》是在枫溪进行宣传时，一群孩子围上来，赤脚，卷袖，跟着呼喊口号，于是'灵机'一动，就顺口溜出，教着孩子唱了几遍，没有料到这首《奴仔歌》就广泛流行起来。"见陈泽、吴奎信主编：《逢看湖山便忆家》，汕头：潮汕历史文化研究中心、汕头特区晚报社，2001 年，第 79 页。

恁勿笑阮奴仔鬼，

奴仔细细上"色水!"①

衫袖"扎并"②"猫鼠仔"③，

裤脚扎到脚大腿。

欲来去，

饶掉日本鬼!

饶呀饶，

饶到门脚口，

遇着汉奸大走狗；

走狗吠呀吠，

跳呀跳，

分我一下踢，

死到冷翘翘!④

因为我们之前在家乡已唱过上百遍了，所以唱得很有激情，大受赞扬。老师还抄下这首童谣，教同学们诵唱，这首童谣也在山村流传开了。

解放后，我知道了这首童谣的作者是王亚夫⑤，邻乡登岗人。1995年我所在剧团受上海潮汕联谊会之邀到上海演出，我终于见到了他，他当时是联谊会会长。我看见他的时候，他正在忙着指挥戏院职工挂标语，若不是同行的汕头戏研室主任连裕斌认识他，我还以为是一位戏院老职工。我跟他说我小时候唱过他的这首童谣，到现在还会唱。王亚夫感叹自己写了不下千首民谣，只留下这首有人记得。我说能记得就不简单了啊，毕竟过去60多年了。我跟他说我是他老乡，我们彼此的村子只隔着一条河。他一听到我姓李，马上问我是"尖山李还是官硕李"，熟悉到这种程度，真的非常亲切。

我很小的时候就会唱王亚夫这首童谣，到现在都很喜欢。我觉得这首童谣写得好有几点原因：其一，口语入歌谣能够写得这么顺是很难得的；其二，这首歌谣符合党对日本兵采取"赶"的政策，毕竟我们没办法把他们全部消灭，只能把他们赶回老家去；但是对待汉奸可就一点不客气，遇到汉奸走狗，

---

① 色水：活跃，出风头。

② 扎并：扎到。

③ 猫鼠仔：手上臂。

④ 冷翘翘：僵直。

⑤ 王亚夫（1916—1999），原名俊杰，又名仰三。揭阳市登岗蔡坑村人。1930—1933年就读于省立第二师范（韩师）高中师范科。1937年加入中国共产党。"七七"事变后，参加青抗会，是初期的领导人之一。曾任边纵第二支队军政学校主任、中共潮汕地委宣传部副部长，《团结报》社长。中华人民共和国成立后曾担任汕头市委宣传部部长，1980年起任上海哲学社科联常委会委员、副会长，1987年离休后任汕头经济特区上海顾问组组长、上海潮汕联谊会第二届会长。

就一脚把他踢死，特别解气。

抗战结束后，我们回到了家乡。直到第二年，村里的小学还没有复办，我们一群小孩平时就在小河里玩水，在田野中嬉闹。我的叔祖父在汕头聿怀中学读过高中，他把族内十几个八九岁的孩子集中起来，请邻村一位私塾老师——可罗先生为我们教习古文，练习毛笔字。可罗先生被乡亲们称为"可罗仙"，他是前清秀才，矮小清秀，常穿一套白色香云衫，撑一把布雨伞，走在田野小路上。听说他之前一直在外乡教书，但战乱后无书可教，就回到了乡里。

第一堂课，可罗先生带我们朗诵韩愈的《鳄鱼文》。从他口中，我才知道韩文公叫韩愈，府城就是潮州。戏棚顶的人物居然是潮州的官，这使我兴奋，也使我觉得潮州不简单。他又教我们读《醉翁亭记》《喜雨亭记》等，他的讲解也有趣，我们都能听入耳，很快就能背诵，直至今日，仍然不忘。他的毛笔字写得非常漂亮，我也学得极认真，真希望他就这样一直为我们上课。但是一个多月后，就在这年的秋季，村里的小学复办了，我们都回学校去了。而在这一年的初冬，他却死了。那天放学回家，我见村头围着一群乡亲，木喜婶泪水盈盈，不断念叨："是我害了他，没想他回家就上吊了，我真悔啊！"原来前一天傍晚天色昏暗，她看见一个人的背影对着即将收割的稻穗动手，那人用手把每穗尾端的谷子夹出来装进衣袋。她想也没想就大嚷："谁偷捋粟？"那人吓得一顿，急急地向前跑了。木喜婶这才看清是老秀才可罗先生，心中十分后悔。这个只会教书不会种田的秀才，一定是无米下锅，万不得已才偷捋了这几粒粟。她真想追上去告诉老秀才，就当刚才的事没有发生。泪水汪汪的木喜婶还在念叨着后悔，周围的乡亲唏嘘叹息，我都不知自己是怎么走回家的。离开私塾时没有与可罗先生举行一个告别仪式，是让我一直非常遗憾的事，如今再也没有机会向他表达敬意，更让我无比惆怅。

我念完小学五年级刚好12岁，因为家里没钱支持我继续读书，只能回家帮忙种田。从12岁到14岁，我天天下田，挑着扁担上山割草回来当燃料，车水灌田也成了经常性的劳动。村外那大片水田布满小溪，溪水随着潮汐涨落。车水要看涨潮期，落差小可省许多力气，所以不论是北风呼啸的夜晚还是烈日炎炎的晌午都要在田头使尽全力踏水车。直到1956年后，一条引韩灌溉渠沿安揭公路旁伸向榕江，经过我们村前，清清的韩江水不断流入水田中，水车才逐渐退出历史舞台，成为文物和玩耍的工具。

当年若遇到天旱，村外田间就会日夜响起吱呀吱呀的水车声，农民望着龟裂的田野中半枯焦的水稻，是多么盼望下雨啊！最难熬的是酷热的中午，踩车踩得大汗淋漓，夏夜也不好过，总有蚊子在身上乱咬。记得一个深夜，我实在太困了，正踩着水车就重重地摔了下来，摔伤了腰。我就这样当了三年小农民，一直到1951年政府公办教育，我在父亲的支持下才背起书包重新入学。

我的父亲

　　我的父亲是潮汕乡下一位普通的农民，一辈子躬耕陇田，脸朝黄土背朝天，却是我生命中最重要的人。父亲生我、养我、育我、教我，总是把最好的传给我，在最需要的时候帮着我，即便小事也处处见精神。

　　我5岁时，有一次听到日军的飞机声，村民向山上奔跑，父亲把我抱起，沿田间小路往山里跑。他托着我，我的下巴刚好顶着他的左肩，看着他身后的小路像线一样迅猛地退去，觉得有趣，他却指着头上的飞机对我说："阿弟，你看，这天上飞的叫飞机，它像不像沙蜢①？"我抬头看见那飞机从头顶上飞过，是双层翼的小飞机，飞得极低，能看见飞行员。父亲这胆子也够大的。多年后我问他当时怎么这样问我，他说，小孩什么都不懂就什么都不怕，如果说飞机会炸死人，那还不被吓破胆。能这样从容镇定，至少在乡下是很少见的。

　　我们兄弟最爱听父亲讲古：汉朝有个英雄叫吕布，有勇无谋；宋朝有个岳飞，被秦桧所害；韩信甘受胯下之辱……

　　虽然父亲的讲古让我们兄弟着迷，但他总是没空。他在村里种田，以精细闻名，像所有潮州人一样精致——"作田如绣花"。家里那几亩水田，几坵旱园，常常让他踏着星光收工。我们根本不敢要求他讲古。

　　我忍不住问母亲为何父亲知道那么多古代的故事，才得知父亲在橱柜最上层藏有图书，故事都在书里。我搬张矮凳垫脚打开橱柜门，从上层角落里搬出一摞厚厚的书，有《封神演义》《西汉演义》《东汉演义》《说岳全传》《再生缘》《七剑十三侠》，共6册。我从《说岳全传》开始一本一本往下读，虽然那时十个字中可能有两三个字都不认识，但不影响我明白其意思。这些书为我打开了一片全新的天地，令我着迷。我每天下午在房中读书，然后顺着光线，慢慢移到客厅，走过天井，穿过前厅，到达外埕，都是追着落日余晖，直到看不见字为止。

　　父母是支持我看书的。有一天深夜，我藏在被窝里看书，母亲过来吹熄我床头的小煤油灯，父亲说我还在看书，母亲立刻又点亮了灯。后来，父亲还从另一橱柜取出他珍藏的《潮汕字典》给我，并教我查字的方法。受到父亲藏书的启发，我就到处打听谁还有藏书，或借或交换阅读。辍学当小农民的近三年里，我读了不少课外书，包括不少现代小说，从那时起我爱上了文学。父亲的藏书虽只有6册，却是让我度过寂寞少年、爱上文学并在以后走上文艺创作人生之路最根本、最关键的因素。

---

① 沙蜢是潮州话对蜻蜓的称呼。

1950 年，我的家乡是潮汕地区土地改革试点乡，土改结束后为筹建小学，成立了校董会。父亲因为读过四年小学，在当时的乡里算是一个不大不小的知识分子，就被聘为校董，负责聘请教师。我看他弄到一辆旧单车在屋前晒谷埕练习骑行，很快就早出晚归，到区政府附近的云路镇、曲溪镇去聘请教师。隔年春天，我们乡的第一所小学——官硕小学开学了。

有一天晚上，他满面春风地对我说，你明天跟人去北洋乡，那里的梅岗中学正在招生，你去报考吧。

隔天早上，我正准备和邻居结伴去北洋，父亲忽然说，你才读到小学五年级，这样去考初中，基础比人差，还是"来"官硕小学读完六年级吧。他用一个"来"字，我很有印象。不久，他被校董会派到官硕小学当副校长。

因为失学几年的经历，我在新学校里学习很勤奋，成绩也很好，而且爱上了打篮球，放学后一定在篮球场上奔跑，直到黄昏。毕业放榜时，我荣登榜首，总成绩比第二名还高出许多。而一到五年级时，我的成绩一直是中下游。

很多年后的一次闲谈，我说当年若去考初中也一定考得上，因为生源不足，有报考就被录取。父亲说："我知道的，本想让你去考初中，但那夜一想，觉得你基础比人差，在班中学习吃力，成绩不好就不自信，若在班中总是前几名，人的精神面貌就不一样。"那一刻，父亲的形象在我眼前，更加高大了。

在他晚年，我曾问他的理想是什么，他毫不迟疑地说："让子女都读书，能读多高就多高，都出去工作。现在村里人均三分地，怎么作食？"

父母生了我们兄弟姐妹六人，两人初中毕业，两人高中毕业，两人大学毕业，都在外面工作与生活着。父亲一个人种那几分地，老牛般负重前行，极其艰难。看他穿着破得无法再补的短裤，我常暗自吞泪。那次，我努力挤出一句轻松的话："您的理想实现了。"

父亲在我小学毕业后，就辞去副校长的职务，一心一意回家种田了。但他在我

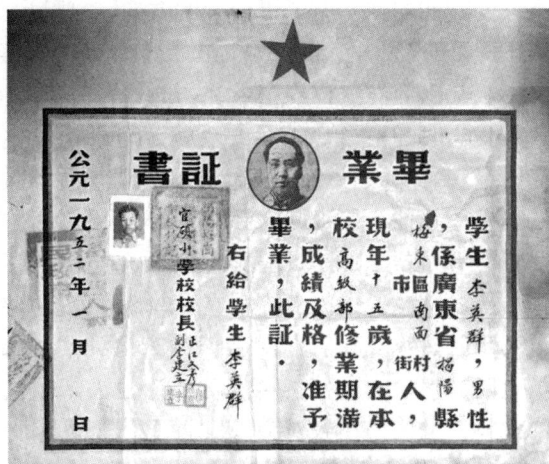

李英群的小学毕业证书

心中，一直是个合格的教育工作者。现在，我书桌的玻璃下，还压着我的小学毕业证书，那上面落款是正、副校长。副校长正是我的父亲。

首发作品

记忆中，初中的生活是最美好的，那是 1952—1954 年。有首歌唱"解放区的天是明朗的天"，我觉得说的就是那几年，那个时候的幸福生活我至今难忘。

我初中毕业的时候，刚好遇上春季招生改为夏季招生，这就有了半年假期。离考高中还有半年时间，我也不急着复习功课，就安心回家帮父亲种田。就在这个假期里，我第一次投稿并被《工农兵》刊登出来。

我的家乡有个"官硕文艺组"，组长是我乡农民李昌松。早在 1950 年初，吴南生同志①带领土改工作团驻在我乡，随团而来的有潮汕文工团。每天傍晚，文工团的哥哥姐姐们就教我们村的一群小孩唱歌。既有《解放区的天》这样的革命歌曲，也有《富人有家样》等方言儿歌。教我们唱歌的姐姐比我们大不了多少，十分活跃开朗。后来才知道其中有陈翘、朱绍琛，男的有吴峰、陈玛原，这几人后来都是声名卓著的艺术家。

我们把学来的儿歌到处唱，走在路上也唱。也许是受到这些儿歌的启发，李昌松就在黑板报上写了一首《农民泪》，土改队的林坚文、林澜同志发现后，帮他改了改，并送到当时在汕头的潮汕地委机关报社，发表于 1950 年 5 月 31 日的《团结报》副刊《潮汕文艺》上，并配上吴南生的《读了昌松兄的诗》一文给予大力肯定。接着，《团结报》连续发表了郭勉、林慎等人的文章，称李昌松的诗和吴南生的文之发表，"一时轰动了潮汕文艺界，影响所及，使潮汕的文艺有了更明确的方向"，呼吁"每一个农村工作者，每个人培养出一个李昌松"。我回乡前夕，李昌松的方言诗集《萌芽集》刚刚由华南人民出版社出版。农民出书，在当时绝对是大新闻。

我当时并不清楚外界的反响，但最初发生在昌松叔身上的一则趣闻，却老幼皆知。那天昌松叔一家下田劳动，回来时邻居告诉他，邮政代办所一位同志上门找他，要他回来后去代办所一趟。昌松叔想：那一定是他的诗《农民泪》登上报纸的事，可能是来收登报费的，登那么长一首诗，一定得好多钱。昌松婶说，报纸肯登咱农民的诗，花多少钱都值。咱那二坵番薯掘去卖，再不足就卖头大猪！昌松叔因为未筹到钱，那天没去代办所。第二天，乡邮员上门，送来的是稿费兑换券，让他去邮政代办所换成现金。这大出昌松叔的意料，世代蹲在乡村务农的种田佬，也许听闻过为打官司登报声明要交钱

---

① 吴南生（1922—2018），广东汕头市人，1936 年参加革命工作。1949 年 10 月起先后担任汕头市委副书记兼解放军汕头市军事管制委员会副主任，潮汕地委常委、宣传部部长兼土改委员会主任。1977 年后历任中共广东省委书记兼经济特区管理委员会主任，中共深圳市委第一书记、市长，广东省政协主席，是广东经济特区早期的重要开拓者之一。

给报社，哪晓得报社反过来为他发表文章还给钱。这事一时成为美谈。

在土改工作队的关心和支持下，在昌松叔的影响和带动下，一批略有文墨的翻身农民拿起笔开始给《团结报》写稿。他们又在报社的关怀下，成立了以李昌松为组长的"官硕文艺组"。全乡涌现出的在报刊上发表潮剧、歌册、小说和叙事歌谣的农民作者达到20人以上，相关作品不断见诸《团结报》和《工农兵》。上级文化部门的同志和杂志社的编辑也常到乡里来关心、辅导农民作者。我正是听了《工农兵》编辑对农民作者的辅导，才萌生了试一试的念头。当时我还是乡下扫盲班的老师，教农民识字。

我的堂姑母李映辉是"官硕文艺组"的成员之一，此前，她在《工农兵》文艺月刊上已发表过歌册《翻身妇女爱新歌》等作品，被《工农兵》杂志社列为重点联络的青年女作者，也是该社的通讯员。

1955年春节前夕，堂姑母拿给我一张《工农兵》的报道提纲，其中有要求反映慰军优属的内容，她希望我与她合作采访村里的农妇耀彬婶。耀彬婶刚到江西南昌去看望她在部队当连长的儿子回来。到了耀彬婶家，她从解放前儿子被国民党抓去当新兵的苦情说起。说到她盼儿子消息的心情时，声泪俱下；谈及解放不久忽然接到儿子的来信，说他成为人民解放军的连长时，则笑得泪如雨下。她不识字，更不会说普通话，那时孤身一人。部队派人来接她去江西会晤久别的儿子，从出发前的欢喜与不安，及一路因语言不通引起的趣事，直到抵达儿子所在部队受到的欢迎等，她讲得分外详细生动，我们也受到感染，回来后就决定写一篇纪实散文。堂姑母比我年长4岁，那时在小学进修。此时刚好放寒假，她要在家中绣花，所以决定由我执笔。我就像在学校写作文那样，把耀彬婶所讲的内容如实记下，写了2 000多字。堂姑母读后说"好，就这样"，并定个题目叫"探儿"。我觉得标题不很准确，因为"探"既有"探访探问"，更有"试探打听"之意，要标明白一点更好。堂姑母说人家读了就清楚。于是，就把该文装入信封寄往《工农兵》编辑部。《工农兵》当时的社址设在潮州城内开元街。那时寄稿者不用贴邮票，在信封上注明"邮资总付"即可由杂志社付资。

不久，堂姑母去潮州参加《工农兵》杂志社的通讯员会，回来时跟我说我们的文章由编辑夏浓老师修改，安排在1955年3月号发表。我一听，心中真的甜极了，就开始天天盼，夜夜想，想象自己的文章印成铅字在杂志上出现是什么样子。终于收到了那期《工农兵》，看到自己的文章印成铅字了，夏浓老师为我们的文章改名"探望儿子"，改得真好。全文被删去约三分之一，更简练了。我反反复复读了多遍，看着自己的名字第一次印成铅字，那感觉真奇妙，好几天时间，我都把杂志带在身上，时不时拿出来翻翻。

第一次投稿就得以发表，还收到5万元（旧币）稿酬，对我这个农村小青年来说，实在是一种极大的鼓舞。那时，"官硕文艺组"活动很红火，昌松叔亲自上门邀我去参加活动，还说夏浓老师说我文笔不错，字写得也漂亮，要我多写，多参加活动。当时县文化馆的黄朝凡老师，《工农兵》杂志社的艾黎、夏浓、秦琴老师，经常到官硕乡去看望农民作者，指导创作。早先，听到"编辑"二字很高雅，编辑老师很神秘，但他们到村里来，给我的感觉既平和又亲切。我想正是文工团的入驻，文学家的到来，才使我乡的农民走上文艺创作之路，如果不是他们把文化的种子播下来，也许我不会走上文艺创作这条路。

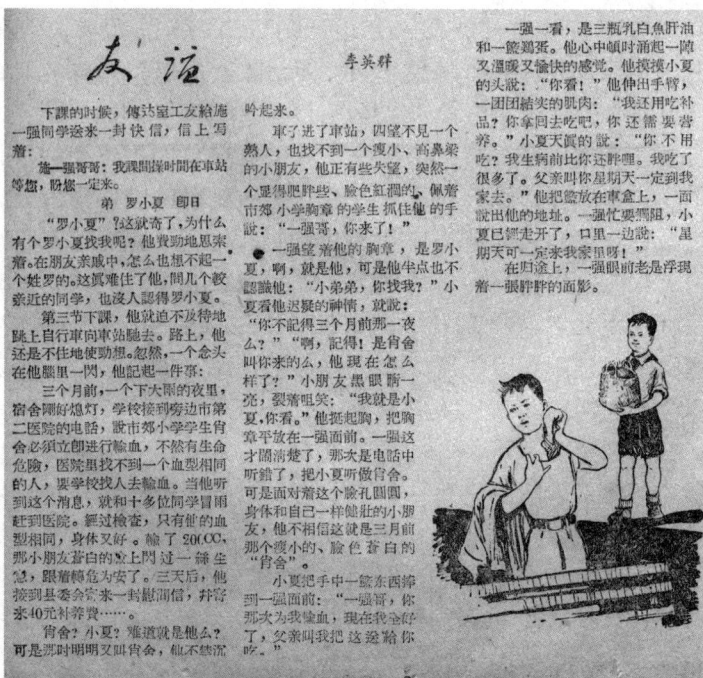

李英群首次发表在《南方日报》上的散文《友谊》，刊于1956年12月7日《热风》副刊上

"不予录取"

1955年春天大旱，枫江源头来水极少，海水倒灌，连地下水都是咸的，不能饮用，不能种田。为此揭阳举全县之力要在枫江我家乡的河段筑一条堤，把韩江水引过来冲淡咸水，这就需要我们去工地挑扁担帮忙筑堤。截枫工地热火朝天，夜夜灯火通明，大家急盼韩江水早日引到枫江。我们还办了《工地快报》搞宣传，我负责刻钢板、油印和分发。

1955年5月，旱情缓解了。记得接到潮安高级中学的录取书那天，我正在车水灌田，邮递员将录取书送到车棚旁边交给我本人。同时拿到录取通知书的还有我弟弟，他考上了初中。于是我来到潮州西湖山下开始了三年的高中生涯。这期间，我除了陆续在《工农兵》上发表四五篇短篇小说外，还时常在《南方日报》和《羊城晚报》上发表文章。

当时的语文老师说我根本就不用学课本，因为那些内容对于我来说太浅。然而社会上各种政治运动也接踵而来，从"反胡风"运动到反右运动。本来反右运动除了老师，高中生是不划右派，不戴帽子的。但是到了临高中毕业的1958年6—7月，全国学校掀起了一场安全运动，即"红与专"的辩论，要培养又红又专的人才，就是在这个时候我遇到了人生中的一场劫难，成了大学"不予录取"的高中毕业生。

在毫无征兆的情况下，班主任召开大会，组织全班对我一人进行批判，把我当作"只专不红""走白专道路"的典型。我的"罪状"包括：骄傲、名利思想严重，因为我经常在报纸上发表文章；资产阶级作风，因为我拿到稿费后曾经请好几个同学去外面吃饭；当班干部却从来不到班主任那里去，因为班主任是教化学的，而我喜欢文学，跟他没什么共同话题；不申请入团、同情右派，因为学校批判右派分子杨方笙的时候，我说过他被批判不仅是他个人的损失，更是教育事业的损失。

1958年我们毕业的时候，正赶上"大跃进"，大学扩招，生源不足，我完全可以考上中意的学校和专业。以我的成绩，上北大、中大都没问题，但是因为家里的经济原因，我没想过北大。但我万万没有料到那场批判过后，我的档案里被塞进了一张政治鉴定表，里面写着我不能升学。而高教招生委员会根据这张政治鉴定表，给了"不予录取"的意见，这下别说中大，任何学校都上不了了，这对我的打击很大。我很不理解，也很不服气，因为我写的作品都是发自内心地歌颂新社会的新人新事新风尚，内容都是健康的，凭什么说作者思想不好，连接受大学教育的资格都被剥夺？

隔壁班的卢瑞华[①]同学后来跟我说："你碰到一个不好的班主任，我的班主任就特别好。"其实好的班主任不止一个，我跟画家林墉[②]聊得来，知道当时他也是差一点被"不予录取"，但他也有一个好班主任。他当时读初三，被汕头政府部门叫去画宣传画，并没有在班里被批判，但是在当时的政治气氛下，他班里的同学讨论后认为林墉的思想不行，也写了不能升学的意见。好在他的班主任惜才，把那张意见书压起来，夹在书里。林墉画完宣传画就被

---

① 卢瑞华，1938年生，广东潮州人，1966年9月参加工作，1972年6月加入中国共产党，中山大学物理系分子光谱专业研究生毕业，曾任广东省委副书记、省长，潮州韩江供水枢纽工程便是在他任中启动的。

② 林墉，1942年生，广东潮州人，1966年毕业于广州美术学院国画系，历任中国美术家协会副主席、广东省文联副主席、广东省美术家协会主席、中国国家画院院务委员等职，国家一级美术师。

美术学院附中录取了。没多久，他的班主任被人批判，人家从他的书里发现了这张意见书。班主任解释说当时找不到，才没放进林墉的档案里。批判他的人就把这份意见书寄到美院附中，当时林墉已经在那里读了两个月，还当了班干部。他的辅导员找他说，你们学校来了一张通知，你本来是不能被录取的。林墉被吓着了，问辅导员："那我怎么办啊？我很想读书。"辅导员也爱才，就说："你肯定不能继续当班干部了，别的就不说了。"林墉听完很高兴，只要能继续上学就行。

虽说处在特殊的历史时期，但作为老师就应该教育好学生、保护好学生，如果学生出现了差错，本该像工人制造出一个残次品一样难过痛心，怎么能够因为批判了学生剥夺了他的升学权利而洋洋得意呢？

当然作为一个学生，当时的我无法世事洞明，只把一腔怨愤泄向直接加罪于我的人。这事我无法忘记，沉淀成一个结藏在心里。30 年后，进入好风劲吹、民心舒畅的时代，作家们有了一个宽松的创作环境，我的创作也进入了多产期。1988 年，我被列为中共潮州市委管理的首批 23 名"优秀科技人才"之一，这是对我的创作的肯定。同样因为作品，我却有两种完全相反的境遇，我心中的结终于解开了，郁闷一扫而光。

从工厂到再次高考

因为不能去读大学，我高中毕业后就报名去潮安农业机械厂当学徒工。工厂规模很大，能生产拖拉机，在粤东地区算是最有名的工厂了。当年一共有 84 个高中毕业生进了这个厂，当时的高中生比现在的大学毕业生还受欢迎，但我们的工资只有 7 块钱。这 7 块钱只够吃饭，连买牙膏火柴这类生活用品的钱都没有，也不敢去跟家里要，要也没有。我们只好在星期天休假的时候租一辆板车，拉黄土到建筑工地去，挣点钱给自己买点生活用品。万万没想到，一位老大哥在会上批评周日干私活的行为，说国家给你休息这一天是为了让你在下一个六天好好为社会主义干活，如果在这一天去做私活赚外快是在剥削社会主义的劳动力……这就是当时的理论，吓得我们不敢再利用周末干私活。这件事后我们这批高中生都跟厂里申请去考大学，我也报名了，结果厂里只批准了 10 个，我就是其中的一个。我很感谢厂里的领导，他们没有回学校查档案，否则我就没有机会去考大学，更不要说上大学了。

不过我们还是要继续劳动，直到距离考试只剩一个礼拜的时候，厂里才给我们 10 人放假，让我们去复习备考。可是只剩下一个礼拜，怎么复习？我们参加工作已经一年，几乎把以前学过的知识忘光了。我对于临时去参加考试感到无比担忧，这样还能考上什么学校？最后我就考到了我的母校——韩师。

韩师记忆

我们的宿舍在韩文公祠上边，我印象最深的就是臭虫特别多，晚上在宿舍根本没法睡觉，搬到走廊去睡也还是受不了。有时点上一根火柴一看，走廊的墙上整整一排下来都是臭虫。后来我们就想了个办法，用开水烫床，臭虫的问题才解决了一些。

1959—1961 年，三年自然灾害闹饥荒，全民大搞"瓜菜代"①，老百姓形容当时的饥饿程度是"肚皮贴着腰脊板"。我们大学生的日子也不好过，尽管在韩师每个人每个月有 25 斤米，放在现在够吃两个月了，但是当时除了米什么都没有，而且 20 来岁正是长身体的时候，感觉天天都在挨饿。有句话我深有体会："死罪易当，饿罪难当。"挨饿是最难忍受的。后来有同学建议我进入篮球队，每个队员每天补助一斤地瓜，因为我们学校有农场，收成有地瓜。我进了篮球队后，有同学看我排球打得也不错，又帮我报名加入了学校的排球队，这样一天就有两斤地瓜的补贴，足够我在球场上生龙活虎地练球。

我的韩师同学真的很好，当时有不少同学是侨眷，每个月都会收到海外寄来的侨批，可以兑换成人民币或者一些副食品特供票证，如油票、肉票和粮票等。印象最深的是有的同学拿了侨批就出去买油，回来跟我们一起分享。一般是倒点油在饭里，就着油直接吃掉。那种饭现在可能吃不下，但在那时

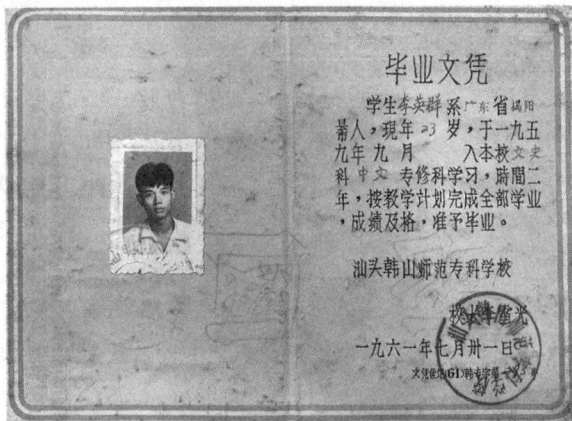

李英群的韩师毕业文凭

候吃起来太香了，那个感觉就是幸福，用潮汕话说就是好吃得"连舌头都吞下去"。

在韩师读书的两年时间里，也有各种政治运动。我到韩师不久，社会上就拼命地批判彭德怀，学校里则批判以副校长刘雨舟为首的"反党集团"，学校对学生倒是没有什么政治上的要求。学生对这些事情不太懂，有些莫名其妙，当然也有人四处贴大字报，宿舍、教室都贴。当时男生宿舍下面就是韩文公祠，夜里我在宿舍楼上往韩文公祠看时就想到韩愈。因为自己受过打击，

---

① 瓜菜代：用瓜菜代替米粮的意思。

所以对彭德怀很同情，想到韩愈当初是因为被贬谪来到潮州的，我心想要是彭德怀也能被贬到这里来那就好了，潮州老百姓一定会像对待韩愈一样对待他。

那时候师生关系很好，比较淳朴。当时中文科主任陈菲村是兴宁人，她人很好。作为学生，回忆起当年的老师还是很有感触的，当时师生之间的感情很值得珍惜。要是能再见到他们那该多好啊！可惜，这些老师在世的已经不多了。

那几年，学校对课程的要求不高，课堂学到的东西不多，学习主要靠自己。如果你自己不学习，老师讲得再好也没用；一个喜欢学习的人不用老师说都会去图书馆。我就经常跑去图书馆看书自学，所以我很感谢图书馆。我在中文科读书的时候学校还没有开戏剧这门课，我编潮剧是后来自学的。我觉得学校培养学生就应该以学生为中心，给学生较大的自由度，因材施教，学生喜欢学什么就让他去学什么，能把学生培养成才就好，不应该给他们转专业设置障碍。

读书人

我曾经有过失学的经历，所以我十分热爱念书。以前念书的时候不觉得珍贵，小学失学后，看到同龄人背着书包去上学，自己拿着扁担上山，就很羡慕能读书的人。从找到父亲的 6 册藏书开始就一发不可收拾，书籍伴我行走在人生路上，车上、厕上、枕上，没有不读书的时候。我老家乡亲给我的定位是"读书人"，虽然我也担任过组长、股长、厂长、班主任、文协主席之类的职务，但乡亲们提到我就说我是"读书人"，我很喜欢这个称谓。

小时候家里有两个爱看小说、唱歌册的堂姑，我也跟着看她们的书，最怕的就是看完这些书后就没有书可以读了。所以在我有机会回学校读书之后，就常常往图书馆跑。图书馆是个好地方，我们应该好好利用它。我到任何地方都是跟图书馆管理员的关系最好，利用每个中午到阅览室读书，这使得我从来没有午睡的习惯。

初中的时候，有一次我从乡下步行 15 公里到潮州府城玩，我舅舅请我在单位食堂吃完午饭后给了我 5 角钱，让我乘车回家。回家的车费是 1.1 角。我拿着这 5 角钱"巨款"立刻跑去新华书店买了一本柳青的小说《铜墙铁壁》，花掉 4.4 角。没钱搭车了，我就沿着安揭公路步行回家，边走边看小说，还好那时候路上的车不多，走在路旁绝对安全。

高中的时候，我订了本《译文》杂志，上面连载着肖洛霍夫《被开垦的处女地》第二部。有一期没有寄过来，也不知道怎么回事。我写信给揭阳的同学，问他书店有没有这本杂志卖。同学回信说有，还说可以帮我代购寄过来。我马上在周末借了辆单车骑去揭阳城将该杂志买了回来，因为一来怕在邮寄中途弄丢了，二来心情迫切，不想等了。每拿到一本新书，我都如饥似渴地读着，读课外书尤其专注。上课时，我常常把小说放在课桌空格里偷偷阅读。老师们基本都比较宽容，默许我这样做。语文老师林达黎有一次走到我身边，按了我一下，意思是别太过分，收敛点。前年我去佛山看到他时，他已经90岁了。我感谢他当年对我的宽容，他哈哈大笑说："当时你都不用读语文，当时的课本根本满足不了你对文学的需求，所以我不管你，你作文里的好些词语，我还看不懂，要去查字典。"他是中大经济系毕业的，学校没有语文老师就让他教语文，也有点难为他了。老师愿意坦诚地告诉学生他也有不懂的地方，学生对老师的尊重更多了三分。

读书的日子是最幸福的，当学生是最好的时代。要是条件允许的话，我真的希望自己可以什么都不做，只去当学生，一直读书读到90岁。回首一路走来，如果说对自己还有一小点满意的地方，就是书香相伴。

"文革"境遇

"文革"爆发前，为了响应"每个县都应该有一支乌兰牧骑（毛泽东思想宣传队）"的号召，我们潮安也成立了一支队伍，我被调去做写手。为此，我几乎跑遍了全县，深入基层去生产大队、工厂采访。要求即访即演，根本没有多少准备时间。写作内容是宣传当地的好人好事，歌颂老贫农爱人民公社、当地学习毛著的先进人物、生产积极分子之类的，以浅显易懂的文字让普通群众理解，再以快板之类的形式吸引群众关注。后来我写的一首快板诗还入选了中学教材。这些经历对我的影响很深，毕竟去过基层，甚至还在军营待过20天，在那里学过打靶。这些对我后来进行潮剧改编有很大的影响，也为我以后写剧本提供了不少素材和资料。当时文宣队有15个人，有时候表演人数不够，我们也要去表演，我就表演过话剧、唱歌、讲故事。经常节目已经演完了，乡亲们还不过瘾，待在原地等，那就得加节目，于是我便上台唱歌、讲故事。我们的节目在乡下受欢迎的程度是现在的人想象不到的，有时演到中间断电了，他们都不肯走，就地点起火把，把舞台照亮继续看表演。

1968年10月，我无辜陷入一个大假案。省里有人说破获了一个国民党暗藏在大陆的地下组织"反共救国军"，名单里面有我。我成了"重犯"，被单独禁闭，不许去井边打水，上厕所也有人跟着，不许关门。那段往事真的不堪回首。没过多久省里说这事完全属子虚乌有。当时可能有人立功心切，才炮制出了这起事件。我知道自己迟早会被放出来，就在里面看《毛选》，并跟看守的人讨要马列著作。

我被关禁闭的时候外面有场庆祝中华人民共和国成立19周年的晚会，整台晚会90%的节目是我创作的，但是我被当作坏人关在牢里，这不是笑话吗？

我被放了出来后，又被送到潮安县"五七"干校，变成干校的学员。知识分子"回炉"，像炼钢那样在那里劳动改造。那时候干校的学员分四等，最差的牌子是黑的，"走资派"之类的。牌子是白的，则是准备改造的学员。我是白底红字正式的学员，参加了干校的文宣队，去农村宣传。其间，我原来的单位有一批节目要去广州会演，我就被叫去帮忙审查、指导他们的节目。

1969年五六月的时候，汕头地区军管会下面的文化组要召集本地区的知识分子开学习会，这是"文革"开始以后文化界人士第一次被召集在一起开会学习，具体是什么内容我忘了。干校新来的领导是个转业干部，他通知我去参加。我本想拒绝，有同事就偷偷劝我说，这几年各县的朋友都没法联系，不知道大家情况怎么样了，你去可以了解一下。我一想这倒是个好机会，便去参加了。在那里，我就遇到澄海的版画家蔡仰颜，交换了朋友们的信息。我们这些挨斗的人终于有机会互相安慰一下。

我与潮剧

我做潮剧编剧30年也是历史使然。我最初在韩师读书的时候就演过戏剧，当时学校有个文艺俱乐部经常举办文艺晚会。俱乐部负责人是一个揭阳的师兄，他快毕业的时候就把俱乐部交给包括我在内的三个人，我就开始参加演出了。每年的五一晚会，我都参加话剧的表演，第一年是《万水千山过草地》，第二年是杜宣的《青春三部曲》之一的《难忘的岁月》，第三年是《北京的会见》。1961年从韩师毕业后，我在江东农业中学（1958年办的高中）和古巷中学教书期间，陈菲村老师知道我喜欢写东西，就跟我说："你要不要写剧本啊，《剧本》月刊的主编凤子是我在复旦最好的同学，你要写好的话，我寄给她。"

"文革"结束后，我被调去潮剧团写剧本，我本来对编剧没有什么兴趣，一直靠写散文过来的，而写剧本跟写散文是完全不同的，隔行如隔山。但我们那个年代的工作是组织安排的，有句话叫作"党叫干啥就干啥"。

国学大家饶宗颐说过"触类旁通"，我认为是很有道理的，文学和戏剧也是相通的。小说多重视情节，戏剧人物多重视"脸谱化"。那时候我的工作主要是把别的戏种剧本改编成潮剧剧本，翻译成潮州话来表演。还要根据潮剧多丑角的特点，为剧本增加丑角；根据潮剧重唱的特点，增加抒情的部分。虽然我并不喜欢编剧本，但这是我的工作，我编了十几部受大众欢迎的潮剧，被称为"李戏藤"。编剧的目的就是娱乐老百姓，老百姓看着开心就好。我是全国剧协会员，这是当年单位代我申请的。二级编剧的职称也是省里点名县里评给我的，我不要就会被收上去。我不太关注这些名利头衔，也不想去申报一级编剧。著名的潮剧演员洪妙就没什么职称，但他一到乡下去很多人都认识他、欢迎他。我还是我，一个创作起来很认真的人。

后来从剧院退休的时候，我跟朋友说笑："休书一签真自由"，我不用当编剧了，可以"休妻"了。我要跟我的"情人"一起去度过美好的人生了，这个"情人"当然是写散文了。

一点感想

人的一生要是能如预想的一帆风顺那该有多好啊，过年的时候我们都祝福彼此"万事如意"，但我想说的是人生怎么可能会万事如意呢？我是从乡间走出来的文人，在专栏上写的东西大都是自己看过、经历过的事情。我小学五年读了六间学校，之后就休学当了三年小农民。初中毕业的时候正逢教育局更改招生政策，我又有半年无书可读，就和几个同学在高级农业社的带领下去筑堤。高中毕业后没办法继续读书，就去厂里打工。"文革"时又被关禁闭，我的个人经历实在是曲折。但我经历的那些挫折，现在回忆起来还是有好处的。卢瑞华曾跟我说，如果没有那些经历，你就不可能写出那么多老百姓喜欢的剧本。前段时间泰国来了几十个人，那一晚唱了大量的潮曲，很多是我编的。我的作品受欢迎，这就够了。

人生就像登山那样，哪里会没有困难？登山很累，也很有趣，所以人遇到挫折时不要灰心气馁。特别对于我们这种喜欢文学的人而言，如果戏剧剧本每一场都没有矛盾谁会看？又有什么看的乐趣呢？

访谈现场（陈俊华摄）

张卓伦

1948 年 11 月生，广东汕头澄海莲华镇人。韩山师专 1977 级中文（1）班学生。中学高级教师。1966 年在澄海苏北中学读高二，"文革"开始，回老家隆城乡参加生产队劳动。1970 年任乡民办教师，1977 年参加高考，毕业后进入教育系统工作，从教师干到教研组长，1984 年起先后担任澄海四所中学的副校长和校长，1997 年调往汕头谢易初中学任校长，直至 2008 年 11 月退休。多次获区县市先进教师、先进德育工作者、"龙湖区十佳校长"等称号。退休后受聘民办中职学校担任校长，并担任《潮声十五音》展示馆负责人。

本文初稿由黄婉仪、池嘉嘉两位同学提供，她们曾于 2018 年在韩山书院与张卓伦校友进行访谈，张雪丽同学对文稿进行了跟进整理。本书编著者在组稿时进行了回访，对原稿做了较大修改与补充。

苦尽甘来勇逐梦

我的老家在澄海莲华镇隆城东光村。张世珍先生（1840—1915）是我的高祖父。他编写了清末民初潮汕地区第一本用十五音编排的《潮声十五音》字典。我的曾祖父是清光绪年间的秀才，著有潮剧《狐鬼再生缘》，但32岁就过世了。祖父在新加坡和泰国任银行会计。父亲1944年毕业于国立中山大学，后参加教育工作。

我从小就受到家庭教育的熏陶。我的家庭向来很重视家风家教，"治学修身"是我家的家训。小时候，我的曾祖母就教育我们：报纸、文章、字片等不能丢在地面，更不能丢在垃圾桶里，这是对知识的尊重。在家里，我们是不可以讲粗话的。我们家小孩骂人的话就是一句"白面状元，红头宰相"。

这是什么意思呢？生气了，一个骂"（你是）白面（脸）状元"，另一个骂"（你是）红头宰相"。其实这两个搭配是互换了的，潮剧里面的角色，状元的脸谱是红色的，而宰相一般都有一定的岁数，以白色脸谱为主。这句话把他们的搭配都说反了，就成了一句骂人的话，其实这样的骂人也挺有艺术的。现在很多人听不懂了。我的高祖父、曾祖父母、祖父母、父母，他们的文化水平都挺高的。我们家在村里是有名的书香门第，在一百多年前就已经出名了。高祖父张世珍就是为了更好地教育儿子才从南洋回来的，他为我们立下的家训家风代代相传。因为祖父远在南洋，在家的曾祖母、祖母就成了传承人，我们都对她们很尊重。我父亲大概在1939年积极响应南洋侨领陈嘉庚先生组织的华侨青年回大陆抗日救国，从南洋回来去了重庆参加抗战，后来考上国立中山大学，就读于法学院经济系。在大学，他受到共产党的影响，思想进步，毕业后坚持教书救国，放弃了我祖父为他谋划的在南洋的银行职位，到潮州的金山中学教书。1947年王鼎新校长[①]邀请父亲到澄海中学教书。解放初父亲被上级派到南方大学学习，回来后当了澄海鮀浦中学校长。1958年"肃反"补课，他被定为"历史反革命"。"文化大革命"时，父亲被遣送回乡参加劳动改造。这段时期家庭磨难太多，说起来都是伤心事。好在"文革"结束后，父亲得到平反。我母亲主持家务，养育三男二女。她原是潮安铁铺仙岩村的一个大家闺秀，一直默默支持父亲的工作，特别在家庭最困难的时期，更体现了一个母亲的伟大。不管是顺境还是逆境，父母都是我们做人的标杆。

家庭环境的熏陶对小孩的教育是很重要的。我有一个幸福的童年，我在

---

① 王鼎新（1894—1968），爱国民主人士。曾东渡日本求学，积极参加民主革命运动。回国后投身教育事业，任澄海中学、苏北中学校长。1957年任澄海县副县长。

农村的学校里快乐成长。后来我到澄海苏北中学从初一读到高二，"文革"就开始了。1977年恢复高考了，我很高兴，但父亲却不同意我参加。一方面，他考虑到我那时候已经结婚生子；另一方面，作为一个尚未分家的大家庭，以务农为生，家庭状况是比较困难的。当然他可能还考虑到他的历史包袱，他不说，我也知道。父亲提议我去买一些跟农业有关的书来研读，在农业上有所发展。当时我没说什么。过了几天，我跟父亲说我必须参加高考，这是最后一搏，如果不抓住这次机会，将来就更难走出农村。高考对我来说是一个重要的机会，而且这次高考，主要看才能。父亲是中大毕业的，作为儿子的我也想考上大学，来光耀家族。最后我说服了父亲和家人，信心满满地参加了高考。当时"老三届"的人对高考大多是有把握的。

那时候，考生根据自己的兴趣和学习成绩先填报志愿，然后参加高考。不过这也说来话长，考完后我是很有把握上大学的，但在上学方面却遇到了困难。我当初并没有填报韩师，我的第一志愿是华工英语师资班，第二志愿是中大英语系，因为我比较擅长英语。那时候广州外国语学院的老师到澄海教育局面试报考英语专业的学生。我去参加面试，全程用英语和老师对话，当时口语满分是五分，老师给了我四分加。考罢，老师还很惊讶地询问我为什么第一志愿没有填广州外国语学院。我说没办法，因为按照父亲的说法，外国语学院录取的学生一般在25岁以下，可我那时已经28岁了，所以就没有填报。我还记得高考的时候，英语是最后一天上午考的，我觉得英语考得很不错，却不知什么原因，被韩师中文大专班录取了，1977年韩师还没有英语大专班。我去澄海教育局领录取通知书的时候，心里很不高兴。那时招生办主任是我父亲以前的同事，我跟他说我不想去读了。我并不是觉得韩师不好，而是一直确信自己能够如愿以偿，但结果却出乎意料。那位招生办主任听完就笑了，告诉我："如果不读，你就称不上做你父亲的儿子。"他劝我，考不上喜欢的专业和学校不是问题，不如愿又怎么样，能考上大学就能发挥你的才能，也能拿到一个铁饭碗，就可以照顾上家庭了。以前的生活苦，如果有一份固定的工资，其实是一个很不错的选择。过去大学录取学生的规范性比现在差一些，但真正被韩师录取的原因我也不清楚。后来我觉得可能是因为年纪和家庭背景吧。那时我对于不能实现自己的目标很不满意，但来到韩师后我慢慢发现了很多感兴趣的东西。

争分夺秒读书时

当时中文系的课程很多，有古代汉语、古典文学、现代汉语、现代文学、外国文学史、外国文学作品选、中国文学史、中国文学作品选；还有政治、英语及一些副课和公共课，有些不太记得了。

教材是知识的载体。但当时没有多少教科书，老师要经常去找资料，最多的就是油印本，然后准备好给我们讲解，学生就在课堂上做笔记，有问题就提问。现在买书非常方便，还有参考书，过去想买也可能买不到。我们得先打听哪个书店有这本书，才去买，因为不是每个书店都有卖的。刚实行改革开放的时候，国家百废待兴，不仅纸张少，书印得少，连学校也少。

让我印象最深的就是我的老师。当时的老师有很多是很优秀的，即使放在当今也毫不逊色，如张惠璋老师。前几年我们去拜访他，他已经90多岁了。张惠璋老师是客家人，基本是说客家话，当时他年纪比较大，50多岁了，是从一所中学调过来的。他"文革"时被下放到中学教书，后来被调到韩师教古代汉语。他可以很准确详细地介绍秦汉时代是怎样的时代，也可以详细说出某个材料的出处和背景。我们都是喜欢读书的人，如果哪里听不明白，就会一直追问老师。对于我们提出的一些问题，有时候老师一时也回答不出来。所以老师授课的时候并不轻松，必须做好充分的准备。我们还经常在课后对老师的课堂做出评价。张惠璋老师就是颇受赞扬的老师之一。

还有陈友德老师，他教古文，后来调去了汕头教育学院。另一位是王永鑫老师，他是澄海人，学报上习惯用王笑做笔名，他教现代汉语。我跟王永鑫老师关系比较好，我来学校的时候，他就向我借《潮声十五音》。他经常发表文章，我喜欢看他写的文章，偶尔也跟他开开玩笑。还有一位就是陈哨光老师，陈老师是从潮州高级中学调过来的，教写作。他给学生作文的评语很准确、简洁，一字不多一字不少。每次上他的课，几乎都要写一篇文章，而且都是陈老师给我们批改，文章的总评总让人十分佩服。听说这些老师大都不在了，真是遗憾！当时的老师们都尽心尽力地教书，也喜欢跟我们打交道，师生关系很是融洽。

有一位年纪较小的英语老师是工农兵大学生出身，毕业之后被分配到韩师。虽然说她的教学经验不足，年龄也比我们小，但我们一样很尊重她。看到年轻老师讲课有什么漏洞或者教学方法有什么问题，课后我们都会进行交流，感觉那时候师生之间都是互相学习的。

当时学生不多，大家上课的时候都很守规矩，有问题就举手提问。老师如果一时答不上来，会在课后去研究然后再告诉我们答案。

2001年元旦，我们中文（1）班在毕业20周年回韩师聚会，老师们对我们77级都赞扬有加："会感恩，爱学习，有担当。"我们77级是奋斗的一代，在曲折坎坷的人生经历中，追求进取，努力不辍，做出了应有的贡献。记得张惠璋老师曾经这样评价我们："第一，你们懂人情世故，好相处；第二，你们的知识确实广，"他还说，"学生能够探讨问题，探讨了有难度的问题，才是看出学生水平的关键。"

当时的师生关系很融洽。我们的班主任张仲森老师十分亲切，知识面很广，对古典文学的理解很深，我们受他的影响很大。有一年暑假，我和同学黄柳国就专门留下来编一本中学生用的书，是有关古典文学知识的，书名好像是《中学古文译注》，是张仲森老师的影响推动我们做这件事。张仲森老师的品德也影响了我一辈子。他知识渊博，为人谦虚，做人低调。我在后来的教学上也总会学他的方法去教我的学生。当时韩师的老师大多是从各地调过来的，每位老师上课都各有特色，上课氛围也比较轻松。在轻松的氛围下，我们学到了丰富的知识。对于我们这些已经当过教师的学生来说，这些老师大多有在中学教学的经历，经验丰富，知识渊博，这对我们后来的教学工作影响很大。

当时人们还没有什么意识去严格建设校风。我们这一代，人生坎坷，经历了太多的苦难、太多的事情，思想也比较成熟。当时能够读大学是一件很高兴的事情，有很多村都是敲锣打鼓送我们上大学的。"文革"十年如知识荒漠，能上大学怎能不高兴呢？1977年全国参加高考的就有570万人，被录取的只有27.5万人。正是因为我们经历了那么多事情，体会到了机会的来之不易，我们都非常珍惜读书的时光，所以当时无论学风还是校风各方面都很好。老师上课，我们就认真听，该做笔记时就做笔记，该讨论时就讨论。考试前，我们宿舍8个人，每个同学必须出几道题，大家坐下来一起讨论，完善答案，也完善自己的学习。以前宿舍的电灯有时间限制，晚上11点就熄灯。灯熄了，我们就跑到路灯下读书。有老师说我们不是在读书，而是在玩命。要把"文化大革命"荒废了十年的时间和知识夺过来，能不玩命吗？当时的教材少、参考资料匮缺，图书馆每天都坐满了人。为了一本好书，我们到处找，托熟人买，我就曾经托我班的陈少群在香港买书，再寄过来。我们77级的学生年龄偏大，多数有了家庭，我们班47位同学，就有52个小孩。大家一边要学习，一边还要照顾家庭，不玩命不行。听课、做笔记、提问题、讨论，是我们每天的必修课。我们懂得，要学会读书，真正读懂书，要做到读平凡书，写非凡文章。有关社会的知识，我们已经积累了10多年了，但是书本上的知识还得一点一滴地重新学习。现在想起来，虽然是"老三届"，但还有机会上大学，真的十分欣慰。

以前韩师的教学楼好像靠近旧图书馆那边，是几栋两层的砖混结构房屋，除了教室，还包括实验室。图书馆地方不大，面对学校的大门和韩江湘子桥，风景秀丽，是读书的好地方。现在图书馆的左边变成了才林楼，这可能都是我们毕业以后修建的。过去没有才林楼，也没有伟南楼。以前的图书馆还在，以前的食堂变成了现在幼儿园所在的那一栋楼。建筑物都老了，我们也老了。当时我们住在U字楼，与韩文公祠只有一墙之隔，现在这栋楼也拆了。睹物思情，多了些许的感叹。

以前的条件不能和今天的比。木头课桌，木头凳子，讲台就是一张大桌子，老师用传统的教学方式教学。记得有一次上政治课，在一个大教室里，放了几台电视机，两个班同时上课。我们在电视机前看录像，老师在摄像机前给我们上课，这样上了几次课，但效果不好，之后就没再进行了。现在有些学生喜欢逃课，我们那时候是绝对不会逃课的，由学生负责点名。我们有些年龄偏大的已经三十出头了，当时上体育课，场地也不够用，操场是后来才建起来的，我们这些"大"学生要怎么上体育课？老师就经常教太极拳，也开展一些适合我们的活动，还举办班际比赛，如篮球赛。当时班长、学习委员很多时候就充当召集人的角色，他们不需要给同学做思想工作，大家都是自觉参与的。以前我们一个学期都要去学校的农场劳动好几次，从不旷工。

学校的农场叫桃坑农场，学校不定期安排学生去农场劳动。去农场先要穿过一条隧道，这隧道就在韩文公祠下面，然后再经过华侨瓷厂才能到达。到了播种或收获的季节，农场工人有时忙不过来，就会安排一些学生过去帮忙。学生一般去劳动两三天，最长会在那里停留一个星期，在农场里吃住。有时候没地方住就回学校，第二天接着去。

现在的新生来学校报到，不少父母会开车相送，还带很多用的、吃的，甚至玩的东西。我们当时来校报到，很多人已经为人父母了，年纪较大，都是自己提着包裹搭车来的。记得我班有一位潮阳的同学，扁担一头挑着一捆破棉被，一头吊着一个旧的行李袋就来报到了。当时的条件就这样，互不攀比，并不觉得难堪。虽然生活苦，但我们很受照顾，不用交学费，每月还有生活费、助学金、奖学金。助学金一个月好像是20.5元，每人每月粮食定额27斤，很多人还省吃俭用，补贴家里。这样的故事有很多，不过现在我们已经看淡了，有句话说："青年看远，中年看透，老年看淡。"现在回想起来心里也有很多话，也许现在的韩师在学生看来会觉得不气派，但在以前我们看来却觉得有模有样，甚至刚来学校报到的时候还会很惊喜。一个月的生活费十几块，一顿饭几毛钱就管饱，比在农村劳动、当知青的生活好多了。过去跟现在的经济水平差别太大了，以前是为了活命和填饱肚子，现在是为了追求生活，享受生活。

毕业之后我被分配到澄海盐鸿中学教书，1983年当教研组长，1984年当副校长，1993年当校长，一当就是25年。这25年里我一共去了5所学校，有初级中学，更多是高级中学和完全中学，还有重点中学如苏北中学，最后在谢易初中学。这是泰国正大集团捐资建的学校，我在那里当了11年校长，一直到退休。校长是学校的管理者，既要懂教学，也要懂管理，还要管理得好，这不容易。

77 级中文（1）班毕业照

我们 77 级中文（1）班同学毕业后，奋斗在各自的岗位上。《新潮汕字典》就是我班的张晓山同学在省政府工作之余编著的。邱海洲是原深圳大学艺术学院的书记，专攻书法诗词，退休之后仍担任广东省中华诗词学会会长。还有黄柳国、林小兵、黄桂鑫等同学，在省、市、区（县）政府工作期间都取得了出色的成绩。我们更多的同学担任的是校长、主任和老师，为基础教育的发展贡献了自己的光和热。正如金圣叹所说："雨入花心，自成甘苦；水归器内，自成方圆。"

年近古稀志不息

我退休后去了一所民办的中职学校，主要负责学校的管理工作。我在公办学校工作了 30 多年，深知公办学校的优越性，也清楚其弊端。我原想到民办学校去，用民办灵活的机制克服公办学校的弊端。但是从这些年的实践来看，两种不同的机制各有利弊。不过在民办学校，我的管理还是比较顺利的，起码我用一些公办学校的好制度来改造民办学校不恰当的机制，如加强教育的制度化建设和规范化建设，还是很有成效的。

因为我的高祖父张世珍编排过《潮声十五音》，我一直以来都比较关心潮汕方言文化。20 世纪 80 年代，我的文章登载在澄海政协文史资料和汕头历史文化研究中心编的《海滨邹鲁是潮阳》。2017 年韩师的林伦伦校长提议在高祖父张世珍的旧居建《潮声十五音》展示馆和纪念馆。在各方的努力下，该馆于 2018 年元旦建成开馆，也是粤东第一个潮汕方言展示馆。我主要做了资料的搜集和整理工作。

《潮声十五音》是潮人之骄傲。原因有三：其一，《潮声十五音》是潮汕"十五音"字典之滥觞；其二，《潮声十五音》如作者所言，"是编特为不识字者辑之"，该书实为民间科学化之字书，在当时对帮助大众断文识字起了巨大的作用；其三，《潮声十五音》的出版发行，开启了潮汕方言研究之门，可以说是丰富了潮汕方言的研究内容。现在《潮声十五音》展示馆建成开放，也是我在退休之后在潮汕方言的继承或发扬上做的一些努力，为潮汕方言资料的搜集和整理尽微薄之力，也算是完成了高祖父张世珍的愿望。

普通话作为通用的现代标准汉语，大家都必须掌握。但同时，方言又是一个多元化的表现，如果失去了多元化，我们国家也难以保持稳定，林伦伦校长等一些方言领域的专家一直在关注这些问题。我调查过一百个潮汕籍的本科大学生对《潮声十五音》的了解，但最终只有一个能基本说出。

潮汕方言的传承与发扬工作任重道远。保护方言不仅是专家的责任，我们广大人民群众也有责任。我看过汕头大学一位专家的文章，他认为方言的灭亡是必然的，这种论断有一定的道理。但这个灭亡的过程要经历几百年，甚至更长的时间。以潮汕方言为例，如果从明代基本定型开始算起，到现在已经存在600多年历史了。如果从先秦时期算起，那就有2 000多年历史了。一种存在了2 000多年的方言，不可能在很短的时间内就完全消失。即使很多人会趋向讲普通话，但是潮汕地区的农村还是以讲潮汕方言为主。我们必须坚持推广普通话，课堂上、公务员办公时都必须讲普通话。但传承方言也是必要的，政策也从未否认过方言的地位。只是随着改革开放的深化，地域之间的交流更频繁了，农村里讲普通话的人越来越多了，这是必然的趋势。潮汕话可能会变化，但主要也是词语的变化，语法是很难变化的。因为语法是骨干，这在明朝的时候就已经定型了。声调也是很难被改变的，除非受某些外来语言的影响会有一些轻微的变化。所以我一直认为，即使推广普通话会对方言产生一些冲击，但潮汕方言不可能在短时间内消失。

我们本地的学校可以在潮汕方言的推广和传承上做一些工作，例如定期开办兴趣班，或者举办方言教育讲座等，让方言走进校园，这既不会占用学校太多的资源，也不会影响正常的教学进度。有人担心潮汕方言教材的问题，这是完全没必要的。因为现在有很多专家在做这方面的工作，从小学到中学各个阶段都有。现在的主要问题是上级不要求，学校没任务，考试没列入。教育的功利性给学校、家长甚至学生本人学习潮汕方言制造了一定的阻碍。

从韩师毕业之后，我一直都是从事教育方面的工作，干好学校的工作是我的本职。几十年了，我觉得问心无愧。退休后，我主要做了三件事：第一，受聘于一所中职学校做管理工作，为教育发挥余热。第二，为家乡的发展贡献了自己的力量。我的家乡被评为"广东省古村落"，又是国家传统村落。我们商讨古村落的建设方案，一起帮忙发动村民建设传统古村落。第三，做好《潮声十五音》展示馆的工作。我现在已经70岁了，到了这个年纪，把事情看淡，做自己该做的事情，并把事情做好就足矣。

我教书几十年，与学生打交道几十年，最后想谈的是现在的学风问题。在今天，即使是本科生，找工作也不容易。但是作为一名学生，在读书的年龄，就应该认真地读书。如果不好好读书，不仅对不起家庭和社会，更对不起自己。我也经常对学生讲，父母支持你，老师帮助你，朋友陪伴你，将来的工作也在等待着你，你有什么理由不读书？如果学生认为反正将来也只是做一份普通的工作就应付学习，那肯定也读不好书。大学毕业，每个人的差别是很明显的。在大学期间，有的学生连课都不认真听，其实如果每一个学生都能够明白在上学期间就好好读书的道理，学风自然就会改变。

访谈现场

王绵生

1956年3月生，广东澄海人。韩山师专1977级中文（2）班学生，中学高级教师，中学校长。全球汉诗总会会员，中华诗词学会会员，中华灯谜学术委员会委员，政协澄海诗社副社长，澄海灯谜协会常务副主席。1993年任中学校长，1995年获"汕头市优秀校长"称号，2011年任澄海教育局史志办负责人至退休。参与编撰《澄海教育志》，著有《潮汕风物谜》，出版诗集《拾得集》《耕舞集》。

本文初稿由林少娟、黄惠茹两位同学提供，她们曾于2018年在韩山书院与王绵生校友进行访谈，并录音整理成稿。本书编著者在组稿时进行了回访，受访者对原稿做了修改与补充。

高考之前

我出生于普通的工农结合的家庭。父亲是工人，母亲是农民，因为父亲每个月辛苦工作可以有 30～50 元的工资支撑家用，所以我和哥哥姐姐过得不算拮据，这相对于纯农家庭来说，情况会好点。我们家有七口人，农业户口在生产队领到的稻谷每个月一口人平均 7.5 斤，去壳后，每个月有 5 斤多的米。再加上一些杂粮，还是远远不够吃。如果没有父亲的工资，我们就跟纯农家庭一样。纯农家庭的生活多数较为困难，即使一年不停歇地工作，年末一结算，好多又是"超支"。

高中毕业之后，我先是在乡里当一名义务文员，做文职工作，包括记录材料和一些宣传工作。不久就辞职，去了小工厂做有工资赚的机械工。机械工月工资分为 18 元、20 元、22 元三级。我进厂的工资就只有 18 元；到被韩师录取时，我已升为车间组长，工资已是每个月 22 元了。22 元在当时可以勉强生活。那个时候一斤猪肉七毛八，一斤米一毛四分二厘。多赚一点钱来帮助家庭，是我当时唯一的想法。

1974 年我高中毕业时，"文革"还没有结束，社会上还甚少有可以进修的书，多数是政治书。我当时还闹出了一个笑话：我抄写了几曲潮州弦诗，写封面时，把"诗"写成了"蚕丝"的"丝"。当时我们想学习，但没有机会，也没有驱使你学习的动力，更没有方便你学习的条件，于是就留下了学习方面的"先天不足"，这也导致在后来学习和工作中时常受到影响。当时业余的时候，最奢侈的学习媒介是电影，但看电影也是一个月一两次而已，因为进入电影院都需要买票，一张票一毛钱左右。

"文革"时期的广东澄海，社会上以批斗为主，先是"文斗"，比如批斗老师这一类，到后期就是进行"武斗"，学校都停止上课了。记得刚开始大批斗时我才读小学三年级，那一天还在学珠算，忽然老师急忙跑进教室说，要"武斗"了，快回家！回家路上，有一些人拿着长矛大刀，甚至还有炸弹。后来听说还死了两个人。停课大概一年，忽然接到"复课闹革命"的通知，我们又重新上课。但那个时候并没有什么课本，教材也多是临时打印的，以《毛主席语录》为主，有政治、数学、音乐、体育，没有其他自然科学科目。上课是半天制，要么上午上课，要么下午上课。虽说是上课，其实我们真正能学到的知识少之又少，而且社会上也没有那么多课外书供我们读，因为当时有许多课外书都被没收甚至烧毁了。我还记得，那时候有一本连环画《聊斋志异》，其中关于"海市"的内容非常有趣，这么一本小小的连环画我们都视若珍宝。1974 年高中毕业时，我连唐诗都不懂，"白日依山尽，黄河入海流"都不知所云，更别提宋词元曲了。人生积累知识的最佳时间，就这样白白浪费掉了。这样被"先天不足"多么遗憾！到1976年"文革"结束时，我已经在工作了。

高考恢复

听到恢复高考的消息，我跟很多人不一样，并没有那么兴奋，也不抱什么希望，因为我当时认为大学不是做学问的地方。

童年时，大家很崇拜大学生，学校新来了一位老师，大家在背后说，这是大学生，了不起！医院新来了一个医生，大家也会说，这是大学生，不简单！我就在大家崇拜的语气中读到了羡慕。青年时，大学生是在工农兵中推荐的，我没有后台，就不敢奢望。

我以为，恢复高考也只是换汤不换药，没我的份，没必要去赶热闹。当时，我还有一个顾虑：大学读完后要干什么？因为当时我已经有一份工作了，读完书不外乎也是要找一份工作而已。如果现在我辞去这份工作去念大学，那大学毕业后我又得重新找一份工作。多此一举！所以，我没有去报名。

但亲人、邻居和同学一直劝我去报名。他们说，即使不为别的，参加高考，可以见识一下，锻炼一下，证明自己的水平，考上后要不要去读还可以再作决定。就这样，我去报名了。报名可以报中专，也可以报大专，我报了大专。可报名后我依然照常工作，并没有抓紧时间复习。政府也开始重视高考，组织考生参加一些辅导活动，但我并没有去参加，连辅导资料都没有拿。我一直都在忙着工作，有时候三天两夜都没合过眼。一直等到高考前四天，我才向厂长请假进行复习。还好，同学将复习资料借给了我。另外，当时高考复习的主要教材是74届的课本，而我就是74届的高中毕业生，所以课本我相对比较熟悉。

当时基本上是一个公社（现在的镇）设一个考场，公社把考场设在中学里。考试前我们先估算一下距离，然后安排好时间，徒步去考场参加考试。也有些考生骑自行车，但那个时候有自行车的人很少，直到我1981年大学毕业出来工作后，也要用4个月的工资才能买一辆自行车。还好考点离我们并不远，大概步行十分钟就可以到。考试是开卷的，可能因为当时考生非常多，考生年龄差距大，学习程度也参差不齐；也可能是政府考虑到我们是受"文革"影响而被耽误了这么多年的考生，知识基础太差。考试时迷迷糊糊地答，一科考完再一科，至今我已记不起那些题目了，唯一记得的是作文题"大治之年气象新"。

1977年我参加了高考，等到1978年3月时，已经有些考生拿到了录取通知书，那时候经常会听到谁考上大学了，谁去哪里读了。但我并没有惊讶自己还没被录取，因为早有考不上的思想准备。到了 5 月中上旬，我终于收到了录取通知书，录取单位是汕头地区的师范（大专班）。一看是师范，我就不想去读。因为"文革"时期我目睹了老师被学生批斗的场景，看到老师受到的不公正的待遇，我不愿意步他们的后尘，所以我就要撕掉录取通知书。但是家人、邻居和朋友都劝我去读书，我父亲说，以后的社会肯定不是这样的，教师的社会地位和经济待遇一定会提高，并果断拍板：必须去读大学。可以说，当时我是在毫无兴趣的情况下到韩师读书的。

求学韩师

韩师离澄海不远。哥哥、姐夫和两个朋友骑自行车载着行李送我到学校报到。当时的行李只是一个装茶叶的箱子，把箱子隔成两边，一边放衣服，一边放书。放假回家就搭汽车，当时东门楼旁边就有汽车站，车票是七八毛钱。

来学校报到，是我第一次来韩师，农民进城，感觉非常新奇。印象最深的是校门，校门正对着湘子桥，韩江蕴含灵气绕校而过；背后是生机勃勃的韩山，厚重敦实，令人惊叹。山明水秀，正是读书的好地方！进入学校，就看到比我们乡里的要好得多的校道，又平又阔。教学楼与我们乡里的草棚教

王绵生的 77 级学生证

室或用祠堂改建的教室相比，真是天壤之别。最不可思议的是，在老校门对面还有一排琴房，琴房里有脚踏风琴。我第一次看到琴房时还疑惑：这些琴都坏了吗？怎么没有人管？后来才知道，原来那是同学们课余练琴的地方。印象较深的还有图书馆，是一座西式建筑，就在现在韩山书院的位置。图书馆有几层楼，门前是半圆形的，还有几根西式的柱子。食堂就在进校门的左侧，非常宽敞。跑道就差了些，应该是 200 米长，操场也比较小，比我高中母校的操场小得多。总体上说，刚来到韩师时，我觉得非常肃穆，也因此对韩师非常崇敬。

男生宿舍在 U 字楼，很高，上下都要爬 100 多级台阶。宿舍里没有水，用水全部都要靠自己提上去，而且还没有卫生间。虽然有不方便之处，但这

些都是细枝末节，既来之则安之。

刚到学校那天，就有人告诉我们去食堂报名，报名后就知道住在几楼几间，但没有人带路，更没有同乡会之类的来帮忙。当时认宿舍时，都是自己上去一间间地找。宿舍门前贴有姓名；床是木床，分上下铺，也贴有姓名。

U 字楼是全校的最高建筑，我们每天上上下下至少要 4 次，就连上个厕所都要下楼，最困难的是要提水上去。夏天时，空手走到楼上就已满身大汗了，更何况还得一只手提一桶水，另一只手拿一个热水瓶，胳膊肘还夹着一个盛满衣服的盆子。当时 6 人一间宿舍，没有风扇；宿舍只有一条灯管，晚上 10 点多就要熄灯。我们为了在熄灯后还能看书，就用药丸的蜡壳自制蜡烛。当时有一种带蜡壳的药丸，吃了药丸后把蜡壳放在一个碟子里，在上面放一根小绳子，就可以把它当成蜡烛了。同学们当时就靠这自制的"灯"，一起学到晚上 12 点左右，没有人来管。没有蜡壳，有的同学就跑到校医那里说自己身体不适，需要拿点药丸来吃。有一些同学还真的吃了药丸，但是大部分并没有吃，而是直接取它的蜡壳做成"蜡烛"，我们笑说这是买椟还珠。

教学条件上，当时韩师的教室充足，但没有电脑、电视等这些多媒体设备，只有粉笔和黑板。那个时候教学的主要问题是学校的师资不足，因为我们是恢复高考的第一批学生，学校当时又是临时扩招。我们中文系的两个班经常要合班上课。我们进韩师三四个月了，学校还在招聘老师。

伙食上，学生不用交伙食费，每人每月有 34 斤粮食的指标，还有 3 元钱的助学金。每月 34 斤米，大概就是早餐 3 两，午餐和晚餐各 4 两。但我比较年轻，二十几岁，食量也比较大，有时候会觉得不够吃。特别是早餐，粥稀得可以当镜子照，又盛不满，只有八成左右，仰起头"咕咕"三两下，就喝完了，然后还要检查饭碗，看看有没有吃干净，从不浪费。午餐、晚餐各 4 两米，菜也比较多，基本能吃饱。年轻人到晚上肚子就很容易饿，但又没有消夜吃。开始学校管得非常严，如果学生去外面买小吃，那就算违规，是要处分的，而且还会通报批评。有些同学晚上饿的时候就冲糖水喝，开水也是必不可少的，等到没糖了就喝白开水撑一撑。当时生活比较苦，我也瘦了很多，回家时爸妈看了很心疼。

食堂每天是按人数来准备米饭的。我们每个月发一次饭票，饭票上面印着当天的日期，一日三餐有三张饭票，如"1 号早""1 号午"等。每次开饭我们就拿当次饭票到食堂打饭。菜谱是三年一贯制：早餐有时是稀饭有时是面条，中餐和晚餐是干饭、青菜加几片小薄肉。开始不允许加饭，后来有很多人反映吃不饱，才有了"加饭票"，每次可以加 1 两。当时政府还会在 34 斤粮食指标中搭配一些面粉。那些面粉都是库存的，不管做成馒头或面条，都有一种怪怪的味道，不怎么好吃。开始的时候有一些潮州本地同学会回家吃饭，还有一些请假回家的，不在学校吃，饭票就给其他同学分享。到了每个学期的最后一天，最后一顿饭便会丰盛些，鱼、猪肉比较多。

当时的课外活动非常单调，因为在那样的社会环境，不可能有较多的娱乐活动。当时校内在入门北侧有两个篮球场，但这两个篮球场并不够用。有的同学就买羽毛球来打，有的同学去琴房弹琴，也有的同学去图书馆读书。那个时候在校内的课余生活主要就是这些。校外活动主要是散步。星期六晚上，我们有时会走得比较远，从学校出发，走到南门后又走到凤凰洲，然后从西门车站，经过西湖、北阁佛灯回来。走完差不多就到晚上9点了，基本算是绕整个潮州城一圈了。不过一般情况下我们很少走那么远，通常会走到太平路、开元寺那里就回来。另一项校外活动就是看电影，当时潮州城内有三个电影院，有一个在开元寺的旁边，离韩师比较近，很多同学都去那里看电影。主要是"文革"前的电影，大家都喜欢看，无奈囊中羞涩，一张电影票要一毛钱，看电影都是一种奢侈的享受。

进图书馆不用签名。图书馆有规定的开放时间，学生可以在开放时间里自由进出，大家都很自觉地轻步走，怕影响别人。我们每人都有一张盖了章的借书卡，凭卡每次最多能借5本书。借书时图书馆工作人员会登记，登记后便可以带走要借的书。还书时工作人员会确认书已经收回。还书不一定5本书一次性还，还了几本就可以再借几本。说到借书卡，有些同学还使了些小手段，他们跑去图书馆，跟老师说借书卡丢了，老师就补发了一张，所以一个人就有两三张借书卡，也就可以多借几本书。有一个同学不知怎么回事，居然弄了5张借书卡。当时大家读书都非常自觉勤奋，就像乞丐见到金元宝一样，非常入迷。可能是因为"文革"时期在学习上的"先天不足"，现在又刚好有机会读书，并且图书馆是免费开放的，借阅又方便，有以前见所未见、闻所未闻的书。当时图书馆的书流动性非常强，每个人都会去借。一本书不用几天就看完了，有时候两三天就换一本。大家如饥似渴地读书，可以用"恶补"来形容。该读的读，该背的背，该抄的抄。我的知识很多是从图书馆借的书中读来的。

当时中文系开设的课程有政治经济学、马克思主义哲学等。中文专业的课程有古代汉语、现代汉语、文选和写作、文化理论、古代文学史、现代文学史等。开始上课时没有课本，教材多数打印成讲义，一人一份，直到后来才有教科书。当时我们每个学期都能领到少量资料费，一般用不完。尽管没有完整的教科书，但在当时的条件下，学校能够开设这些课程已经很难得了，而且老师们都很尽职。

当时的上课形式与现在的差别不大。老师讲课靠一张嘴，一块黑板，一支粉笔。我们会先积极阅读讲义，再认真听老师讲解，认真记笔记。因为当时发的讲义好多只是学习大纲，多是一些概念性的材料，所以其中有许多需要分析、挖掘的内容。如讲解鲁迅先生的《药》时，老师对"人血馒头"的分析层层深入，生动透彻。

那时候的考核制度也与现在的一样，以考试为主。试卷是 100 分制，60 分为及格线，不及格就要补考。但据我所知，没有人不及格，因为大家学习都很用功。学校为鼓励学生，还对期末考试成绩排班级前 5 名的学生给予奖励。有了竞争，大家的学习动力也就更足了。

整体上看，学校的学风非常好。上课时，大家都十分认真地记笔记，有哪个地方记得不好，下课就马上问老师，或是借同学的笔记来对照。还有一些年龄较大的同学，有时赶上大农忙，需要请假回家，回来之后的第一件事就是借其他同学的笔记来恶补。当时考试也比较规范，从来没有人作弊，老师根本不需要强调考试纪律，因为同学们的自尊心都很强，学习都很用功。当时学校整个学习风气是：勤听勤记，乐问乐辩，相互激励，相互促进。

我们也会时常开辩论会，而且辩论得比较激烈。那时候是三五个人就某一句诗句，某一个问题或者话题展开辩论，甚至有时候全班一起辩论。比如，看了电影《告亲夫》①，大家就对其中的主题、人物形象、语言风格等进行热烈的讨论。

对于个人来说，我因为在知识方面的先天不足，所以进了韩师后看到学习条件这么好，也就非常用功，在课堂上认真听讲，认真记笔记，课余也会去图书馆看书，读了不少世界名著、中国名著、文化评论、诗歌类的书。学习古代汉语等从来没有接触过的课程，对"之乎者也"这些很虚的词，也从不马虎。后来我几乎每天都会坚持看书看到晚上 11 点多。在那段时间里我恶补了很多知识，既开拓了自己的知识视野，也锻炼了自己的思维能力，为自己未来的工作做了很好的积淀。当时来韩师读书确实非常有意义，是我人生的转折点。我不仅学到了构建知识系统的方法，在文化知识和思想修养等方面也都得到了很大的提高。

一些成了家的同学，住得较近的每个星期都会回家，而那些来自海陆丰等较远地方的同学，就只有在农忙时才回去帮忙。我在家庭中负担较轻，所以比较专注于学习，但也会每个月回去一趟，既回去看爸妈，也从爸妈那领每月 5 块钱的生活费。周六去，周日来，从不误点。

令我印象深刻的老师有当时的科主任陈哨光老师，当年他的课人人称赞。陈老师上课有几个特点：一是他对材料的掌握量很高。他在讲古代诗词、神话传说时，引经据典，娓娓道来，非常自然生动，教学效果也很好。二是他分析问题的条理性非常强，在分析人物形象、语言等方面都非常厉害。三是他上课时发表的一些观点非常新颖，在当时，我们仍有很多观点还停留在以

---

① 《告亲夫》是潮剧传统剧目，旧本名《戒自由》，1956 年由剧协广东分会会员、著名潮剧剧作家林劭贤首次整理，1961 年被改编成电影搬上荧幕。

前的认知层面上，而他却有不少自己的见解，这一点让很多人佩服。

还有讲古代汉语的王永鑫老师。他为人热情厚道，没架子，上课的质量也非常好，很多学生对他的评价很高。我本人非常喜欢学古代汉语，而且学得不错，这在很大程度上受到了王永鑫老师的影响。有一次星期一上午要考古代汉语，而我星期日还跑去看电影，根本没有复习。第二天考试，我还能考98分，这要归功于王永鑫老师课讲得好，我学得也比较扎实。

我们的班主任丁身玮老师也给我留下了很深的印象。丁老师管理班级宽严相济，张弛有度，深受学生的尊敬。但有一次，学校举行广播操比赛，要求学生穿整齐的服装——白色的上衣、蓝色的裤子和白色的鞋子。那一次我们班的比赛成绩不理想，丁老师在班里的总结会上非常生气，说了很多批评的话，还指向我的方向说："有些同学服装不整。"我听了之后很不服气，因为我的衣服是向同学借的，扣子也可能有点松，做扩胸运动时脱扣了，并不是故意服装不整的。当时年轻气盛的我就急着站起来跟老师解释说，整个班的比赛成绩与我的关系不大。后来我自己当了老师、校长，体会到了作为一个管理者在集体成绩不理想时的心情。所以我也要借此机会，为我以前激动地向丁老师解释的事情道歉。

当时我们在学习上遇到的最大困难就是学英语。开学时学校要求我们读英语，但读英语真的花费了我们太多时间，有时候吃饭还要拿一本笔记背单词。所以有很多同学向学校反映"英语太难了，可不可以不学？"当时我们也不敢直接说不开这门课，就用了这种比较委婉的方式。一是我们从没学过英语，毫无基础，直接学习大学英语，一时吃不消。二是背单词语法，既吃力又花时间。三是我们是中文专业的，毕业后从事的是语文教学，英语对我们帮助不大，还不如把学英语的时间用在学习终身受益的中文上。后来学校考虑到当时的实际情况，采纳了我们的建议，将英语由必修课改成选修课。

执教中学

我们这一届非常特殊，是1981年1月毕业的。而我国自小学、中学到大学，一般都是7月毕业。这是因为我们开学较晚，毕业也就推迟了半个学期，而且我们毕业之后就马上参加了工作。

我毕业后到高中的母校——苏湾中学任语文老师，1987年当教导主任，隔年当副校长，1993年当校长。我任语文老师的时间比较短，只有六年[①]，以后就一直做行政工作，很少上课。

---

① 指1981—1987年。

77 级中文（2）班毕业照

一开始踏上讲台，肯定会有些磕磕碰碰。我上课之前准备得非常完美，但是上了讲台，情况就完全不一样了。主要是讲课的速度太快，课讲完了还没到下课时间，剩余时间就不知如何是好了。这些也是新老师的通病。我的磨合期还算比较短，教学效果也还不错，倒不会感觉太困难，也不会感觉有阻力、有压力。但在工作五六年后，我经历了一次思想波动。我 1981 年开始教书，但在 1986—1988 年这三年间有些老师"下海"经商，并获得了初步的成功。有老朋友捞到第一桶金后就鼓励我抓住机会一起"下海"。那段时间我经历了思想上的煎熬，但最后还是选择了继续坚守岗位。一朝想通后我就不再改变了，不管别人怎样成功，我都坚持教书。其实教书并不困难，但后来的一些行政工作反而让我有些力不从心，于是就产生了一种倦怠的情绪。我后来向领导反映，领导就把我调到了教育局任史志办公室的负责人。适合自己的，就尽力干下去；不合心愿的，就坚决不干。这就是我难忘的经验。

我的心得体会就是：教育绝对不能误人子弟。在其位，谋其职，尽其力，应该尽最大的努力做好自己的工作。我当时决定从事教育事业，就认定要沿着这条路走下去。还有一点就是处事要忠诚，对事要忠，对人要诚，忠诚于自己的事业。比如作为校长，我要对教育事业负责任，即使学校里有很多事情，中考、高考以及平时的管理，适应社会的变化改制等，但我管理的学校也从来没有出现过耽误学生的情况，更不要说推卸责任了。包括后来我感到力不从心，就向领导提出调职的申请，绝对不能因自身原因耽误国家的教育事业，误人子弟。待人也要真诚，作为校长我一直真诚对待老师和学生，不以权压人，而是以理服人。因为我明白以权压人，和谐是一时的；以理服人，和谐才能长久。那时候学校有100多名老师、2 000多名学生，很多事情并不是强制就能够实施的，而必须通过与人真诚相处、与人交心才能推广开来。所以有时候有些老师犯了错误，我也只是就事论事指出他们在某事上的不足，绝不以偏概全或秋后算账。

退休生活

我退休之后的生活大概分为两个部分，一部分是家庭的，另一部分是自己的爱好。家庭方面我就像当公务员一样，要处理一些"公务"——当爷爷的责任，要每天接送两个孙女上学放学，真是"公务繁忙"，还好都是有时间性的。

我的个人爱好比较多。我很喜欢诗词和灯谜，又是中华诗词学会的会员和中华灯谜学术委员会的委员，所以参加这两方面的活动也就多了些。

先谈关于"诗"，我是政协澄海诗社的副社长，有时需要处理一些工作，主持、参加一些活动，像这个月（2018年7月）14号还要举办一个活动。刚刚过去的端午节，我主持了纪念屈原的诗人节活动，还会参加一些学校的"诗歌进校园"活动。我不时也会写诗，所以参加韩师的这次活动我就被同学们"将了一军"，他们说"既然你会写诗，就要写一些关于韩师的"，所以我就创作了《忆韩师组诗》，把在韩师的一些经历、感受写了进去，以诗、词、曲等多种形式来表达。我还出了两本诗集——《拾得集》和《耕舞集》，并邀请著名诗人、我的业师——丁芒老师题书名、作序、作评。

另一个就是关于"谜"。我出了一本《潮汕风物谜》，全书结合一些地理、历史、教育、饮食等方面的潮汕风俗常识作谜，谜文都是七字的律句，也称"独脚虎谜"，共3 000多则，分为10个板块，内容丰富而有特色。这一本书是由韩师的前校长林伦伦先生作序的。给这本书题名的是中华灯谜学术委员会前主席郑伯川先生，作画的是现主席郑育斌先生。这本书是我比较得意的作品。目前还有一本书在校对的阶段，几年前我就写成了初稿，但因一直没有时间去深入研究理论性较强的内容，所以还未校对。平时的灯谜活动也比较多，因为澄海灯谜是国家级的非物质文化遗产，而我们作为这方面的代表，平时要经常举办一些猜谜活动，乡村举办这类活动时我们也去参加。近年来，我连续3年都被邀请参加香港举办的"潮汕文化节"活动，进行这方面的学术交流，为澄海灯谜的推广出一分力。

虽然不时会有诗词、灯谜这些方面的活动，有时也会比较忙碌，但我觉得既然这些是业余兴趣爱好，就不要有压力，要轻松面对，享受其中。绝不能未老先衰，过早颓废，应该做一些事情以丰富自己的生活，同时为社会、为文化事业做出一点贡献。

建言寄语

韩师给我留下了太多美好的回忆。这里山清水秀，是读书的好地方，也是改变我人生的地方。我本来不想读韩师，最终被迫"上船"，但没想到，这只船却载着我顺风顺水地驶向理想的彼岸。可以说，如果没有韩师，我就没有这些知识的积累，也就得不到别人的认可。韩师治学严谨，学术氛围浓烈。比如，当时在学校，同学之间总有辩论的习惯。后来我也去参加过函授进修，但总觉得没有读到什么书。至于热烈辩论的学习氛围，更是天差地别。这些使我们学得扎实，为以后在教书的大小环境中得到社会和同行的认可打下了坚实的基础。最重要的是，韩师的历届毕业生都不简单。韩师的发展太快了，尽管以前的操场、跑道、琴房、食堂、教学楼、U 字楼、图书馆等都变了，只有校门还未改变，但我坚信，韩师的精神将永远镌刻在我们这一代韩园学子的青春记忆中。

韩师对我有巨大的影响，因为我的文化素养、文学常识和知识体系大部分是在韩师求学时获得的。那时候古代汉语有讲诗词格律的知识，任课老师是谢清逵老师。很多同学觉得格律很难学，"平平仄仄平平仄"等很难辨清楚。但只要下功夫研究，其实并不难。丁身玮老师的教学对我构建知识体系帮助非常大。陈哨光老师的文选与写作课也对我的文学创作产生了深刻的影响。倘若没有高考，没有韩师，没有我可敬的老师，没有我可亲的同学，我现在可能只是一名退休的机械工。

访谈现场

我希望韩师发展得越来越好！政府现在重视教育，提高了教师的地位和经济待遇。而韩师是培养教师的园地，所以发展是必然的，我对此充满信心。我也希望现在的学子们不忘初心，砥砺前行，发扬韩师的优良传统，勤学乐学，打好坚实的知识基础，为教育事业做出更多的贡献，为母校韩师增光添彩。至于寄语韩师，我不敢。因为韩师是母校，是母亲，学子是孩子。母亲给孩子寄语是应该的，教我们怎么做才能更好。孩子不能要求母亲如何做。对韩师，我至今仍然怀着深深的感恩之情，所以我为这次活动写了《到母校接受人物专访》一诗留作纪念：

> 粤东桃李出斯门，
> 幸得奉奉作眷言。
> 员水①精灵滋学苑，
> 韩山厚载炼师魂。

----

① 员水：即今广东省潮州市韩江。《水经·浪水注》载员水"东历揭阳县，而注于海"。

任　泽

　　1949 年 9 月生，广东潮州人，韩山师专 1977 级中文（2）班学生。毕业后一直从事中学语文教学和研究工作，系广东省中学特级教师。在国家级、省级学术刊物发表论文数十篇，主持多个国家级和省级课题，是新课标实验教科书高中语文教材（粤教版）必修第五册副主编，选修教材《常用文体写作》编委，汕头地方课程教材《潮汕文学读本》主编，多次获省市级奖项。曾任汕头市教育局教研室、汕头市语言文字工作委员会办公室副主任，并从事汕头市督学和省市多个学术团体的领导工作。

　　本文初稿由黄婉仪、姚怡如两位同学提供，黄婉仪、姚怡如于 2018 年在韩山书院访问了任泽校友，姚怡如参与了文稿的整理。本书编著者在组稿时进行了回访，受访者对原稿做了较大的修改与补充。

与韩师的两代缘

我和母亲都与韩师有缘分。

我的母亲林青苑是省立韩山师范学校的学生，她1936年入学时才13岁。当时，日军铁蹄蹂躏东三省，战火席卷华北大地，祖国危在旦夕。国难当头，前方将士浴血战斗奋勇杀敌，后方抗日救亡活动如火如荼。在中共潮汕地方组织领导下，母亲和韩师一班热血同学一起走上大街小巷，走向四乡八里，唱着"大刀向——鬼子们的头上砍去"，积极投入抗日救亡宣传活动。当时在韩师，母亲年纪小，热情爱国，漂亮活泼，能唱会跳。她演抗日街头剧，唱救亡歌曲，教潮汕方言抗日歌谣，是艺宣队的台柱和青抗会的活跃成员。

林青苑获"优点三次"（韩档428卷成绩单）

　　1938 年春，中共在韩师建立了党支部，母亲加入了中国共产党。不久，在党组织的安排下，母亲离开了韩师，走过湘子桥，转入地下工作，成为一名革命者，开始了她几十年的革命生涯。韩师是母亲走上革命道路的起点。

　　想不到的是，40 年之后，我也走进了韩师……

　　1977 年，我上山下乡到海南已经九个年头了。

　　因为母亲在"文革"中被打成"黑帮"，我们也就成了"可以教育好的子女"，只能上山下乡。1969 年我带着妹妹报名参加"广州军区生产建设兵团"①，从汕头市来到海南五指山下的三道农场。那些年里，我在深山老林开荒种橡胶，砍芭、爆破、挖穴、修带，顶烈日冒风雨，天没亮出工，天黑了还要加一班。开荒大会战之后，又被派去割胶，披星戴月，半夜三更转胶园。

　　三年后，我被派去中学教书，后来，又被调到场部宣传教育科。因为连队推荐妹妹去读书，领导要求我必须在农场"扎根"一辈子，我也就答应了。但打倒"四人帮"后，1977 年 10 月，中央决定恢复高考，消息传开后，我们这班下乡知青燃起了希望。我们宣教科的几个知青，从副科长（广州知青）到电影放映员，几乎全都报了名。

　　10 月底报名，12 月就要考试了。从"文化大革命"到上山下乡，我们的学业已经荒废多年，重拾书本谈何容易！尤其是我们身处深山大沟，黎村苗寨的教育原来就是一片空白，小学和中学还是靠下乡知青办起来的，我们找不到旧课本，也没有什么复习资料，更谈不上有什么人给我们辅导。领导允许我们报名高考已经算是很开明了。我们白天仍然要去"战天斗地"，晚上抓到什么就看什么。就这样稀里糊涂复习备考了一个月左右，12 月中旬，农场派了一辆大卡车，把我们拉到几十公里外县城边的一个农场上考场。考生大多是我们的学生，我们呢，既是考生，又

任泽回到 50 年前下乡农场的橡胶林，再割一刀橡胶树

---

　　① 广州军区生产建设兵团成立于 1969 年，总部设在海南海口，兵团是以垦殖橡胶等热带作物为主的屯垦戍边的部队。1974 年 6 月，该兵团撤销。

是领队。

考完了，还没公布高考成绩，就被通知填报志愿——一根电话线从县城绕到农场，传过来一串大学名，我们就从中挑几个作为志愿填上去。经过"文革"，许多青年都不想当老师，当时我填的都是北大、武大、中大的考古及图书馆学之类的，宣教科的老同志劝我填华师，我年轻气盛不知深浅，摇头笑笑，没听。过了年，录取通知书来了，却没有我的。

大家都很平静，该干啥干啥去。场里把我派下连队当工作队队员。一天，一个学生忽然跑来找我说，接到上面通知，有一批师专上马，补充招生，考生可以补填志愿，他想报，问我去不去。"去！"我说。

回过神来，我给教育干事老何打电话打听这事，问他怎么没告诉我补招的消息。他说，你华师都不读，还要读师专？我一时语塞，讪讪地放下电话。不一会儿，老何打电话来，跟我谈了很久，劝我还是报，就算是调回汕头也挺好。我最终答应了，匆匆回场部填了表。别人的表都已经送上去了，老何要了辆小吉普，专程把我的表补送到县里。

5月初，一张录取通知书递到我手里：汕头地区师范学校（大专班）。我知道这就是韩师，是母亲读过书的地方！9年前，我告别韩江，渡过琼州海峡，来到五指山，本以为此生便止于此，没想到居然要回去上韩师！母亲从韩师毕业40年了，也许，这是冥冥之中上苍的安排？也许，这是我们母子与韩师的缘分？

从五指山麓来到笔架山麓，来到韩师，我第一次走进大学。尽管师专刚刚招生，学校还没来得及修整建设，但依山傍水，那么大一片操场，那么多的教学楼、宿舍依山而建，特别是还有一座古香古色的图书馆，在我看来真是美轮美奂。在我刚刚离开的农场，老师和学生上山割来茅草，砍来木头，用山藤、马钉搭起架子，用黄泥和着稻草糊了墙，就是教室和宿舍了。对比之下，韩师校园的美丽远远超出我的期待。

当年韩师作为潮汕地区的最高学府，招揽的老师学识水平在潮汕是一流的。老师们大多是受尽磨难辗转才到韩师的，对77级这批同样历经坎坷刻苦求知的学生有着特殊的关爱，我们对老师也特别敬重。老师们诚挚待人，严谨治学，认真教书，他们高尚的人格，强烈的事业心，勤谨务实的学风教风，给了77级学生深刻的影响。

陈哨光老师教授的课程是文选和现代文学，他善于抓住作品的意旨，分析主要人物，厘清作品脉络，鉴赏艺术特点，只用很少的课时，就评价了几十年的现代文学作家、作品。后来我做类似的工作，才体会到陈哨光老师的辛苦——他在那么短的时间内，要读多少书啊！而他阅读作品、分析作品的基本方法，影响了我以后几十年的教书生涯。几位教古代文学课的老师，张惠璋、丁身玮、陈友德老师，他们依历史时期分段教学，对我们却有共同的要求，那就是读古文必须字字落实，不能蒙混过去。翻译起来不太通顺不要紧，关键是要准确地理解、准确地表达，这也成了我们以后文言文教学的圭臬。而当时对我触动最大的还是现代汉语课，我自以为我的语言表达还可以，可是用陈基藩老师、王永鑫老师的标准一衡量，处处都是语病。有很多"病"，没有老师指点，实在是不知所以然。后来，陈基藩老师还组织我们编写《词义辨析》，将中学教材的近义词找出来辨析，这是很有意义的实践学习。语言表达是否正确恰当，很重要的一点就是近义词用得怎么样。辨析词语要从词义、词性、感情色彩、使用范围几个方面切入，直到现在，这仍然是我进行词语辨析的法宝。

任泽重游韩师当年的 U 字楼旧址

　　人们通常称 77、78 级大学生是"天之骄子"，但是韩师 77 级的学生大多经历坎坷。我的同学其实很多都是刚刚"洗脚上田"。不少同学已经娶妻生子，还要耕种家里那几分地来养家糊口。每到星期六下午，他们就急匆匆地赶回家里耕田种地，星期天晚上再一身汗水赶回来。有一件事我感触很深，一天有位同学问我回汕头时能否帮他买一件东西，我问他买什么，他说买一个比重计。我一头雾水地问道："一个中文系大学生，买比重计干什么？"他说，回家早上挨家挨户去收购尿水时，把比重计挂在扁担上，人家就不敢往尿里掺水了。我听了心里真是五味杂陈，难受极了，这算什么"天之骄子"啊！但是不管生活多么艰苦，家庭多么困难，也没有人想要放弃，大家不翘课、不挂科，图书馆里、教室里、宿舍里，人人手不释卷，个个伏案苦读。

　　老教师们率先垂范，学生们刻苦自律，拼搏向上，形成了韩师务实、勤奋向上的学风，形成了直面困难、努力上进、刻苦勤谨、不尚空谈和脚踏实地的校园文化，这是 77 级同学收获的一份最宝贵的精神财富。

受检韩师真功底

　　到韩师就学虽然只有短短的两年多，但韩师务实、扎实的学风，韩师的校园文化，给我带来了深刻的影响。而两年比较系统的学习，为我们打下了一定的专业基础，建立了当一名语文教师必须具备的专业知识架构。

毕业后十来年，我基本在高中任教，多数年头是教毕业班。我要求自己上课的内容必须让学生能听懂、能记住、能应用，还要能考试。我的教学很快得到学生的认可、喜爱和敬佩，学生以能够争得我去他们的班级任课为幸事。在连续带了8年的高三毕业班之后，学校领导终于"放行"，我被调到市教育局教研室当教研员，成了全市的"语文教头"，后来又当了教研室领导。我每年平均有三四个月的时间去学校，帮助学校、老师提高教育教学质量，剖析面临的困难和问题，探讨解决问题的途径和方法。

有一次，我到一所初级中学，语文组老师反映，他们指导学生写作，讲干了口水，学生写作仍然难以下笔、空洞无物，希望我做一次作文指导。我进了教室，要求同学们写出一些"口"字旁的字——其实就是语气词象声词，比比谁写得多。接着推荐三个性格不同的男女同学，到讲台上争抢一本书——要求全班同学把这个场景写下来，只有一个要求：写这个片段必须用上10个以上"口"字旁的字。在学生写作时，我在一边提示对话的几种样式，提示在对话前后插写一点动作神情。老师们十分高兴：用一个"用上10个以上'口'字旁的字"的要求，就比解说半天"描写、语言描写、个性语言描写"管用得多了，程度再低的学生也可以做到。我还给老师们讲了建构主义的教育理论，谈了如何从学生实际出发，提高学生的知识积累，给学生学习的"抓手"，提高教学的有效性。大家十分认同我这种务实、扎实的作风，也十分支持我的工作。其实，校长和老师们给了我许多启迪，我从他们身上汲取了许多教育经验教学方法，才使我能够顺利做好教育教学研究工作，完成课程改革的任务。

如果要论那些年对我的学识、专业水平能力最严峻的考验，莫过于参加教育部审定的国家高中语文教材的编写。2002—2003年，新的课程标准、课程方案出台了，国家实行中学教材"一纲多本"的政策，各地纷纷申报编写新课标高中教材。最后，经过教育部中小学教材审定委员会十分严苛的审查淘汰，全国通过的新课标高中语文教材只有人教、粤教、苏教、鲁教等6套。

任泽参加省语文学术会议

我参加了粤教版高中语文教材的编写工作，并担任必修5的副主编。教材编者几乎都是大学教授，很多是硕士、博士。来自基础教育的只有两三个人，而第一学历是师专的只有我。大家累月连年一起工作生活，各人的见识、学养、思想、境界，各人的专业功底、应用能力，谁也假不了。谢谢韩师给我打下的基础，我编完了必修教材，还被留下参与选修教材《常用文体写作》的编写。

接受了教育教学实践的严格检验，我被评为"汕头市名教师""广东省特级教师"。这些称号中，包含着对韩师教育的肯定以及对我的恩师们的褒奖。

探路方言区教学

从韩师毕业后，我成为一名方言区的语文教师。对比自己以前在外地教的学生（尤其是北方的孩子），潮汕孩子表达能力普遍比较差。原因是多方面的，而方言的影响是一个关键因素。

我设计主持了"中学语文诵读教学"研究课题，组织汕头市56所中学、近100名教师开展实验，将诵读作为对语言表达和思维的一种"榜样训练"。该课题实验取得了显著的成效，获得广东省普通教育教学成果奖二等奖。更为重要的是，诵读逐渐成为广大教师习惯运用的教学方法，对改革方言区的语文教学产生了广泛的影响。

应当说，教师普通话水平的提升，校园普通话语言环境的改善，也是这项工作成功的重要条件。我从事语言文字工作多年，先后主持完成了汕头市20多万人的普通话培训与测试工作。经过多年的努力，这项工作基本解决了中小学教师（特别是语文教师）用方言上课的问题，工作成效明显，我获得国家语言文字工作委员会授予的"全国语言文字先进工作者"称号。

作为一名韩师学生，我只是尽自己一点微薄的努力，为我的母校提供一个潮汕方言区语文教育的案例，也许能够对学弟学妹们有所启发。

助圆代代大学梦

1977年恢复高考，才使我们得以走进韩师，也使我们的命运得以改变。77级的同学对高考总有一种难以言说的感情。也许是上苍的安排吧，我的这一生，就跟高中教学、高考结下了不解之缘。

一出校门，我基本上就教高中，而且连续多年被安排在高三"把关"，冲刺高考。到了市教育局教研室，从1995年起我负责高中教学和高考备考工作，这份工作一做就是15年。高考是高中教育教学的一个重要环节，高考备考是高中教学，尤其是高三教学的重要内容，也是我多年的重要工作。我紧紧依靠我们教研室团队，研究高中教学与高考备考的规律，研究高考改革发展的态势，特别是当年的变化以至可能的微调，开展多种有效的活动，命制试题，组织模拟考试，帮助各层次学校总结经验和教训，指导一线教师具体落实备考措施。我和老师、校长们一起，年复一年，一直绷紧这根弦，殚精竭虑，全力以赴，将一批批学生送进了高校，让一代代潮汕孩子圆了大学梦。汕头高考成绩一直在广东名列前茅，各科成绩，尤其是语文科成绩，都是可圈可点的。以我退休前三年（2007、2008、2009）计，汕头高考语文平均分列全省第一，这可以从一个侧面说明汕头的教学水平、备考水平。

15 年间，我只领过 200 元的高考奖金。但是，一年年成千上万昂首走进大学的汕头儿女，就是给我最高的奖赏。能够为汕头的高中教育教学和高考付出我的全部心血，这是我的荣光。我从来没有后悔过我的选择和努力。

高考至今还受到不少人的诟病，它确实还存在许多问题，也确实需要继续改善、改革。但我认为，高考是当今中国难得的一块绿洲。相对而言，它公平、公正地对待每一个考生，为不同的学生搭架了实现理想的天梯，给了学生巨大的学习动力，有力地推动了中国教育教学的发展，为国家选拔、培养大批人才发挥了有目共睹的作用。卫星火箭发射现场那一张张年轻的面孔，就是最好的证明。

韩师直面困难、努力上进、刻苦勤谨、不尚空谈、脚踏实地的精神，是我做好这份十分艰难的工作的精神支柱。如今我退休了，但我宽慰地看到，还有很多韩师学生、很多校长老师，仍然在继续奋斗，一路前行。

弘扬传播潮文化

当年韩师的老教师都有厚实的潮汕文化修养，颇有"海滨邹鲁"遗风。他们言传身教，不遗余力地给我们推介源远流长的潮汕历史文化。正是从陈哨光等老师那里，我不但认识了韩愈，还认识了翁万达、林大钦等潮汕先贤，也认识了冯铿、洪灵菲、丘东平等潮籍老作家；从图书馆，我又借阅了秦牧、碧野、王杏元等一批潮汕作家的作品。当年我们住的 U 字楼，与韩文公祠毗邻而立。我时常过谒韩文公祠，面对"功不在禹下"的石碑，默诵苏轼《潮州韩文公庙碑》中的"文起八代之衰，而道济天下之溺"，感念先贤，内心种下了深深的潮汕文化情结：作为一名韩师学生，要以传播潮汕历史文化为己任。

从韩师毕业后，我自己带头，也推动汕头的老师们在语文教学中渗透推介潮汕历史文化。我抓住课程改革的契机，在汕头市教育局的支持下，把潮汕文学列入地方课程和综合实践活动课程、选修二课程。2002 年，为了编写一套系统展现潮汕文学发展的脉络、比较全面反映古今潮汕文学作品概貌的

《潮汕文学读本》，作为中学地方课程、综合实践活动课程可以使用的教材，我遍访潮汕文化及潮汕文学的名家大师，向他们征集作品，征求读本编写的意见。我甚至写信给前广东省委书记吴南生同志，请求他授权《潮汕文学读本》收录他的《松柏长青》，我从书中节选了几个片段，请他定夺，他亲自删减、修改，还让

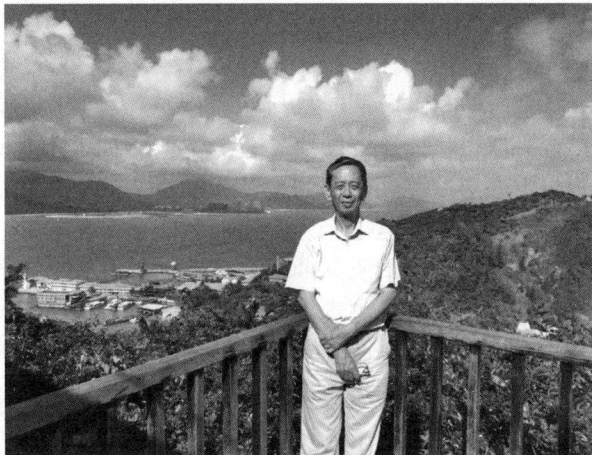

"海滨邹鲁"，任泽的故乡

我上他家谈谈。包括林伦伦、黄景忠、金振仁、吴二持等一批学者，王杏元、林继宗、郑明标、陈跃子、侯龙柱等一批作家、诗人，都参与了《潮汕文学读本》的设计、选材、编写等工作。这里特别要说的是韩师的黄景忠老师，他术业有专攻，对潮汕文学有全面系统的研究，对潮汕各个时期的代表作家作品把握十分到位，对《潮汕文学读本》的编写作出了独到的指导。

除了编写潮汕文学作品集《潮汕文学读本》，我们还编写了潮汕历史读本《汕头的变迁》；在潮汕历史文化研究中心的支持下，组建"潮汕文化讲师团"，开展"让潮汕文化进校园"活动，深入学校举行潮汕文化讲座。同时，组织全市各中学开展以学习研究潮汕历史、文化、文学为主要内容的综合实践活动，形成了一股热潮，影响到部分小学、幼儿园，他们也纷纷开展潮汕文化的学习活动。我也帮助部分小学和幼儿园编写了学习潮汕文化的校本教材。我希望潮汕的孩子能够受到地方优秀文化的熏陶，培养良好的道德品格情操和人文精神，确立正确的价值取向，成为承袭和弘扬潮汕优秀传统文化的积极力量，成为热爱家乡、建设家乡的一代新潮人。

我们因此荣获潮汕历史文化研究传播基金会颁发的"潮学奖"一等奖。这样的工作，也许可以报答韩师那么多热爱家乡、热心传播潮汕文化的恩师们。

致敬坚韧老同学

77、78级学生赶上了改革开放、社会转型的好时代，赶上了尊重知识、尊重人才、干部年轻化的好时机。不少韩师学生从政从商，成就斐然，赢得了大家的称道，成为韩师的骄傲。

我认为，还有一个韩师学生群体，同样值得我们尊敬，值得大家称道。因为工作的关系，我经常要到乡村学校去，见过不少坚守在乡村的韩师校友。在相当长的一段时间，乡村学校破败，设施简陋，学生基础差……他们在这里很难取得什么显著的成绩，更不敢奢望评上什么先进，不少老师连高级职称也没办法参评。他们的生活状况令人唏嘘不已，微薄的一份工资，仅够糊口，不足养家。但是，只要他们一转身上了讲台，面对几十双渴求知识的眼睛，他们就忘记了所有的不公、穷困和烦恼。他们在乡村学校讲台上一站就是几十年，把自己的青春、才华和幸福都献给了乡村的孩子们。常有一个奇特又不奇怪的现象：凡是教师中韩师学生多的学校，教学质量总是比较好。

都说77、78级的大学生是"天之骄子"，可能很少有像我们韩师学生这样，有大量的几十年坚守在穷乡僻壤的"天之骄子"。然而，他们是潮汕基础教育的基石。他们用无私的、忘我的奉献，撑起了潮汕基础教育的大厦。

如果我们这次纪念活动设有主席台，可否请校长给他们戴上大红花，请他们到主席台上就座？也许，他们一辈子还没有这么荣光过；也许，可以给他们枯寂的心里注进一股暖流——潮汕孩子没有忘记他们，潮汕热土没有忘记他们，母校韩师没有忘记他们！

致敬我们这些坚韧不拔的老同学！

詹仕林

1948 年生，广东省梅州市丰顺县汤坑镇人。韩山师专 1977 级数学班学生，韩山师范学院数学系退休教授。1981 年毕业留校工作，历任教师、数学系主任、韩山师范学院数学与信息技术学院副院长等职。先后担任广东省数学会理事、广东省工业与应用数学学会理事、汕头数学会副理事长。曾任华南师范大学数学系基础数学专业兼职硕士导师、广东省重点课程"高等代数"负责人。1997 年获广东省"南粤教书育人优秀教师"称号，2004 年获"韩山师院优秀骨干教师"称号。主要科研方向是矩阵论与数值计算，公开发表学术论文 51 篇。2008 年退休。

本文初稿由李俊峰、陈颖和张雪丽三位同学提供，他们于 2018 年在广州詹仕林校友家中进行访谈。本书编著者李伟雄、刘心继 2020 年 8 月 30 日到广州再访詹仕林，韩师的许松荣老师一同参加，受访者对原稿做了修改与补充。

早年经历

我 1948 年 10 月出生在广东省丰顺县汤坑镇，是生在旧社会、长在红旗下的一代人。我的母亲生了七个孩子，四男三女，我排行第六，也许是生活的艰辛与重男轻女的缘故，大姐自幼就被送到湖下村一个农民家当童养媳。我出生时父亲在汕头民生帽厂参与少量股份并任普通职员。后来，父亲调到汕头市金砂牛奶场担任仓库管理员，只有逢年过节才回老家与我们团聚，大概一年见两三次面。

解放初经济发展很快，人民的生活大大改善。那时候的纸币面值以百、千、万计，一百元相当于现在的一分钱。一百元可以买杂菜，吃杂咸。吃一碗粿条也就几百元。家里主要靠父亲支撑，另外还有哥哥们参加工作后的支持。虽然收入不高，但市场物质丰富，价格便宜，1957 年以前我的童年生活是无忧无虑的。记得 1958 年以后，经济出现下滑，家里的饭桌、板凳都搬到公共食堂去了。大家集中在大食堂吃饭，不能吃稀饭，只能吃干饭，因为吃稀饭怕被说生活不好。

自我记事起，大多数时间都是母亲带着我和妹妹与时任中学教师的二哥住在一起，1960 年才回到汤坑镇与二姐一起住。二姐生了四个女儿和两个儿子，当时二姐没工作，二姐夫在土产公司工作，由于生活困难就把小女儿送给别人了。后来二哥的儿子与三哥的儿子也先后被送回老家。最多时家中有十个小孩，当时我已上初中，是家中的孩子王。靠着父亲和二姐夫微薄的工资以及哥哥们的支持，生活虽然困苦，但也充满乐趣。最让我念念不忘的是每年的春节，我们期盼着父亲的到来，我和妹妹带着年龄与我们相仿的外甥女早早来到车站等候，只要父亲一下车我们就围上去亲热地叫个不停。春节那天，二哥、三哥、大姐全家都来了，摆了三大桌吃饭，真热闹，真喜气！

1962 年经济稍有好转，但随后又出现了"文化大革命"的"十年动乱"，汤坑中学一片混乱，不少教师因被划成右派或出身问题横遭批斗。在那个年代，沾着"商"字的就是资本家。成绩好的自然是走"白专道路"，于是乎我不能参加红卫兵组织，乐得当逍遥派，但心中的郁闷与困惑却无法排解。我开始害怕当老师，也养成了比较内向的性格。直到后来参加生产建设兵团，在知青集体生活的催化与艰苦生活的磨炼下才得以改善。

尽管家里孩子多，家庭生活较艰苦，但是再艰难，父亲也要节约开支让孩子接受教育。我大哥读完高中以后进修了几个月英语，参加了志愿军，在俘虏营当教官，回国后留在北京工作。另外两个哥哥分别毕业于华南师范学院和广东师院，分别在汕头与揭阳工作。我小学是在揭阳县榕城镇榕江小学读的，考上揭阳的重点初中真理中学后，转学到丰顺县汤坑中学，高中也在丰顺县汤坑中学读。这所中学在当时还是有些名气的。师资非常不错，高考录取率很高，常听说有人考上清华、北大。上清华、北大是我当年的梦想，上高中是第一步。1965年参加中考前，我经常没日没夜地学习，晚自习回来后点上煤油灯继续学习。煤油灯是在墨水瓶盖钻一个洞，买一条灯芯插进去所制成的。当时丰顺县只招 3 个高中班，汤坑中学 2 个，丰良中学 1 个。中考录取的优先条件是家庭成分为工人、贫下中农、小贩等。由于父亲是一名小商人，政审时我就沾了一个"商"字，所以我很担心上不了高中，将来更谈不上考取名牌大学了。可喜的是汤坑中学录取了我，接到录取通知书时我热泪盈眶。我觉得除了成绩突出之外，可能跟我有个哥哥参加志愿军，是光荣之家有关，政审才能通过。而班里有些同学的成绩也很不错，但是因为家庭成分不好，就没有那么幸运了。

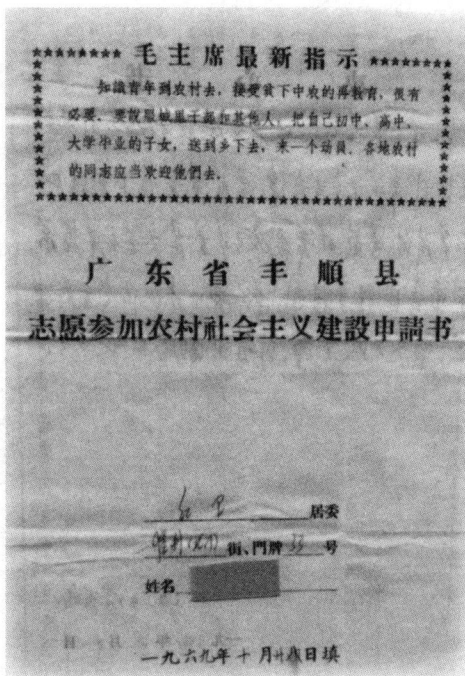

广东省丰顺县志愿参加农村社会主义建设申请书

"文革"期间的动乱使我们失去了高考的机会，后来的"复课闹革命"又燃起了高考的一丝希望。当时的汤坑中学积极响应"复课闹革命"，尽管我们无法高考，但毕竟在那动乱的年代能学习两年多的高中知识，已经很难得了。

人生波折

1969 年 11 月，我上山下乡来到海南崖县，成为广州军区生产建设兵团 3 师 12 团基建连的兵团战士。该团后来划归农垦部管，我就成为崖县立才农场基建队的一名职工。

1969 年 11 月詹仕林（右一）校友上山下乡去广州军区生产建设
兵团 3 师 12 团，摄于海南崖县立才农场

这个农场有 20 多个连队，4 000 多名职工来自五湖四海。刚到基建队我就被安排去种菜，这是基建队最没出息的工作。也许因为我是"老三届"的"臭知青"，更应改造。当时我们这批知青共 100 多人，只有 3 个高中生。也许我的出身沾着"商"字，也许是我的年龄较大，不得而知，不过能领到一双雨鞋还挺高兴的。后来我当了上士，负责基建队的膳食管理工作。那时候经常搞大会战，一干就是好几天，基建队也一样要参加。我们每天天不亮就上山，点着篝火挖橡胶穴。每天都吃 5 顿饭，劳动强度可想而知。

1973 年，我调到立才中学教书。刚去的时候教高一的历史课，后来又教语文课。那个时候一个班有 40 多名学生，汉族的都是农场职工子女，黎族的大多是当地村民的子女。那时刚好是邓小平复出的时候，学校的教学工作抓得很紧也很正规，学生学习都很认真。除了课堂上课之外，还必须带领学生上实践课。有时组织学生到农场采访工人，然后写文章，有时候组织学生上山砍木头搭建茅屋。我在海南的那些年，大都是住茅草房，睡架在木桩上的木板床，即使在中学也不例外。

恢复高考的消息我是从农场的广播里听到的。第一感觉是不太相信，毕竟高考停了十来年了；第二是像我们这个年龄的是否还有资格参加高考？为了获取相关消息，那时的报纸成了抢手货，一下全被抢光了。知道 30 岁以下的高中毕业生都可以报考的消息后，农场里符合条件的知青们都奔走相告，兴高采烈。那时候我已经 29 岁，尚符合报考条件，我十分珍惜这个难得的机会，急不可待地去报名了。

上山下乡期间住的草棚宿舍

没想到领取准考证却是一波三折。那时人们都已经领到了准考证，我的却一点儿消息都没有。我急匆匆地去找相关负责人，得到的回答是我"不具有高中毕业资格"。我吓了一跳："我高中毕业是千真万确的啊，怎么会这样？"他让我去找主管该项工作的农场领导副书记。那时候高中毕业是不发毕业证书的，副书记冲着我有理由地说："你的档案没在这里，没法证明你高中毕业，准考证当然不能发。"原来那时我正在搞调动，档案已经寄回了丰顺县。我说："如果我没有高中毕业，为什么能调去中学教书？还上过高中的课程？你们不是早就看过我的档案吗？"但他说："口说无凭。"我要求领导找与我同批来农场的同学，他们可以证明我是高中毕业，得到的回复仍是"口说无凭"。我急得够呛，白天上课，晚上就去领导家里"磨"，"磨"了十天左右，他冒出一句话："即使领取了准考证，档案不在这里考上了也无济于事。如果你要考，那就把档案调回来。"我思来想去，觉得自己应该有把握考上，所以跟他说："现在离高考时间已经不长了，而且办准考证时间又有限，能不能先办准考证，我保证会把档案寄回来的。"最后他总算答应了。拿到准考证的那一刻，我的眼泪都要掉下来了，激动之情难以形容。那时候没有手机、电话，我只能跑到县城三亚发电报回家，请家人想办法让丰顺县人事局将档案尽快寄回农场。

拿到准考证后，离高考也不远了。备战高考期间，我的复习时间很有限。平时白天上课，晚上备好课后才有时间复习。好在许多知识还记得住，特别是初中的知识基本不用复习，主要还是复习高中的知识。

1977 年的 12 月 10 号、11 号、12 号一连三天高考。当时参加高考的人数相当多，奇特的现象是老师跟学生、父亲和儿子一起参加高考。我就是跟着学生一起去天涯海角的马岭中学参加高考的。我们住的是马岭小学的教室，自带被席用具，睡在铺着稻草的地板上。我记得第一天上午考政治，下午考物理化学（综合）；第二天上午考数学，下午考语文；第三天考外语。外语是附加的，也就是说你要报考外语专业，那这一科是必考科目，但如果你不报考外语专业，可以去考，但分数不计入总成绩。我中学英语学得还不错，就去考了英语。

高考之后填志愿也十分波折。因为在"文化大革命"时期见到老师受迫害的情况，所以大家填志愿的时候都不太想报师范院校。由于我中学的成绩一直名列前茅，对高考挺有信心的，就依着当年的梦想填了清华大学、中山大学等。华南师范学院（即现在的华师）不敢报，因为是师范。此后我就天天听广播、看报纸，关注录取情况。开始还踌躇满志，自以为考得很好，录取不会有问题，但从报上看到高考录取将结束，整个农场也没有听到有谁被录取的消息时，我几乎要崩溃了。稍微平静之后我一直琢磨：我考得那么好怎么会没被录取？是不是档案还没有寄回农场？上不了大学后档案才寄回农场，那岂不是两头空？一想起这些，心情就陷入了低谷。今后怎么办？等明年再考？明年还有资格吗？就能考上吗？说不定就会一辈子留在海南了。想到这些，心中一片迷茫。后来有消息说要补录，我又燃起了一线希望。补录时除了名牌大学，根本不知道哪个地方有哪些高校。由于补录填报时间紧（大概是两天时间），要赶快报上去，不报后果自负，所以当时想来想去，觉得本身教书报师范录取的可能性大些，现在只能走师范这一条路了。当时我报了北京师范大学，因为我大哥在北京工作，还有华南师范学院，考虑再报一个低的保底。我很怕今年没考上，明年超龄不让报考就麻烦了，以后一辈子都没机会了。想来想去，就填了汕头师专。

那时候填报的是数学专业，从此开始了我与数学的情缘。其实，在中学读书期间，我的语文挺好的，我的作文经常作为范文被语文老师拿去讲评。为什么没选择中文？我觉得可能跟"文化大革命"有关，我看到那些写小说的、搞文学的，因为讲错一句话，被人批斗得死去活来。而我本身对数学也很有兴趣，所以就报了数学专业。

事后我才了解到，正式录取期间，我的档案确实还没回到农场，人家没办法录。直到补录期间档案才回到农场，所以才能考上。在那个年代，录取率极低，能读大学已经很幸运了。整个农场有很多知青参加考试，最后被录取的只有两个人。一个是被录取在汕头韩山师范专科学校即现在的韩师大专班的我，另一个是我的高中同学徐康，被录取到海南通什自治州师范（通什师范专科学校）大专班。

印象韩师

刚入学时，韩师给我的总体印象是师资、设备极度缺乏，学生老化。我记得在我们读书的时候还有一个中专英语班，下一年才毕业。我们77级当时开了四个专业，一共五个班。数学、物理、化学专业各一个班，中文两个班。由于师资力量不足，学校匆匆忙忙从各地调入老师。调入的老师有的是从其他高校调过来的，也有1961年在韩山师专任教，下马后到中学的老师。学生方面一个班大概是50人，所以77级有250人左右。学生基本上都是汕头地区的，梅州地区以及其他地区的估计很少。29岁的我在班里还算小，30岁以上的学生很多，34岁、35岁的都有。那时候老师和学生是很难分清楚的，辅导员好些是工农兵学员，年纪都不比我们大，一些老师年纪跟我们也差不多。

那时学校的基础设施基本上是中专学校的配置。教室基本够用，操场一开始也还够用，毕竟班数还少。图书馆很小，书籍少得可怜。有时候我就去那里看看杂志，一开始只有初等数学的资料，高等数学的资料根本没有。我们住在第四宿舍，每间5张双层床，住8人。学生每个月有16元助学金与6元教材补助费，伙食费从助学金里扣除，学校给的补贴就够用了。而我们3个海南来的都是带薪上学（工资48元，补贴4.8元），被同学笑称"学生贵族"。

韩师那时候的学风很好。我们77级大部分都是"老三届"的学生，上大学来之不易，十分珍惜这个难得的宝贵机会，在校期间都是自觉严格要求自己的。特别是我们从海南回来的知青，更要学好、考好。我们班有52人，20岁左右的只有两三个，29岁已经是小的，多数已经成家，好些已经有一两个小孩。这些上有父母、下有儿女的同学，生活艰苦，能够上大学，当然十分珍惜这个机会。那时每个家庭都有困难，但是基本上很少听到因为家庭困难请假回家的。

课程设置基本上与其他高校的专科差不多。当年课程我记得的有高等代数、数学分析、空间解析几何、物理学、复变函数、概率论、教育学、心理学、数学教学法、政治经济学、哲学、中共党史、英语、体育等。其中高等代数使用北大数理系教材，数学分析使用吉林师范大学教材。同学们的英语水平参差不齐。过去一部分同学学习俄语，一部分同学学习英语，还有一部分同学甚至没读过英语。英语老师针对实际情况从26个字母开始教。我们学过英语的听起来没意思，

在韩师就读期间结婚生子

常常偷偷在课上做数学作业。

我记得开学后不久，班里组织了一次演出。我去参加表演"三句半"，本来我是不太喜欢上台表演的，但是作为班干部被老师叫到也不好意思不去。当时的课余活动不是很多，也就打打篮球。我们要做早操、早自习、晚自习，晚自习结束后回到宿舍，蚊帐放下来，还偷偷看书做题、预习功课。课程内容老师还没教，我们已经看完了。作业也很多，当然好多是自己增加的。特别是高等代数难度大且内容多。不像现在有什么习题解答，那时都要自己去磨，去搞懂。虽然花费了很多时间，但也是对自己的一个锻炼。

我们刚开始去的时候没有校长，只有副校长陈作诚、刘德秀和刘雨舟。班主任刚开始是许映如老师，后来是谢忠烈老师，他们跟学生的关系都很好，很关心学生。我记得当时职称最高的是数学系的刘绍谋讲师。因为"文化大革命"以后，高校职称评定已停止，而他的职称是在海南师专时取得的。毕业于北师大的刘绍谋老师教我们高等代数，他知识丰富，口才好，上课从来都不用看教材，是我们心中的偶像。系主任是林庆瑞老师，人精瘦，年纪比较大，在1958年办韩山师专的时候就已经在韩师教书。他与李泽晤老师一样，教学经验丰富，讲课认真细致，有条有理，对学生关怀备至，与师生的关系很密切。他们是我的良师益友，在我27年的教师生涯中留下了不少印记。

执教韩师

1981年韩师毕业后，我与吴捷云、陈仕洲留在数学系任教，一干就是27年。在当时，能留校一方面心里高兴，一方面也觉得压力很大。作为一个专科生，现在要来教专科，以后还要评职称，压力可想而知。我当时分析了自己的短板：第一，学历低，知识面不广，没有名师指点。第二，韩师科研资料少，图书馆后来的国内杂志是增加了，但是国外杂志很少，前沿性的资料就更少了。第三，科研英语能力不强，广泛浏览英语杂志、撰写英语论文是办不到的。我深知要成为高校的合格教师，就必须克服这些问题。

当时学校重视人才培养，1983年我们三个留校教师被送到华南师范大学数学系填平补齐（补本科）。系主任跟我们说你们教什么就着重学什么，但我们三个人都认为能够到华师听高水平的教授讲课，机会难得，恨不得多学几门。我是教高等代数的，在一年里我除了学习高等代数外还学了近世代数、实变函数、计算方法、数论、算法语言，这五门课程都是专科没学过的，我成绩优良，在1984年获得了补本科的结业证书。1985年3月，我有幸获得了在中国科学院数学研究所数论进修班学习的机会。时间不长，只有一个多月，但那些大师级的数论专家的授课让我获益匪浅。特别是数论泰斗王元关于

"哥德巴赫猜想的研究状况"的报告，更让我大开眼界，不仅增长了数论知识，更揭示了科学研究的一些方法，他深入浅出、妙趣横生的讲课方法对我教学生涯的影响很深，也使我平生第一次有了想写学术论文的冲动。1987 年我又考上了华师数学系基础数学助教进修班，进修一年，学习了硕士研究生主要课程：抽象代数、一般拓扑、泛函分析等 6 门课程。这些课程都很抽象，有一定难度。特别是我没有学过点集拓扑，想学一般拓扑谈何容易。我找来了点集拓扑的课本，每天课余抽时间自学点集拓扑并通过做习题加以巩固，解决了一般拓扑学习的难题，终于以优良成绩完成学业。通过以上学习进修，我拓宽了知识面，打下良好的数学基础，为今后的教学和科研奠定了坚实基础。

科研是注定要闯过的重要关口。我的科研方向是矩阵论与数值计算，针对韩师数学科研资料严重不足的问题，每年我都争取参加矩阵论国际学术会议，了解国际学术研究的前沿动态。1999 年，我还通过中大一位教师的帮助，去中大图书馆翻阅了好多国内外期刊资料并把重要的复印出来，一共 100 多篇。2000 年开始，我的论文发表上了一个台阶，2000—2004 年在国内核心期刊发表论文 11 篇。其间我借助英语词典坚持学习英文的学术论文词汇，并且开始用英文撰写论文，在国际期刊发表论文 3 篇。我的第一篇英文稿件是 The Generalized Normal Matrices。那时我真无知，论文写出后，担心自己英语水平有限，请了英语老师帮助修改，拿回一看乐了。按照文科来说是修改得不错的，而数学论文要求的是词句简洁，一些修改适得其反。于是，我模仿国外期刊论文的写法，反复修改终于定稿投出，而后在国外学术期刊 *JP Journal of Algebra*, *Number Theory and Application* 发表，该论文也成了我在国外期刊发表的数学论文处女作。此后我对撰写学术论文几近痴迷，一切家务事都由妻子包下了，我除了行政工作与教学，其余时间都泡在论文写作之中。假期也没闲着，除学术交流之外都在练习英语的论文阅读与撰写，晚上搞到 12 点多是常事。有一次，外刊要求修改论文，其中有一个定理的证明有问题，我想了 3 天也无法解决。那天晚上辗转反侧难以入眠，凌晨 2 点多，似睡非睡间突然出现灵感，我立马翻身起床，一番折腾以后终于导出了定理的证明。当妻子拍着我的肩膀叫我吃饭时，才发现天已大亮，我吃点稀饭就匆匆赶去上课了。

面对科研方面的困难，我从不气馁，积极创造条件，坚持不懈地开展学术研究，不断提高科研能力与学术水平。我在矩阵论与数值计算的研究上具有较强的科研能力，并获得了一些科研成果。2001 年以来，我承担广东省自然科学基金和广东省教育厅自然科学研究项目各一项，主持并完成院级重点科研课题 2 项。2000—2010 年在国内外公开发表学术论文 39 篇，其中外刊 14 篇（ISTP 6 篇），国内核心期刊 14 篇。被美国《数学评论》收录论文 10 篇，The Generalized Normal Matrices, The Equivalent Conditions of a Generalized Normal Matrix 等一系列论文首次给出广义规范矩阵的定义，几何意义和60多个等价条件，得到一系列广义规范矩阵的行列式不等式并对著名的 Minkowski 不等式作出多种拓广。在 2004 年召开的矩阵论及其应用国际会议上，该成果引起了一些同行专家的关注，称广义规范矩阵是"很有学术价值的矩阵，对研究规范矩阵和复正定矩阵具有一定价值"。2002 年以来我先后获韩山师院陈伟南奖教金"科研成果奖"三项。

教学上，我在深入钻研教学大纲的基础上，注意因材施教，采用启发式教学方法，既重视传授知识，更注重能力培养。我坚持以科研促教学，把科研新成果渗透到教学中，突出趣味性与学术性，努力培养学生的创新精神，收到了显著的效果。1997 年获广东省"南粤教书育人优秀教师"称号，2004年获"韩山师院优秀骨干教师"称号，2005 年获"韩山师院大学良师"称号，2004 年获"韩山师院第五届优秀教学成果奖"一等奖。

我从不照本宣科，我觉得大学绝不应该那样讲课。大学生的理解能力已经上了一个层次，如果照本宣科，那何必还来听课？自学就行了。我第一节课讲高等代数，不是直接讲课本知识，而是先提问："什么是代数？字母代替数叫作代数吗？代数是怎么发展起来的？"我讲了代数由算术到初等代数再到高等代数的发展过程，指出初等代数跟高等代数是不一样的。初等代数面向的是代表数字的字母，而高等代数面向的是矩阵、向量、空间、欧式空间、变换等，然后又讲到近世代数。我告诉学生近世代数是在法国的二年级师范生伽罗瓦写的一篇论文基础上创立的，你们也是师范生，能不能像他一样有自己的创新，成为那样伟大的人物？第一节课就逗得他们都笑了。讲数论的时候，我说素数又叫质数，然后问学生最大的素数是什么？我给学生讲最大素数寻找过程中的一些成果，我说如果你们能找出一个再大一点的素数，那就了不起了。我经常会这样鼓励他们。

数学在人们的眼中似乎是枯燥无味的，但我结合教材，教学时融进数学历史与趣味数学。枯燥的定理证明我常会讲清其来龙去脉，证明思路常会融进自己的想法，甚至会给出比课本更为简便的方法，此时课堂上往往会出现笑声。

至今仍有一件事让我感动不已。记得二十多年前的一个教师节的上午，我站在教室门口准备上课，这时该班班长神秘兮兮地走过来，低声告诉我，要我下课后等一会儿，有事要对我说。下课后他发给班里同学每人一张纸，郑重地说："今天是教师节，请同学们都在纸片上写下一句心里话，作为送给老师的礼物。"然后，班长收好纸片毕恭毕敬地送到我的手中。这是自当教师以来我第一次收到这样的礼物，它是学生的真情流露，是学生发自内心对我的评价，确实太珍贵了。里面有学生对我的评价、感谢以及希望。以下几条就是当年学生留下的话：

感谢您的精心备课，使我们把枯燥的数学学习变成快乐的享受。

流逝的是大学的岁月，留下的是您可亲可敬的身影。祝詹老师节日愉快。

您是出色的雕刻匠，雕刻的不只是我们充实的知识，更是我们方正的品格。祝老师节日快乐！

您深入浅出的讲解真精彩，我今后将以您为榜样，当一个合格的人民教师。祝詹老师节日愉快！

您从未在别人面前炫耀过，但那盛开的桃李，就是对您最高的评价。

这些话一直激励着我做一个优秀的人民教师。

我也当过班主任，与班里的学生感情很深。记得十年前84级的同学聚会，作为当年的班主任我应邀参加了。在聚会中，时任广东省应急办主任的纪家琪回忆起1986年参加华师专升本复习考试的往事，还清楚记得当年我带病给他们上辅导课的情景。对于专升本，学院与数学系都很重视，这关系到学校的名声，也关系到学生今后的前途，所以专门派我负责纪家琪和徐振昌两人的高等代数辅导工作，王根强老师负责他们的数学分析辅导工作。我们知道其重要性，全力以赴，不敢有半点疏忽。他们几个人也努力拼搏，结果不负众望，均以优异成绩考入华师数学系，为韩师争光，也为自己闯出了一条新的道路。1988年本科毕业，由于成绩优秀，纪家琪与徐振昌分别在华南农业大学与广东交通学校任教。后来，纪家琪又获得暨南大学金融学博士学位，2015年任广东省人民政府副秘书长，徐振昌则成为广东交通职业技术学院的教授。

当与老同事聚在一起时，我们总会聊起当年的学生。他们有的成为名师、中学校长、大学教授，有的成为政府机关、事业单位的各级领导，学生的每一次进步都让我们欣慰不已。我觉得，在韩师当老师的27年，值！

从害怕当老师到得过且过当老师，以至最终乐于当老师，这一思想变化过程起源于"文革"动乱，过渡于海南立才中学而终于韩师。我感恩韩师。是韩师，使我树立了以当老师为荣，愿意为教育事业奋斗一辈子的思想。如果人生还有下辈子，我要说：我依然要当老师。

兴趣爱好

我主要有两大爱好，一个是运动，一个是读书。实际上，我从小学开始就喜欢读书，因为当老师的哥哥经常带小说回家，我读五年级以后就偷偷拿来看。印象最深的有《西游记》《红楼梦》《茶花女》《钢铁是怎样炼成的》。其实，《西游记》《红楼梦》里面好多诗词和语言是看不懂的，但我就爱看。

后来，我的阅读兴趣更加广泛，已经不限于小说。而一些不良的读书习惯在中学我就全沾上了，如走路看书、上卫生间看书、边吃饭边看书、躺着看书，什么坏习惯都有。但是说来也奇怪，我眼睛不近视。周末除了打篮球之外，我就跑去书店。那时候没钱买书，没事就去书店蹭书，不让坐地上，我就站着看，有时候一看就一上午，接着吃完饭又看一下午，常有书店要关门被赶出的时候。

寄　语

　　韩师有着浓厚的历史文化积淀，培养出了许多优秀人才，这些年来，学校一方面花大力气引进人才，更新设备，另一方面更加重视学生的培养，为广大学子提供了一个好的学习环境。我相信韩师今后一定会越办越好。考上哪所大学并非决定你的一生，那不过是入门而已，以后的成果还要靠自身的修为。最关键的是自己去努力，碰到机会的时候要善于抓住机会，把握住机会，那么你的人生轨迹将会是美好的。

　　作为老教师，我想对在校的师范生多说几句，你们以后就将为人师表，在学期间就要铭记教书育人的使命，做好脚踏实地，甘当铺路石，以人格魅力引导学生心灵，以学术造诣开启学生的智慧之门的准备。下面几点与师范生共勉：

　　第一，要培养自己的道德情操。老师是学生做人的一面镜子，只有具备良好的道德情操，才能以身作则，以高尚的人格魅力赢得学生敬仰，以模范的言行举止为学生树立榜样，把真善美的种子不断播撒到学生心中。

　　第二，要有理想信念。要将志向放得高一些，眼光看得远一些，既要有梦想，又要敢做一个能吃苦、会吃苦的人，学会比别人多努力一把、多担当一点，做到善走别人走过的成功之路，敢走别人没有走过的新路，在一点一滴的努力和进步中日积月累，去实现自己的梦想。

　　第三，要有丰富的学识，练好扎实的教学基本功。现在是知识爆炸的年代，知识无时不在更新。要把学习作为一种追求，如饥似渴、孜孜不倦地学，既要多读专业的书，也要多读相关的参考资料，还要学习社会知识，要像蜜蜂采蜜一样博采众家。备课，板书，表达与分析，课堂的掌控，各种教学手段的运用等，并非靠书本就能学到，需要不断地实践，反复练习才能提高水平。

　　韩师的同学们，与我们这一代相比，你们的视野更加开阔，知识更广，节奏更快，也更具个性，你们理应比我们更加出色。世界那么大，有很多事情在等着你们去做，请努力奋斗吧！愿你们用青春的绿色去创造未来富有的金秋！

访谈合影（摄于 2018 年）

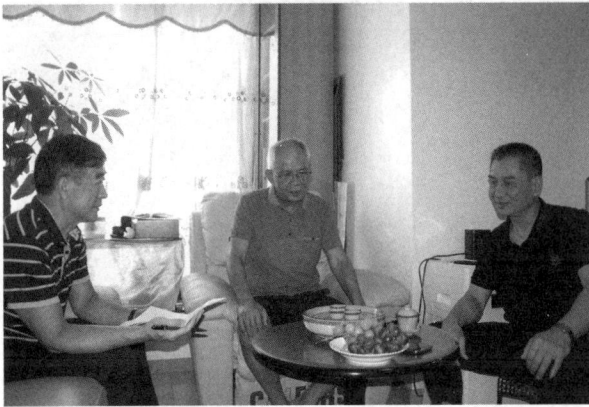

回访中（摄于 2020 年）

林尤杰

1946年3月生，广东省揭阳市渔湖镇欧厝村人。韩山师专1977级化学班学生，中共党员，中学校长。1966年高中毕业于揭阳一中，1981年1月于韩师大专毕业，先后在揭阳磐东中学、仙桥中学和渔湖中学工作。1993年8月任揭阳东山中学校长，1995年荣获广东省"南粤教书育人优秀教师"特等奖，同年被评为"全国优秀教师"。1997年被评为揭阳建市五周年有突出贡献的先进个人。2004年被评为揭阳市2003—2004学年度十佳校长。2008年10月离职。

本文初稿由林少娟、黄惠茹两位同学提供，她们曾于2018年在林尤杰校友家中进行访谈。2020年6月24日，韩山书院执行山长李伟雄携书院陈振烨、陈丹琪到揭阳回访林校友，一同接受访问的还有77级化学班同班同学林子河。林尤杰对原稿做了较大的修改与补充。

停考之后，参加串联

我是家里的长子，弟弟妹妹多，我家属于大家庭。我的父亲读过六七年书，有点文化，又是贫农，解放初当了农会干部，分管学校，我从小就经常跟着他去学校。

1950年正月，我虚龄5岁就去读一年级，但没多久就犯麻疹病，当时小儿得这种病，发热时间较长，我只好停学，等下一年再读。读到五年级第一学期，我就因家庭经济困难而辍学，去种田赚工分，那时我虚龄才11岁。到1958年搞"大跃进"，不记工分了，我才有机会继续读书，插班五年级，后来考上镇初中重点班。1962年上半年，又因家庭经济特别困难停学一段时间，后来班干部和班主任轮流上门劝学，我才勉强读完初三，考上揭阳一中。读一中一学期后又险些辍学。1964年正月，我家幸好有自留地种甘蔗的收成，才有钱缴学费，继续读完高中，这自留地是刘少奇当国家主席时下令分的，每人一厘田。

从小学到高中，我辍学了好几回。辍学不是父亲所愿，而是家庭真的太穷，人口多，缺食短衣。还记得我本来有条新裤子，去游泳，裤子就被偷了。初中"出花园"① 新做的一条短裤就穿了三年，破了个洞。别人家有缝纫机，可以补得很漂亮，我的母亲只能手工给我打补丁，灰色的裤子用蓝色的布补。考高中时去体检，我一直捂着那个补丁。那时候家里四壁萧然，什么都没有。从我读书的过程和家庭的情况看，也说明我的父亲是在极度困难中让我读完高中的，他很想培养出一个大学生，光宗耀祖。

一般高考都是在7月7日至9日，可是1966年6月，突然来了中央的通知，"停课闹革命"②，暂缓高考。全国学生都要留校参加"文化大革命"。何时恢复高考？谁也不知道。

至1966年9月，"文革"进行了一段时间，学校组织部分学生外出参观，了解外地"文革"情况。这次活动后来被称为"红卫兵大串联"③。我报名参加了学校组织的30人的队伍前往北京。10月18号中午④，我们受到了毛主席的接见，那一次，在首都北京被接见的人有150万人。

---

① 潮汕民俗，指小孩15岁虚岁时举行的成人礼。

② 1966年6月18日《人民日报》发表中共中央、国务院《关于改革高等学校招生考试办法的通知》，决定1966年的高考延迟半年进行，随后，事实上的"停课闹革命"开始了。

③ 1966年9月5日，中共中央、国务院发出《关于组织外地革命师生来北京参观革命运动的通知》，开始了全国性的大串联。

④ 这是毛泽东第五次接见红卫兵，中午十二点五十分开始。其他七次接见分别是：第一次8月18日，第二次8月31日，第三次9月15日，第四次10月1日，第六次11月3日，第七次11月11日，第八次11月25日至26日。

1966 年 11 月下旬，我又参加了学校组织的串联。我们乘车到达广州，之后认真进行步行串联，途经韶关、江西、株洲，步行 2 500 公里，参观了安源地下煤矿和革命圣地井冈山。接着，我们又乘车到长沙、武汉，之后用武汉回广州的车票与重庆的红卫兵换了船票，游三峡到达重庆，在重庆过了春节后，我们办了回程的车票，顺道游遵义、贵阳和桂林，又拐道经鹰潭转厦门，游集美和鼓浪屿，经漳州回揭阳，历时 2 个多月。

两次外出串联共 5 个月，到串联结束时，已经是 1967 年 2 月。之后一年，学生还是在校参加"文化大革命"。在"文革"期间，每个学校都分成两派："保皇派"和"造反派"。1968 年 3 月，军宣队进驻学校，组织了大联合之后，学校给我们发了高中毕业证。同学们就各奔东西，我是农村的，就回乡种田。

这一种就是 10 年。起初，我担任生产队的记工员，接着当生产队的会计、副队长、队长。后来又调到村的副业场任技术员。这 10 年，我成了家，生儿育女，尽管努力辛勤劳作，勤俭持家，依然缺食缺衣。

高考恢复，报考备考

1977 年 10 月初，有一个高中老同学来找我，说是要借书。我询问原因才知要恢复高考。起初我不信，但我想如果是真的，我也要报考。因此我并没有把书借给他。第二天，我去渔湖中学找陈主任，他是我读初三时的班主任。陈主任告诉我，恢复高考的消息是真的，而且还是开卷考。同时，他还把高考的相关事宜都告诉我，并鼓励我报考。因为他知道我初中、高中的学习成绩都很不错。

当时，我到渔湖的高考报名点报名，填表后交给工作人员时，他看到我在表格上填的出生年月是 1946 年 3 月，便告诉我已超龄。1946 年 6 月前出生的，就算超龄。我想了想，要求另领一份表。他竟然答应了，我就将出生年月改为 1948 年 12 月出生。这样完成了报考。这一错误的出生年月，直到我 1984 年入党填写资料时，当时表格上有一栏"其他需要说明的问题"，我心里一惊，赶紧主动向组织交代，才改正过来。

我要参加高考，开始时，我妻子很支持。可是恰遇当时潮剧《秦香莲》盛行。村里有人议论说："大学如考上，怕村里出个陈世美。"妻子听了这些话便有些担心。对此，我哈哈大笑说："百人取一，谈何容易？"

其实，当时反对我参加高考的，主要是我的父亲。因为我是长子，1970年底已成家并生儿育女（大学入学时女儿 6 岁，儿子 3 岁）。而我弟弟也已订婚。家庭经济偏困难，而且家里还有两个妹妹，倘若我考上，这么一个大家庭该如何是好？当时父亲已经 60 多岁，他的担心并不是没有道理。我跟父亲商量，毕竟我读书十年，曲曲折折，在高考前又被通知"停课闹革命"，过了十年才有这个机会，我就想去试试，也没抱太大希望。考上了如何解决？我仍是那一句话"百人取一，谈何容易"，再加上一句"万一考上就分家"。父亲见我态度坚决，只能勉强同意。这是高考前的情况。

高考完隔天我就去水库干活，第一轮通知分数入围时，是弟弟跑来水库告诉我的，我听完的第一反应就是问"老爸怎么说"，弟弟说他感叹"愈畏愈对"。这件事我至今印象深刻。后来当我领来录取通知书时，恰逢弟弟新婚刚过几天，全家皆大欢喜。

我跟同村的林子河都毕业于揭阳一中，又一起考上韩师化学班，是非常不容易的事。自中华人民共和国成立以来，村里是没人考上过大学的，当时整个渔湖公社一共有10万人，参加高考的有1 402人，考上大专以上的只有13人，而我们村只有800人，竟占2席。

1977年的高考时间是12月中旬。备考期间，正值秋收农忙季节。如果当时我还在当生产队队长，肯定没有时间复习。所幸的是，在前一年的秋收期间，我跟村书记的意见不合，争吵之后，便辞去了生产队队长的工作。之后我被调到村副业场当技术员，不用下田劳作，这样我就有时间到揭阳一中等学校去听高考辅导课。现在，每当提起这件事，我就想到"塞翁失马，焉知非福"。

当时高考复习的时间主要是在晚上。那时候，村里还没有电灯，照明都用煤油灯。幸运的是，我的初高中课本及相关资料保存完好，尤其是高中的，甚至连作业本、单元考试卷和期末试卷都保存得很好。有了这些，我复习起来十分方便，也十分高效。当时复习课本的时候，每门课是哪位老师教的我还记得，甚至有个别科目，老师的特殊语调和动作我还能记起。这就好像是上课时有录像，现在复习重新播放一样。我每看一章课本，就结合单元试卷进行练习，效果很好，知识回笼得很快。有趣的是，我初一读的社会发展简史也保存完好，因是开卷考试，可带书，考政治时我将它带进教室，刚好有一道大题"地主是怎么样剥削农民的"，我翻开书，很快便找到了答案。

韩师求学，笃实好学

1977年高考是在冬季进行，这很特别。但高考之后没有公布成绩，至今我仍不知自己具体考了多少分，这更加特别。接下来的情况是：1977年底，我被通知高考入围，但填了两次志愿都没被录取。邻村有人被华南工学院录取，入学后写信回家说，他考了300分。又有一人被华南农学院录取，入学之后也写信回家说他考了269分。当时我很纳闷，算来算去自己的高考成绩应该不止300分，至少不低于269分，为什么没被录取呢？等到1978年春季，我第三次入围填志愿才被韩师录取。入学之后，也无法得知自己的高考成绩。又听说，这次被录取的，都是300分以上的。当时引起了不小的议论。后来我们才得知，其实年前我们两次入围填志愿后，大学在招生时有一条规则：凡是已成家的，原则上都排除，剩下的再进行录取。但春节后，中央强调：不排除已成家的考生，要录取高分的学生培养为师资……这样我们这批人才有机会上大学。

正所谓好事多磨，在通往韩师的路上，还有一道坎。1978年5月8日下午，我们大队干部正在召开两委会，电话突然响了，通知我们村的林子河和我明天到县教育局领录取通知书，二人同被韩师录取。大队黄书记听到这一消息，马上宣布："不准任何人通知林尤杰，因为这人计划生育拖三延四，至今还未完成节育措施。"我的堂叔是两委成员，也不敢透露给我。而外村两委有一个人与我交情较好，悄悄告诉了我，并叫我当晚去黄书记那里谈谈。我照他说的做，可是书记不愿意跟我谈，态度极其冷淡，我只好打道回府。谁知，第二天一早，一个村干部到我家传达黄书记的指示：今天去领录取通知书，明天去做节育手术。因此，5月9日领取录取通知书，5月10日做节育手术，5月15日分家，5月25日上学，这几个日子我永远记得。

黄书记的态度大转变，是什么原因呢？后来我才得知，那晚我刚离开，黄书记就打电话给公社曾宪松书记说："欧厝村林尤杰，计划生育未完成。去年参加高考，现在被韩师录取，不让他读，可以吗？"曾宪松书记回答说："不行，现在国家需要人才，叫他去做手术，再去读书。"

初到韩师读书，因我刚做完手术不宜多动，三个星期才回家。在此期间，我收到妻子的信。信中说她感到很风光，碰到村里人都说"恭喜"。她也鼓励我要安心读书，毕业之后才能教好书，为国家培养好人才。她还表示，她在家定要尊老爱幼，还要争取多做刺绣手工，多争取一分钱的收入，补贴家用。当时我很感动，她是同村人，小学毕业，没想到她会写信到韩师。她说到做到，而且每年夏收和秋收，她都参加生产队的晒谷劳动，争取赚些工分。妻子体力较差，干得很累，但从不偷懒，获领导表扬。

开学时，我第一次来韩师。过了湘子桥，便看到韩师的校门。进了大门，第一眼见到的是大操场，操场的尽头是图书馆，相邻的是食堂。我们住在第四宿舍楼，八人一间，四张双层床，没有电风扇，更别说空调了。宿舍里也没有卫生间，每层楼十几间宿舍，公共卫生间安排在首间和末间。当时韩师的校舍比揭阳一中的好多了，对此，我们到其他城市串联时，见过很多大学校舍，如果与之相比，当然不在同一级别。对此，我们不攀比也不嫌弃，只觉得心里满满都是幸福感。

我们这一届，多数是"老三届"学生，基础知识较扎实，有的同学是已有近十年教龄的民办教师。学校、老师对我们这一届特别重视，课程安排很特殊，77 级和 78 级同步，即同一本教材，同一位老师，同一个进度。而且老师是周五在 78 级上课，周六到 77 级上同样的课。老师认真教，学生拼命学。我们这批特殊的"老学生"，都十分珍惜这迟来的大学学习机会。

学校离我家不远，只有 30 多公里。我和林子河合买了一辆自行车，周六回家，周日下午返校。虽然有些累，但周日的晚修从不会迟到。上课时，我们认真听讲，课余也抓紧时间钻研课本。可以说我们把课本读得滚瓜烂熟，前后记得很清楚。回家路上，我们轮流骑车，过了潮州西门，我就开始复述本周学过的教材内容。我讲，他作补充，有时两人角色互换。如此往来，形成习惯。如遇大考前夕，我们还交流模拟出题情况。模拟出题不是猜题，而是按前次考试的题型，抓类型题，某类型题以某页书的例题为样题，另一类型题以某页书的某习题为样题，进行练习。要做到这样，吃透教材是关键。读书读到这种程度很不容易。

我还记得有一次考试前一晚，几个同学约我去看电影，我本不想去，他们极力邀请我才去，过湘子桥，他们很活跃地高谈阔论，而我走在最后面，走在我前面的同学看我不出声，回过头问我是不是在"想书"，还真被他猜中了，当时我在想考试的类型题。

我还记得，入学的时候，校长是陈作诚，班主任是陈金光，化学科任老师是林仕松、郑庆崇和曾仲。还有数学科何老师，物理科刘应坤老师。我印象最深刻的是林仕松老师，他是潮安人，博学多才，有大教授风度。毕业前，学院领导为我们 77 级学生奔波，向广东省教育厅陈述我们 77 级学生家庭负担重，其中化学班 52 人便有 100 多个子女，故申请 77 级的学制从三年制改为两年制，提前毕业。虽最后收到的结果是 1980 年底无指标没办法提前毕业，只能等到 1981 年 1 月才能毕业，但我们仍然很感激学校的领导。

韩师毕业，勤教力学

从韩师毕业后，过了年，正月初九，我就到磐东中学任教，后来先后被调到仙桥中学、渔湖中学和东山中学工作。我虽是在 2006 年 3 月退休，但留用至 2008 年 10 月。

从韩师毕业，我们已经成教书之才，这主要归功于共产党和人民政府，没有共产党就没有新中国，也就没有我这个贫农的儿子读书成才的机会。我在揭阳一中读高中时，每人每学期缴费 22 元，而我几乎免费。因为我每月可以领到 4 元助学金，5 个月就有 20 元。所以我一直很感谢班主任，到现在我还经常去看望他。读韩师时，我们每月有 22.5 元的助学金，几乎接近当时社会上普通职工的一个月工资。这 22.5 元，除了满足自己的生活和学习所需之外，我还可以挤出部分钱补贴家庭。我是在这样的条件下成才的，因此我怀

韩师 77 级化学班毕业照

着满满的感激之情报答社会。后来当了校长，我就在开大会时跟全校师生说，我读书一直是政府支持的，现在我们学校每学期会给每班 500 元助学金，由班主任分配给贫困生。我就把以前得到的帮助，传承到下一代。

从事教师工作，无论是教学还是当班主任，我都尽职尽力，力求做到最好。我不仅努力工作，而且还主动争取进步。1984 年 7 月，我在磐东中学加入了中国共产党。从此，我更加严格要求自己，教育教学能力不断提高，班主任工作成绩突出。我当班主任六年，有五年被评为先进班主任。1987 年 8 月，我在渔湖中学被提拔为总务副主任。1990 年 8 月被提拔为副校长，分管教学，兼抓高考。抓高考我是新手，可能是校运好，1991 年高考，渔湖中学成绩优异，应届生上省线 10 人，获汕头地区中学第一名，我代表学校到汕头领奖。1992 年高考，应届生上省线 13 人，但因揭阳已建市，所以失去了在汕头排名的机会。

1993 年 8 月，我被提拔到东山中学任校长。当时，东山中学刚刚由职业技术学校改制为普通中学，同时也因学生打架斗殴事件不断等原因，刚刚被榕城区人大评为校风最差的学校之一。高中学生数量很少，高三和高二各一个班，共 51 人，高一新生 60 人，全校高中学生仅 111 人。面对这样不利的局面，我先从转变校风入手，稳定后再求发展。我采取了自创的量化管理制度，效果很好。开学之后，短时间内就改变了学生常打架斗殴的不良风气，取而代之的是学生争早上学，早读课堂书声琅琅的优良学风。1993 年 9 月 18 日，榕城区教育局领导带队到东山中学了解情况，亲眼看到东山中学转变后的局面，十分欢喜。他对量化管理的做法和效果大加赞赏，让我在 9 月 20 日全区教育工作会议上介绍东山中学量化管理的做法。9月20日，我如期介绍后，领导在大会总结发言中强调：各校要认真学习东山中学的量化管理做法，下周各校要派一位负责德育的领导到教育局汇报学习情况。

东山中学在短时间内由校风最差的学校变成可供各校学习的榜样，榕城区人大配合电视台、报社和有线广播，多次到校采访，对校风转好的现象和好人好事进行报道。学校在抓紧深化量化管理的同时，又相继制定实施教师管理制度和奖教奖学制度等，千方百计提高师生的教学积极性，尽一切可能使校风延续、发展。

学校的可喜变化也乐坏了学生家长及各乡各里的干部群众。春节前夕，东山办事处范围内的12个大村，村村出资1 500元鼓励和慰问东山中学的老师，每位老师得到了300元的慰问金。这300元在当时已经超过了老师一个月的工资。各村春节慰问本村小学老师的事情年年有，但慰问东山中学的老师，这是首次。

此后，东山中学捷报频传，"三风"建设不断向好，教学质量不断提高，中考成绩突出，高考成绩由无到有，由少到多，招生逐渐热门，学校规模逐渐扩大。至2000年，东山区委区管委决定，东山中学只开设高中。2002—2008年，东山中学连续七年获市教育局"高考成绩优异"的锦旗奖励。随着学生数量猛增，东山区不断增加对东山中学的资金投入，扩地建教学楼。由于学校的教学质量好，办学条件优，学校被评为"揭阳市一级学校"。

我在东山中学任职15年，东山中学获得了市和区的很多奖项，我也获评揭阳建市五周年有突出贡献的先进个人、揭阳市2003—2004学年度十佳校长、"南粤教书育人优秀教师"特等奖、"全国优秀教师"。

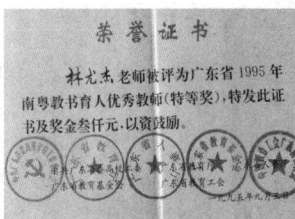

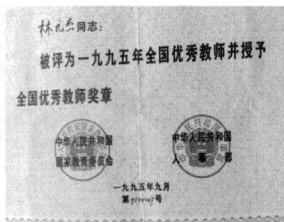

林尤杰部分荣誉证书

寄言学子，努力勤学

借此机会，我祝愿母校：年年桃李，岁岁芬芳，英才辈出，名扬四海！也祝愿师弟师妹个个出类拔萃，都成为社会精英。

现在大学生步入社会，要谋一份职业，都必须经过考试，有时十几人或者更多才录取一个人。所以，你的成绩必须十分优秀才有机会被录取，因此在学校时必须非常认真，学好知识。另外，在工作岗位上，如果领导委托给你重任，你要能够胜任，而且还要干得出色，才能继续"挑大梁"。我常常想起，1990 年 8 月和 1993 年 8 月的两次提拔，被提拔之前我从未设想过，也不敢想，而且被提拔后，还有些怕。怕什么呢？怕不能胜任。被调往东山中学之后，看到当时学校落后的状态，我下定决心：只能胜，不能败。因为败就对不起所有人！所幸这两次，我都不负重托。之所以能胜任，原因有很多，其中之一便与在韩师求学时认真学习有关，与能在回家的路上复述教材有关。所以我希望师弟师妹们能够在求学时认真学好知识，不断充实自己。在步入社会工作时，才能逢机遇而进，回报社会。

访谈中（摄于 2018 年）

回访合影，摄于 2020 年（左起：李伟雄、林尤杰、林子河）

钟海帆

汉族，1957年10月生，广东汕头人，韩山师专1978级中文（1）班学生。研究生学历，硕士学位。1975年7月参加工作，1990年11月加入中国共产党，1991年获华南师范大学现代文学硕士学位。曾任中共深圳市网络安全与信息化办公室专职主任。著述有《互联网与国家治理现代化》《走进美国广电传媒》《人文的天空》等。

本文初稿由黄婉仪、伍巧静两位同学提供，她们曾于2018年在韩山书院访问了钟海帆校友。本书编著者在组稿时进行了回访，钟海帆对原稿做了修改与补充。

初尝高考

在我小学二年级的时候，"文革"开始了。我的小学、中学教育受到"文革"时期盛行的"读书无用论"的影响，没学到多少知识。"文革"结束不久，就传来了恢复高考的消息，当时我正在广东省陆丰县炎龙公社欧厝大队第11生产队插队落户。尽管没有什么通信设备，但是这个消息传播得很快，经过各种各样的途径传到了生产队。我接到母亲的一封信，她在信里不仅说了关于高考的消息，还鼓励我去参加考试。但当时在我们这批中学毕业生的观念中，上大学一直都不是人生的必选项。所以一开始我没有立刻将高考跟自己以后的人生紧密地联系起来，对通过高考也没有信心。

当越来越多关于高考的信息传来时，我开始认真思考这件事。对当时作为农民的我来说，离开农村是压倒一切的渴望，无论要付出什么样的代价，只要能摆脱当农民的命运，干什么都行。当时上山下乡的运动还没有结束，"扎根农村一辈子"是党和国家的要求，所以能够离开农村的途径很少，而高考是最直接的方式。而且，那些年我还是保留了读书、创作的习惯，说不定在文科方面会有出路。慢慢地，我坚定了参加高考的想法。1977年10月的某一天，我与本地农民一起正在河田公社的南告山上修水库，有人骑自行车火急火燎地跑来山上找我们，说后天就是高考报名的最后一天，有没有人要报名？我问："怎么报名呢？"他说："要到公社填表报名。"我们当时所在的南告山离公社有七八十公里，距离挺远的，而且又在山上，跑下去可能来不及了。经过沟通，相关部门同意先电话报名再回去补办正式手续。我们先从山上走下来，光是下山就花了两个小时，再在河田公社找了一个电话机，汇总好每位报名人的信息，就打电话报了名。

当时我们离开学校已经三年多了，什么教材都没有，不知道自己可以怎样复习，而且我还得了一场大病，几个月后匆匆忙忙赶去考场。其他科目我考得还可以，但数学整张卷子我只做了一道题，出来跟别人对答案，我还做错了，真是太狼狈了。

我的第一次高考，就这样过去了。

掌控命运

到了1978年，整个社会的氛围已经改变了，在农村的知识青年已经坐不住了，很难继续扛着锄头去下田。改革开放给整个社会松了绑，国家各个方面都活跃起来了，国家把个人命运的决定权交回到每个人自己手中。过去是随大流，党叫干什么就干什么，自己不用思考。苦是大家一起苦，很平均。

而现在，如果个人不能改变自己的命运，只能怨自己。这一点对 77、78 级的高考生来说，具有独特的意义。所以，高考对 77、78 级考生来说是人生的转折点，它为人们提供了一个出人头地的机会。而且，高考是营造社会公平正义的重要手段。在 20 世纪 70 年代，普通人家的孩子没多少读书的机会。再加上"文革"十年，人们看不到希望。高考为人们打开了另一扇门，给年轻人提供了一个只要奋斗就可以改变自己命运的机会。所以这对我们来说意义非凡。

社会上参加高考的氛围彻底热烈起来了，从应届毕业生到已经结婚生子的人，被称为"新三届"和"老三届"的人都把高考作为改变命运的机会，想努力抓住这个机会。在这样的氛围下，我下定决心要考好。我的家人也给了我很多帮助。我相信绝大多数考生直接的帮助者还是来自家人，因为父母最操心子女的前途。我的复习资料全部都来自我母亲，也不知道她是从哪里东拼西凑寄给我的。我的短板是数学，我决心从头开始，搜集能找到的课本，从小学高年级的算术开始，一直复习到初中的几何。我把每一课的课后练习题都做了，用掉的纸张估计可以装上几麻袋。跟我一起备考的好朋友也天天学数学。我当时一门心思想要把数学成绩提高，其他科有第一次备考的基础打底，没怎么复习，想着只要数学分数够了，总分就能达到要求。最后我的数学考了 52.5 分，在班里还算可以的，已经达到华师录取的最低线。但当时我觉得任何学校录取我，都是值得庆幸的事。如果没有被任何学校录取，我不知道自己还能不能继续在农村待下去。最终录取我的是韩师，我还是欣喜若狂，集体户的知青们也向我祝贺。

拿到通知书以后，我激动到整夜睡不着觉。第二天体检，由于睡眠不足而心跳过快，达到每分钟 120 下，导致我的体检初检不合格，那时候的医生可严格了。我们有个女知青当时在公社医院当护士，听说这个事后去求主管，跟他解释缘由，说我们很不容易，终于有一个知青考上大学了，放他过关吧。在她的央求下，主管同意让我重做一次心电图，这才过了体检的关。从此以后，我便落下了一个毛病，每次去医院检查，血压都会很高。

韩师印象

韩师给我的第一印象还是挺美的。

报到那天，我直接从偏僻的农村过来。到达韩师之前要走过湘子桥，我没想到学校在湘子桥的对面。对于像我这样当时没出过远门的人来说，湘子桥就是很美的景点了，而我们学校的大门正对着湘子桥的入口，好像这座桥是学校建筑的一部分。学校里面的建筑虽然总体上比较简陋，但我这种刚从农村来的乡下人看了，也没有很大的失落感。与农村相比，学校的环境还是有很大改善的。只有一点让我有点失望，那就是去宿舍必须经过一个很陡的坡，当时觉得以前在农村时天天爬山，来到这里还要爬山。

收拾好行李，我出去闲逛。我们的宿舍楼呈 U 字形，被称为"U 字楼"，两个年级的中文系学生都集中住在这里。门前有一个平台，站在平台上遥望，可以鸟瞰潮州城，韩江、湘子桥尽收眼底，浩浩荡荡，非常壮观；凉风习习，令人心情愉快。

当时十二个人同住一个房间，非常热闹。大家从各个地方来，都是血气方刚的青年，身体充满荷尔蒙，整天嘻嘻哈哈的，晚上经常乱吼乱叫。宿舍之间每天都串门，到这个的床上躺一躺，到那个的床上睡一睡。有时还跨级串门，大家都很友好。

我们上课的教室在山坡上，一排排的平房，比较稀疏，教室的前面还有很多花草，一出教室就可以看到韩江，有一种心旷神怡的感觉。

韩师的图书馆有点小，但我们都很爱去图书馆。入学的时候，正逢 20 世纪 80 年代改革开放，解放思想。全国的期刊创办和文学创作都很活跃，文艺理论、哲学和社会科学都在蓬勃地发展。许多在学校的课程里学不到的知识，都可以在图书馆里学到。在韩师读书期间，我有超过一半的知识是在图书馆学到的。我对当代文学特别感兴趣，喜欢阅读《收获》《十月》《人民文学》等期刊。虽然图书馆的藏书量没法跟大的学校比，但是它有大量期刊资源，充实了我们的阅读生活。

时代大潮中的韩园生活

77、78 级学生是中国改革开放的见证者，而其中的中文系又是"春江水暖鸭先知"的那一批。小小的韩师，也处在全国改革开放的大潮之中。现在回过头来看，我们也和全国所有高校一样，沐浴着改革开放的春风，得益于改革开放的成果。校园里发生的事情，和国内最好的大学相比都差不多，只是程度不同而已。

我们入学不久，中共中央就召开了十一届三中全会。这次会议的公报，我是和同寝室的陈小岩在 U 字楼一起听收音机听到的。我至今还记得这个经常嬉皮笑脸的同学用罕见的严肃表情听着收音机，说了一句"中国有大事发生"。我当时从乡下回来，对政治术语都听不懂，不明白所谓的"大事"是什么，没想到这个"大事"持续地影响着我今后的人生。接着，一次全校大会上，一个姓张的政工领导宣讲了关于"真理问题大讨论"的情况，他口才很好，站着说话，语言铿锵有力，还脱稿讲了不少话，整个过程全场鸦雀无声，讲话内容振聋发聩。

十一届三中全会后，改革开放的速度加快，全国的形势发展很快。时代

1981 年韩师学生会、团委会成员合影（第二排左一为钟海帆）

变迁迅速地体现在文艺创作上，这使中文系学生的读书生活更加精彩。

77、78 级学生受时代潮流的影响，都多少有点改革精神，把"批判"当作一个褒义词。文学作品中基本都充满对"文革"的批判，也有对计划经济的反思。当时全国高校兴起了一股校办刊物的热潮，这些校办刊物的思想都比较开放和前卫。这种氛围也影响到韩师校园，我们班长李伟雄见到别的学校办校园刊物，也带领我们牵头去搞学生自办刊物。刊物的名字叫《细流》，创刊号上登了我写的一篇小说，虽然是油印的，但也算是我发表的第一篇小说。

钟海帆在班刊《细流》上连载小说《春与冬》，笔名韩钟

那时，我们对全国的流行话题一个都没有落下，我本人三年级时还在班里做过一个讲座，题目大概是"存在主义和当代文学"，其实我对存在主义也不甚了解，只是看了一些翻译材料，就加上自己的阅读体验去讲，以为反正内容前卫，讲错了别人也不知道，现在想来挺可笑的。虽然我们学校很偏僻，

像潮州人说的是在"省尾国角"。但是在这样一个小地方，我们也没有脱离时代的大潮，仍然感到自己也是思想活跃的全国高校学生的一员。

坦率地说，我在韩师学习并不认真，也不追求成绩。其中有一个原因，就是"文革"刚刚过去没多久，很多教材还是跟不上形势，尤其是文艺理论方面。相对于日常上课学习，我最重视两件事情，一是游泳，二是自学英语。每天早上，我跟着班长去校门外的湘子桥下，跳到韩江游泳。韩江涨水的时候，经常伴随着洪峰，桥墩底下会形成很多漩涡。游过这些漩涡，是极大的挑战。我们跟另外一个同学林伟民，决定三个人一起挑战洪峰，只有林伟民曾经挑战成功。他到达了第一个桥墩，非常难得，我跟着他后面还没到桥墩，漩涡就像一口大锅一样倒过来，江水一卷，整个人就失去控制了，当时感觉自己马上会死掉，被水一直冲到了涸溪塔，后来花了半个小时才走回来，走得满脚是血。

坚持自学英语，是我三年间最大的学习收获。当时我们只在第一年学英语，后来学校为了照顾一些大龄学生，就取消了英语课。但我对学英语有点痴迷。我买了一套比较流行的英语自学教材 *Essentials*，把这四册书从头到尾自学完，我又买了许国璋的英语教材。自学英语给我这一生带来了很大的益处：一是帮助我考上研究生。1988 年有 16 个人报考我后来的研究生导师，只有我一个人被录取，不是因为我的分数高（我的总分排在第三），是因为其他人的英语不及格。二是帮助我获得去国外进修的机会。当公务员几年以后，单位要选一些干部去美国进修，考英语进行选拔，我英语基础不错，就考过了。后来因为一个选题，我以访问学者的身份在纽约待了一年，那是终生难忘的经历。

在韩师的学习中我没有遇到过大的挫折，只有一件事情曾经让我耿耿于怀，很多人都不知道。当然现在回头看只是鸡毛蒜皮的事。我是一个对语言比较敏感的人，自认为普通话水平挺高的，学校里的很多人可能都比不上我。我记得入学一年后，学校举办了一个普通话朗诵比赛，我心想，我随便读读也能拿个名次吧，就没怎么准备。当时我读的是鲁迅的一篇文章，我不太注重仪表，穿的裤子还有补丁，很随意地上台了。那时场面不小，是一个很正规的比赛。最后的评比结果选出了前十名，我居然连第十名都不是。这件事情对我的打击非常大，让我懂得了一个很深刻的道理：自己对自己的评价，也许跟外界社会对你的评价完全是两回事。我自认为我在这方面是最棒的，结果当着全校的面评比，我连名次都没拿到！在那以后很长一段时间里，我不敢用普通话朗读东西。我的同学陈小岩也参加比赛了，他是朗诵天才，学表演出身，进入了前十名。

在我们自发举办的活动中，有一次野外活动办得很成功。那次我们跟几个澄海的同学发起了一个骑自行车从潮州出发去澄海的活动。澄海海边有个地方叫莱芜，我们计划去那里野炊。一路上，大家骑着单车，有说有笑，当晚就在一个澄海的同学家过夜。我当时不知道莱芜在哪里，后来听说成了一个海滨泳场。莱芜山上的草跟别的地方的草不一样，绿油油、软绵绵的，满山遍野碧绿一片。趁他们在野炊的时候，我一个人把衣服一脱，就到海里去游泳了。之所以留下美好的记忆，是因为我们成功说服了班里比较年轻的两位女生参加。要是只有一帮男生骑自行车，就少了很多乐趣。

我参加韩师官方举办的活动比较少。最后一学年的时候，我本人参加了一个很有意思的活动。当时广东省举行全省大学生文艺汇演，韩师组织了一台潮州大锣鼓的表演，我和陈小岩都参加了。韩师虽小，也参加了全省的文艺汇演，这还是挺有意义的。本来我在乐队里是拉小提琴的，后来改拉中胡。我们的节目经过认真彩排，节目本身也非常有地方特色。当时好像第一个出场，主办方应该是考虑到锣鼓表演有暖场的效果。1981年，我第一次离开粤东，到省城广州去开阔眼界。

难忘的师生情

韩师的师生数量是比较少的。我们中文系就两个班，一个班大概50多个人。当时的师资跟现在相比应该是比较落后的，全国高校都面临师资紧缺的问题。

我印象比较深刻的老师有三位。首先是我们的班主任王永鑫老师。他教我们现代汉语课，语言功底比较好。王老师为人谦逊宽厚，我们班的同学思想活跃，可能跟他的这种宽厚有一定关系。我觉得韩师非常强调严谨的处事作风，注重培养学生老实、安分的态度。王老师正代表了韩师这种传统教学态度——安安分分地做人。有些写作课本身就很生动，学生比较喜欢。但现代汉语课是很枯燥的，需要教师有一丝不苟的治学精神，扎实严谨的研究态度，才能把这门课讲好。反过来，一个师范生，就应该扎扎实实的，通过学习一些枯燥的知识来训练自己。只有走上教师岗位，才会觉得以前学的知识不够。这是当时给我的启发。

陈哨光老师教我们现代文学课。与其他在潮汕地区土生土长的老师不同，陈老师走南闯北，去过很多地方，从他的口音就可以发现，他说的是混杂着西南口音和潮州口音的普通话。当时现代文学这门课的教材是比较落后的，但在上陈老师的课时，我们可以感受到，他对现代文学的一些现象，对鲁迅等重要的作家都有一些研究，在备课方面，肯定是下足了功夫。在我心目中，就当时的条件来说，他是讲课比较好的老师之一。我对现代文学的兴趣来自他，后来我读硕士主攻的是当代文学，但是拿的硕士学位是现代文学方向。

还有陈友德老师。陈老师的古文底子非常好，而且讲课非常有吸引力。

他说的是潮式普通话，总是用一种吟咏般的音调来讲课。后来我才明白，潮州话与古代的官话非常接近，很适合用来读唐诗。所以陈老师讲课的这种悠长的声音，让人听得很舒服。也许潮汕人跟其他经济发达地区的人相比，一些现代的知识可能比不上，但是古文素养，或者说国学方面的一些修养，还是比较有优势的。在潮州长大的学者，受古城历史文化底蕴的影响比较大，古文底子本来就应该好，潮汕地区的人，如果要培养学者气质的话，最好先在古文方面提高修养。这是我们的长处，也是韩师的长处。总体来说，韩师当时中文系的老师，在古代汉语、古代文学方面的学术水平不亚于其他学校。

在校期间，在思想上对我影响最大的是李彦山①同学，他是隔壁班的。我跟他在家庭背景方面有共同的遭遇，也都是下乡知青，因此有共同语言。李彦山的高考成绩很好，但在当时的历史条件下，政审非常严格，他只能"屈尊"来到韩师。但他为人积极进取，与重点高校的学生交流很多，思想很活跃。他有家国情结，看问题比较远，胸怀也比较宽阔，接触的人很多，我对很多事情的看法都受到他的影响。当时全国正在激烈地讨论人道主义，可在我们这个小小的学校，基本上没有什么人关心这一话题。他很激动，写了不少关于人道主义和异化理论的论文。也是从他那里我才了解到，原来大学毕业后还有考研究生这条路可以走。我们聊哲学、聊文学，很多新概念都是他灌输给我的。他自己也写文章，写一些先锋小说和意识流散文。他是一个走在时代前沿的人，他的激情感染了我。李彦山是我们这两级中文系第一个考上研究生的人，到云南大学读现代文学。受其影响，过了很长一段时间后，我也下决心去考华南师范大学的研究生。

在本班，陈小岩是我很有缘分的好朋友。我们从初中到高中都同校，我高他一级，但我们从初中开始就"以诗会友"，阅读很多课外书，都有一个文学梦。我在下乡期间，我们经常在信中聊中国的前途。没想到我们的缘分可以从中学持续到大学，还同班、同宿舍。他的床就跟我的床挨在一起，我们头碰头睡觉。他在我们班是一个个性很强的人，很会搞气氛，他出现在哪里，哪里就有欢声笑语。如果说班长代表班里的秩序，那么陈小岩就代表一种打破传统的"前卫"的力量。当时他的思想比较活跃，也写了很多新诗，在学校的晚会上还表演了诗朗诵，得到很多好评。

---

① 李彦山，现名管乔中，笔名彦山，1949年生，现居香港，原籍广东汕头。毕业于韩师1978级中文（2）班，后考入云南大学中文系，获硕士学位。知名企业家，韩师杰出校友，韩山书院山长，广东凯普生物科技股份有限公司创始人、总裁，出版图书《香港第三只眼睛——十年挑灯看剑》《香港第三只眼睛——龙年吹角连营》《香港第三只眼睛——"一国两制"疏离与磨合》《香港第三只眼睛——看中国新秩序》等。

终身受益

考上韩师对我的影响有很多，首先，从现实状况来讲，从此以后有一碗公家饭吃，而且是在城里，不用去挣工分，这是翻天覆地的变化。其次，韩师给我提供了一个平台，通过这个平台，我可以去更高的地方。比如在韩师这三年中，我有幸参与到 20 世纪 80 年代初的文学热潮，见证了它达到顶峰的时候。这里其实有两层含义，一层是说我们通过不断创新的一些文学载体看到整个社会的变化，感受到整个社会都处于改革的浪潮中。另一层就是我们的文学形式也在那段时间更加符合文学规律。客观来说，从教材中和大学课堂中学到的知识都是有限的。而大学就是一个平台，在这个平台，只要你有兴趣，就可以学到更多东西。最关键的是要养成一种思维方式。

我觉得韩师给我最大的启示，是做人既要安分，又不能太安分。作为一名师范生，你要安分地把知识基础打牢固；同时你也应该心怀诗和远方，不能满足于现状，不能满足于现有的教材和老师。我本人就是行为上比较安分，但是内心不安分，这种不安分影响了我以后的人生。

有一个英文名词 critical thinking，直译为批判式思维，有些学者翻译成审辩式思维。我觉得大学就应该教学生这种审辩式的、批判式的思维，这不是指要把什么都打倒，而是指做任何事都要先经过大脑的思考。怀疑精神是放在第一位的，对别人说的道理你要先提出疑问，然后经过自己的实践，再去相信，这个思维方式使我受益终生。从韩师毕业以后，我跟着陈小岩在汕头搞了一个青年文学圈子，叫青年文学会，出版了自己的刊物。从那时起，我就不断地搞文学创作，写一些文艺批评，一直保持着这种思维方式。所以正是因为这种思维方式，才使得我在艰难的条件下考上研究生。后来在机关工作，这种思维方式对我也有很大的影响。我在深圳，经历了当时一些全国性的事件。比如邓小平南方谈话，当时的媒体就起到了推波助澜的作用。几十年过去了，凡是跟改革有关的，我都是旗帜鲜明地支持。我们都自觉地认为我们是"80 年代之子"，是 20 世纪 80 年代思潮影响下成长起来的一代。我觉得，韩师虽然小，它培养的人才看上去在社会其他领域中工作的也不多，但是这些人跟所有散布在全国的 77、78 级的学生一起，为推动中国改革开放 40 多年的发展做出了巨大的贡献，而我们是其中小小的一分子。

78 级中文（1）班级毕业照，后排左二为钟海帆

重回韩园

重新回到韩师，就建筑面貌来说，变化还是很大的。我刚来韩师的时候，对这里的环境比较陌生，三年过去后，每一个角落都摸清楚了。虽然韩师面积不大，但是地势复杂，经常会在这里发现一个好玩的地方，那里发现个有趣的地方，比如从 U 字楼往前走下去，就是韩文公祠。从教师宿舍楼后面走，可以到很高的山上去，我们以前复习功课的时候就经常直接跑到笔架山上了。

我跟班长李伟雄一样，在三年的学习生活中保持了一个习惯，就是经常去韩江游泳，从校门口的湘子桥下游到对岸。这次回来我还去看了一下我们以前游泳下水的地方，还是非常怀念。我们离开学校以后，不只是对学校感到亲切，对学校的周边环境，像湘子桥、韩文公祠等都感到亲切。这些地方给我们一生都留下了美好的回忆。

我也对师弟师妹们提一个小小的建议：在学校一定要安分地学好基础知识。毕业后走上讲台，你就会明白，在校的时间是非常珍贵的。短短三四年，你利用好了就会受益，没有利用好，将来在课堂上就会露馅。如果这几年内没把字练好，在黑板上板书歪歪扭扭，就会产生自卑感。想要学生把字写好，自己却连板书都写不好，就不足以为人师表。师范生将来要面对学生，就会接受很多挑剔的眼光的注视，同时你的言行会影响学生一辈子。我毕业后曾经在汕头金山中学教了七年书，直到今天我都认为它在我人生中是最有意义的时光。所以必须用为人师表的标准来要求自己，认真学习。不要因为我们学校小，名气不大，就虚度光阴。

现在的学生跟过去不一样。现在一个学科甚至可以浓缩成百度百科的一个词条，通过这个词条，人们可以浏览到过去可能要一学期才能学到的东西。但是词条只是把结论告诉你，你要学到这个知识的所以然，还是要自己探索。学校虽然小，但它是一个平台，你要利用这个平台，然后用高标准来要求自己。同样是学生，想法不一样，命运就不一样。比如我前面提到的同学李彦山，过去所有人都认为李彦山这个人有点狂，有点好高骛远。但是几十年以后，有狂想的人，有抱负的人，不论在什么地方，总能做出成绩来。在学校不仅要学好老师教给你的知识，更重要的是要形成一个能使人受益终身的习惯和思维方式。如果达到了后者的境界，那就是一辈子的财富。大学，无论大小，总有它的精髓所在，就是要教你学会一种学习方式，使你终身受益。

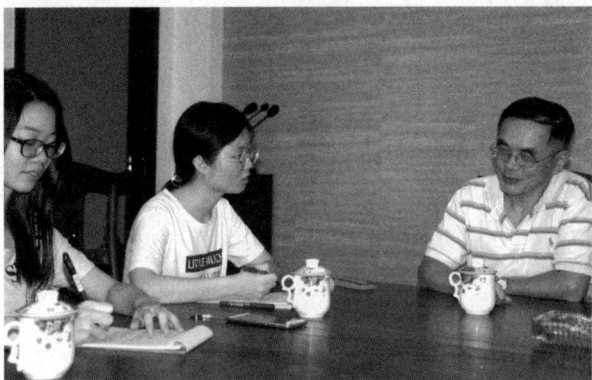

访谈现场

郑子敏

1958 年 8 月生，广东汕头人。韩山师专 1978 级中文（1）班学生。1981 年 7 月毕业后历任汕头市第六中学教师，中国农工民主党汕头市委员会办公室科员、副主任科员、主任科员，农工党汕头市第十、十一、十二、十三届委员会专职副主任委员，汕头市政协第九、十、十一、十三届委员会委员，第十、十一、十三届汕头市政协常委，汕头市第十三届人大常委。2018 年 8 月退休。

本文初稿由黄婉仪同学提供，她曾于 2018 年在韩山书院与郑子敏校友进行了访谈，并和洪丹萍同学参与了文稿的整理。本书编著者在组稿时进行了回访，受访者对原稿做了修改与补充。

行履于未知

人总会经历迷茫期，而作为一个经历过"文革"风雨的人来说，那些大乱始定的年头，更是我们这一代人的思想经历冲击和再认识的时期。

对于我来说，比较幸运的是，当我读完高中时，上山下乡的运动已经到了末期，因此我侥幸不用上山下乡。但是，作为留城的待业青年，就业很难，可以说当时我对整个的人生的前程是比较迷茫的。高考的恢复虽如一阵春风，但早春的气候仍带着寒意。面临诱人的高考机会，我们承担着各种学业上和生活上的困难和重负。那个时候我们要进行高考前的复习是十分不容易的，生活压力和学习压力都很大，一切都得靠自己去努力摸索、探寻。

首先是在生活方面遭遇的一些矛盾和困难。我那个时候刚从中学的校园里走出来，在社会上徘徊了一段时期，忙着找工作，后来在街道工业站找到了一些临时的工作，做临时工。一段时间要在这里打工，另一段时间要在那里打工，非常忙碌。为了参加高考，我辞去了工作，因为要集中精力去复习，那个时候复习压力是非常大的。

其次是学习上面临的挑战。那个时候的我们不比现在的学生，考前就可以接受很多辅导，比如可以通过参加各种辅导班或者请家教来进行课后的辅导等。那时我们已经从中学出来一段时间，在高中的阶段又刚好碰上了"反击右倾翻案风"，所以有一个阶段几乎是完全没有读书的。经历了那么长的时间，加上在社会上工作了一段时间，初高中的知识几乎全忘了，因此我们复习高考都是从零开始的。那时候连要找些什么复习的教材都是很难的事情，更别说找谁借辅导资料，我们已经离开学校那么久了，也没有人帮忙找资料。要是再晚几年的话，社会上还有一些类似复习班之类的，但那时候是完全没有的。所以我就只能去找以前中学的老师，我真的非常感谢给我提供复习辅导的老师。当时我的老师一分钱都没有收，连一两茶叶都没有喝，不像后来的许多老师，课外辅导要收学生的补习费。我问老师我应该复习什么，要找哪些材料，得到老师指点后，自己再去找。之后老师便给我从初中教材开始讲了一些基本知识，进行全面的复习。可以说，我们经历了一个艰难的复习迎考过程。

高考的时候也是懵懵懂懂的，到了填报志愿的时候，具体该怎么填报，我心里完全没数。后来当我辅导自己的孩子上大学的时候，我还和她研究填报志愿的一些注意事项，尽量填得准确，不要太高也不要太低。现在回想起来，其实我就是填得太高了，而且高得离谱。因为当时我根本不知道以自己的水平可以读什么学校，也没有人指导、提建议。因此后来我在等待录取通知书的时候，心里也完全没数，不知道明天或者将来某一天收到哪里的通知书。因为那时已经很多年没有听说过有谁考上大学了。虽然在我们之前也有读大学的，但都是保送的工农兵学员，他们是不用参加考试的。因此对于可以继续通过高考上大学的我们这届学生来说，怎样能够考上大学，考上之后又会发生什么，都是未知的。我就是抱着这样一种迷茫的心态在焦急地等待录取通知书，等待着一段未知的旅程。

迈上新征程

1978 年，那是永远难以忘怀的一年，我们很幸运地赶上了恢复高考这样一个好的历史机遇。作为 77、78 级的学生，也是当时最早的一批进入大学学习的人来说，我们是幸运的。虽然当初接到录取通知书时，我有点失落，因为韩师是我填的最后一个志愿。后来我听一些内行的人说，以我的分数其实可以去更好的学校，但我当时第一志愿填得太高了，所以在录取的时候，如果第一志愿没有录取，那可能后续几个学校都不会录取。不过无论如何，我还是很幸运地来到了韩师。虽然韩师当时并不是一所很大的学校，我们进来时，学校正由中专转办大专，但其实这是一所历史文化底蕴很深的学校，对我们知识水平的提高，以及对后来进入社会的人生经历都很有帮助，甚至可以这样讲，这是我人生中一个非常关键的转折点。从踏进韩师开始，我努力认真地学习，向人生的新征程再出发。

韩园初印象

当时是家长送我来到韩师，老实说当我走进韩师大门的时候，一方面感叹自己终于来到大学了，另一方面又觉得这所大学不太像大学，因为那个时候的校门是比较简陋的，跟我们现在看到的学校大门不一样。当时我是带着一种对未来神秘的大学生活的崇敬感，带着一种对未来人生的向往走进韩师的，但看到韩师校门破破旧旧的，我有一点失望，可能是源于我之前对大学的那种美好的憧憬。但当时的高等教育已经荒废了很长一段时间，再加上刚刚恢复高考，一切还处于百废待兴的状况，这种情

中文专业部分课本

形完全可以理解。

回忆当时韩师的校园面貌，我首先想到的是宿舍楼。那时我们住的地方叫U字楼，老实说宿舍环境并不是特别好。U字楼的旁边是韩文公祠，当时的韩文公祠也比较破旧，还没有进行修缮。靠着韩文公祠一边宿舍的山坡下面就是简便厕所。我住的房间在U字楼左边的楼下的第一个房间，晚上上厕所的时候，必须要经过一段比较曲折的路，特别是当天气寒冷、路灯暗淡的时候，行动就更加艰难了。当时学校的管理也有点问题：我们那个时候入学是不用交学费和生活费的。我把家长给的那点零用钱放在后裤袋里，然后把裤子挂在床边的柱子上。但因为我睡觉的床位刚好靠近后窗，结果在夜里，不知道谁把我整条裤子从窗外拿走了，我觉得应该是校外的人拿的。但前面也提到了，当时学校乃至国家都处在一种百废待兴的状况中，出现这种情况也可以理解。应该说学校也跟我们的人生经历一样，都是刚从"文化大革命"的浩劫中走出来，然后要经历一段新的旅程，走进一个新的时代。

当时的韩师教室的情况，现在回想起来还历历在目：教室条件也不是很好，没有现在这样宽敞，后面几排的座位几乎都是满的。那个时候我们班的男女生比例与现在韩师的男女学比例相反，当时上大学的男生普遍比女生多。

结缘图书馆

谈到我在韩师的经历，给我的印象最深的就是在图书馆读书的日子，图书馆使我获益匪浅。其实韩师图书馆当时的藏书量并不算少，我可以在图书馆借到20世纪30年代的文学刊物和书籍，特别是对于中文专业的学生来说，这些书都是十分珍贵的资源。我们要学习文学史、学习"左联"时期的人物的作品，包括刊物等，这些都能在图书馆找到相关的资料。而且这些资料不是后来翻印的，而是那个年代原原本本流传下来的书籍资料。

当时我们特别喜欢去图书馆，几乎每天都会准时准点地去读书。我们那时候洗澡是要到公共浴室的，因此必须安排好时间，不然就要排长队等待。所以我一般会早早吃完饭，洗完澡，就去图书馆。有时候甚至连洗好的衣服都还没晾，就匆匆跑到图书馆看书，图书馆门口经常摆放着一些同学洗澡后直接带过来的水桶和脸盆。虽然也有晚自修，要回到教室去学习，但只要有时间，我就经常去图书馆。我平时看书时喜欢做笔记，而且会很认真地做，其实就是摘录，看到好的东西，就想把它摘录下来。当时我对文学比较感兴趣，但在进入韩师之前，我在日常的生活中几乎找不到一家可以看书的书店，要看一本比较好的书就更难了。因此我和几个文学爱好者便各找门路去借书，如果谁借到一本好书，我们就会轮流来看。而在进入大学之后，我可以更加正规地学习文学，所以那时候对文学就更感兴趣，特别是国内外的名著。当时正值改革开放初期，赶上了一次思想解放的时代，有一批新的作家以及很多新的作品出现。可以说那个时候我们想要去接触的东西很多。当时韩师的图书馆除了丰富的藏书之外，还有很多报刊之类的，所以我经常在图书馆看书。

那时的我如饥似渴地读这些文学作品，在改革开放的背景下出现的这些作品，都带有一种对时代的思考。所以我逐步地从对一般文学作品的关注转变为进一步关心作品的思想内涵，包括一些写作上的技巧等，这就涉及文艺理论的问题。当时文艺理论也经历了一个探索的时期，甚至可以说出现了百家争鸣的情况。所以我从关注作品的思想又逐步转向对文艺理论的关注。我经过一段时间的阅读后，逐渐开始从文艺理论层面去阅读和学习这些文学作品。

后来发现，光有文艺理论还不够，我又进一步地关注到美学理论层面。那时候美学理论面临着来自不同流派之间相互争论的情况，我也关注到了这一个现象。同时为了理顺各家的观点，判断这些观点究竟哪些是正确的，哪些是错误的，我进一步去学习一些更高层面的知识，比如哲学。这是一个循序渐进的过程，我一直认为图书馆给我的帮助很大，就是因为在图书馆里

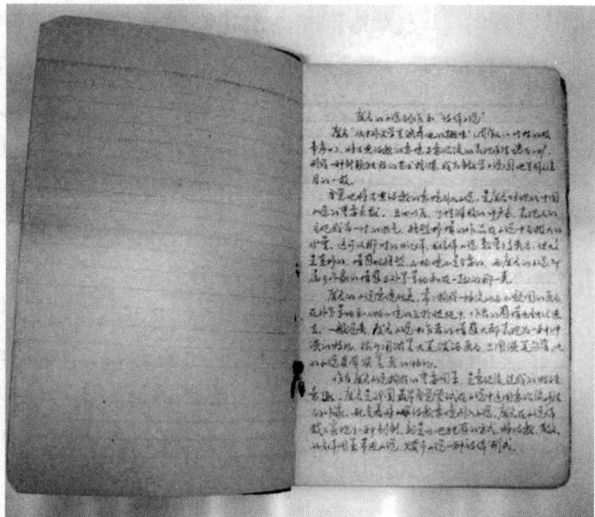

郑子敏的文艺理论笔记

我就像一个挖宝的人，从一些比较表层的东西，越挖越深，很多有价值的东西都被我挖出来了。我不敢说我的阅读很系统，但至少看了很多美学方面的书，比如康德、黑格尔的一些著作等，其实当时可能有很多人根本都不关注这方面的书籍。可以说，这些阅读经历对我的思想及人生经历都产生了很大的影响。

无论是我们读大学的年代，还是现在你们读大学的年代，我们都应该认识到：读大学不仅是读一个专业，不管是自然科学类的，还是人文社科类的，都不要认为读完这个专业、掌握专业知识就足够了，就可以到社会闯荡了。我不是说学习专业知识和技能不重要，而是强调我们应该往更高层次发展，不断地锻炼自己。比如工匠，如果只掌握"匠"的层面是不够的，必须要有

所创新。所以图书馆就是在这方面给了我很大的帮助。大学时代是很短暂的，但我在图书馆度过的时光都是充实而美好的。

深厚师生情

我们中文专业有好几个就业方向选择，其中一个就是语言文字方向。我的班主任王永鑫老师是在潮汕方言研究方面很有成就的专家。我曾经跟随他关注过潮汕方言的影响力，毕业以后他还送给我一本他的文集。我近几年比较关注潮汕的传统文化，关注潮汕的乡村振兴以及传统村落的保护，也认识到一个地方的方言对于地方传统文化的影响是非常深远的。其实，在认识王老师之前，对于潮汕文化，我是没有什么认知的。但他从语言文字、地方方言的角度把我带进了潮汕传统文化的领域。尽管现在我并没有从事研究方言的工作，但是王老师让我明白了原来方言也可以这么丰富，方言研究的内容也可以这么有趣。一直到现在，在潮汕的传统文化里面，也是有很多民俗和具有地方文化特色的东西，我们可以深入地去了解它、研究它。

除了王永鑫老师，当时中文系的陈哨光主任和陈友德、陈基藩等老师也对我影响颇深。现在回想，我真的非常感谢这些老一辈的老师，虽然他们都经历过很多人生的挫折，或者在政治生涯上有过坎坷，但是他们对待学术、对待专业始终秉承着认真投入的态度，对我们这一代学生影响深远。那时候我们的师生感情是很深的，老师和学生彼此之间都很熟悉，学生与老师要好，老师也很清楚每个学生的名字、家庭背景等。不像现在的大学，一般都是一个老师要同时给200多名学生上课，根本分不清谁是谁，更别说深入了解了。

在讲到老师的时候，我是很有感触的。在"文化大革命"的浪潮中，当时老师里面有很多都被打成右派，高考恢复后又被韩师从外地招聘回来给我们上课，传授知识。我们可以体会到他们真的经历了很多，他们那种对国家教育事业的奉献，对我们这些年轻人的深切关爱，真的非常让人感动。最近我翻了翻那时的物品，找到了一本由我们78级中文（1）（2）班编写的刊物，尽管现在看来十分简陋，但这是当时我们自己刻、自己编的，而且这些内容都是油印的。当我重新看其中的一篇小说时，我发现当时把老师都化名写在了里面，而且还带有一种不太恭敬的态度。我们处在那个思想探索、思想解放的时代，这些老一辈的老师们对我们非常爱护，很多时候是怕我们做出一些出格的事情，出自关心对我们进行提醒，而那时的我们又太年轻气盛，不大能接受这些劝告，所以这种感觉就会从我们写的东西中流露出来。从这件事情来讲，一方面是反映了当时我们寻求思想解放、寻求真理的一种实在的状态；另一方面也让我想起了这些老师们的良苦用心，所以我现在非常感谢他们。

往事再回首

我是 1958 年出生的，到 1978 年的时候 20 岁左右，但在当时来说我还是算比较年轻的，因为那时有些同学已经是有儿女的人了。所以我们自己也说：77、78 级这两届的学生，凑起来可以算是"三代同堂"了。

我最想讲的，还是我们在大学里面做的那些事。其中令我印象最深刻的是由我们 78 级中文（1）班创办的班刊，后来我们从一个班办刊物逐步拓展到两个班一起合办刊物。刊物创办之后，我们就在考虑要给它起名字的事情。当时我们住在 U 字楼，就想着以 U 字开头取一个名字吧。去查了一下英语单词，最后将我们的刊物命名为"启航"（Undock）。

韩师 77、78 级中文专业同学自办文学刊物《启航》

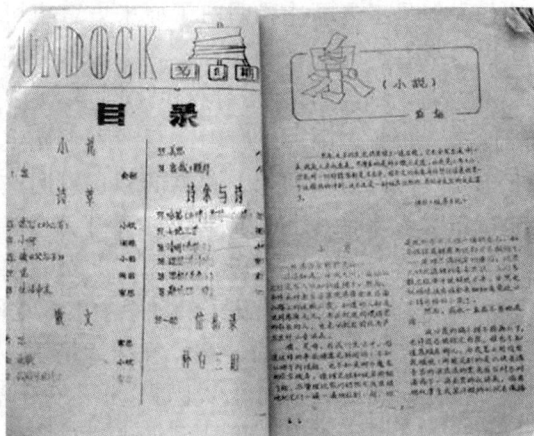

《启航》目录及内文

其实"启航"一词也代表着我们的初衷，体现了我们对文学的爱好和追求：有的人喜欢写诗；有的人喜欢写小说；有的人喜欢写散文；还有的人喜欢写评论。我们在刊物里创作的许多作品，其实都是那个时候思想状态的表现。要做好刊物出版的工作，除了同学们积极参与投稿之外，还需要一些人负责后期的编辑、刻写、油印和排版设计等。我们几个人分工合作，共同努力完成刊物的设计和出版。其实需要刻写的内容不是非常多，但是字写得非常漂亮，比如班刊小报的刊名"细流"两个字，都可以作为优秀的书法作品来看了。我们都是在课余的时间，或者是在晚上熄灯以后再挑灯来做这些工作，干劲十足。

编印刊物点燃了同学们的创作激情，写小说、写散文、写诗歌、写诗剧，现在看来很稚气，但也显出一股青春活力！那时我也很喜欢写一些自己的随感。其实也相当于资料整理，我会把一些读书随感或者一些有启发性的文章摘抄下来。

对我们而言，这既是对学习成果的总结，也是培养创新思维能力的方式。这种对文学的探索和追求，在我们大学毕业之后还一直延续着。

大学毕业以后，我们继续把在学校学习到的东西运用到社会中，用理论指导实践。

我毕业之后回到汕头，和几个汕头的同学也办起了刊物，他们都对文学特别感兴趣，而且可以说在当时汕头的文学文艺界有着举足轻重的地位。作为"文革"后第一批走上社会的大学生，我们跟汕头许多的民间文学爱好者共同组建了汕头青年文学会，在汕头老一辈文学工作者的大力支持下，一起努力地带动当时汕头文学的发展。我当时尝试着用意识流的方式来创作，以这样一个新的形式来探索和发展文学。比如我创作的《早晨，浓雾尚未消散》，其实就反映了在那个思想解放、思想探索的时代背景下，许多人的思想定位还没有非常明确，但是又处在一个不断地寻求和探索的过程，反映了当时那一群年轻人的思想状态：就好像在清晨，浓雾还未消散，一切看起来都那么朦胧，无法认清太阳在什么方位，而只是坚持一个念头——去寻找和迎接阳光灿烂的明天。

78 级中文专业郑子敏同学创作的诗剧剧本

1981 年韩师举办实习成绩展览会（右为郑子敏）

我不仅对文学有兴趣，而且对文艺理论也十分感兴趣。于是我和汕头的一群文学爱好者，包括韩师的几个同学，又组织了汕头青年文艺研究会。汕头青年文艺研究会创办的刊物只出了几期，总体来说不是很完善，但它所具有的历史意义是不可否认的，比如《青年文讯》里就有韩师的校友钟海帆的作品。我们还编印了《文艺信息》，把当时文艺界的新理论、新观点都搜集起来，作为一种参考资料，还把大家的理论文章结集，编印了一本小书——

《文艺探索》。虽然这些东西在现在看来比较小儿科，但在那个时期，这些都是文学工作的基础。在那个年代，几乎没有人愿意去做这样的工作，我们只不过是在这个空白期去做一些奠基工作。如果用历史的眼光来看，我们整理的资料在现在看来也是有一定参考价值的。我们现在觉得平常无奇的东西，在那时却可以使人感触很深，比如那个时候看着刊物里收集的高尔基语录——"朋友，要多读书，这可以使你认识全世界人类思想的宏伟工作，可以把你的灵魂导入正常状态"，我们就觉得心潮澎湃，深受启发。

回忆起来，我很珍惜当年做的这些有意义的工作，凡事总是有一个循序渐进的过程，要不断地学习，逐步地成长。

我毕业之后大概有 8 年的时间是在学校教书，后来因为工作需要，被调到民主党派机关工作，也到基层挂职担任过政府领导职务。虽然工作的性质发生了较大的改变，但在韩师学到的许多知识对我来说一直是很有帮助的。

其中给我感触最大，让我获益良多的，是我在韩师自学美学期间收获的理论知识。因为美学本身是美的哲学，也就是艺术的哲学，所以我不仅可以从中学习文艺把握世界的方式，还可以从中学习到更多关于哲学思想方面的知识。这些知识可以让我的思想理论水平上升到一个比较高的层次。更重要的是，它提供了一种较为创新的思维方式，有利于我们辩证地思考问题。无论是读马克思主义哲学，还是读古典哲学，都能够帮助我们更好地分析问题，解决问题，懂得辩证地看待问题。就像毛泽东所讲的：在运动变化当中有针对性地去分析问题、解决问题。

另一个让我受益良多的就是资源整合的思维方式。特别在当今高速发展的信息化和互联网时代，我们能够进行整合资源的平台有很多，如果能够从哲学的高度去看待我们的生活和工作，很多复杂的问题也许会简单很多。就这样，我在人生旅途中慢慢学习和体会，从一个基层的机关干部，逐步成为单位的领导。我在汕头市的单位工作了十多年，当过政协常委和人大常委。在民主党派机关工作的这些年，我渐渐地有所成长，得到了许多肯定和鼓励。其实刚开始我也不是特别了解这些工作，因此需要迅速地适应新的工作环境，这就需要有一个思想的指导，需要从哲学的层面上去看问题，进行资源整合，更好地学习和了解新的工作。特别是在当政协常委、人大常委的时候，我必须对我们国家的基本政治制度、根本政治制度和我们的社会有一个更为深刻的认识，站在人大的角度和站在政协的角度看问题是不同的，我需要借助更全面的、更深层次的思维方法去理解和把握这些不同的角色。党和政府会经常让我们提建议，比如说这几年我提过若干关于社会问题的提案、议案，首先是关于韩江水资源保护的问题，其次是医疗卫生的问题，传统村落保护、农村振兴的问题，还有社会保障的问题，等等。这些问题都远远超出我原来学习的专业范围，这时候辩证哲学理论知识和资源整合方法对我来说帮助非常大。因此作为一个合格的大学生不仅需要学好本专业的知识，还需要掌握更高层次的思想方法，提高思想水平，学以致用，才能更好地适应纷繁复杂的社会。

这次我重回母校接受采访，参加学校40周年的纪念活动，无论是在筹备还是采访的过程中，对我来说都是一个回首往事的机会，就像打开了一扇记忆的大门，让我可以重新回顾，再做一次人生总结。如今我到了即将退休的年纪，人生又出现一个转折点，这时再来回顾我当初走进大学的经历，总结这些年的实践经验，真的很有感触，觉得意义非凡！韩师的大学生活经历，不仅给我此后的就业发展开启一条好的道路，更为我的整个人生奠定了重要的基础。这种影响就如同融入全身的血液，伴随我流淌一生。

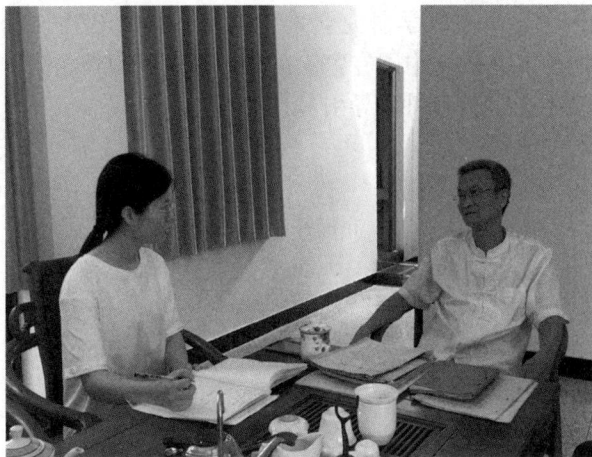

访谈现场

黄赐义

　　1945 年 8 月生，广东澄海人。韩山师专 1978 级中文（2）班学生，1981年 7 月毕业分配到澄海中学任教。1996 年调任澄海教育局教研室副主任。2002 年澄海成为汕头市首批新课程改革省级实验区，负责实验区课改工作，至 2006 年退休。退休后继续负责汕头地区的课改培训，并被聘为汕头市金园实验中学和龙湖实验中学两所民办学校的督导员，2012 年正式离开教学岗位。2001 年，被全国中学语文教学研究会推荐为该会核心刊物《语文教学通讯》第 9 期封面人物；事迹被《中国专家大辞典》《中国国情报告·专家学者卷》收录。著述有《中小学教育科研导引》。

　　本文初稿由李俊峰、陈颖、张雪丽三位同学提供，他们曾于 2018 年在韩山书院与黄赐义校友进行访谈。本书编著者在组稿时进行了回访，对原稿做了修改与补充。

七年患难志弥坚

我家原是澄海望族。高祖父高满华，又名楚香，澄海县上华镇上窖村人。他虽出身农家，但少有大志，成年后便辞别亲人，远渡重洋到泰国谋生。起初，高祖父寄居在同宗高元盛那里当佣工，后来因为诚实和善于谋划而得到老板重用，让他协助经营，从此逐步积累，直至自己经营生意，1871 年在泰国创办高元发、元盛发等火力碾米厂，成为中国旅外华侨经营机器碾米的首创者和澄海高氏事业的开拓者。业成之后，高祖父热心于公益事业，在广州创办八邑公馆，在香港创建东华医院；对家乡的赈灾救灾和文化教育等事业都大力支持赞助，所以当时澄海有俗语"架势好过高满华"。这也为高家子孙树立了榜样。

高满华之孙高绳之是清末举人。他继承父志和高家产业，在汕头创办自来水厂，架设潮汕地区首条长途电话线路，开设机器榨油厂，是潮汕著名的华侨实业家和社会活动家，汕头开埠几位关键人物之一。因为爱乡恋土，又有了钱，就在澄海置田地，建祖宅。我祖父高振之，与绳之同为满华之孙，是高家的嫡系，分得田地数百亩，还有两处住宅。旧时澄海城有个叫"猴三巷"的地方，就是我家的大宅；解放后曾经作为澄海县政府的办公地址。还有一处中西合璧式的书斋，就在现在中山路和文祠路的交叉处。满华五个孙子，四个在外营生，我祖父就留在澄海主内，这一切便成为后来我家被定为"大地主"的原因。土改时，我父亲高树国被镇压，母亲和我被"扫地出门"迁居到现在的澄海上华镇夏塘村，那时我才六岁左右。1952 年母亲在田间劳动时不小心被锄头弄伤了脚，最后因为无法医治去世了，我又被澄海上窖乡一家黄姓的侨属收为养子。

按照时间划分，我不属于"老三届"。我 1953 年就读于下窖小学，1959年考进澄海外砂中学（现属汕头龙湖）。1962 年初中毕业考进澄海中学，1965 年我就高中毕业并参加当年高考，但因出身不好没考上大学，回乡当了民办教师。1966 年"文化大革命"开始，我在学校任教还不足一年，就被定为"现行反革命分子"，因为我是"地主阶级"的后代。这是我后来才知道的。

1967 年我还是一名民办教师，那年春节刚过，大队领导就通知教师回校。要老师们来组织好村里的"文化大革命"，首先是办村里的大字报栏，建议先从报刊上摘抄，以宣传党的政策和"文化大革命"的信息。由此，读报、选文、抄写成为学校老师的主要工作。这时，意外的事情发生了。有一次我在抄写报纸材料时，可能由于抄得太快，"人民"一词中的"人"字两笔未明显分开，有点交叉。这就成为我"反人民"的罪证。当时，公社革命委员会给我定下的"反革命罪"有五条：①有意把"人民"的"人"打成叉，与人民势不两立；②毛主席有诗云："已是悬崖百丈冰"，我却写诗说"今非悬崖百丈冰"，与伟大领袖唱对台戏；③与"刘邓陶"臭味相投，向《羊城晚报》投稿（读高中时，我曾用"石头"为笔名，在《羊城晚报》① 上发表一些散文和诗歌）；④与县里的黑文人一起写剧评，赞扬本县"反革命"集团头目余锡渠写的潮剧（我被澄海大众戏院聘为剧评组的成员，专门写一些剧评。那时，我曾经高度评价过余锡渠同志的现代潮剧）；⑤回乡后不自觉改造，利用文化室讲封资修故事，毒害青少年。

从此我便开始了我的牢狱生涯。

1967 年秋，我被带到乡里黄氏祠堂的一间厢房关押。那厢房长期无人居住，满屋霉味，蚊子成群，蟑螂老鼠四处窜，夜晚很难入眠。在这里，我白天写认罪书，晚上被拉去批斗。过了几个月后，那五条罪状公示下来了，我被确定为"现行反革命分子"，移送到公社的监狱继续关押。

"文革"期间，公社的监狱称为"治安指挥所"，这是比村高一级的"文革"特殊监狱，关押着公社各乡村的"坏人"。公社治安指挥所的管理制度比较规范，如什么时候关、开牢门，什么时候提审，早上集体上厕所等都有明确的规定，可活动却与乡村的监狱相反，白天提审批斗，晚上则让犯人自省。

提审是相当可怕的，每个进来的人都得经历几场。犯人被带到审讯室门口后，便立即被门边的看守人按压在地，犯人只能爬到审案前，审讯者验明犯人的身份，犯人必须承认审讯者提供的犯罪事实，但不管认罪与否，都要挨打。经过三场审讯，我的左手被打折，所幸他们打伤了人，也会让公社卫生院的医生来疗伤。

在公社指挥所待了大概半年，有一天我被点名，当时自觉大祸临头，被带到了办公室后，看见乡里的一位民兵也在那里，领导见了我便说道："你的罪名已定，就是'现行反革命分子'，现在回乡关押，等候处理。"于是，我就被带回乡里的"牛棚"继续关押。

"牛棚"，并不是牛住的地方，这是具有"文革"时代特征的监狱，即"牛鬼蛇神的监棚"。我住的"牛棚"四周全是村民的住屋，这"牛棚"以前是块空地，是专门供村民倒垃圾臭水的地方。为了关人，就将这块空地铲平，铺上沙子和稻草，再搭个房顶，就成了简陋的"牛棚"。这沙子本来就潮湿，加上稻草的吸水性也强，关进去没几天，衣服就发霉发臭了；关了差不多一个月，脚就开始化脓糜烂。这样恶劣的环境造成了我终身不愈的皮肤病，也让"文革"至今还在我的手足上留下深深的印记。

到了 20 世纪 70 年代初，出现了一个叫"群众专政"的新名词。所谓的

---

① 《羊城晚报》系陶铸主政中南局和广东省委时创办。

"群众专政"，指的是被认定为"牛鬼蛇神"的人，革命群众可以不必经过任何司法程序就用自己独创的方法置之于死地；所谓"群众独创"，即专政者用铁器、木棍将被专政者活活打死。

那时澄海县里两大派的苦斗已有定局，即"拥军派"是革命派，而"红农总"等"红派"都是在"余林反革命集团"指挥下的反革命派。那时，"拥军派"掌握大势，他们将"余林反革命集团"的头目们轮流安排到各个公社批斗，每到一处，所在公社就得把当地的"牛鬼蛇神"作为陪斗对象，而每次批斗总要死掉一些人。这些事我是"文革"结束后才知道的。

大约是在1971年夏天，轮到我们公社批斗所谓"反革命集团"的头目。那天下午，我正关在"牛棚"里，看管人员打开牢门进来告诉我们说，今晚必须参加"批斗'反革命集团'大会"，要我们立即到牢外集合。集合后，我们就被带到公社治安指挥所，指挥所还为我们准备了一顿不错的晚餐。傍晚时分，大家集中到指挥所门外的空地上，看管人命令我们各自整理好胸前的牌子，然后用绳子将我们的手连着绑起来，就是将我的右手与前面一位的左手绑在一起，左手则与后面一位的右手绑在一起。至于为什么这么做，我们也不明白。就这样，一队人就被带到会场去了。

会场设在韩江边的一个沙滩上，大概有几百平方米，沙滩的北面是本公社的渡头村，南面则是韩江。到达会场时，就看见靠堤处有一座临时搭建的戏台，"反革命集团"的头目都跪在上面，会场里播放着歌曲，一队队群众高呼着口号进了会场。我们这些"牛鬼蛇神"被带到台前，面朝群众一字排开，几名监管人员拿着本子和剪刀走到我们面前，一个个地问我们的名字，一边与手上的本子核对，如果点到的人姓名与本子上的名单一致，就将这人的绳子用剪刀剪断，命他出列。后来"文革"结束，有人说这个叫"验明正身"，这些出列的人都是当晚要被打死的。而我也是出列的人之一。

批斗会开始后，我并没心思去看，只听到震耳欲聋的口号声。没过多久便下起了大雨，暴雨倾盆，连续不断，最终群众受不了雨淋，纷纷离场。突然就听到有人大喊："快跑吧，不然江水就上来了！"大家马上起身往指挥所跑去。我们这些人因为绳子被剪断，跑着自由，而那些还被绑在一起的人，只能被拉着拖着回指挥所，满身血迹与伤痕。因为这场大雨，我们公社在那场批斗中没有人死去。想起这件事，庆幸中真有点哭笑不得。

这次"群众专政"幸免于难后，我又被带回乡里，但没有被关押起来，而是回到生产队劳动改造。一年多后，大约是在1972年9月，村里小学办初中班，村领导就让我到学校教书。当时领导说，学生可以称我为老师，其他人则不行，因为我的思想"还没解放"。之后我便投身教育工作中，教小学，教初中；教语文、理化、英语，甚至体育和音乐。那时候学校只有一个初中班，除数学外什么都由我包办。我还记得那时候，物理叫机电，化学叫化工，这两科共用一本教材，我还用二胡给学生上音乐课。不到一年，因为我什么科目都教得了，就被调到上华教育组，后来又去了上华中学教书，每个月有8元薪水，乡里另计工分。就在这个时期，乡里有个团书记追求我，我心想，我的成分不好，不应该跟她在一起。后来我就与另一个女子结了婚，她不识字，父亲当过"保长"，家里成分也是"地主"，和我"门当户对"。

真情引我攀崔嵬

1977年底，我还是个民办教师。恢复高考的信息发布了，于是我把周边几位当年考不上大学的同学聚在一起，探讨是否碰一碰运气。但大家都说："都成家立业了，考大学，就等下辈子吧。"我说我如今还是个"反革命"，能考吗？即使分数合格，能录取吗？这样一说，大家沉默不语。就这样，我们几个人都没有参加1977年的高考。

第二年，新学期开学了，我又登上讲台。有一天，我突然接到我高中的语文老师寄来的一封信，打开一读，激动的泪水随之流下。老师姓许，曾教我高二、高三的语文，"文革"后被调回原籍。他在信里说："小黄，听张老师说你没参加去年高考，今年也没作打算，我很惋惜。你以为出身不好，或者在大乱时受冲击就不能考上，这是把自己归入迫害自己的魔鬼的行列。时局不同了，有机会不拼一拼，是命运的逃兵！你今年再不考，就没机会了！"许老师还在信里列举了1977年高考中很多出身不好、"文革"受冲击的人被录取的例子，一再告诉我非参考不可，语重心长！我刚读完恩师的信，当时下放到我所在公社中学任教的，我高中的物理老师张天杰就把我叫去，说："许老师的信你收到了吧，心里怎么打算？"我流着眼泪说："老师，我听你们的。"张老师点点头说："这就对了。"原来这都是恩师们早就商量好的。"文革"期间，许老师虽然调回原籍，但一直关注着澄中的学生；在澄中时，许老师和张老师都十分关心我，张老师曾经告诉许老师"文革"时我被批斗的情况，许老师也嘱咐张老师对我多加关注。这就是恩师们的真情！人间最难得的真情！我终于决定参加1978年高考。我还挥笔写下小诗《立志》一首：

> 平地一声雷，轰除白骨堆。
> 十年鬼当道，一朝树云梯。
> 今秋攀不上，明春飞难追。
> 尊听恩师语，立志攀崔嵬。

然而时隔十年，高中学过的东西已经忘掉十之八九，既然要考，就得下功夫备考，可那时我还是一名教师，于是，我白天上课，夜间找旧课本复习备考，一连 20 多天，每天都睡得很少。

1978 年 7 月 22 日高考举行，当日的数学考试，我是所在考场唯一坚持至最后的；当年有所谓可延长半小时离场的规定，我是该考场延时离场的唯一一人。

离开考场，如释重负；感觉不错，乐哉心中。

9 月，录取通知书陆续发放。当时教育局通知乡里叫我去领，但有人故意拦下了信息。后来教育局的吴局长偶然在办公室抽屉里发现还有一封未领走的通知书，又通知了乡里，我这才知道我已经考上了大学。

1978 年 10 月，我终于收到省里签发的大学录取通知书！这年我刚好三十有二，已过而立之年，还离妻别子去圆大学之梦，这是特殊时代的特殊产物。我颤抖的手拿着录取通知书，眼角滚动着灼热的泪花。喜爱诗文的我不能不有感而发：

得志
(1978 年 10 月 4 日)

一封喜报省中来，太学府第为我开。
有志之士志必得，平庸小丑徒兴灾。
诸葛若无重执政，明珠何能不掩埋。
韩山石磴千百级，扶杖鼓气登高台。

说实话，我真的是以登高摘星之志度过我的大学生涯，下决心要把失去的时间夺回来。每天，我除了上课，其余时间不是在宿舍，就是在图书馆，在群书中遨游。可喜的是，学校里名师济济，中文科的带头人陈哨光老师，现代文学功底深厚。在学校时，陈老师十分关心我，介绍我到潮州工会的夜校上课赚点讲课费，帮助我减轻经济上的负担。罗英风老师是英语科的主任，他是著名语言学家胡裕树先生的同学，其语言上的成就可以与胡先生并驾齐驱，当他知道我在学报上发表过文章时，十分高兴，鼓励我说："要读书就得读得有气派。"教现代汉语课的王永鑫老师是澄海人，与我高中时的不少老师是同学，我经常在周末或傍晚到王老师房间聊天，他同样鼓励我用做科研的态度、方法读书，他还把他研究潮汕方言的书送给我。还有红学家吴颖老师，那时他住在金中，负责《韩师学报》的编辑工作。我和吴老师常有联系，他把他当教师时撰写的论文集送给了我，并鼓励我说："要干就得干出名堂来。"我突然发觉，吴老师这句"要干就得干出名堂来"与罗英风老师的"要读书就得读得有气派"正好凑成一对，即"要读书就得读得有气派，要干就得干出名堂来"。此后，这两句话不仅时刻指引着我在韩师的学习生活，更成为我毕业后投身教育工作永不忘却的座右铭。

在学校时，我按老师们的指点去努力，终于在大二时，于学校的学报上发表了第一篇论文《关于刘兰芝的性格特征》。

文章的发表让我首次体味到学术的内涵和成功的喜悦，随后一发而不可收。20世纪80年代初，我又在学报上发表了《谈〈与朱元思书〉的艺术特色》等多篇文章。这些文章的构思写作都得到相关老师的指点，为我后来的教学和学术研究奠定了基础。我深深地体会到，如果不努力，不但对不起时代，更对不起背后支持着我的家庭和师长。

作为超龄的大学生，生活是艰辛的。那时候，我的儿子刚满三周岁，女儿刚出生。家在农村，大堆的农活只能压在

黄赐义在韩师学报上发表的论文

妻子身上。为承担为人父的责任，我常在农忙时请假骑单车回家，春收麦，夏收谷，每次总要忙一整周，然后才带着疲倦回校。好在当时学校明白我们这些老学生的难处，才有这么特殊的农忙假制度。这就是我们这一代大学生特殊的生活经历。

78级中文（2）班毕业照，后排右一为黄赐义

无怨无悔, 但求花繁果硕

我从毕业至退休, 甚至退休后若干年, 一直从事教学教育工作。1981—1995 年, 我一直任教于百年名校澄海中学。1996 年调至澄海教育局, 任教研室副主任, 主抓高考, 兼组织和进行教育科研。2002 年澄海成为汕头市首批新课程改革省级实验区, 由我负责实验区课改工作, 直至 2006 年退休。退休后我继续负责汕头地区的课改培训, 并被聘为汕头市金园实验中学和龙湖实验中学两所民办学校的督导员, 到 2012 年才正式离开教学岗位。

30 多年的教育生涯中, 我始终以韩师恩师给我的两句话 "要读书就得读得有气派, 要干就得干出名堂来" 为目标, 即使工作任务繁重, 挫折不断, 我依旧把所有精力投入到工作中, 无怨无悔, 只希望培养出众多优秀人才, 花繁果硕。如今, 我的愿望终于实现。我的众多学生中, 有的成为留学博士; 有的就职于省人民医院、广州药科大学; 还有不少人成为文学家、诗人、企业的管理者。我每次到广州, 都有很多学生前来看望, 同我叙旧。我培养的许多青年教师成为澄海乃至汕头市教育界的骨干, 或成为广东省特级教师。我也成为深得澄海乃至汕头市教师信任的教师之一, 其中不乏比我年长的前辈。

生活中幼者、晚辈赞颂长者和前辈是常有之事; 而作为老前辈, 又是良师, 却诚心诚意赠诗于晚辈, 似乎并不多见。而我能得到如此礼遇, 实在感到十分荣幸。以下仅举两例, 其一为李益扬老师的赠诗:

赠黄赐义老师

壮怀睿智善研文, 教改探珠识不群。
学子爱听生动课, 期刊重荐别高论。
每观师友有新作, 便效钟期表乐闻。
我得黄君多赞励, 高山流水情永存。

李益扬老师是澄海中学原教导主任, 语文高级教师。我在澄海中学读书的时候, 李老师就已从教多年。20 世纪 80 年代, 李老师与我同在一个教研组, 是我的良师益友, 常有学术上的交流, 这首诗为李老师 82 岁高龄时所赠。其二为李少豪老师的赠诗:

经历坎坷志弥坚, 杏坛教研别有天。
平生莫问名利事, 回首只闻桃李香。

李少豪老师是汕头教育界名人，他从事教育事业 50 余载，创办汕头爱华中学并任校长；退休后又受聘于金园实验中学，任教导主任。我在金园实验中学时受李老师教益良多，但万没想到，可为吾师之长者却特意赠诗于我，让我激动不已。

我执教 30 余载，除了培养了大批人才，获得众多师生的认可外，如果说有什么成就或贡献，主要有两方面：其一，在教育科研方面取得了一定成果；其二，为课程改革和培养青年教师的工作尽心尽力。

在教育科研成果方面，可以说，我是汕头市最早开展教育科研工作的教师之一。1981 年毕业到澄海中学任职，1983 年任教高中开始，我就自己开展一些研究项目，如"单元整体教学研究""语文朗读教学研究"，并在《汕头教育》上发表多篇论文。当时，澄中一些老师批评我不务正业，爱慕虚荣，我依旧坚持着，上级教研部门也给了我很大的支持。20 世纪八九十年代，我连续 5 年被评为"汕头市教学改革积极分子"。为了能较规范地进行教育科研活动，我觉得必须比较系统学习和掌握科研的理论和方法：在完成教学工作之余，通读了《现代科学研究方法》《方法论导论》等多部关于科研的专著；阅读了语文核心期刊中介绍教育科研的文章；整理了叶圣陶、吕叔湘、张志公等语文学家关于中国语文教学的相关理论，特别是我国传统的语文教学优秀理论。1994 年终于形成方案——语文科"多读精讲精练课题实验"，简称"一多二精"语文教学实验。实验期间，我和澄中的一些老师撰写的阶段总结、相关论文发表于国家级期刊《语文教学通讯》上，引起了汕头澄海教育局的关注。至 1996 年初，我们完成了第一轮实验，课题报告发表于《语文教学通讯》。《语文教学通讯》编辑部专门派专家来到澄海了解具体情况，对这个项目给予了充分的肯定。后来我被调到教研室，在全区开展这个项目的研究和实验。

1997 年，广东省首届普教教育科研研讨会及科研成果评奖会在中山大学召开。汕头只有我们的语文课题上报，我被指名参加会议。令人意外的是，我们的课题被评为"广东省首届普通教育教学成果奖二等奖"。专家对该项目给出了很高的评价："该成果应用现代教学理论设计实验方案，实验成果明显，实践班学生语文素质提高快，操作形成序列，有推广价值。创新成果'一多二精'模式得到全国有关语文专家的肯定，在汕头产生较大影响。"这一评价对我区语文教师是极大的鼓舞，对包括我在内的为之倾注心血的组织者来说，虽然感到筋疲力尽，但心中十分欣慰。

教育科研是必须付出精神和物质代价的。精神方面，只要实验者有献身于教育事业的坚定信念，冷言冷语大可不顾，废寝忘食也在所不惜；但在物质方面，经费不足却常常困扰着实验的进程。为了不半途而废，老师们常常自掏腰包购置学习资料，打印文稿，一两次还不成问题，次数多了，信心难免受挫。最好的办法，就是我自己以身作则去维持局面。我一方面四处奔波，为参与研究工作的老师寻找资料，指导他们开展实验；另一方面则想方设法，为老师们的晋升和个人荣誉创造条件。这样做的最大收获，就是把一批执着于教育科研的青年教师团结在一起。

2001 年，我被全国中学语文教学研究会推荐为该会核心刊物《语文教学通讯》封面人物，业绩发表于《语文教学通讯》2001 年第 9 期；相关事迹被收入《中国专家大辞典》《中国国情报告·专家学者卷》。我感到十分荣幸，并下决心继续从事教育科研活动。

广东省普通教育教学成果奖

获奖证书

项目名称：语文科"多读、精讲、精练"实验报告　该项目荣获广东省

主管单位：澄海县教育局教研室　第一届普通教育教学

主持人：黄思钟　成果奖 贰 等奖。

主要成员：刘晴丽 黄赐义 蔡辛
董长霞 阮燕虹

编　号：970021856

广东省教育厅

一九九七年十二月

1997 年广东第一届普通教育教学成果奖二等奖

为了提高广大教师的教育科研水平，帮助他们了解科研的基本方法，我开始着手编写相关的学术专著。经过不断努力，名为《中小学教育科研导引》（以下简称《导引》）的学术著作终于在 2006 年我即将退休时完成，并正式出版。这本书的价值，汕头市教育局副局长谢红同志以"应时性、普及性、示范性"给予概括。时任澄海区教育局局长的陈镇扬评价："《导引》是精神食粮，它隐含着一种无形而可贵的精神，这就是一位老教师对教育事业的忠诚和执着追求。"《导引·后记》里说："在短短一个月的时间里，在繁忙的常规教研工作之余，本人通读了包括《方法论导论》《现代科学研究方法》等专著，边工作，边学习，几乎到达废寝忘餐的地步……"而这时候，我已是五十出头；这么自觉去做，为的是要解决本地区中小学教师科研知识贫乏，制约教育科研发展的矛盾。最后，有关专家学者建议"把《导引》作为我区校长岗位培训和教师专业培训的教材，从而推动全区的教育科研工作"。

在课程改革和青年教师的培训方面。2002 年秋季，澄海成为汕头市唯一、广东省首批义务教育各学科新课程省级实验区。我有幸受命参与并主管实验区的课改工作，聆听了省内外不少课改专家的培训报告，走访了深圳南山、福建厦门、四川郫县（现成都市郫县区）等多个国家级实验区的多所学校，学习吸收了先行者的成功经验。2003 年，为了迎接即将全面开启的课程改革，汕头市组织了多场新课程改革的培训，其中通识和教学改革部分则由我负责，接下来每一年的暑期，我都要在汕头教育学院培训，并到南澳、潮阳、潮南等区对有关的学校领导和一线老师进行业务培训。

我认为，教师要成长，就需要掌握一定的教学理论，在科学理论的指导

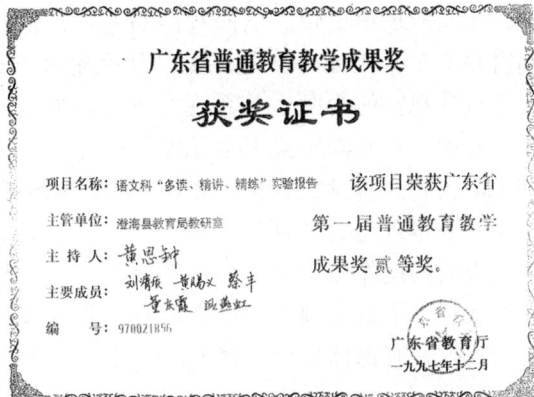

下，才能成长得更快。然而我们的老师，尤其是青年教师，教育教学理论掌握得并不多，比如什么是课型？什么是教学模式？有没有现成的教学方法？何为教学观？何为师生关系观？很多老师都不明白。根据这些情况，我在金园实验中学和龙湖实验中学任督导员的时候，便把我原先培训的教学理论整理成册，名为《新课程及其背景下的校本教研》，其内容包括世纪之交课程改革及其基本理念，新课程背景下学校教研的新途径，教学模式与教学方法，校本教研的运作与组织，校本教研方法等。两校的老师都认为这是业务进修的好教材。最近金园实验中学的校长跟我说这本册子的反响很大，准备为我出版。这是我退休后对教育事业的又一点小贡献。

对母校寄予希望

关于对母校的建言，我希望我们学校韩师越办越好，不久能成为一所有名望的师范大学。潮汕自古是尊师重教的地方，如果潮汕地区的学校（如韩师、汕头大学等）能联起手来，研究如何发展潮汕地区的高等教育，这对我们潮汕地区人民来说将是一份福音。

访谈现场

许自腾

1962 年生，广东省揭阳市惠来县人。韩山师专 1978 级数学（1）班学生，中共党员，中学数学高级教师。韩师毕业后，在惠来县隆江中学担任高中数学教师。1984—1986 年，在广东教育学院数学系脱产学习，获本科学历。1986—2003 年，历任隆江中学高中毕业班班主任、教导处副主任、副校长等职。1990 年，成为中国数学会汕头数学分会会员。2003—2014 年，历任惠来慈云实验中学常务副校长、党支部副书记等职。1999 年被评为广东省"南粤教书育人优秀教师"，2004 年被评为"全国优秀教师"，2011 年荣获首届"潮汕星河辉勇师表奖"，同年当选揭阳市第五届党代会代表。2019 年，被聘为广东省人民政府督学。现为惠来县教育局督导室负责人。

本文初稿由黄婉仪、伍巧静两位同学提供，她们曾于 2018 年在韩山书院对许自腾校友进行访谈。本书编著者 2020 年 8 月 23 日再赴惠来县教育局对许校友进行回访，受访者对原稿做了较大的修改与补充。

播下种子， 以笔代锄耕希望之田

我是农村穷人家的儿子，1962 年出生在惠来县东埔农场南湖村。东埔农场是惠来县 1959 年成立的农垦场。父亲虽说是农场职工，但由于身体残疾，每月只能领到一半的工资 12 元。家里其他人都是农村户口，全家有十口人：奶奶、父母、哥哥、我和五个妹妹。母亲是主要劳动力，在生产队干活赚工分。

南湖村地处丘陵，是纯农耕地区，山地多，耕地少，产量低。当时每个工分工值只有 2 毛钱左右，我们家劳力又少，生产队年终结算，我们家几乎年年超支，到我考上大学那一年，家里历年累计超支竟达到 800 多元。有一次我家想去生产队参加分口粮，带去的米袋子竟然被队长抢过去后用力扔出门外！他说："你们超支那么多还想分什么粮？"当时，我每天早上上学前、下午放学后都要帮家里做家务、干农活，早上边预习功课边煮猪菜、喂猪、给自留地浇水，晚上还要捡猪屎交生产队记工分，可以说，除了白天的上课时间，其余时候都在干活。我 1969 年入学，小学在村里读，初中和高中在东埔中学读。读中学时，每天要走两个来回的山路。1977 年底，我还在读高一，传来恢复高考的消息，我很高兴，到 1978 年高二时，符合报考条件了，也没怎么考虑，就傻乎乎地跑去报名。高考之前，我一直在农村生活，没出过门，也没见过世面。那时候一心想的就是要丢掉"三尺六"①，摆脱农民身份。1978 年高考的时间是 7 月 20—22 日。高考第一天，我进入隆江中学考场的时候，突然听到电铃的声音，一下子被吓到了。心想：这是什么东西，怎么还会叫？因为我在村里读小学，在农场读中学，上下课钟敲的是旧犁头，我们叫"犁头鈝"。考试的时候，同桌想看我的答案，用胳膊肘撞了撞我，把我的笔撞掉在地上。我的心怦怦乱跳，好像自己作弊一样，不敢去捡，举手报告老师，也不敢说话，就用手示意地上，老师领会了，就同意我把笔捡起来。考试后，老师说我太老实了。我至今记得我高考的准考证号是 0171465。

当时没有现在这么多的练习题，教材也没有，只有老师自己刻印的材料。学校曾发动大家买一套复习资料，是县教育部门编写油印的。但一套要两块多钱，我买不起。等到快高考的时候，父亲才买了一套，让我和哥哥共用，轮流看。白天哥哥用，晚上我用。虽然只有这一套薄薄的复习资料，但是我们都很认真，就跟肚子饿了拼命吃饭一样，拼命研读这套资料。

我跟哥哥同年报考。哥哥比我大两岁，1975 年高中毕业。高考之前，他已经在生产队干了三年。和哥哥相比，我读的书虽然不多，但可能我的记忆

---

① 三尺六：锄头柄的标准长度，故用"三尺六"指代锄头。

力好一点，而且还是应届生，他读过的一些知识忘了，复习的时候，有些数学题和物理题解不出来，我就会帮他解。1978 年 8 月下旬的一天，我还在生产队挑秧苗，有人来告诉我高考录取通知书到了，我非常激动，立刻把挑秧苗的簸箕扔在路边，一路狂奔回家。我考上了韩师，哥哥考上了省农机学校。两兄弟一起考上大中专这件事在村子里特别轰动。但是，喜事到了，问题也来了：家里根本没有钱，两兄弟去读书的路费、被褥、行李怎么也要几十块钱，到哪里去找？于是，父亲就来做我的思想工作，今年先让哥哥去读，两个人分批去读，我明年再去考，肯定能考得更好。但是我不愿意，我想读书，不想再当农民。

我跟父亲说："我好不容易有了丢掉锄头的机会，就让我读书吧。我不需要家里的钱，我可以吃苦，一定要让我去读书。"在我的苦苦恳求下，父亲终于同意了。没钱买行李袋，就找了一个粗木条钉制的肥皂包装箱稍微改装一下给我做行李箱，从家里到韩师没有直达车，要三转四转的，很麻烦。村里到县城有 24 公里路，没有班车，我家也没有单车。报到那天，是事先拜托村里有单车的亲戚送我的。一大早，母亲煮饭给这位亲戚吃，我就搭他的自行车出来县城坐班车去汕头礐石，转乘轮渡去西堤码头，再坐公共汽车去汕头汽车总站，然后坐班车去潮州。就这样，一路辗转来到了韩师。

高兴之余也有担忧，特别是来到韩师之后的头几个晚上，我基本睡不着觉。本来十几岁的小孩是特别嗜睡的，但我就是睡不着。原因有两个：一是我终于摆脱了农民的身份，心里非常高兴，很兴奋；二是放心不下那段时间胆囊炎发作的母亲，想家，想母亲。后来家里来信说母亲没事了，我才放下心来。

自律韩园，汲取知识之力量

关于韩师，我印象最深的就是它的良好学风。当时刚刚恢复高考，我们对知识的渴望特别强烈，尤其是我们这些从农村出来的学生，光"读"已经满足不了我们，恨不得张开嘴巴将这些知识都吞进肚子里。老师们也特别敬业认真，这就更加激发了我们的学习热情。这也是韩师优良学风的体现。我们从不贪玩，绝对不放过任何一点可以学习的时间。周末的时候，班级会组织同学去城里看电影，当时的票价是一毛半，学生票只要七分钱。我却想利用周末的时间学习，有时领了票就装作跟大家一起去看电影，等走到湘子桥，趁没人注意的时候再偷偷跑回来学习。我暗暗对自己说：等以后出人头地了，一定要把电影看个够。

那时不仅学生的学习热情高，师生关系也非常和谐，同学和老师都彬彬有礼，学风教风特别好。可以说，韩师给我留下了非常好的印象。

当时，韩师在校生大概有 1 000 多人。人不是很多，去食堂打饭时，我们基本上都认识彼此，谁是哪一级哪个班的，都有一定的印象。我们班里 54 人，我 1962 年出生，有的同学是 1946 年、1947 年出生的，差不多是三十二三岁才上大学，比我大了十多岁。

那个年代的建筑都是比较简陋的。当时我们的课室和宿舍是楼房，楼上的地板是木板铺的，隔音很差。学生食堂的伙食也不像现在丰富，吃来吃去就几种青菜，肉是定量供应的，少得可怜。在这种艰苦的生活条件下，人的意志力很重要。意志力强，精神好，就什么都好，一切困难都阻挡不了我们要把书读好的决心，我们的意志很坚定，没有一点埋怨。我经常说，人最怕的就是攀比、埋怨，埋怨比毒品还厉害，要"珍惜生命，远离埋怨"，我也常常用这句话来教导学生。

韩师 78 级数学（1）班同学在教室自习

以前书没有那么丰富，但是，我们特别喜欢看书，对书也特别爱护。借到一本书，就像捡到宝一样。我记得小时候在村口的什么地方，看到一张旧报纸也要捡起来看。就算报纸是脏的，也不会嫌弃，擦掉灰尘就看起来了。有时跟母亲到镇里买东西，看到有人在出租连环画，一分钱可以看一本，连环画下面不是有文字吗？如果光看图不看字的话，一分钱可以看两本。我就跟母亲讨来一分钱，去摊位上飞快地看，等母亲买好了东西，我才跟她一起回家。在韩师读书的时候，课外书都在图书馆，好看的书大家都争着看，我经常借不到书。

当时学校还组织了晨练。每天天没亮，学校就响起《运动员进行曲》，同学们就集中来到操场上做广播体操，做完早操还要跑步，就像部队一样。特别是冬天，在被窝里睡觉多么舒服啊，但大家还是坚持起来，《运动员进行曲》一响，大家就跟着做操跑步。

我来韩师读书，不仅长知识，还长身体。我入学的时候又瘦又矮，体重才66斤，身高149厘米。毕业时体重99斤，胖了30多斤，身高长到169厘米，现在已经超过170厘米了，这对我来说是非常特别的收获。我总结这变化的原因：第一，当时家里特别穷，经常吃不饱。早餐喝的粥是水多米少的粥汤，配点咸菜、菜脯。说是吃饱了，其实是喝了一肚子水，走路都能听到肚子里水晃动的声音，课间上一趟厕所肚子就空了。来到学校有的同学说伙食不好，但是我觉得比在家里要好得多，至少每顿都能吃饱。吃得饱，吃得好，心情好，就能长胖了。第二，原来在家年纪小干农活是很受罪的，加上营养不良，怎么长身体？我来学校之后，生活有规律了，营养跟上了，再加上经常参加体育锻炼，比如做广播体操、跑步、上体育课，等等，发育就正常了，能够长高。

读中学和小学的时候，我的作文就写得特别好。四年级的时候就可以写出1 000多字的记叙文。高中的时候，我的语文老师非常欣赏我，希望我报文科，通过学习深造，在这方面有所造诣。但是我却报了理科，他知道后不大高兴。其实我选择理科是有原因的。

高考之前，数学老师给我们看了两篇文章，一篇是报告文学《哥德巴赫猜想》，另一篇是《探访数学怪人》，介绍的都是同一个人——陈景润。"哥德巴赫猜想"是关于证明"1＋1"的，当时陈景润证明了"1＋2"，就是"任何一个大于2的偶数都可以表示为两个素数之和"的命题。我特别震惊，感叹"原来数学有这么令人着迷的地方"。从那以后，我就实实在在地迷上了数学，决定报考理科。后来我发现，当数学老师也很过瘾。在课堂上，老师必须吸引住学生的眼球，他们才会听你讲课。课讲得好，所有人的目光都在你身上，简直像歌星开演唱会一样，感觉特别好。

对我来说，数学的魅力非常大，很多数学的概念特别抽象，但你可以赋予它们生命力。例如，数列是一组有序的数：1，2，3，4，5，6，7，8，9，10，这是数列的一种；a_1，a_2，…，a_n，——加上省略号，它就成了无穷数列，这是非常抽象的概念，但也很有趣。我看过一个故事，这个故事可以体现数学的魅力，讲的是两个人比赛画马，看谁画得多。一个很会画画，用很短的时间，就能把一张纸画上密密麻麻的马，各种动作的都有，这些马看起来很"活"。第二个人的画工技艺不如第一个人，但是他有智慧，他画了两座山峰，中间有个山谷，一匹马从山谷里奔出来，后面跟着被山谷挡住的半匹马，不远处还跟着几匹马，连绵不断，隐隐约约地不知道究竟有多少匹马，这比画一百匹马还厉害。数学也是这样，它可以用有限表示无限，也可以将抽象的概念讲得很有生命力。我猜，喜欢数学的人都有这种感觉。

当时的很多老师，我到现在还记得他们的名字。有些老师很受人崇拜，我想当老师，应该也是受他们的影响。虽然那个年代老师的待遇不好，但是，我们在老师的影响下当了老师，还当得特别有成就感。比如教我们物理的吴应坤老师，他上课特别生动有趣，他的口头表达和肢体语言都很值得我们学习。我刚当老师的时候，不懂得使用肢体语言，体验之后，才明白原来肢体语言能调节课堂气氛，老师的肢体语言能够使课堂不那么枯燥，吴老师在这一点上给了我很大启发。

教我们高等代数的是刘绍谋老师。刘老师对教材特别熟悉，他能够把高等代数这种特别枯燥的知识讲得很有吸引力，当时我们都非常爱听他的课。还有教数学分析的陈德华老师，他很敬业；教解析几何的李泽悟老师，上课特别投入；教复变函数的蔡绵兴老师也给我留下了深刻的印象。这几位老师教给我的不仅仅是课本上的知识，还让我意识到如何才能成为一名好老师。一名好老师需要拥有丰富的知识，这样教学生，才能教得好。当数学老师，不仅仅要懂数学，而且要懂其他学科的知识，越多越好，艺术、历史、天文、地理、体育等都要涉猎，才能跟学生深入交流，才能在学生面前不露怯。

78级数学（1）班毕业照，第三排左九为许自腾

腾飞梦想，坚守教学前线

我们的工作都是国家分配的，所以不用担心就业的问题，唯一纠结的是工资。当时老师的工资和社会地位都很低，我毕业第一年的工资每月只有40

元，第二年转正才 50.5 元。我们当地有一种"嫁杀猪赢过嫁老师"的说法。甚至有人家的女孩子不听话，就会这样恐吓她："长大后把你嫁给老师，嫁给生恶病的。"在那个年代，老师的地位还不如卖猪肉的，甚至将老师等同于生恶病的人。我当了三年老师后，还有邻村的人慕名来看我这个大学生，但听到我是老师后，就摇摇头说："怎么就当老师去了？"

刚去当老师的时候，我是很高兴的。因为可以丢掉锄头，有个铁饭碗了。父亲鼓励我当个好老师，不要误人子弟，我也真心爱上老师这个职业。在中学当老师时，有件事给我的感触特别深。有一次去饭堂打饭，几个学生走在我前面，我听到他们在讨论某个老师："如果让他教我们，那就惨了。"听完这句话，我就觉得，老师千万不能把学生看作什么都不懂的小孩。老师教得好不好，学生自然会做出客观的评价。我当即下定决心，一定要认真教书，把学生教好，当个好老师。不要像学生背后议论的那位老师一样受人诟病。后来我又想，当一个受学生崇拜的老师多好啊！于是我朝着这个方向努力，我是一步一步走出来的。

我刚出来当老师的时候社会上出现了新的"读书无用论"。当时"读书无用论"对社会的影响很严重，严重到什么地步呢？比如，我在隆江中学教书，一个月的工资是 50.5 元。学校旁边有一个香港老板办的手袋厂，一个女工每月可以拿到 100～200 元。女工的工资比老师的工资高了几倍，还不用什么学历，工资差别如此之大，导致很多老师辞职下海经商。20 世纪 80 年代末至90 年代初，中国大地上有一股"下海潮"，这种风气的形成，一部分就是受"读书无用论"的影响。我所在的中学，有 30% 的老师辞职下海，宁愿自己出去闯，也不想当老师。而剩下的 70%，大多"身在曹营心在汉"，教学马虎应付。我们当时形容一些老师上课的状态是"三三制"，即一节课 45 分钟，他迟到三个字，讲课三个字，在走廊吸烟三个字①。有的同事好心劝我，不要那么认真。还有一些同事则直接挖苦我。学校要评先进教师的时候，就是1987 年的"六种奖励人员"，校长属意我，但有同事就在背后说我是傻瓜，那么拼命地教学就只得到这个奖。

我的信念一直很坚定，既然选择了老师这个职业，那我这辈子就从事这个行业了。虽然现在被调到教育局，但工作性质还是与教育相关。当时，我心里有一个信念——当一个受学生崇拜的老师。若是当了六七年老师后，突然"下海"，这不是半途而废了吗？所以那时，我就劝诫自己，千万不要赶大潮，要坚定信念，继续干下去，当好"老师"这个角色。除了有信念以外，我还比较能忍受清贫。纵览古今中外的老师，在社会上不算富人，最多是生活过得好一点而已。因此要甘于贫穷，不能只着眼于眼前的利益。在自己的

---

① 潮汕话中，"一个字"是 5 分钟，"三个字"就是 15 分钟。

职业领域中干得出色，是一件特别有成就感的事情。从事这么多年的教育行业，我真切地感受到，当老师真好！因为这么多学生喜欢听你讲课、崇拜你，甚至毕业以后还来看望你，这是一件非常幸福的事，赚再多的钱也比不上。

隆江中学的很多老师都是中专师范毕业的，我是大专师范毕业，学历不算低。但我就是想再读多一点书。我认为，不管做什么工作，读的书越多，越会感觉自己的知识不够。一个老师，脑海里储存的知识应该足够支撑一生的教学，因此我决定读本科。

专升本需要考试，那时候的专升本考试比现在的高考更激烈，当时海南还没有设省，整个广东和海南就招一个数学班。我一边复习专升本的课程，一边进行教学工作。数学只考三门，数学分析、高等代数和解析几何，都是大专数学班的基础课程。隆江中学还有两位跟我差不多年龄的老师也去考，最后只有我考上了。其实我不比别人聪明，只是更勤奋一点而已。

为人师表， 点滴感悟在心间

老师对学生的影响力是巨大的，老师的敬业态度和责任心，会直接影响学生的学习情况。如果老师不负责，作业不及时发还给学生，试卷不及时批改，就会大大拖慢学习进度，学生都希望能马上看到作业和试卷的结果，所以老师应该尽快改好作业、试卷，加班加点也要完成。在多年的教学实践中我发现，老师工作越积极，学生的学习热情就越高。

我自己创造了一种"候课"的方法。"候课"就是等候上课的意思。例如，10点上课，我9点55分就出现在教室门口。如果老师总是踩点到，学生也会很晚才回到课室，当老师有"早到教室"的习惯时，他们也会提前进入教室，做好上课的准备。"候课"主要是通过老师的行动去影响学生，老师做好榜样，督促学生养成良好的行为习惯。我相信，学生的行为习惯是可以被塑造改变的。

我跟其他老师的不同之处在于，有的老师只关注优秀的学生，我刚好相反。我认为，优秀的学生不用我花太多心思，需要重点关注的是这三类学生：第一类，家庭贫困的学生。作为老师，不能让他们因贫穷而辍学。第二类，读书不好的学生。读书是需要天赋的，有句话是"没有教不好的学生，只有不会教的老师"，这句话我认为是不对的。就像一些天生五音不全的学生一样，就算音乐老师再怎么尽心尽力，也很难教会他们。对于这类学生，我们可以培养他们读书以外的技能，告诉他们，不擅长读书，不代表输人一等，也许他们在其他方面可以做得更好。老师要时常鼓励这些学生，让他们燃起对学习的兴趣。第三类，特别顽皮的学生。这类学生的特质是调皮捣蛋，总是顶撞老师，欺负同学。其实，他们表面很调皮，内心却是纸老虎，想要用表面的张狂来掩饰内心的不安，所以跟这类学生交往时要走进他们的内心。苏联教育家苏霍姆林斯基说，这类学生的心理就像荷叶上的露珠，摇摆不定，很快就会破灭，我接触到的学生也确实如此。从实践中我发现，他们非常好强，受到批评的时候，会表现出一副无所畏惧的样子。而当我用心去跟他们交流，表示理解他们的时候，他们就卸下了外在的刺，向我展现真实的内心。我与他们平等地交流，让他们说出内心的真实想法，而不是居高临下地指责他们，他们就愿意与我亲近。当你能以平等的姿态与学生相处的时候，他们也会谅解你的。每过一段时间，我就适当称赞他们，比如上课认真了、字体变工整了，虽然是微小的进步，但对他们的鼓励很大。

我认为要成为一名优秀的人民教师，首先，要"不被问倒"。要建立起学生对老师的敬佩之心。作为老师，不能被学生"问倒"，换句话说，就是老师专业知识水平要高。我是教数学的，因此，自己必须拼命地解题，解得越多越好。我年轻的时候，经常做题做到夜深人静时刻，批改作业也是这样，非常投入，仿佛"走火入魔"。

其次，要"师生同考"。现在也有师生同考的概念，但20多年前，社会还没有提倡的时候，我自己就开始实行了。当时没有复印机，我就把试卷拿到教导处，请他们帮我刻，叫作"刻蜡纸"。学生考试的时候，我在讲台上跟着学生一起做题。考完之后，就与学生分享做题的策略，比如考试时间要如何分配，做题顺序应该先易后难等。考试就和打仗一样，要讲究策略跟战术。我教学生要把考试分为三个阶段，第一阶段是游击战，把试卷从头到尾扫一眼，看一遍，先做简单的、有把握的题，就像游击战一样，打得赢就打，打不赢就跑；第二阶段是攻坚战，这时候要集中火力猛攻第一阶段没做的、较难的题目；第三阶段则是扫尾战，就是检查扫尾，找出错误，不放过任何一分。按照这三个步骤做题，效果不言而喻。

最后，要"用心教好"。我觉得"用心"是一个特别好的词，比"认真"更重要。认真仅仅注重完成；用心则更注重效果，是一种额外的付出。我当老师这么多年深有体会。那如何做到用心呢？我是这样做的，每次考试结束后，我用最快的速度改好试卷，但不着急发给学生，我用一个本子，把学生做题的情况事无巨细地登记下来，如选择题哪个学生错了，填空题谁不会，做对大题的人有多少，在评讲试卷时才能更有针对性，更加明确学生哪些知识点没有掌握，并对这一部分知识重点讲解，加深学生的理解和记忆。

殷殷之心，拳拳可见

我们把祖国叫母亲，把学校叫母校，"母"这个字本身带有爱，重回母校，是非常幸福的一件事。而且，学校越来越强大，以前才这么一点（指只有西区这么大），现在已经不止一个校区，给人一种特别强大的感觉。

你们以后当老师要记住两点：第一，充实自己的知识储备，专业知识自然要具备，其他方面的知识也要相应地涉及，做一个满腹经纶的老师。这一点，不管做老师还是做人都一样。大学是人生最好的时光，在这个时候就要拼命读书，同时也要锻炼好身体。第二，持之以恒，以后不管从事什么行业，不要总是换工作，认定了一件事情，就坚持下去。人，要锻炼多种能力，要专注于一个目标。

访谈现场

李伟雄在惠来县教育局采访许自腾

林延奎

1947年1月生，广东揭阳人，韩山师专1978级数学（2）班学生。中学数学高级教师。从韩师毕业后在揭阳市地方中学一线长期从事教学工作。1968—1978年在华清初中担任民办老师。1981—2007年，先后在揭阳埔田中学、新亨中学、华清中学、锡场中学任教。教龄36年，曾获"罗山杯"敬业奖三等奖、1998年中学数学教学研究论文评选二等奖、2002年首届中国教育适度超前发展征文评选活动二等奖等荣誉。公开发表研究论文数篇，刊载于《中学数学教学参考》《世纪潮声·中国教育发展论坛》《人生格言经典》等刊物，2007年退休。2020年12月10日逝世。

本文初稿由黄婉仪、游照贤同学和李伟雄老师提供，他们于2018年在韩山书院访问了林延奎校友，游照贤、胡岱慧参与了文稿的整理。2020年7月18日编著者再访林延奎，受访者对原稿做了较大的修改与补充。

高考前人生

1947 年，我出生在揭阳锡场华清乡的农民家庭。家里五口人分别是祖母、父母、我和妹妹。父亲是高小文化程度，很重视子女的教育。我 1954 年开始读小学，1960 年考上揭阳县的重点中学——揭阳四中，当时中国学习苏联，中学不分初高中，实行五年一贯制。后来中国与苏联交恶，第三年就改为初三，读我们国家自己编的教材了。

1963 年，我考上揭阳县第一高级中学，全县高中才招五个班。中学时期，我的学习成绩都不错。高中三年，我在重点班，各科平均都在 90 分左右，并担任班里的团支部书记。1966 年的 6 月，接近高考的时候，工作队进驻学校，说要搞"文化革命"。接着是中央通知全国高考延期半年。于是，大多数农村学生回家去了，城镇的同学就继续留在学校搞"文化大革命"。此后拖了两年，到 1968 年才宣布我们高中毕业，发了毕业证书，那是一张很简陋的纸片，连照片都没有。高中毕业考不了大学，我就回家乡成为正式的农民。

回到家乡后，我跟乡民一起去修新西河水库外坡。因为要赶时间，工地实行三班倒，一班要干八个小时。我成天担土，一担一百多斤，这是个计件的活儿，完成一担就发一个小牌。黑夜、下雨天也不能歇。我刚出校门，一开始去干这些重活，比较吃力，肩还压伤了。但我还是坚持了下来。担了一个月的土，我被指挥部叫去搞宣传，写大字。因为我在学校时负责出墙报、黑板报，会写美术字。当时全社会在大搞"忠"字化，我们写的"忠"字一个字有几十平方米大，最大的是在水库外坡坝头造的一个有二亩地大的"忠"字。又过了两个月，村里的华清小学需要人，村书记就让我去当民办教师。那个时候，当民办教师也非常辛苦，语文、数学、地理、习字什么都要教。一个月才 4 块钱，加记 27 个工分。当时家里生活比较艰苦，星期日我还得去生产队劳动多挣一些工分，不然到年终超支了，还得找现钱来买工分。

1976 年，"四人帮"被打倒。1977 年 10 月国家恢复高考制度。得知这个消息，我很高兴。老实说，当民办教师心里一直是不安定的，不情愿的。如果不是"文革"，当年我肯定能考上大学。现在 11 年过去了，读的书也都荒废得差不多了，升学的事我既想又不敢想，没想到现在机会来了。报名后，离高考只有三四十天时间。我全力以赴投入复习，早上 5 点起床，除了每天到学校讲 2 节课，其他时间都用来读书，晚上复习到 12 点才睡。幸运的是上中学时的课本、提纲都在，学过的知识还没有完全从脑海里消失。经过复习，又补回来不少。

1977 年底的第一次考试，我被通知入围了，但是没被录取。第一次我们村入围的有 25 人，算是不错的。过了一段时间后又有补录，我接到通知说可以重新填志愿，填完志愿，心想这回应该可以考上了。两次志愿我填的都是北京医学院，没有填师范类学校，当时我的理想是当一个医师。我有这个理想，是因为有一个叫陈佰华的亲戚是南京医科大学毕业的，他曾在中山医学院当教授，晚年退休后到汕头的疗养院，专门为疗养的干部看病。他对我的影响非常大，我读大学的目的就是要实现自己学医的理想，但没想到两次都没有被录取。可能是年龄较大的原因吧，我当时已经30岁了，1969年结婚，到1974年已经生了3个孩子。后来就有消息比较灵通的同事对我说："除非你报师范学校，否则是不会录取你们的。"

1978年，我又参加了考试，这次我的成绩还不错，比中大和华师的录取分数线还高。但是那个时候还是担忧会录取不上，就不敢报北京医学院，连广州的学校也没填，第一志愿就报了韩师，结果被录取了。

韩师新生活

来到韩师，有四五个同学都是以前中学的同学。我们班是个"和尚班"，清一色的男生。有40多个"老三届"的学生。全班一共54人，年纪最大的36岁。大部分都是成家立业了的，统计之后，有50多个小孩，人均一个，我就有3个。那时候考上大学的学生有孩子的不少。我还和我的女儿开玩笑："你读小学一年，我读大学一年，哈哈，我们都是读一年级。"

后来我们开始上课，老师说："你们是幸运的，这么大年纪还能读大学，要不是靠你们以前读的书，是没那么容易进来的。你们的知识基础比较好，所以来到学校，老师也是非常欢迎的。"当时韩师的环境非常好，背靠笔架山，面临韩江水，历史悠久，人文积淀丰厚，是学习的首选佳地。学校有大教室，可以容纳两个班的同学同时上课，所以我们78级数学专业两个班不少课程是在一起上课的。图书馆的藏书多，操场平坦宽阔，当时伟南楼还没建，我们经常坐在操场的草地上聊天。校园风景优美而安静，能够让人静下心来读书，这是很幸运的，能在这里学习是非常好的事情。

我对韩师老师的印象非常好。比如刘绍谋老师，他教高等代数，是北师大毕业的。高等代数非常难学，但是他能讲得深入浅出，流利顺畅，非常清晰。他对于教学内容相当熟悉，授课时都不用看书。而我们这些人因为在高中有记笔记的习惯，当时记笔记的速度练到了记会议记录的速度，一上课就飞快地记。几乎他讲的话我们都能记在本子上，因此刘老师讲课的情形以及内容几乎被我们像录音机一样记录了下来。后来这些东西在我们教学的时候帮助非常大，因为这是知识的基础。2000年课程改革后，一些本是大学的课程下放到高中。因此，我们用上大学时记录下来的老师讲课的笔记讲给学生听，学生都十分佩服，惊叹老师可以讲得那么明白，其实这都是韩师的刘老师给我们的知识财富。老师没有不准备就来上课的。听同学讲，刘老师经常备课备到凌晨两三点才睡。还有教我们物理课的吴应坤老师，他的习惯是夜晚十点左右睡觉，睡到凌晨三四点就起来备课，备到早晨七八点，然后来上课，第二天来讲课才能非常纯熟。这两位老师给我们的印象都特别深。还有一位李泽悟老师，他教解析几何。李老师擅长总结，解析几何是后来高考的主要课程，所以他总结的关于解析几何的规律我们都认真记录了下来，甚至可以作为数学专题讲座的讲稿。

学校在潮州，当时好在离我家比较近。1979 年农村已经分田到户，我一边要在韩师读书，一边要回到家里做农活，因为我是家里的主要劳力，没有人可以帮我做，所以每个星期六都得回家去，中午 12 点在学校吃完饭就骑单车回揭阳华清家里。全程 50 多公里，要骑 3 个小时，到家时差不多下午 3 点，然后赶紧挑粪、除草、施肥，做各种农活。星期天又得从早上开始一直干到中午吃完饭，下午再赶紧骑着单车回校。几乎每个星期都这样。如果农活做不完，星期天下午还要继续干。有一次我等到星期天下午 5 点才从揭阳骑车回校，不巧又遇上了大雨，雨太大走不了，在县城榕城避雨，又怕太晚赶不回校。那时候公路都是沙土路，下大雨就坑坑洼洼的，骑行起来很不容易。等我回到学校都已是晚上 9 点多，全身都湿透了，尽管如此，洗完澡后我还是继续学习，预习明天的课程。

刚来韩师的时候，文科的学生住 U 字楼，我们的宿舍在第四宿舍，是土木结构的楼，每间房放置五个双层床铺，住十个人，有点挤。我们在大教室里学习，但是回到宿舍还是会继续学到凌晨才睡觉。那个时候是没有电风扇的，夏天又热，就只能用纸扇扇，流汗了就用毛巾擦。日子虽然非常艰苦，但我们也还是坚持下来。我们在教学大楼三楼学习的时候都很认真，虽然那里环境不是很好，人很多，很热，但是同学们都互相鼓励，我们当时提出要"堤内损失，堤外补"，意思是说要赶紧把"文革"期间失去的学习时间补上去。毕竟被耽误了十来年，需要把知识赶快重拾起来，一想到这个我们的干劲就来了。除了正常上课，同学们自学的积极性也很高，有些学生自学的进度甚至超过了老师。当然老师压力也很大，从第一学期开始，学生就在自学，老师也得赶紧看书、备课。

有的时候想要看一本书，图书馆有，就去借来看，就这样我养成了阅读的习惯。而且老师跟同学之间的关系非常好，同学们经常跟老师聊天、请教问题，就学生的角度来讲，在学习时老师跟学生不分彼此，大家都有一种竞赛的心理，彼此之间还会竞赛，看谁做题更快更准确。

学校的礼堂兼作食堂，吃饭不用钱，伙食标准每月 15 元，按月份每人发一本饭菜票。在那个时候，全国整体生活水平不高，15 元的伙食费足够了，可能比一般中小学老师还要高，而学校食堂也尽力而为。我们大部分学生从农村来，虽说有时食物不是很适口，但有几种菜可选择还算不错。我记得有一次我作为学生代表参加一个会议，会上要我们提意见，有个学生反映吃不饱。食堂方回应说，一斤面做 16 个馒头怎么会吃不饱。我说一斤面做 16 个馒头，一个都不到一两，怎么吃得饱。其实大家肚子饿是因为肉太少，光吃青菜，不顶饿。

当时我家的经济情况不怎么好。考到韩师之后，原来我工作过的华清中学的总务主任人很好，他说："别的东西没办法提供给你们，笔墨纸可以来我这里拿。"这为我省下了很多钱。我每星期都到他那里去拿一叠纸，足足有一斤重，到了学校就用来做课堂笔记，每次很快就被我写完了。当时还有工厂的废弃纸，一面有字、表格之类的，另一面是空白的，学校就利用起来，装订成一个本子，廉价卖给学生，这对我们帮助也非常大。

师友情义重

当时韩师设置的课程和华师的差不多，只是华师学制是 4 年，其中一学期是教育实习。韩师学制 3 年，一个月实习，学习的时间和内容非常接近。我们学的高等代数，使用的是北师大的课本，英语用的是天津大学的课本，微积分用的是吉林大学的课本。

当时学生之间都有互相帮助的习惯。学习有疑难，就几个人聚在一起，我教你，你教我。那个时候我们读英语，很早就起床爬到山上去，两三个人一起朗读英语课文，帮助对方纠正语音。英语是我们进入大学之后才开始接触的，我们中学学的是俄语。本来在读了六年俄语之后，收听当时的俄语广播节目已经能够听得懂几成了，还算不错。但是来到韩师之后，学习英语就得从头开始，天天要读这些单词，好在学会了一门外语后，再学另一门就比较容易。像马克思一样，50 岁之前，欧洲几个国家的语言他都学会了，50 岁以后学俄语，后来他精通多国语言。他学习俄语的时候就运用"正迁移"的学习方

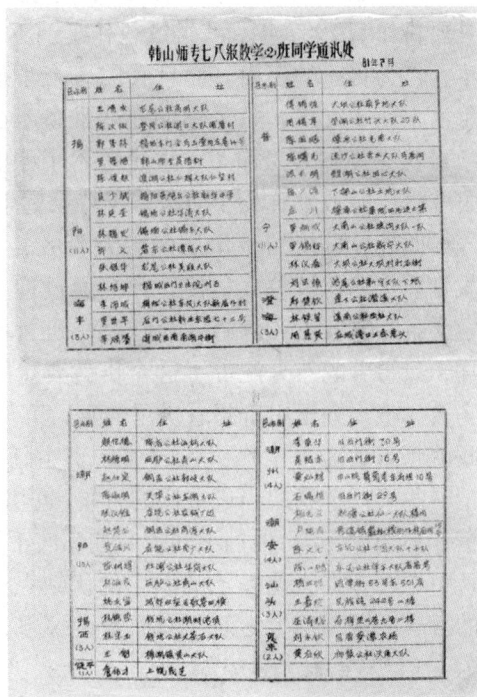

78 级数学（2）班毕业时制作的同学录

法，进步得非常快。我觉得他这个学习方法很好，学会"正迁移"法，至少可以注音，英语单词不会读就可以注成俄语的音，就跟注拼音差不多。但理科英语很难学，单词很容易拼错，尤其是专有名词，要记住非常难，所以就得拆分开来记，不然就用俄文来注音，我就这样一步一步学英语，后来英语勉强能掌握一些。

当时我在家里会修单车，我的单车车盒放着工具，来到韩师时有同学需要就帮他们修，做义务工。我记得有一次，在半路上，有个同学的车链断了，我身上刚好又没有带工具，于是赶紧在路上找了块石头来砸车链，凑合着修好。能帮助同学做点事，我心里很高兴。记得那时同宿舍的林宋玉同学是潮州的，我跟他关系很好。他舅舅在煤球厂，那时我在韩师读书，没时间上山割草，家里经济不好，缺乏燃料。他就带我去他舅舅那要了一张煤证。有煤证才可以买煤，买后用单车载回揭阳家里做煤球，解决了我家没有燃料的难题。所以，不仅同学之间互相体谅，连同学的舅舅都伸出援手，能不感动吗？

毕业弘传道

1981 年毕业后，我还要边教书边种田。1983 年，我要评教师职称，当时中学二级老师就可以"农转非"，但是"农转非"的那些人原来分到的田还是要耕作到 1987 年，我继续耕作了差不多 8 年。在此期间每年还要上山去割草，作为自家的燃料。而且我的 3 个小孩都在读中学，微薄的工资除了支付生活方面的支出，每个学期还要准备不少钱来给孩子交学费。当老师的，交学费就更要做出榜样了，这是赊不了账的。所以在经济方面就非常困难，得争取机会赚钱来弥补生活费，维持家庭生计。

此外，学校的教学质量参差不齐，当老师就非常辛苦。我们刚毕业时，教育质量还比较差。学校经常会通过检查第一名在哪一班，用评比来激励教学。我当时就不在意第一名在哪一班，不在意我带的班学生的学习成绩的好坏，只想着既然分配带了这个班就要想办法去接受这个班。但是当班主任很辛苦，整天脑子里都想着班里的事，第一次校会公布我当哪个班的班主任后，我就赶紧做准备工作，先向前任班主任了解基本情况，做到自己心中有数。记得我第一个星期当班主任的时候，学生就问我："老师，怎么我们以前的事情你都知道啊。"他们不知道我在私底下做的这些工作。所以当老师就是要非常耐心、有方法地去了解学生的优缺点、特点，然后再慢慢观察，思考合适的教学方法，师生之间要有融洽的关系，老师要放下架子和学生交朋友，成为"忘年交"。

在教学上，我都是以韩师的老师作为榜样的。我记得教我们代数的陈德华老师的一句名言是："要给人一滴水，自己就得有一桶水。"作为老师必须自己努力学习，才能更好地引导、教育学生。分配工作以后，每年我都固定订两本刊物，一本是全国发行的《数学通报》月刊，一本是华师编印的《数学通讯》。那个时候工资低，但我还是会挤点钱订书作为参考资料。因为每年高考之后，《数学通报》都会将各个地方的解题方法汇总在一起，并附这些题的正确答案，这些资料对老师的教学帮助很大。所以我们应重视教学资料，继续学习，与时俱进，自己学好了，才可以将知识教给学生，与学生一同进步，教学相长。

1985 年我在揭阳县新亨中学工作期间，我们学校接受了上级的一个任务，作为在学校推行"小星火计划"学生第二课堂活动的试点，第二课堂活动分成 8 个小组，分别是文学、工艺、摄影、书法、美术、技工、种植、电器修理，由有相应专长的老师带领，我负责技工组。学生根据自己的兴趣报名参加。学生非常积极，一开始只有一部分同学报名，后来几乎人人参加。我们技工组，一开始是义务为师生修理单车、装新单车，在当时吸引力也不小，有时个别同学等到放学后修车修到快天黑，车还没装好，需要再坚持下去，有时收工回家都已经晚上 8 点多了。他们有这个干劲，我们也就把工作放手给他们做，给每人买一套工具，一套 32 元，然后为全校的老师免费修车，最多也就是收一点零件的钱，其余全都是无偿服务，他们都很开心。甚至学校周围的村民都会跟我们说："老师，这辆单车就交给你们帮我修理了。"这也都是免费的，给村民留下了非常好的印象。

1987 年团中央来检查、验收试点成果，在汕头市礐石开现场会，总结各地开展活动的成果。我们学校组织各个组送成果参加展示，技工组就困惑了，修单车要怎么展览呢。后来想了想，我们是教数学的，把高中立体几何的教具做起来不就好了嘛。于是就去买了铝合金条和铝合金铝箔，做成立体几何、解析几何的教具。展览之后，老师们都说，这套教具很实用，铝合金是白色的，学校的黑板是黑色或者绿色的，教具在黑板上展示，看起来十分直观、清晰。后来很多学校都让我们帮忙做这套教具。活动结束后，我们学校获得了农业部、团中央、中国科技协会颁发的"全国大、中学生社会实践活动最佳效益奖"，省、市、县的电台也播了新闻。

教学工作方面，1992 年，我还在蓝田中学（原名新亨中学）任教，刚好遇上撤县建市。那一年的高考，我们学校成绩最好，不输给揭阳一中。当时我们班 40 多人，有 32 个人考上大中专学校。隔年，揭东一中成立，还没有校舍，揭东一中的学生就寄宿在揭东县包括蓝田中学在内的 5 个农村中学，每个学校住 2 个班的学生。第一年，蓝田中学获全市升学率第一名，第二年又获揭东县升学率第一名。揭东县第一名的学生就在我负责的班里，蓝田中学也由此出了名。因此学生都非常佩服，都说"是老师认真教的"，我就夸学生说"是你们认真学的"。当时学风好到什么样呢？我们高三的教室在教学楼的二楼。二楼是夜修的教室，那时，教室的灯一整晚都不关，因为一些同学在宿舍熄灯后还在学习，学到深夜两三点才去睡觉；一些同学晚上十点去睡觉，睡到深夜两三点再起床学习到天亮，所以整间教室一整晚都是亮的，我们要关掉电灯都不好意思。当时有4个班，我们就选出2个重点班每逢星期日上午进行辅导，每个上午辅导4节课。那个时候辅导的老师每个人补贴20块钱，学生全都不用交钱。到了学期末，因为做得好，家长来开会时还感叹："现在还有辅导不收钱的老师啊？"由于师生共同努力，所以那几年学生都考得还不错。我教过一个叫徐敏生的学生，他非常好学，后来以揭阳前三名的成绩进入一中，之后又考到了清华大学。

1995年，我从蓝田中学调到揭东的电大和揭东教师进修学校工作，电大当时设在锡场中学，我在那里教了3年，也给进修学校上课。电大共16门课程，我上4门，虽然很辛苦，但是也坚持过来了。

在教师进修学校的时候，需要上中学教材教法课。我在韩师的时候是黄仕美老师教我们教材教法，我把笔记拿出来一看，刚好用得上。所以这还是韩师的成果。沿袭老师的教法之后，学生更容易理解，他们是非师范类转为师范类，需要学习心理学、教育学和教材教法。

三年之后，由于电大和进修学校在县城曲溪买了一块地建楼作为新校区，锡场中学就把我留下来教高三数学，一直到2007年退休。当时锡场中学高中老师实行"小循环"，即任教班级从高一到高三连续教三年不变。我第一年转过去的时候，那里原本有三人在轮流，由于我的加入，增加到了四个人，打破了原来的格局。高三变成两个老师教，我们大家一起跟进，这对于辅导学生也比较有利，学生的学习成绩也较之前有了提高。记得当时我常常训练、引导学生从各个方面解题。有的时候我弄几道难题给学生训练，让他们去解、去讨论，针对他们不明白的地方到最后讲评时给他们解释清楚，他们就会说："啊，原来是这样。"于是他们的知识积累越来越多，越学越有兴趣深入研究。教学有法，但无定法，不能单纯搞题海战术，虽然题海战术有可能得到好成绩，但是非常辛苦。你若有良好的分析能力就能够轻松一点。

到了锡场中学的第二年，那时刚好实施新课程，我就从高一开始带学生，一直带到高三。2002年，学生的高考成绩相当不错。两个班一共99人参加了考试，被录取了60个人，省线以上有43人，其中有16人考上了本科，17人考上了揭阳学院。当地群众说："现在不用到哪里去学习了，到我们锡场中学来学习就好了。"当时有利的地方在于，有几个老师是韩师毕业的，我是数学组组长，林作辉老师是韩师77级的，我们几个人都是原揭阳一中44届的同学，非常团结，学生的成绩好，是我们集体的力量。

1998年我还在锡场中学的时候，为了评高级职称，要写教育论文和教学论文，教育论文是当班主任时的工作情况，比较容易写；教学论文就有些难度了，还好在韩师的时候，一入学陈德华老师就告诉我们要写论文，并指导我们怎么写，所以在要评高级教师的时候，我就按照他教过的方法，先构思论文。我用了一学期的时间来思考哪些有人写过了、哪些还没有人写过，像数形结合、分类思想、化归思想、解方程等这些大部分人都写过了，但没有人写对称思想，我就用"对称思想"作为论文的主题来写。

2004 年暑假，我参加了《人民日报》"人生优秀格言汇编"的征稿。报社向全国各省征稿然后评选，我提交的格言评为优秀作品的有两条：一条是"正本清源，立党为公，战胜自我，与时俱进"；另一条是"为官廉为正，体察民情人敬仰；清心苦似甘，风流千古众同钦"。这两条格言被收集在《人生格言经典》中，还发了奖状。这是值得回忆、纪念的。我这几十年就是这样平平淡淡的，既没当校长，也没当主任，就是默默无闻地做个老师，但自认认真教学，对得起学生，也对得起自己，这样就够了。

退休挥余执

我是 2007 年退休的。由于我 1995—1998 年曾经在揭东电大教会计基础、会计法律等财会知识，2007 年揭阳成立一个培训机构，叫中国计算机函授学院粤东分院，他们的院长知道我的特长，就请我过去上会计课和数学课，他们的数学课内容较为浅显，因为那里的学生数学基础大多不太好，必须想方设法去吸引他们学习数学，大概是 2007—2014 年，我就在这里培训教学，这里的学员参加学习的目的是要考会计资格证，取得资格证之后，可以去一些企业当财务人员。而我们为了帮助他们获得这张证，在学院就要教他们相关的知识。这七八年最少有一百多名学生考到了会计资格证。

母校的历史悠久，是教育的摇篮，建校以来培养了很多优秀的学生，不少学生成为建设祖国的精英。对于韩师，我个人的感受是：它使我从不安心教学到安心教学，树立了忠诚于人民教育事业的思想。所以在韩师就读，我们就要树立为人师表、教书育人的理念，对于未来的学生也好，现在的学生也好，要好好利用这个平台，充实自己，就像到加油站加油一样，备足资源，你们将来就一定会成功的。

确立为人师表的品质是非常重要的，老师应该是能够做到让人去尊重的。我希望师弟师妹们能勇于担当，肩负起振兴中华、振兴教育的使命。教育是重大的事情，所以作为师范生，就要为振兴教育贡献毕生精力，要是我们没有付出努力，怎么可以振兴？学习成绩的好与坏是水平的问题，但关键要先确立职业道德。就是要以德为主，然后辅以诚信、敬业。我们是学生的榜样，要让学生成为诚信、敬业、有道德的人，自己也应成为这样的人。记得曾有个蓝田中学的学生在毕业多年后对我说："老师，我都不知道您怎么做到的，我在学校都不是爱读书的人，怎么一碰到您就变成个爱读书的人了？"我就是自己以身作则引导他学习的。我希望将来走上教育岗位的师弟师妹们不仅要传授知识，还要教给学生做人的原则。

2018 年林延奎校友（中）与同班同学卢纯青受访中

芮友轩

1948 年 8 月生，广东省汕头市旦家园村人，韩师 1978 级物理班学生。1966 年读完高二，1967 届高中毕业生。"文革"期间，先后当过农民、民办教师和赤脚医生。从韩师毕业后，被分配到汕头市达濠区（今濠江区）教书。6 年后调任汕头市下蓬中学，任物理教研组长。2000 年评上中学物理高级教师。工作后继续学习，先后取得广东教育学院本科学历、揭阳潮汕中医药学校中医学毕业证书、广东省中医药局中药学专业证书、执业中医师资格和执业中药师资格。现为北京同仁堂汕头店药品质量负责人和坐堂医师。

本文初稿由黄婉仪、池嘉嘉两位同学提供，她们曾于 2018 年在韩山书院对芮友轩校友进行访谈，张雪丽参与了文稿的整理。本书编著者在组稿时进行了回访，受访者对原稿做了修改与补充。

我的读书路

我出生在汕头市郊下蓬公社旦家园村，父母是庄稼人，兄弟姐妹八人，我排行老三。父母重视子女教育，虽然家境贫穷，但是他们却坚持供我们上学。1955 年我读小学一年级，我们村解放前没有学校，解放后在一个小祠堂里办学。这个小祠堂（我们村的小学）由门楼、小庭院、厅三部分组成。厅用木板隔出两边，一边一个教室，一个教室有两个班同时上课。一个班就是一个年级，教师一节课同时教两个年级。

我读一年级时大约有 20 个同学，学校有桌子，没椅子。我们每天都要自带椅子上学，有的椅子比人高，有的比人低，参差不齐。我的一年级语文老师是个女老师，她 20 世纪 40 年代在韩师读书，现在八九十岁还健在。两年前我还去拜访她，她说我是她师弟。她教得很好，一个人既教语文，又教音乐和舞蹈，全村的人都很尊重她。

我们村的学校只能办到四年级，五年级我们就要到五公里外的蔡社小学读书。上学不用背椅子，但去那里读书的人很少，我们同年级的就只有四个人去读。每天来回走四趟，路上还经常被蔡社村的孩子欺负。到 1961 年，我们四个人考上下蓬中学，但去下蓬中学读初中的就剩两个人。1964 年考上高中的就只有我一个人。从 1949 年到 1966 年，我们村就只有七个人上过高中。

当时能读书，一是来自家庭父母的支持，二是自己能吃苦。我中学几年在学校住宿，当时正值三年自然灾害时期，物质生活很差。我每周在学校都没肉吃，也没有蔬菜、水果。每餐蒸点干饭，配点萝卜干吃，没有汤水。我又不喜欢喝白开水，所以干饭都难以下咽，导致营养不良。初一、初二我既没有增加体重，也不长高，身高只有 130 厘米，体重 23 公斤。那时候很多学生都辍学了，我们初一时学校招了 200 名学生，读到高一就只剩下 30 多人。

我的高考

"文革"时我读高二，之后没有继续读书。1977 年以前，我种了三年的田，当过两年赤脚医生和几年民办教师，一直在挣工分。一个月挣 30 个工分，一个工分的工值是 2 毛钱，收入大概就 6 块钱。但这 6 块钱我们是拿不到现金的，都记在生产队的账本上。到年终分配的时候，抵除在生产队分的稻谷、番薯或者其他农作物，剩余的钱才是我们自己的。一般来说都不会剩的，所以以前的农民是终年没有钱的。我们兄弟姐妹多，家里又没房子，生活非常困难。

1977 年，我在报纸上看到恢复高考的消息，就决定参加。因为我们"老三届"的学生已经等了十年，而且在乡下更觉得生活没有希望，所以一看到恢复高考的消息就很激动，马上就去报名了。1977 年高考我的成绩很好，当时考四科，都是开卷考试，物理化学合为一科，加上语文、政治、数学三科，一共 400 分，我考了 320 多分，在我们下蓬公社是第二名。这个成绩是可以入围的，入围之后就得去体检。汕头的体检像验兵一样严格。我被检查出来心脏有 2～3 级杂音，需要复检，结果虽然合格，但那张体检表被写得很乱。我那时候还是个赤脚医生，于是就报考了广州中医药大学（当时叫广州中医学院），但是没录取。我亲戚就把我的档案拿到华师，但华师看了我的体检表后，决定不录取我。所以，1977 年我就这样落选了。1978 年我再次参加高考，这次我只报考了韩师和汕头医学专科学校，最终被韩师录取了。考上韩师，家里人是很高兴的，因为可以帮家里减轻负担。那时候能考上大学、走出农村是十分难得的，是改变人生的一个大机会。

漫漫上学路

1978 年 10 月，我初到韩师读书时，带了一点行李，借了一辆自行车，和弟弟轮流骑单车去报到，报到后，弟弟再骑单车回家去。我家在汕头市郊区，从韩师骑单车到家得五六个小时。

1978 年，经济状况普遍不好，大多数同学是骑单车来学校的，有的人还步行来学校，只有极少数人坐班车。我们班的张应基同学是潮阳县谷饶人，来校时家里已有几个孩子，他每周都要回家干农活。星期六下午回去，星期一早上骑单车从谷饶出发赶回学校上课，从未迟到。我当时未结婚，大约每个月坐班车回家一次。韩师对面有一个车站，我就在那里坐班车来回。

那个时候，能考上韩师已是很不错了，当时并非高考成绩不好的才来韩师，也有很多高分的选择韩师。"老三届"学生年纪比较大，其他高校招"老三届"学生的较少，所以很多人就来韩师。77、78 级有很多有才能的人，他们毕业后在各个岗位上表现突出。

对于我们来说，来韩师读书是一件很开心的事。不但免交学费，而且国家每月给每个师范生 22 元生活费，扣除伙食费，剩余的 3 元就作为零花钱。我在农村每月有几块钱用于伙食就够了，现在有这样的条件，我的生活有了很大的变化。有书读，有饭吃，有钱花，还有什么不开心的呢？

来校读书时，我只有一件上衣，我父亲就把他身上的外衣给了我。到校不久，这件外衣就被一个从校外来的小偷偷走了。我的同学何大文也被偷了被子。后来这个小偷被学校抓到了，自此之后，我们再也没丢过东西。

韩园求学， 共筑真情

填报志愿的时候，我报了理科。我报理科是为了读医，考完后我填报了汕头医专的医科和韩师。可能是因为我当时物理成绩比较好，填韩师的时候我就报了物理，韩师录取了我。这不是因为我对物理有特别的喜好，我比较喜欢文学，读理科也是无奈。

我们78级物理班共50人，刚好坐满一个教室。像政治这种大课，是几个班一起上课的，这时候我们就去闭路电视室上课。一个教师在闭路电视演播室讲课，其余各班学生都在各个教室看闭路电视。班里年龄较大的几个人和我同宿舍。我们有比较相似的人生经历，所以共同语言很多。全班学生都很珍惜读书的机会。力学、电磁学、高等数学、光学、电工学、原子物理学、量子力学、电子线路、理论力学、教育心理学、政治、英语等都是我们要学的科目，其中量子力学的难度很高。我们电磁学这门课用的教材是清华大学的赵凯华和林熙谋编的，上册教材是难度最大的，有一道题我做了两个晚上都做不出来。一个星期日我和同学蔡世逸搭班车到汕头，在汽车里还在讨论这道题怎么解。我们班的同学都很认真，除了完成老师布置的作业，每个人手上都有一本高等数学习题集。就算老师没布置，我们都会自觉把对应的章节习题做完。当时的学生都怀揣着对知识的渴望。早自习时，大家各自找地方学习；夜修时，教室基本是满的，个个都在做题，两个小时的夜修，没有人早退。韩师的实验室设备基本齐全，也聘请了几个实验员，课本上的实验我们也一一做过。考试的实验题是随意抽取的，抽到哪道就做哪道。还会有老师提问，学生来回答。我们还有一门电子线路课，老师指导完会让我们自己实践。每个人要做一个收音机，自己买零件装，装完可以自己用，也可以拿去卖。我就把我做的收音机以20元的价格卖给了一个民工，收成本价。

那时候的学风是很好的。虽然"文革"时"读书无用"的风气盛行，但在高考之前，政府一直鼓励人们读书，营造"向学、好学"的社会氛围，整个社会的读书氛围很浓，实现了从"读书无用论"到"学了数理化，走遍天下都不怕"的180°大转变。那时候有一篇文章叫《哥德巴赫猜想》，描述了陈景润解题的事情，叶剑英也在报纸上发表了一首诗："攻城不怕坚，攻书莫畏难，科学有险阻，苦战能过关。"慢慢地，社会上的读书风气热烈起来，大家对知识的渴望就十分明显了。十年间，高考从无到有，从波谷来到波峰。虽然从韩师毕业后，大多数人只是当普通的老师，但是大家都很自觉，认为无论如何都要把书读好，把知识学好。

学校每年都会举办文艺汇演，以班为单位出节目。不是每个班都会参加，有准备的班才参加。我们班第三年才参加。班里组织了一个节目：《潮州大锣鼓》演奏，编曲是我们班的张翼同学，他编的曲子叫《校园春光》。他司鼓，我拉板胡领奏，表演效果还不错。恰逢广东省教育厅组织大学生文艺汇演，学校就以我们班的节目为基础，从其他班找了几个懂乐器的同学加入，排练《潮州大锣鼓》节目，还去潮州市总工会请老师过来指导。张翼还是司鼓，我还是拉板胡，但不是领奏了。《潮州大锣鼓》的领奏乐器是唢呐，所以另外在潮州请了一位行家来领奏。当时还请了个弹琵琶的，一个拉高胡的，还有一个女生是弹古筝的，小提琴改成了大提琴，因为《潮州大锣鼓》不需要小提琴。汕头地区选节目时，《潮州大锣鼓》这个节目就被选上了。我们去广州参加了广东省大学生文艺汇演，这次表演还登上了报纸。很多文艺青年因为这个节目相聚在一起。78级数学班的肖龙本来拉小提琴，后来就改拉大提琴了，他现在在潮阳业余教小孩拉琴。还有中文系的陈海平，他擅长二胡，独唱也厉害，陈海平给过我一本二胡独奏曲谱，谱子现在还在家里，上面的签名是"77级中文班邱海洲"。听说邱海洲的二胡也拉得好，画也画得很好，多才多艺，他现在是广东省诗词学会的会长。我非常佩服我的同学们，他们可以用李白的一句诗来形容——"俱怀逸兴壮思飞，欲上青天揽明月"。

77、78级学生是个特殊的群体。我们之间的年龄差距有大有小，同学关系却出乎意料地和谐。我有一个同学，叫刘湘怀。他现在是我们班级微信群的群主。他来读书的时候才16岁，我比他大14岁。我们之间的关系有时候就跟兄弟似的。有一次上体育课的时候，他摔伤了，我就抱他去医务室。医务室说要到医院去看，我就和同学背他到医院。他非常感谢我，把我当作兄长对待。

我和学校很多老师关系都不错。以前当医生不用考证，我可以帮他们看病。教电子线路课的陈汝桐老师以前住在潮安县庵埠镇，他的肝不太好，患了慢性肝炎，我经常给他看病。我也经常和庵埠的几个同学去他家拜访，最后就变成老师学生相互做客。我跟他最熟，他中风的时候，我曾看望过他几次。我也给学校的其他老师及其家人看过病，现在跟他们还有些联系。

毕业之后，我们开过三次半的同学聚会，为什么是三次半呢？全班到齐的有三次，有一次只有部分同学到了，所以算三次半。每次聚会我们都会请那些身体还健康的老师来参加。聚会在揭阳开过两次，在韩师开过一次。而且我们也经常在微信群上聊天，同学之间、师生之间都不会生疏。我们以前是十年一聚，后来是改为五年一聚，现在改为三年一聚，有些同学已经去世了。

教书育人，永不懈怠

我毕业之后被分配到了达濠，在那边当了几年的老师，后来被调到下蓬中学。刚到达濠的时候，学校的环境很差。我分配到的那所学校在山里面，学校没有围墙，只有教学楼、教师宿舍这些基本设施。没有电灯，晚上改作业只能点煤油灯。20世纪80年代时，那样的条件还是比较差的。我刚去任教的时候，那里的学生很调皮，因为我以前当过民办教师，还算有点教学经验。上讲台之后，就喊起立，点名，但这些学生直接挤到讲台来，说："老师，你有没有记我旷课。"我说："你们先回去上课，再不回去上课我就把你们的名字记下来。"但他们还是说个不停。我看了看他们课本上的名字，有的连自己的名字都写错。一个学生叫黄梓中，木辛梓，他写成了仔细的仔。我说他写错了，他反过来骂了我一句。这个学校没有围墙，教室又是平房，那些窗板也被拆掉，有时上课，我在讲台上板书，他们在后面用竹竿打我的腿，一转过头，他们马上就跳窗跑了。我一开始对他们束手无策，等到后来，跟他们建立了感情才能好好教书。在这里教书的老师都跟我说，要跟学生处好关系，这些学生才会听话。我就不午睡，等他们中午吃完饭后和他们一起喝茶聊天，慢慢建立感情，还得和学生里的"老大"处好关系，这样才能安稳。这也是在特殊年代才会发生的事情，以前念书没那么高的要求。有一次学生问我："老师，你一个月挣多少钱？"我说40块钱，他说："老师，像你这么厉害也就挣这么点啊。"以前的学生是比较调皮的，现在就不会了，现在的学生懂得尊重老师了。

在达濠教书的时候，我没有自行车。从我家汕头旦家园村出发，要先坐渡船过韩江，到潮安县的梅溪的护堤路搭班车去汕头汽车总站，再从汽车总站步行到西堤码头，坐船到礐石，然后再坐车去我们学校，在车上还要注意跟司机说在哪里下车，最后走路进去。不过学校照顾我，因为周末不用上课，学校允许我星期五下午先回家。

1987年我调到汕头市下蓬中学，我们的工作都进行得不错，所在教研组曾经被评为龙湖区的优秀工作单位，算是取得了不错的成绩。我教过高三物理，担任高三级的级长，也当过物理教研组组长。我认为，做事情要认真，才能做得好。

自考成医，发挥余热

学医是我的又一兴趣，读大学时我也经常看医书。在1978年来韩师读书之前，我在乡村当赤脚医生，为什么会当上赤脚医生呢？我1967年高中毕业后回乡务农，我个子小，体力不够，繁忙的农活使我觉得必须学习一门知识，以后可以跳出农村，所以我就开始自学中医。1971年村里安排我去当民办教师，在那个时候我就找来好多中医书籍，买来"文革"前全国中医高等学校的一套教材，逐本阅读，同时又读另外的一些医书。如清代汪昂的《汤头歌诀》《雷公炮制药性赋》，叶桂的《外感温热篇》。我背诵了其中一部分，还阅读了好多名家的医案，有了知识的积累，我就给村里人看病。那个时候，农村缺医少药，村里人就经常找我看病，在村里有点小名气，村领导就把我派到村合作医疗站当赤脚医生，这是那个时期特有的医生形式，我的医学爱好就在那个时候培养起来。

来韩师读书，我还是经常看医书，毕业后在中学教书，我也经常去书店买医书来学习，医学底蕴逐渐积厚，厚积薄发，看起病来更得心应手。中医书籍汗牛充栋，良莠不齐，要有一定的实践才能识别。我现在觉得最好的是《黄帝内经》《伤寒论》《金匮要略》，清代《黄元御著作十三种》中的《长沙药解》《玉楸药解》。民国时期的《彭子益医学丛谈》也是我喜爱的医书。

现在当专业医生要有医师资格，才能在诊所工作，开药店也要有药师资格。我希望自己退休后有事做，因而萌生考医师资格的念头，考医师资格和药师资格需要相应的学历文凭。

1992年我参加广东省中医药局组织的中药专业技术证书自学考试，各科考完后，2000年拿到了这个证书。2001年我又参加广东省组织的药师考试，取得了广东省初级中药师资格证书。2000—2003年我自考通过了广州中医药大学的六门课，但后来这个自考点停办，我没有办法继续考下去，不能取得毕业证，自考这条路行不通了，我就另寻机会。2004年经人介绍，我报读了揭阳潮汕中医药学校中医专业，报名、注册，然后参加各科考试，2006年完成学业，取得了毕业证书。2007年我有机会参加全国执业助理中医师资格考试，取得了执业助理中医师资格。2008年我退休后，就到镇办卫生院的诊所当专业医生，几年下来，医疗水平提高了很多。2013年，北京同仁堂汕头分店的经理聘我到他们的店坐诊。

国家中医药管理部门规定，2015年以后的药店要配有执业中药师，初级药师都不具备这个条件，所以很多药店都急需相关从业人员，因而我在2015年报名参加执业中药师考试。考试条件是药店从业人员具备中医或中医专业毕业文凭，考试科目有：中药一、中药二、政策法规、中医综合四门，连续两年内通过四科考试就能取得资格证。每年开考一次，连续两年内考不过这四科的人可以继续报名考试。每科内容很多，如中药一的考试内容有药物的科属、药物的鉴定（形状鉴定与理化鉴定）、中药的有效成分及其化学结构、药物制剂的工艺流程及标准，相当于制药厂制药的要求。

执业中药师资格证书是我在68岁时考取的，可能是全国最老的考生。去考试的时候我带了两副眼镜。那时候是在电脑上答卷的，开考后十几分钟就有人交卷了。我年纪大了，眼花，动作也慢，年轻人很快就做完离开考场了，我等到最后才交卷。有一科考试，我写错了准考证号，是监考老师看我年纪大，帮我检查了一下，提醒了我，我才马上改过来。经过连续两年的考试，我终于通过四科的考试，取得了执业中药师资格。我现在暂时被聘为北京同仁堂汕头分店的药品质量负责人。

我学医、从医坚持做笔记、写心得，获得了一些医疗经验，攻克了一些难治的病症，总结了很多经验，我准备把这些经验整理出来，留给后人。

我的两个儿子也是读中医的。一个是广州中医药大学的硕士，现在在汕头当医院医师，另一个在长沙医学院就读。他们的学历虽然比我高，但是我现在还要继续给他们传授知识，每次他们回家我都要教他们新内容。

我的爱好很多。我喜欢医学，还喜欢文学，热爱诗歌。从初中那时候我就开始研读诗词，有人跟我说诗词要分清平仄，读了王力的《诗词格律》后我才对诗歌的格律有了些掌握，现在给我一个词牌和一首词我都可以写出词谱来。在韩师时我还写了两首诗，有一首曾经在校报上发表。

寄言韩师学子

在韩师读书这三年，我的收获很大。学会知识是一方面，懂得如何做人是另一方面，还有经济方面的改变。毕业之后有一份稳定的工作，让我的生活与以前的农民生活不一样了。在农村种田，没得退休，更没有退休金。如果子女有能力，那还可以得到子女的赡养；如果子女比较困顿，那日子也会比较难熬。当一名教师，退休后还有退休金，这样能给家庭多一些支持。

至于思想上，我一直认为做人要勤奋，这是我年轻时就有的观念。"文革"开始的时候，我下乡种田，但比起没有读书的同龄人，我效率很低，因为我对农活不熟悉，力气也比不上他们。别人一天能赚一个工分，我只能赚七分工分。他们还会笑话我："读书有什么好？干活还是比不上我们。"他们认为读书是无用的。后来我去当民办教师，但是当时民办教师的待遇也没那么好，一个月计30个工分，就3块钱补贴。后来我转行，成为一个赤脚医生。赤脚医生一个月计30个工分，但是没有补贴，两种生活没有什么太大区别。由此，我当时认为在农村生活是没什么希望的，所以才会参加高考。来韩师上大学就不一样了，不仅伙食得到了改善，而且一个月还能拿出点补贴去买书，毕业之后还分配工作，虽然刚开始工作的时候不太顺利，但自此改变了命运。

人不管处在什么境遇之中，都应该学会调整，顺风顺水的时候不要盲目乐观，处境不好时也不要悲观。机会总是留给有准备、有知识的人。多学点知识总是有用的。就算看不到前途，也不能放弃对知识的追求。就像我以前希望很渺茫的时候，也没有放弃读书。后来我考医师资格证的时候，并没抱着必须做医生的心态，但一直都在做知识储备，因此几乎所有考试我都是一次考过，一些医科大学毕业的学生有时候都做不到。

可能就是因为前半生的准备，所以我结婚后，人生出现了转机，后半生可以说是比较顺利的。我老伴也是韩师的学生，她是 77 级中文班的。我儿媳妇也是韩师毕业的，她是 2008 级历史系的学生。我们在汕头市龙湖教书，如今我和老伴都退休了。毕业几十年后，我们仍对韩师心存感激。能够再次回到韩师，我非常高兴，因此特意准备了一首诗《七八韩师物理班》，给相会的老同学：

> 七八韩师物理班，雁行五十阵一行。
> 三年院校同窗烛，四十故园相顾看。
> 岁月悠悠尘满面，辛劳累累鬓如霜。
> 高山流水今犹在，残照西边似晓阳。

访谈现场

文剑辉

1958 年 3 月生，广东省潮州市潮安区凤凰镇人。韩山师专 1978 级化学（1）班学生，1981 年毕业后被分配回家乡中学工作。1989 年被评为全国优秀教师，后任中学校长。1992 年调入韩师工作，历任专业教师、党委组织部部长等职务，副教授职称。退休后被韩师聘为督导教师，2019 年 4 月被聘为韩师附属实验学校校长至今。著述有《优秀教师成长之路》。

本文初稿由冯宇婷、曾晨媛两位同学提供，她们曾于 2018 年在韩山书院对文剑辉校友进行访谈。本书编著者在组稿时进行了回访，受访者对原稿做了较大的修改与补充。

煤油灯下的求学岁月

1958 年 3 月，我出生于潮州市潮安区凤凰镇，从不懂事的小孩到考上大学，都是在凤凰山区长大，是一个土生土长的凤凰人。父母当了一辈子的山区小学老师，两个妹妹也是小学老师。因为出生在教师家庭，父母很注重对我们的教育和引导，经常鼓励我要好好读书，争取考上大学，最好是读师范，以后也像他们一样当老师。慢慢地，父母的嘱咐变成自己的心愿，最后也真的如愿以偿，1978 年我考上了大学，读了韩师。

我整个中小学阶段都是在"文化大革命"中度过的。1972—1974 年，我读高中。这两年里，也算是因祸得福。那段时间是"文化大革命"中后期，由于受到极左思想的影响，家庭出身不好的老师或子弟，需要去劳动改造。高中那两年教过我的老师就是由于家庭出身不好，被贬到山区来工作，在当时来说是一种改造。他们都是很优秀的老师，拨乱反正后，他们大多数回到金山中学或其他高级中学执教。那两年也恰逢邓小平同志复出，开始重视科技和教育，强调要提高教育质量。得益于好老师的教学和当时的政策，我的高中底子打得比较扎实。

1974 年我高中毕业后就回到了农村，当了整整四年的农民，其间当过生产队记工员、大队茶场会计、大队团总支书记。

1977 年恢复高考后，我决定参加高考。那时候农活很忙，平时根本没有时间静心读书，于是我就跟生产队请了三个月的假来复习备考。原本是想到学校里听老师上高考复习课，和应届生坐在同一个教室里听课，但我发现老师讲的内容太浅显了，感觉根本不是高考内容。我就直接问老师为什么这样复习？老师说因为应届生的基础太差，应届生是大多数，我们回来补习的只有少数人，所以只能从大多数的学生入手去给他们复习，讲些简单的知识。我听了几次课之后，发现还不如自己复习。于是，虽然每天也是在学校里学习，但多数是我自己复习、补习。

在这三个月里，有两件事我印象深刻。第一件事是自己离开学校已四年，许多知识已生疏，现在要回到校园补习，要去参加高考，不拼不行。为了证明我拼的程度，我补习前称了下自己的体重，高考完再称一次，发现自己整整掉了十斤肉！第二件事是当时的文化生活很单调，每个月的娱乐只有大队放的一场广场电影。有一个晚上我去学校补习，补习完回家的路上看到大队在广场放电影，就很想去看看。那时，往大队的方向与回家的方向是不一样的。记得我已往大队的方向走了一段时间，但走着走着心里越想越不踏实："假如我去看电影，那么看完电影回到家里会很晚。今天老师布置的作业、自己想复习的内容岂不是完成不了？不行不行，不能拖到明天，今日事今日毕。"于是就转到回家的方向。现在我回到老家，在与老乡聊天时，还经常有人说我那时候读书非常勤奋，他们有时喝茶聊天到晚上12点左右回家，路过我书房的窗前时，依然看到我房间里的煤油灯还亮着，我还在埋头苦读。

两代人的韩师情缘

1978年，也就是恢复高考的第二年，很庆幸，我考进了韩师。能考上韩师得益于两点：第一点是父母对我的鼓励和老师们对我的指导，第二点就是自己的辛苦努力。那时能考上大学的人不多，我一个山区的农村孩子终于能读上大学，这在当时可算是乡里的一件大喜事，家里人和乡亲们都很高兴。

韩师那时叫韩山师范高等专科学校。说起来，我家与韩师很有缘分。我的父亲也是韩师的学生，他20世纪50年代在韩师读书，毕业后回家乡当了一辈子的小学老师。现在他已经88岁了。

1978年，我成了父亲的师弟。我来韩师读书的时候，父亲还把他在韩师读书时用的小皮箱给了我。那个皮箱是酒红色的，虽然不是很精致，但很结实，质量很好。就这样，我踏着父亲的足迹，带着这个小皮箱来到了韩师。它不仅装载着父亲给我的温暖，还承载着我们两代人与韩师的一份情缘！

我听父亲回忆，20世纪50年代韩师的范围仅是西区，校园不大。当时的学生人数也很少，但是学校非常重视师范生的基本功，会教写字、画画、吹拉弹唱，等等。他读的是初师班，教学目标很明确，就是培养小学老师。所以我父亲字写得不错，肖像画更画得惟妙惟肖，吹拉弹唱也是他的业余爱好。他在家乡凤凰当了一辈子老师，工作干得实实在在。退休后，生活过得有滋有味。

我读韩师时，校园也不算宽敞，也仅有现在的西区，学生人数也不多。如果我没记错的话，广东省1978年的高考录取率非常低，只有1.71%，因此各高校的学生数量跟现在真的不能比。

文剑辉的父亲（摄于2016年）

文剑辉升学留影（摄于 1979 年 2 月）

难以忘怀的校园记忆

我读的是化学教育专业，学校实验设备还可以，基本上该做的实验都能做，但一些课题研究性的实验还是欠缺的。那时候专科学校培养出来的学生，一般都分配到中学去当教师，所以我们的实验内容主要是针对中学化学教学。师范学校的分析化学、物理化学、结构化学等课程对学生的要求不高，工科学校和理工科学校的要求就比较高。

我们是师范生，课程设置是有系统性的。"大跃进"年代韩师办过大专，有一定的经验积累。那时，教材体系虽然不是很完整，但是我们用的教材层次却不低，多数是重点大学编的。我记得有机化学教材是南京大学版的，高等数学教材是武汉大学版的。这些教材要求比较高，难度比较大。

在韩师读书时我们的教室在现在韩山书院对面的朝阳楼下，我们班有 45 个同学。可以说，我们这一代人很朴实，很珍惜大学的学习时光，都奋发向上，脚踏实地读书。就算是周末，也很少有同学回家，基本上都是过着宿舍、教室、食堂三点一线的学习生活。学校的文娱活动比较少，社团组织也不多。但是周末学校会安排星期六下午集体买票，到城里的群众电影院看一场电影，算是一次文娱活动。平常大家都喜欢运动。我在山区当了四年的农民，经常上山割山草，练出了体力和耐力，在韩师读书时就经常去跑步。学校运动场大概是现在伟南楼的地方，那时还没有标准的 400 米跑道，一圈只有两三百米，运动会就在那里开。在韩师，我积极报名参加学校田径运动会，获得过长跑1 500米、3 000米这两项比赛的第一名，之后，还被学校推荐去参加广东省第一届大学生田径运动会。为了准备比赛，我每天早晨从韩师出发，沿着江边和安黄公路的小道练跑步，一直跑到红山林场那边，再跑回学校来。那时候干劲很足，下小雨也坚持跑步。去参加广东省第一届大学生田径运动会时，我还在华南师范大学的旧操场里拍了一张相片，现在偶尔看看还心潮澎湃。

在韩师读书时我学习很用功，学习成绩很不错，获得过广东省"三好学生标兵"称号。学校规定要评"三好学生标兵"，学习成绩平均分要90分以上。我记得我各科目的平均分在94分以上，所以就评上了。另一个被评上的同学是同级物理班的，叫吴平河。他去省里参加表彰大会，带回来奖状，好像还有笔记本之类的奖品，回来后，他把奖品送到我的宿舍里，我们就这么认识了。毕业时，他留在学校里当团干部，后来调回揭阳市工作，当过榕城区区长和揭东县的县委书记，现在是揭阳市的人大副主任。

文剑辉在1980年华南师范大学的旧操场

他调去揭阳的那一年是1992年，刚好我调进韩师。学校分给我住的那套房就是他搬出来的，我和他很有缘分。

韩师一贯都非常重视师范生的教学基本功训练。我在韩师读书时也很认真地练习硬笔字。这里还有一个小故事：记得一个星期六晚上，我在教室夜自修时，发现坐在前面的一个同学在看一本钢笔字帖，里边的字写得很漂亮，我"一见钟情"，就把这位同学的字帖借过来看，越看越喜欢，就问他能不能借我一段时间，让我练练字。他说，这本字帖是他的亲戚从香港带回来的，本地的书店是买不到的。我跟他磨了很久，他才同意把字帖借给我一个星期。接下来的一周，我除了去上课，做一些必做事情之外，其他时间都用来练字。我练字的方法很笨，就是拿一本笔记本，从字帖的第一页开始，一字一字地临摹，把整本字帖都临摹下来。临完最后一页，刚好一周时间。我翻看本子，发现第一页写的字和最后一页写的字，简直是天差地别。从此我就懂得了"字无百日功"的道理，也亲身感受到写字只要下功夫、花时间，就可以练好。从此，一有时间我就练字。

"民以食为天"，在韩师读书时感觉食堂办得不错。虽然菜式不是很多，但能吃饱。这对于一个从偏僻山区来的学生来讲算是享受了。晚上如果肚子饿，还可以到湘子桥旁边的小吃店买一碗便宜的粿条吃。那时候，日常用品比现在便宜很多，我记得父亲每个月给我六块钱，我还用不完。国家对师范生有优惠政策，补贴伙食费，所以学校发的菜票和饭票基本上够吃，并且吃得饱。我读高中的时候，中午放学回家，学校离我家大概有两三公里路，我走在路上经常想，如果家里有地瓜能给我吃个够该多好啊。那时候是集体生产，产量比较低，生产队按照人口来分大米和地瓜，我们分到的不多。家里的大人为了让我们每天能吃到地瓜，就很节约地吃。地瓜不是一个个放进锅里面

1980 年广东省大专院校三好学生光荣榜

煮，而是削成薄片放在锅里烤。整个锅都铺满了，这样看起来很多，但是每个人分两三片就没有了。至于肉，鸡、鸭、鹅这些只有过年过节才能吃到。小时候我最盼望家里有客人来，因为客人来有干饭吃，平时，家里基本上只喝稀粥。当时我的父母是老师，有工资，家庭条件算是比较好的。即使工资低，但生活有保证。有些家庭是吃了上顿没下顿的。我记得我家旁边有些农民，没有米下锅，有时还会拿一个竹筒到我家里来借米。所以当时韩师食堂的饭菜对于我这样一个从山区出来的孩子来说，已经很让人满足了。

我还记得，食堂对面有一个小小的图书馆。因为刚刚复办大学，里面藏书不多，但是有不少的杂志，比如《大众电影》《家庭医生》以及各学科杂志，我们经常去看。

宿舍在现在的老图书馆下面停摩托车的地方。房间很小，里面也没有卫生间，分上下铺，叫"鸭仔铺"①。宿舍经常会发生一些趣事。比如，因为刚恢复高考，很多"老三届"也跟我们一起读书。同班的同学，年龄最大的有三十五六岁，是两三个孩子的爸爸了，年龄最小的有十七八岁，像两代人一样，感觉很特别。周末，那些已经成家，特别是家在农村的同学，就要回家

---

① 潮汕话"鸭仔铺"，指的是上下双层的床铺。

干农活做家务，在星期天下午准时回来。星期天晚上会很热闹，回家的大哥们回到宿舍，就会把家里的事讲给我们相对年轻的同学听，包括他们夫妻之间的事、教育小孩的事、干农活的事，等等。不同年龄层次的人对生活的体验不一样，所以我们听起来觉得很有意思。

永不断的师生情谊

在韩师，老师们都很认真负责，有很多是从中学调过来的，师资质量挺好。很多老师给我留下了深刻的印象。

林仕松老师是化学科的主任，也是我们教材教法课的老师。他对工作很投入，努力把我们带好，把化学专业办好。他讲课时，为了能传授更多的知识给我们，几乎每堂课的内容都满满的。讲完课之后，他也没有马上离开教室，而是留在教室里和我们探讨、交流，师生关系非常融洽。那种主动和学生互动的情景到现在还历历在目。他和学生谈话时，面带笑容，很有亲和力。他是一个好领导，也是一个好老师，同学们都很敬仰他。

还有后来在化学系当书记的蔡景镐老师，他是北师大毕业的。那时候北师大毕业生来韩师的比较少。他教有机化学，我们大多数同学都学得很好。他教学的基本功、教学的风范都是我们师范生的楷模。蔡老师讲课语言流畅，有激情、有条理、有层次，给我留下了很深刻的印象。

教我们物理化学的郑庆崇老师曾经是我的班主任，因此和我们接触比较多，师生感情很深。郑老师的教学很严谨，逻辑性很强，对学生的要求也很严格。记得我在中学工作的时候，有一次，他打电话给我，说下学期他要带20多个师弟、师妹到我的中学来进行教育实习。那时，我已经是校长，表示很欢迎。现在有空我还会去陪陪郑老师，聊聊天。在聊天过程中也时不时谈起在韩师学习工作的一些事情，一直保持着深厚的情谊。

曾仲老师是一位活泼又美丽的年轻老师。她当我们班主任的时候，有一次找我谈话，说我学习成绩不错，下个学期推荐我当学习委员，我一听就紧张了，很着急地对曾老师说，我不够条件，没有资格，当不了。她一直鼓励我，再三做我的思想工作。但是我还是坚持说做不了。现在回头想想很后悔，后悔失去了一个锻炼的机会。我一直推辞并不是因为怕影响学习，或者是其他原因，而是我知道学习委员每个月要负责班里的"学习栏"，也就是出黑板报。要出黑板报就要会画画，会写字。我不会画画，觉得不能胜任就不能去当。现在想起来，那时候自己真的单纯、没勇气。我们35周年同学会的时候，我还跟曾老师谈起这件事，她说那时候我太不争气了，给我机会，却怎么都没想到我会推辞。

飞回凤凰， 初为人师

1981 年我毕业了，老家凤凰中学的文校长得知消息，就直接向潮安县教育局申请，希望把我分配到凤凰中学。我就这样回凤凰中学工作了。

78 级化学（1）班毕业照，第二排右六为文剑辉

记得我毕业的那一天，背着行囊，从韩师回到凤凰老家。走到村口，一个老阿伯在草地上放牛。他看我回来，说了一句让我记忆深刻的话："剑辉啊，我原来以为你考上大学了，山区里飞出一只金凤凰，没有想到你读了大学，还回到我们自己的凤凰山来。"对于阿伯的话，我是理解的。阿伯一辈子生活在山区、农村，他多么希望村里的年轻人能有机会到更广阔的土地闯世界、干事业。我呢？说实在的，我一点情绪都没有。当时，我是这样想的：自己是山区人、农村人，如果还不愿意回自己的家乡工作，那么，城里人、其他地方的人就更难到这里工作了。如果没有人愿意来山区当老师，那山区的孩子谁来教？从这一点看，在计划经济的背景下，我们这一代大多数年轻人的思想是比较单纯的。

毕业后，还没到学校报到，父母就开始唠叨："现在你当老师了，要好好教书，当一名好老师。有很多事情都可以大胆地去尝试，唯独误人子弟的事千万不能做！"所以，在我的成长过程中，我首先要感恩家庭教育。教师家庭的熏陶，让我一毕业走上社会就有良好的引导，是父母帮我"扣好了人生的第一粒扣子"。

凤凰中学校园

报到后，校长对年轻老师也非常关心。记得校长经常到我宿舍关心我，多次语重心长地对我说："剑辉呀，你能回母校工作我很高兴，你要好好工作，为自己争气，为山区、农村学校争光，要争当一名好老师。"

在山区中学工作的 11 个年头里，有很多难忘的事。最上我心头的是，当自己站在讲台上，看到山区、农村学生渴求知识的眼神，直觉告诉我，良心提醒我，对这些孩子，不能怠慢。从此，不能误人子弟、不能怠慢学生、要当一名好老师，就成了我的初心和梦想。

有了梦想并不等于后面的路就走得很顺畅，我工作的第一学期就发生了一件很尴尬的事，学校要我担任高中毕业班的化学科任老师兼这个班的班主任及学校共青团书记。安排我当班主任算是给青年教师一个锻炼的机会，当共青团书记也算是对我的一种信任，但安排我担任高中毕业班的科任老师就太出乎我的意料了。我马上找校长，着急地说："校长，您有没有搞错？第一，我是专科生，按正常情况我应该教初中，您怎么安排我教高中？第二，我刚出来工作，没有教学经验，高中毕业班的学生明年就要高考，我怎么带学生进行复习备考呢？耽误了学生可怎么办？"校长看我着急的样子，反而很淡定，微笑地对我说："文老师呀，你去问一下，假如我们学校里还有像你们刚来的两位化学老师（那一年，包括我在内，新来了两位化学老师）一样的老师，我就安排他来接你这份工作。"我去了解，在这之前，学校在相当长一段时间里，还真的没有科班出身的化学老师。毕业班的化学课都是由生物或其他专业的老师教的。这就是 20 世纪 80 年代初山区、乡村中学师资匮乏的真实写照。我不敢说我有高姿态，但学校既然有这样的实际困难，我作为一个年轻老师再推脱就不应该了。所以我就像被赶着的鸭子一样上架了！上架了就要把工作做好。说实在的，我也跟很多的年轻老师一样，有一股热情，很努力地工作。那时候山区的学生也很朴实，很配合，我和我的学生辛辛苦苦努力了一年，很快就迎来了高考。高考的成绩怎么样？很尴尬！排潮安县倒数第三！记得我在看排名表的时候，旁边刚好有个同事，他看到我脸上表情不太好，就安慰我说："文老师呀，今年虽然是倒数第三，但你知道吗？这个成绩对比往年还是稍有进步的，我们学校的高考成绩经常是很差的。"同事这么一说，我好像得到了一点安慰，立即去学校教务处查了历年高考成绩的排名表，发现真的跟同事说的一样，历年成绩都比较差。这不是说农村学校的孩子不读书，农村学校的老师不努力，而是师资队伍不整齐、教学条件差、学生底子薄等种种因素造成的。

了解了历年高考成绩后，我反而从这些尴尬的成绩里面找到了一些自信。我想，我虽然是一名新老师，没什么教学经验，但教了一年就稍有进步。如果继续努力下去，或许后面会一步一步往前走。接下来的第二年、第三年、第四年，通过师生之间的共同努力，成绩真的一年上一个新台阶。到我参加工作的第五个年头，也就是1986年，我的教学工作出现了一个小亮点，取得一个自己都不敢相信的结果，学生的高考成绩由第一年县里的倒数第三，到第五年变成了潮州市①第一名。对这一成绩，不仅我自己不敢相信，很多老师、领导也感觉到不可思议。因为大家都认为，现在这样的好成绩应该属于重点中学。因为重点中学有好的生源，有整齐的师资队伍和良好的教学条件，出个好成绩也是理所当然的。现在这样的成绩出现在一个山区、农村学校，而且是一个年轻老师（那一年我还不到30岁）教出来的，大家都感到很意外！我还清楚地记得，后来全市召开了高考总结大会。会议结束，我由于当天要赶回凤凰，就匆匆起身走了。当我走到会议室门口的时候，好像有人拍了我的肩膀，我一看是教育局教研室的主任，也是教研室的化学教研员林学荣老师。我称呼一声："林老师，您好！您有什么事要交代？"但是，林老师一句话都没说，只是点了个头，眼睛一直盯着我，足足看了我一分钟左右，看得我有点心虚。然后他用潮汕话说了两句话，我现在还记得很清楚。他说："文剑辉呀，你这个成绩是怎么弄出来的？"他话中的潜台词表明，他对这高考成绩很不理解。那时面对着老领导、老前辈，我一下子不知道怎么回答好，因而笑而不答。林老师接着说了第二句话："你要注意啊，我提醒你，下个学期开学初我一定要带一些化学老师专程到凤凰中学去听你的课，看你究竟是怎样上课，怎样搞教学的？"当时我对林老师的后面这句话是半信半疑的，心

---

① 1983年潮安县和县级的潮州市县市合并为潮州市，为县级市。

想：你们有可能为了听一名年轻老师的课，颠颠簸簸走三个小时左右的山路吗？没想到，林老师说话算话，秋季开学后，他真的带了金山中学和高级中学的五位化学老师，专程到凤凰中学听了我一节化学课。由于他们当天要赶回潮州，听完课马上就进行评课，林老师在最后总结时说的一句话，我到现在还记忆犹新，他说："文老师啊，听了你的课之后，我们感觉你这小子还真行！"这句很朴实、很通俗的话，实实在在地鼓励了我一辈子。

鲁迅说，路是人走出来的。我也深深体悟了另一句话的道理：万事开头难，好的开头是成功的一半。作为一名年轻老师，走好了第一步，以后的路就会走得更扎实、更顺畅。

回顾这些往事，我感觉到，要当一名好老师，自己心中要有一盏明亮的灯，这盏灯能照亮我们前进的路，指引着我们迈向远方的目标。

曾经有老师问我：想当一名好老师该怎么做？对这一问题，很难一两句话说清楚。仁者见仁，智者见智。就我自己的体验和感觉，我认为其根本点是要在四个字上下功夫，这四个字就是"教好孩子"。我对这点也谈谈自己的见解，供大家参考。

"教好孩子"应该从两个方面来看，其一，作为一名教师，首先要教好别人的孩子，也就是自己的学生。如果我们稍稍回顾一下，在读小学、中学、大学期间，有好多老师教过我们，这些老师里边至少有那么几位老师，在我们的心中，称得上是"好老师"。由于他们的精心教育，用心引导，我们由衷地尊敬他们，感谢他们。但是，作为一名老师，不知道大家有没有想过：我们有没有像以前教过我们的好老师一样，用心教好学生呢？其二，老师也有自己的孩子，作为父母，我们多么希望自己的孩子能够到一个好的学校读书，能够在一个学风好的班级里学习，能够有好的语文、数学、英语等科任老师来教他。这是父母愿望、人之常情，古往今来皆如此。我们希望有好老师来教自己的孩子，那我们作为老师，有没有像自己要求的好老师一样教好别人的孩子呢？做人做事，包括做老师也一样，如果能够经常进行换位思考、将心比心，我们对问题的思考就更加理性，行为就会更加合理，工作就会更顺畅。当你取得成绩时，会有同事、朋友真心为你高兴；当你遇到困难时，也会有好多人伸出援手。这样的工作，这样的人生，就可以称得上有滋有味。

对于教师来说，假如我们能把别人的孩子教好，把自己的学生带好，那么作为社会的一员，我们已经履行了应尽的职责，体现出一位教师应有的社会价值。

当然，在教好别人的孩子、自己的学生的同时，我们千万不能忘记教好自己的孩子。孩子是自己的未来，也是家庭的未来，还是祖国的未来。所以，我们作为以教师为职业的父母，更应该在教好自己孩子方面有更多的思考和付出。正因为我们是老师，我们比其他职业的家长有更明显的优势——比较多的教育教学资源和较好的教育能力，理应把自己的孩子教好。所以我建议各位老师要发挥我们的优势，当好孩子的第一任老师，把自己的孩子养好、教好、带领好，以父母的亲情和教师的温情把他们培养成品学兼优的好孩子、好学生。假如我们能把自己的孩子教好，是不是也可以说明，作为一位老师，也能在自己的家庭之中体现出老师应有的价值。

我认为，放在孩子的成长过程第一位的应该是身心健康。

我先说一个真实的故事，再讲讲自己的一些见解：有一位大学生，是某高校的大二男生，他跟同班的一个女生谈恋爱。不久，男生的父母知道了这一情况，并要求孩子找时间带他的女朋友回家，让他们了解这位女孩子的情况。男生满足了父母的要求，在一个周末，他带着女朋友回家。在周末这两天的接触过程中，父母对女生左看右看不合适，心里不认可这位女生做他们孩子的女朋友。在两个年轻人即将回校的时候，父母把他们请到客厅，当着两位年轻人的面提出反对他们继续交往。男孩子一听就接受不了，跟父亲争吵起来，争得不可开交，互不相让，越吵声音越大，越吵情绪越不受控制。突然间，男生打开自家的门，沿着楼梯，一级一级往上爬。女生看到这一情景，感觉情况不妙，去追男生，想把男生拉住。但没追上，男生一会儿就登上了楼房最顶层，毫不犹豫地一跃而下，一场不可挽回的惨痛悲剧就这样发生了。

悲剧发生后，校方了解到该男生从小学读到大学，学习成绩一直不错，经常名列前茅。但他性格内向，不善于与人沟通，有事情总闷在心里。这一心理特征没有得到家长和各方的注意，当有自己接受不了的事情发生时，他就没办法调整自己，以致不能自控，酿成悲剧。虽然我们很难像心理学家一样对这一悲剧的发生作专业性的详细分析，但我们也不难看出，性格开朗、心理健康对一个人的正常成长何等重要！

孩子（学生）身心健康，又能把书读好，当然两全其美，求之不得。假如身心健康尚好，学习成绩并不十分突出，作为父母也没必要太过担心，更没必要把学习成绩的高低作为衡量孩子（学生）好坏的唯一标准。

总之，当老师、当医生、当货车司机、当教授、当科学家都无可非议，因为人各有志，不能强求。社会分工，确实也需要各种各样的人才。

我记得我儿子参加高考，分数公布后要填报志愿，我们父子俩商量着要报什么志愿。

我问他："打算填报什么志愿？"

文希说："想先听听您的意见。"

我说："我建议你填报师范专业。我们家族有许多人当老师，总体感觉还不错。你读师范专业，以后像我们一样当老师，再找一位女老师当伴侣，组成一个教师家庭，挺好的。"

文希回答："当老师也不错，但我更想以后当医生，治病救人也是很有意义的。"

我又说："其实当老师、当医生都不错。老师、医生当好了，社会都会尊重你。但作为过来人我要告诉你，当老师每天面对的是活泼可爱、青春年少的学生，当医生每天面对的是病人，病魔缠身，难有好心情，愁眉苦脸的较多。你可要仔细掂量，要有心理准备啊。"

文希坚定地说："其实，这些我都考虑过了，我还是想读医学专业，以后当医生。"

我放心了，对他说："既然你考虑好了，我理解，也支持你。"

后来，文希上大学，读了五年临床医学本科，三年硕士研究生，一共八年。他毕业后在广州一家医院工作。前年，他通过努力又考上了医学博士，现在已是副主任医师，硕士研究生导师。

总之，作为一名老师和父亲，把别人的孩子教好，也把自己的孩子带好，是我的职责所在，也是人生有滋有味的乐事。

要把别人的孩子、自己的孩子教好带好，并不是一蹴而就的，必须通过艰辛努力和不断探索。要实现这一美好的愿望，我们既要志存高远，又要脚踏实地。长计划，短安排，一步一个脚印朝前走，才有可能如愿以偿。

在中学教学时，曾发生过一个有意思的真实故事：在一次与学生座谈中，有一位以前教过的学生（现在是一所中学的校长）问我："老师，您曾经在我的作业本上写了一句话，您还记得是什么吗？"那么多年过去了，我教了那么多学生、批改了那么多作业、写了那么多评语，我怎么能记得在他的作业本上写上什么话。于是他说，我曾经在他的作业本上写了"你的错就错在……"，他这么一说勾起了我的回忆，好像那个时候他在这句话的后面补上了一句——"不该错的错"。那为什么会出现这样的一个小故事呢？原来这个学生确实挺聪明的，对他来说，大题、难题、怪题都不成问题，但他在加减乘除这些简单运算上却经常粗心，出差错，所以我批改了他几次作业以后就在他的作业本上写上了那句评语。我认为高中生应该有思考、自我判断能力了，想让学生自己去总结。这个学生聪明，他看到我批改的作业后，发现我打红叉的地方都是基本运算的低级错误，所以他补上了一句"不该错的错"。有时当老师的点子、乐趣也是从这些小故事里面体现出来的。我教他的是化学，他后来学的是物理，现在当校长，我估计化学他也忘得差不多了，但是我在他的作业本上写上了这么一句话，他到现在还记得这么清楚，他还跟我说，他现在作为校长，在教师大会谈到教学问题，特别是作业批改的艺术和技巧的时候，他经常还用这件往事作为例子，引导教师提高作业批改水平。

总之，作为老师，我们在平时的教学互动中，要讲究方法策略，方法对了，事半功倍；方法不对，事倍功半。

在为人师的路上，我越来越体会到老师对学生的教育是需要底气和本钱的。自己做好示范，才能教育好学生。就拿练书法、学写字这一点来说，我是付出了努力的。在韩师毕业前夕收拾行李时，我无意间看到了一个同学的书法作品，他写的是柳体，很漂亮，我十分羡慕。当上中学教师后，我就马上去买柳公权的字帖，每天都坚持练半个小时到一个小时。每练完一张，就贴到墙壁上。因为贴在墙壁上可以清楚地看出哪些地方写得好，哪些地方没写好。有一天，宿舍隔壁的一位语文老师来串门，看到我在墙壁上贴满了写的字，他没经过我的同意，撕下两张就拿走了。第二天，这位老师却把我的两张习作还了回来。我问这位老师，你拿去干吗？他说，他是拿到教室给他的学生看，让他们猜是谁写的。学生们就往他们班里平时写字比较好的那些同学里面猜，他说都不是，这是学校的文老师（指我）写的，听到这里，学生们都鼓掌了。他对学生说："文老师已经大学毕业，当老师了，还这么认真地练字，你们就更应该把字练好。"记得我在中学工作时，有一次下课，一位语文老师带着一个男同学进来办公室，那位语文老师很生气，把那个学生的作业本摔在他的办公桌上，开始训斥："你看，你写的这些字像字吗?! 歪歪斜斜，糊里糊涂，你自己能看得懂吗？"老师在批评学生的时候，这位学生没插嘴。等到老师训完了，学生就开口了："老师，我的字确实写得不好，但我感觉你平时上我们课的时候，你的黑板字也写得不怎么样啊。"当时那位语文老师的脸一下子就红了，办公室里还有好多老师在，学生讲这句话，老师们都听到了。我不是说学生在这种场合这样说老师是合适的，但是至少从这个例子可以说明，我们作为老师，教育学生需要底气和本钱，自己都做不好，怎么来教育别人呢？要求学生要做好的，老师自己应该先做好。

重回韩师，亦师亦生

在家乡中学工作的 11 年，有同事的支持，学生的配合，加上我自己不断的努力，逐步成长。我由一位普通老师成长为化学组组长，走上了行政管理岗位，后来又当了副校长、校长。参加工作第 8 年，也就是 1989 年，我很荣幸地被评为全国优秀教师。

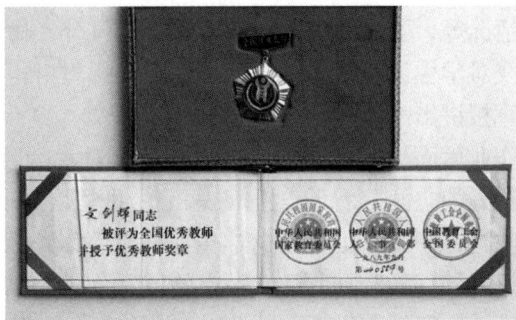

1989 年文剑辉的全国优秀教师奖章及证书

1992 年 9 月，韩师化生系因缺少一位教材教法的老师，就把我调了过去，我又回到了母校韩师。

从 1992 年到 2018 年，我在韩师教书已经整整 26 年了。开始的时候碰到不少困难。因为我读小学时，刚好处在"文化大革命"时期。那时候没怎么学汉语拼音，高中毕业回到家乡当了 4 年农民，更没有机会讲普通话。到韩师读书时，同学基本来自潮汕地区，平时交流多数用潮汕话。韩师毕业之后，我在中学工作 11 年，上课讲的也是潮汕话。到韩师工作后，学校要求一定要用普通话讲课。到韩师工作后的第一节课上，应该说，我对讲课的内容是很有自信的，但是我的普通话太不标准了，以至于我还没讲几句话，下面的学生就笑成了一片，我站在讲台上十分尴尬，终于感觉到，作为教师，即使上课内容很好，语言表达不好也是个大问题。于是下课后我就跟班长说，让他帮我找一个班里普通话说得好的学生给我当老师。班长找来了一个原来读中师，后来推荐到韩师来学习的同学，她的汉语拼音功底很好。我对这个学生说，请她以后上课既要认真听我讲课的内容，又要把我在上课时讲错的字、词、句记下来，课后来当我的老师，纠正我的普通话。她一听要当老师的老师，高兴得不得了，立刻答应了下来。第二节课上课相对安静一点，毕竟大学生还是通情达理的，知道老师普通话的提升要有个过程，现在想起来，我还是要谢谢那个时候学生的包容。第二节课下课之后，那名学生就匆匆拿着她的笔记本过来，我一看，真的很不好意思，她密密麻麻地用红笔记了一大页我发音有误的字、词、句，这些错误用课间休息时间根本不够纠正过来。我就跟她商量："我住在学校，以后有空到我家里来，我请你喝凤凰茶，你教我普通话。"她也很爽快地答应了。我现在普通话稍有进步，真的要好好谢谢这个学生，她现在已成长为潮阳区高级中学的副校长。

我现在的普通话也并不是很好。每学期上完课，我都会给学生布置一个小作业，交一张小纸条。纸条要写两方面的内容，一是学生的自我评价，例如学习态度、学习表现、和老师的互动、学习效果等，还有作业完成、考勤情况等，要简要评价，然后给自己打分，做到实事求是。二是对老师的评价，我对学生说，老师上的这门课程，哪里讲得好，你们鼓励一下，哪里有问题，直接讲出来，对老师改进教学有好处。学生觉得有道理，因此都会在他们的作业后面附上小纸条。经常有学生对我的普通话提意见，说我的普通话还有提升的空间。看着学生的意见，我觉得很有意思，一方面会促使我再学习、改进；一方面也有不少学生对我课堂教学的肯定。我记得有一位同学是这样评价的："老师，我最喜欢的就是您的笑容。您微笑着讲课，下课跟我们聊天，也微笑着说话，甚至在校园某个角落里偶尔碰到，您的笑容也写在脸上。"看到这样的评价，我心里甜甜的。我相信学生对我的评价是真实的，在韩师与学生打交道的二十多年里，不知道有多少这样的小故事，由此，我觉得当老师真的很有滋味。

我喜欢教书，喜欢当老师。在我 37 年的教学生涯中，可以说有三分之二的时间是当行政管理干部，我当过中学校长，在韩师工作期间，更多的是做管理工作，本来可以不用兼课了，但是，我从来没想过走下讲台，一直坚持上课。现在我退休了，每周还是坚持上两次课，只要韩师需要，我的身体允许，我会一直快乐地坚持着。这就是我的所爱，这就是我的教师情怀、韩师情缘。

每当踏上讲台，学生还没进入状态，我自己就先兴奋起来，有"未成曲调先有情"的感觉。平时交往，别人评价我话也不多，但只要踏上讲台，我就很快进入角色。在韩师工作26年，很难统计我已教过多少学生、给多少中小学教师和校长上课、给各行业的干部员工开过多少次讲座？其中的辛苦不必多说，但有几个小片段还是值得我聊以自慰。

记得2016年暑假，我到普宁实验高级中学给中小学老师上培训课，一次课间休息时，有两位年轻的小学老师走上讲台，其中有一位老师对我说："您如果能到各所学校去上课，中国的教育就有希望了。"虽然这位老师的话有点言过其实，但至少他在我的课上产生了共鸣，得到了启发。

2017年暑假，广东省骨干教师培训班在韩师开办。韩师物电学院邀请我给省中学物理骨干教师上课，上完课，有一位揭阳来的骨干教师对我说："老师，如果我十年前听了您的课，我就不是今天的我了！"另外一位深圳来的老师对我说："我建议，您至少应该给韩师的每一位学生上一次课。"

2018年7月以来，我作为潮州市百姓讲师团的成员，给市直部分单位党员干部进行"学讲话、讲故事、谈感受"专题讲座。8月3日下午，我应邀给潮州市纪委党员、干部讲了"怎样做一名有所作为的好干部"专题之后，有一位干部在交流时对我说："文老师，你虽然退休了，但你的课不能停，要让更多的党员、干部听你的课。"

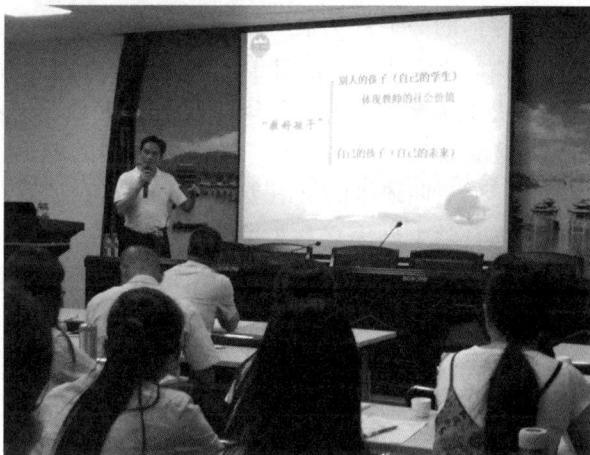

2017年广东省骨干教师培训班，文剑辉给学员讲课

为师之道在路上

作为一名热爱教育的老教师，我还想在"怎样当一名有滋有味的好老师"

这个话题上多说几句。

习近平总书记 2014 年 9 月在同北京师范大学师生代表座谈时曾说过："一个人遇到好老师是人生的幸运，一个学校拥有好老师是学校的光荣，一个民族源源不断涌现出一批又一批好老师则是民族的希望。"可见，习近平总书记对老师，特别是好老师是给予高度评价，并寄予充分期望的。

怎样当一名有滋有味的老师呢？从习近平总书记的要求来说，是要我们广大教师都争取当"四有"①的好老师。然而，每个教师都有自己的成长背景和实际情况，对做一名好老师可能有不同的感想和认识。下面我说一说自己的体会和看法，权当抛砖引玉。

我认为，要当一名有滋有味的好老师应做到以下几点：

第一，心中要有理想。有理想，工作就有目标，行动就有方向，取得成绩不骄傲，遇到困难不后退，一步一脚印往前走。正如习近平总书记所说："理想指引人生方向，信念决定事业成败。"

第二，身上要有热情。如果只有理想，没有工作热情，没有投入精力和时间，理想就会变成美丽的泡影。有了理想，就要充满热情，朝着这个目标不懈地努力。记得在凤凰中学教毕业班时，高考前一个月，很不凑巧，我患了一场重感冒，高烧不退，吃药打针都没效果，只能去输液。我躺在病床上，身体不舒服，心里更难受，埋怨自己为什么偏偏在学生最需要的时候就倒下了。高考前的一个月是最后的冲刺，其他老师没法替我的课，如果没有老师上课、指导，学生就只能自学，摸着石头过河。所以我心里真的很不是滋味。我就让妻子从家里把我平时备课的那几本书带过来，一边输液，一边认真地看书选题，挑出一些举一反三、有典型性的题目，一句句、一题题地抄在备课本上，然后叫班里的学习委员到病房来，把我写好的那些作业拿到班里让学生去做，学生做完之后，第二天学习委员再把作业带到病房来让我批改，然后拿回去让学生校正。学生知道老师在这样的状况下还惦记着他们，很感动，学习更努力了。作为一名老师，我不提倡带病工作，但是在关键时刻，该坚持就坚持。没有非常规的手段和拼劲，是不可能取得后来的成绩的。所以碰到一些困难时，是知难而退，还是知难而进，要看自己的理想信念和责任心，也要看自己对工作的执着和热情，还要看老师对学生的爱护程度。

第三，手中要有书本。意思就是要不断学习，跟着形势需要，去充实、完善自己。我现在出差只要有两天以上，就会在背包里放一两本书。在候机、等车、晚上空闲的时候拿出来翻一翻，其间会有所收获。书读得多，肚子里有货，给学生上课就能得心应手，能拿出一些相应的材料案例来用。有理论又有实例，课堂就有血有肉。

---

① 四有，即有理想信念、有道德情操、有扎实学识、有仁爱之心。

第四，工作要有心思。做一名好老师，做事情要有眼力，既要埋头苦干，又要抬头看路。一个有能力的好老师，能够从别人看不到的地方发现问题，能够从别人想不到的地方找到解决问题的好办法。

第五，生活要有色彩。当老师，不能为了工作而工作，或者除了工作还是工作，这是苦行僧的生活，偏离了人的本性，也背离了马克思列宁主义"不懂得休息的人就不会工作"的观点。我不大赞成把老师比喻成蜡烛。蜡烛虽有精神之光，却无生命之源，燃着燃着就没了。应该把老师比喻为一棵有生命力的树，看着学生这些小树、小草的成长，老师自己也在不断成长，有自己的生命力、价值观和幸福感。平时，无论工作多么忙，都应该善于忙里偷闲，参与一些有益身心健康的活动，培养自己的业余爱好，学一点浪漫，多一点情调。有情怀的老师有凝聚力，有情趣的老师学生喜欢靠近，敬而远之与敬而近之，虽一字之差，效果大不相同。

我是这么说的，也是这么做的。我经常运动，年轻时喜欢跑步，在韩师读书时，还代表学校参加了广东省第一届大学生田径运动会。平时，我喜欢游泳、打乒乓球。我去韩江游泳，从韩江东岸下水游到西岸，再游回来，总共1 000多米，对我来说没什么问题。在家里我还时不时"乱"弹琴，跟着家里的小孩学，自己乐在其中，又体现了亲情助跑。

一名老师，即使只是一名很普通的老师，只要从以上五个方面实实在在地努力，做一名有滋有味的好老师就会成为现实。

最后，祝愿母校的未来更美好！

访谈现场

江孟君

1946 年生，广东饶平县三饶镇人。韩山师专 1978 级化学（2）班学生，中学高级教师。1981 年韩师毕业后到饶平一中任教。曾任饶平一中副校长，饶平县第五届、第六届政协委员，饶平县侨联常委，潮州市第十届、第十一届人大代表。荣获广东省特级教师、广东省劳动模范等荣誉称号，先后被评为县有突出贡献优秀党员，市、县优秀科技人才和优秀共产党员，全国归侨侨眷先进个人等。其家庭被评为"广东省书香家庭""全国优秀教育世家"，个人事迹由广东省教育厅推荐入选《中国女教师》一书，有 4 篇论文入选《中国当代教育教研成果大典》，其中有一篇被中国教育科学研究所评为优秀论文。

本文初稿由林少娟、黄惠茹两位同学整理提供，她们曾于 2018 年在韩山书院对江孟君校友进行访谈。2020 年 9 月 1 日本书编著者李伟雄偕陈振烨、陈丹琪和刘心继到饶平县黄冈镇进行回访，受访者对原稿做了较大的修改与补充。

摩拳擦掌，备战高考

我1946年出生，小学就读于县城的饶平第一小学，初中就读于饶平华侨中学。1963年，我考上了饶平县的重点中学饶平二中。当时全县高中只有饶平二中招生，而且只招三个班，竞争的激烈程度可想而知。学校把高三的任教老师调回高一任教，为了挑选更优秀的学生参加高考，争取出高考状元。在高考前几天我们已经完成了毕业考和高考志愿填报。那时候填报志愿的形式与现在的大不相同，当时老师将所有考生一一叫进办公室，逐一询问我们填报志愿的想法，并根据我们的个人情况为我们分析学校信息和专业利弊。还记得当时老师根据我的成绩和喜好，建议我读五年制的医学专业，五年制求学时间有些长，但因我自己也偏爱医学，所以也就填报了医学专业的相关院校。这些都说明我们当时已经是做好了一切准备迎战高考了，同学们都做好了明年就上大学的准备了。

晴天霹雳，高考暂停

1966年夏天，还有几天就要高考了，学校安排我们在家自行复习。可是随后"文化大革命"开始了。接着我们听到中央电台的广播，说高考暂停半年。在这半年时间里，我们计划以更充足的准备迎战高考。但在那个特殊的年代，大家都在"闹革命"，并不允许我们天天在家学习。即便如此，我们当时还是利用空闲时间背诵了很多古文。后来又经历了红卫兵大串联活动，一拖再拖，等到了1968年，国家才宣布我们毕业，给我们发毕业证书。接着，在饶平二中当历史老师的父亲被调回老家三饶工作，全家人也跟着来到了三饶，我也因此避开了当时的上山下乡运动，在镇办小学当一名民办教师，教音乐。其实我并没有多少音乐细胞，但为了能挤进民办教师的队伍，就硬着头皮说自己懂音乐，可以教学生跳舞，搞文艺宣传。后来我高中时的数学老师和校长得知我的境遇，他们知道我在高中时的数学成绩不错，便把我从小学调到了饶平一中当数学老师。开始时我申请教初一的，但他们安排我教初二，再后来学校又安排我教初三毕业班数学。虽然那个时候可以在中学当民办教师对很多人来说是梦寐以求的机遇，但其实我的心中仍然是渴望高考的，这种心情在当时无人可以诉说，因为很多人都认为能当上民办教师就该知足了，又何必再去高考。就连我当时关系要好的同学都这样认为，那时候的我觉得知音难觅。

柳暗花明， 恢复高考

1977 年底恢复高考，但因为家庭的种种原因，我没办法参加。还记得 1977 年高考的第一天，我和一位在我们学校做木工活的中学同学在聊天，忽然听到了别人高考的钟声，我愣住了。可能是看到我的神情很不好，这位很了解我的同学跟我说："孟君，别难过，要是你觉得实在太痛苦了，忍不住，那就去门后哭个痛快。哭完把眼泪擦干，出来继续工作。"

终于等到恢复高考的第二年，也就是 1978 年，看到了自己已经符合参加高考条件时，我非常激动，赶忙跑去报考。当时我的父母、丈夫也都很支持我。但参加高考，当时对我来说是一个两难的选择。一是因为如果我考上了大学，那家里原本困难的经济就会更加拮据。而且当时我已经有三个孩子了，老大都读小学一年级了，这个时候正是需要我去照顾、培养的时期。如果我去读书了，那这个重担只能落到我丈夫的身上。二是因为我在中学当民办教师，倘若考不上，我教的学生便会质疑我的能力，作为一个中学老师，连大学都考不上，如何教学生？甚至学校可能会因此解聘我，丢失"饭碗"。当时，在我身边就有一个同学，当时他教的还是高中，但 1977 年高考时他连中专都考不上，之后大家都看不起他，甚至还因此嘲笑他。那个时候有一些中学民办老师就因为这样，报考后不敢去参加考试。面临两难选择，我还是不愿放弃自己的梦想。因为 1977 年的高考我已经错过了，这一次机会我一定要牢牢抓住。这时候 1977 年就考上汕头医专的高中同学林方琳写信鼓励我："你要相信自己，你是很有希望的，应该冲破一切阻力，排除内外干扰去参加高考。"就是这句话给了我巨大的鼓励，促使我毅然决然参加了高考。

但在高考前夕，上天又给我出了另一个难题。当时饶平一中刚好有饶平师范的实习生要来听我的公开课。如果我没有上好这一节公开课，那些实习生会反馈给学校，我可能会丢失"饭碗"。但如果要做好一切准备上课的话，那又意味着我会失去很多复习的时间。所以在这种进退两难的情况下，为了兼顾两边，我只能利用深夜加班备课，等把课备好之后再进行复习。我当时复习的重点科目是政治，因为这一科需要背诵的理论知识比较多，至于其他科目，物理和化学这两科是运用公式和理解牢记定义定理，复习就是读公式和定义定理，化学也是一样。数学科我基础还不错，也就轻松一些，而语文则因我父亲是历史老师，从小接触文史知识较多，基础也比较扎实。另外，我以前在小学教过语文，所以对一些字词文章总会熟悉些。这样一来，高考前的复习我便有更多的时间专攻自己薄弱的科目。可是，即便如此，我仍须花费很多的精力，挤出一切零碎时间学习。还记得那时候，物理试卷中有一些不明白的问题需要请教老师，我就先把孩子放房间里面，让他自己玩，然后赶忙拿着试卷跑去问老师。可是老师只讲到一半，我就得回去看孩子，因为担心他自己在家可能会不小心受伤，常常没办法将老师的解释听完，只能自己回去再琢磨。

在高考考场时我的压力丝毫未减，因为在我周围坐的都是我之前在饶平一中教过的学生，当时常会出现师生同考、父子同考的情况。作为老师参加高考，心理压力可想而知。高考后，我的压力并没有减轻。当时我还是有些不自信，便去问当时参加监考的同学，他却引用了鲁迅先生《药》中的一段话来回答我："希望是无所谓有，无所谓无的，这正如地上的路。其实，地上本没有路，走的人多了，也便成了路。"这回答让我更加担心了。后来，别人入围，录取的消息陆续传来，就是没我的份，到了这年的 9 月底，最后一批录取结束了，我的担心变成现实，希望落空了。我沮丧，伤心，不知如何是好。

也许真的是天无绝人之路，过了两个月，1979 年元旦刚过，我突然接到通知，高校扩大招生，我被韩师录取了。我终于被录取了！当周围的人得知我考上大学时，他们对我的态度可谓 180° 的转变，之前劝我放弃的同事当天便来请我吃饭，还一个劲地夸我厉害。还有一次，我生病住院，有一个不太熟悉的医生还到病房来看望我，说我是才女。当时，可以说是因为我考上了大学，很多人都对我刮目相看了。

难忘岁月，求学韩师

1979 年 2 月中旬，在首批录取的 78 级同学已经上了一学期课之后，我们这批扩招的学生到韩师报到了。韩师 78 级原先有一个化学班，我们扩招的便作为化学（2）班。录取时，我们的通知书写的是汕头地区师范学校大专班。报到的时候已经正式更名为韩山师范专科学校了。

当时学校的位置就是现在的西区。我们一进校门看到的是高大的教学楼，教学楼的右边是女生宿舍和男生宿舍 U 字楼。教室宽敞明亮，还有专门的实验室，如有机化学的实验室和无机化学的实验室、仪器室等。还有我们当时学习的圣地——图书馆。与同学们熟悉之后，我才了解到我们这一届学生的家乡大都在广东省内，比如汕头、潮阳等地方，也包括一些偏远山区。因为我们大都是贫困家庭出身，所以来到学校，见到这么多高大的建筑和新奇的教学器材，大家都赞叹不已，有种"陈奂生上城"①的感觉。女生宿舍安装的是"架子床"，一间宿舍大概住 10 人，宿舍区有整洁的浴室，公共厕所在楼道里，在当时来说，条件还可以。

---

① 《陈奂生上城》是作家高晓声创作的短篇小说，发表于 1980 年第 2 期的《人民文学》。

来到韩师学习，有两件事我们觉得很新奇。第一件是物理课。我们之前在高中学过的物理知识是："原子中电子围绕原子核运动，如同地球围绕太阳转。"在这里老师告诉我们说，电子在原子核外空间的运动是以在某处出现的概率来描述的，并不是一个确定的轨迹，我们用电子云来描述电子在原子核外空间出现的概率。电子和其他微观粒子一样，都具有波粒两象性，也就是说一个电子也具有波的特征，一个电子可以同时从两个门进入，我们没办法确定它的具体位置，只能用电子波来描述它的运动。我们十分惊叹于这些新知识，下定决心要学好，因为这对于我们以后的教学是非常重要的。

第二件是教材教法老师跟我们说，以后当老师，必须要以"培养学生的智力，发展学生的能力"作为目标，而不能用以前的"填鸭式"教学。当时我十分赞同老师的观点，等到毕业走上教学岗位后，无论在备课还是上课中，我都把重点放在培养学生的智力，发展学生的能力上面。在高三备考课的时候，我将课本的知识点归类总结，用排列或者是演绎等方法进行教学。同时注重发展学生的思维能力，比如将历年的高考题整理为正向思维、逆向思维和发散思维等类型题。这些学习方法都在高考中为学生有效赢得了时间。因为这种思维能力，学生在应对选择题、填空题时，解题速度大大提高。而且，我善于寻找解题技巧，注重培养学生的思维能力，使我十几年的化学任教班级成绩在学校总是名列前茅。还记得，那个时候同事们总会说不用跟我争第一了，能排到第二名就很厉害了。也因此，我当时任教的学校让我连任高三科任老师十几年。我不仅在教学工作上努力实现"培养学生的智力，发展学生的能力"的目标，在自己孩子的培养上，也将其作为指导思想。作为老师，我认为自己孩子的教育问题就如农夫的"自留地"，不仅要教育好学生这一片"公家地"，也要兼顾自己的"自留地"。所以当时要是在潮州书店看到关于培养孩子智力的书籍，我便会购买回来让孩子学习。在这样的指导下，我孩子的成绩都很不错，甚至后来在饶平一中任教时，我的孩子刚好在中考时考了一百分。有一个同事过来告诉我，我却拜托他帮我孩子减去一分，因为担心他会骄傲。其实，这些都得益于我们韩师老师的谆谆教导。所以我非常感谢学校当时选择了我们，让我们能够在这个大学里继续深造。

除了这两件学习上的新奇事外，在学校我感觉非常温暖，为什么呢？因为韩师那时候刚升为专科学校，有一些从饶平调过来的老师，刚好我和他们都很熟悉。又因为我们年纪相仿，他们也就没有把我们看作学生，而看成同事、朋友。对像我这样有家庭的学生，更是在生活各方面关心照顾。记得有一次，我丈夫带小儿子来学校看望我，谢忠烈老师就跟我说："孟君，今天晚上，你丈夫和孩子就来我的小房间住吧，不用去住旅社。"饶平籍的余湘涛老师也对我们非常照顾，总会叫我们去他那吃饭。有一次体育考试，曾在高中获得全县中学生运动会100米跑第二名的我信心十足，但没跑多久，脚就扭伤了，没有办法继续跑，而且后面还有长跑项目，就更没法参加了。所以我只能跟体育老师说，我年纪大，没办法跑步了。老师也就同意了，他们对我们这些年纪大的学生关照有加。现在想起来当时脚扭伤其实并不是因为年纪大，而是因为太久没有锻炼了。

还有一个故事，当时班里面有一位来自农村的同学，因为家庭成分不好，在生产队劳动处处受歧视，总被安排喷农药等有毒有害的活儿，因此他一闻气味就可以判别农药"敌百虫"和"敌敌畏"。来韩师读书时，生产队不肯把他年终分配结余的钱还给他，于是他写了一封信投到报社，投诉生产队这种做法的不合理。报纸刊登了这件事，刚好被一位东北姑娘看到了。那位姑娘深有感触，写信给他。两人书信来往渐渐发展成了情侣。记得后来他跟我说，毕业后准备回去结婚，还说东北的那位姑娘要过来，他要去广州接她。但据我所知，当时他们并没有交换过照片，就问："她不是不认识你吗？"我的同学回答说："那我就举一个牌子写着名字，她会看到的。"后来他们真的结婚生子了。可以说，这是特殊年代促成的一段特殊姻缘。

因为我们上学的机会难得，同学们的学习都非常刻苦努力，学校的学习气氛很浓厚，可以说大家是如饥似渴地学习。周六日有时也会出去买点东西，或者看一场电影放松一下，但回来后又会立马到教室继续学习。大家都希望学习到更多的科学文化知识，积攒更多的教学资本。尽管如此，有些科目对我们来说还是有些难度。比如我学英语就学得很辛苦，因为当时我们高中学习的是俄语，在韩师学英语时总会受到俄语知识的干扰。俄语中的"爸爸""妈妈"和英语的差别不大，所以我总会混淆不清；俄语的字母读音又与英语的不一样，学习起来特别困难。可以说，当时我们大部分的同学学得最吃力的科目就是英语。甚至在毕业几年后，我还经常会梦到要英语考试而吓出一身冷汗。

那个时候的学习虽然辛苦，但我们乐在其中，也懂得劳逸结合。我无法每个星期都回家，有时候星期天就会和同学结伴去一个在肉店工作的熟人那里买猪皮或猪骨头，偷偷在宿舍里煮，加

在校期间饶平籍校友合影，前排右三为江孟君

加餐。还有一次，学校要举行晚会，我们化学专业有两个节目，其中一个是合唱《再见，妈妈》。因为需要伴奏，就请一位音乐老师来教我们弹风琴，我被选上了，在老师的指导下，我边学弹琴技巧边练习伴奏曲目。我们刻苦地练，老师热情耐心地教。后来我们才能出色地表演这首歌。化学游戏也很有趣。我们运用化学原理，把竹子掏空，装进炸药，再放一些纸巾和锡纸，点燃后就会发出"嘭"的爆炸声，第一次尝试很成功。后来我又带一些同学做这类化学实验。有一次班里一位惠来的女同学在实验室里做试验，想制作和在街头巷尾卖的一样的"小鞭炮"。谁知道在制作的过程中爆炸了，她的眼睛炸伤了，在医院治疗时整个脸也变得黑乎乎的，等到快毕业时，正好脱了一层皮，她的脸变白了，变漂亮了。

我们当时认真学习，刻苦钻研，所以在学习上并没有很大的问题。但我作为三个孩子的母亲，对孩子的思念却像是压在心头的石头。有时在路上看到别人带着孩子玩耍，就情不自禁想念家中年幼的孩子。因为学校与我家的距离较远，我很长时间才能回一趟家，没办法经常见到孩子。还记得来韩师读书时，我的丈夫和孩子，还有以前教过的学生带着鸡蛋来送我。这让我既感动又不舍，上车后早已泪流满面，不敢直视他们。

幸运的是，思家的痛苦有时因为一些巧合得到缓解。记得有一次我工作过的三饶镇小学准备文艺晚会，需要到潮州购买一个鼓，学校领导便派我去买，给我报销来回车票和鼓的费用。这个差事，给了我一个回家机会。鼓买好了，乐器店离车站还有一段路程，本来可以雇佣人帮忙和托运的，但我想，鼓虽大却轻，为了省钱，我一个人将鼓从店家那里搬到车站，带上车回三饶，既看望了家人又给学校省了钱。

韩师的学习环境好，伙食也不错。要知道那个年代能吃饱饭就已经很幸福了。那时候，我们师范生不仅免收伙食费，每个月还会有几元钱的补助金，补助金是按照家庭经济状况分等级的，当时我被评为每个月4元，这在当时是最多的了。在粮食方面，我们还有大米补贴，而且还经常能吃到猪肉，虽然只是薄薄的几片，但也很满足了。记得有一次回家时，家里好不容易买了点肉，我跟母亲说，我在学校天天都有猪肉吃，这猪肉你们吃就好，我不吃。他们听完也很高兴，原本担心我在学校会挨饿，没想到在学校还吃得更好。

当时学校每月会给学生发一本饭票，每天分早、中、晚三餐三张票，同学们戏称为"吃日历"。如果没有用完，就可以到总务处退钱和粮票。当时粮食缺乏，粮票可以换很多东西。我就用粮票换过陶瓷玩具带回家给孩子玩，还换过几顶帽子给家人用。至今我还保留着几张当时在韩师求学时攒下来的粮票。

学成归来，投身教学

1981 年韩师毕业后，我回到了饶平一中教书，当时饶平一中全校只有七个老师是大学生，包括我在内。回去教书时，我发现一个很大的变化，之前当民办教师时学校分配的房又窄又小，只有一张木桌子和一盏煤油灯可以让我备课。可是现在学校给我分配了一间很好的房间，听说还是以前学校书记用的。虽然只是一间土房子，前面有一个可以做饭的地方而已。但说明了当时大学生的工作待遇要好于常人，也说明了当时优秀师资的匮乏。

记得毕业前夕的班会课上，我对同学们说："毕业后，我一定脚踏实地教好书，做一个深受学生和家长欢迎的好教师，在山区小镇当一名教师，实在是太平凡，太辛苦了！但我既然选择了教师这个职业，我就无怨无悔。"当时的我真的是这样想的！到如今，我三十年如一日，勤勤恳恳耕耘于中学教坛。如果说我也算取得些许成绩，这是得益于母校良师的教诲有方。因为在韩师，我接受了新的教育思想和理论的熏陶，懂得必须把"发展学生的智力，提高学生的能力"作为教学的基本目的和宗旨，这种理论在当时是很先进的一种教育思想。后来的教学实践表明，我也确确实实地把这种教育思想渗透到我的课堂教学中了，"随风潜入夜，润物细无声"，教育的特点永远是这样的！毕业后的第三年，我开始承担高三化学教学任务。这是考验和检查我教学质量是否合格的时候了！我暗下决心，要教书就要教得最好。这段时期，我的工作是反常规和超负荷的：经常是工作到凌晨一两点，星期六和星期天都在备课，还学会了刻写蜡纸和油印试卷，使学生能够及时进行各种各样的配套训练。有机会时我就到各地书店买有关高考化学的书籍。我总是这样悉心地研究化学教学的体系和细节，研究每一年化学高考的重点内容和学生的知识盲点，试图找到一些演变特点甚至是规律性的东西，并结合学生的实际情况，不断改进教学方法，提高教学艺术，很快形成自己独具特色的教学体系和方法。例如我的"联想模式法""举一仿三、返三归一"法等，总能在不同的年份里，充分激发学生的思维潜能，较好地解决学生因化学知识繁杂而易学易忘的难题，也较为系统地解决了学生化学理论知识迁移和深化等一系列难题。功夫不负有心人，二十世纪八九十年代的高三教学中，我所教的学生每年化学科高考成绩都获得了全县中学的第一名，荣获县"高考优秀学科奖"。我个人和家庭也因此多次受到国家、省、市、县各级政府的表彰和奖励。这就是我向母校交上的一份较为满意的答卷。

为人师表，面对学生，教师首先必须处理好师生关系。如果一个教师在学生心目中没有威信，说的话学生不听，上课学生捣蛋，教学任务一定无法完成。在长期的实践中我就明白了这个浅显的道理。我们面对的这些学生，他们身上往往有各自家庭的优良习惯或不良印记，还会受到社会各种不良风气的影响。我也知道，这些学生纵使有着这样或那样的缺点和错误，但他们有着更多的闪光的纯净品质，这种纯净如不加以珍惜和雕琢，那在他们成年以后，就再也难以寻觅。因为他们的可塑性很强，所以我们必须正确面对，认真分析并加以雕琢。对此，我总是认真地找出这些学生学习行为出现错误的具体根源，然后去疏导他们，而不是无原则地迁就。同时教师还必须通过自身的人格修养、工作作风、工作效果去建立威信，管好课堂纪律，所以必须认真备好每一节课。上课则要使学生乐于接受，易学易懂，同时注意启发他们灵动的思维，只有这样，正常的课堂教学才能顺利进行。因为我所教化学科多年来高考成绩都在县里的中学名列前茅，所以学生很信任我。多年来，我的教学工作都得心应手。

孟子说："幼吾幼，以及人之幼。"没有爱，就没有教育。当我们用一颗爱心去了解和研究学生的心理，用不同的方式去关心学生，引导学生，严格要求学生，随时协助学生解决思想上、生活上遇到的问题和困难，对教师的信任感就会在学生的心目中慢慢建立起来。爱得到了回报，学生离开学校后，还会念念不忘他们的恩师。

在中学任教期间，我每年收到学生的信件、贺卡少则几十封，多则近百封。几年前，有一个远在山东部队工作的学生发短信给我："人生总有几个亲人和师长值得回忆、怀念，你俩（指我和丈夫）就是其中二位……"并几次邀请我们到山东去游玩。当有学生从北京寄给我一片香山红叶，或是大学毕业时给我送来了"优秀毕业生"奖状，或是春节带着他们的配偶和孩子给我拜年时，总是亲亲热热地叫着"爷爷""奶奶""新年好"时，我为我能当一名教师而感到无怨无悔，感到自豪和骄傲。这些难道不就是我一生执教的丰硕成果吗？这难道不是我们当教师才能享受到的幸福吗？

2001年，我退休了，回顾我的教育生涯，我收获了丰厚的回报，收获了学生的感恩，做了一个又一个学生的"江妈妈"。

1989年我被评为广东省优秀教师，1994年被评为中学特级教师；1990年我家获得全国"优秀教育世家"（全国30户，广东省2户）的殊荣；1999年评为

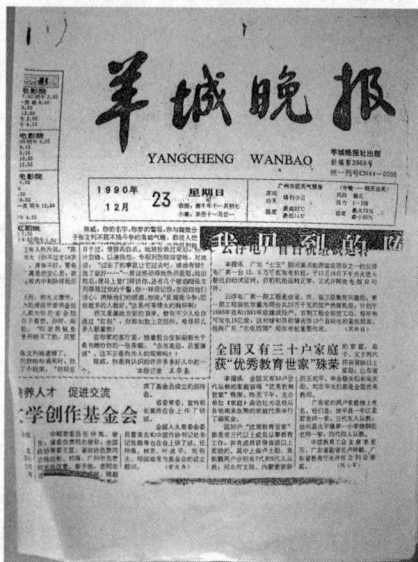

1990年《羊城晚报》报道30户全国"优秀教育世家"

"广东省书香家庭"。退休后还两次受到国家的奖励，2002 年我被评为"全国归侨侨眷先进个人"；2008 年我的家庭被评为"全国平安家庭"。我的退休生活过得不亦乐乎。

以上这些就是我——一个韩师学子、山区小镇普通中学教师的学习和执教生活。

回顾我的教学历程，我感到很幸福，很自豪。因为我选择了平凡，选择了艰苦奋斗，选择了奉献和给予，也收获了丰硕的成果。有人说："教师是蜡烛，照亮了别人，燃烧了自己。"这句话我认为不妥，道家有一句充满哲理的名言——"有舍才有得"，你在奉献和给予的同时，也有收获。舍和得不分先后，因为在自己愿意付出的同时也给自己留下了发展的空间。我见过许多教师对物质并没有巨大的奢求和欲望，长时间做教师，教育了学生，同时也教化了自己、修炼了自己。在物欲横流的时代里，保持着宁静与淡然的心境，这大概就是教师这一职业带给我的吧。

韩师的学生，毕业后很多人要当教师。我认为教师这一职业不只是谋生的手段，而更多的是对生活境界的体悟；每天的教学工作不是简单机械的重复，而是不断的创新；不是牺牲生命而是享受生活。教师的工资待遇不高，物质生活并不富足，但我体验到了"教师"二字给我带来的内在尊严和收获成果时的欢乐和陶醉。作为一名教师，我感到很满足，很实在，很幸福。我衷心感谢母校选择了我、培养了我。谢谢母校！谢谢恩师！

访谈现场，摄于 2018 年（左起：黄惠茹、林少娟、江孟君）

回访江孟君，摄于 2020 年（左起：陈丹琪、江孟君、李伟雄）

郑培贞

1948 年 4 月生，广东汕头人。1964 年就读于汕头市第一中学。韩山师专1978 级英语班学生。中学英语高级教师。1968 年上山下乡到海丰县梅陇公社红阳大队。韩师毕业后任海丰县梅陇中学英语教师。1985 年起执教于海丰县彭湃中学英语学科。公开发表教学论文多篇。2003 年退休。

本文初稿由李俊峰、张雪丽和陈颖三位同学提供，他们曾于 2018 年在韩山书院与郑培贞校友进行访谈，陈潜、邢煌、陈明和校友一同陪访，陈颖对文稿进行了整理。本书编著者在组稿时进行了回访，受访者对原稿做了修改与补充。

78 级英语班毕业照

第一排左起：邱宝书老师、蔡来有老师、张仲森老师、罗英风老师、陈宗民老师、张文宏副校长、刘德秀副校长、蔡育兴副校长、黄宇智科长、吴兆福老师、苏子锐老师、郭伟器老师、蔡序鹏政治干事、陈小芹老师

第二排左起：纪敏、陈明和、吴德明、朱诗华、林振昌、林炳正、陈华德、许祥民、邱伟强、李延宗、赖麟生、陈英谋、陈潜

第三排左起：马惠仪、陈燕芳、蔡惠玲、郑培贞、谢若琪、陈苏平、陈丽珊、周向红、马燕纯、蔡霓、徐珊、庄泽华、马丽瑜、曾美华、庄少琼、唐婷、林建丽

第四排左起：邢煌、温名正、吴杰川、刘永涉、吴炳福、林昌荣、郭春光、肖明华、吴宏耀、李绪德、黄奕丰、于东风、李湘浩、郭爱民、吴潮长、郑光辉、郭仁炎

时代浪潮，上山下乡

访谈者：郑老师，您好！很荣幸能够采访到您。听说您来韩师之前历尽千辛万苦，可以请您谈一下当时的情况吗？

郑培贞（以下简称郑）：1966 年，我在汕头读高二，本来打算考大学的，但由于"文革"的缘故，我不得不中断学业。后来，我响应毛主席"知识青年到农村去，接受贫下中农再教育"的号召，上山下乡到海丰县梅陇公社红阳大队。而海丰县当地的知青则要到惠东县或者海南岛下乡。我这一去便是十年。因扎根农村，年龄越来越大，回城又遥遥无期，我不得不选择在乡下成家。"文革"结束时，因为我已与当地农民结婚，又生育了三个孩子，按照当时的政策，是不可以返回汕头市工作的。但我始终没有忘记我的大学梦，一直认为，只有参加高考，才能改变命运。所幸我抓住了这最后的机遇。

访谈者：下乡的时候，您主要做什么呢？

郑：主要是种田、养猪、做家务，我还会坚持学习。那时候村里也有学校，我本来想去教书，但是所在村子的学校比较小，不需要太多老师，所以就没拿到名额。大概是 1976 年，红阳大队派我到县妇幼保健院参加接生员培训，结束县里的学习后，我还曾到梅陇镇卫生院妇产科跟随医生实习（包括流产、接生等内容）。实习完毕后返回乡里，其间我曾独立给村民接生过一次。不久，传来了恢复高考的喜讯。因村里原来已有一名接生员，我便没有继续做这份工作，开始复习，准备考大学。

访谈者：您当时的梦想是当一名老师吗？

郑：不是，我想当记者，但是填志愿的时候，梅陇中学的老师劝说我："你知道什么人才能当记者吗？要具备良好的家庭背景（当时称为'红五类'的家庭）的人才能当，如今能就读师范院校，毕业后能当老师也是相当不错的，也能够为党发挥作用。"

访谈者：那您选择老师这条路是属于偶然的吗？

郑：也不是偶然。如果能从事别的职业也可以，但是我们也是老师培养出来的，老师就是我们的楷模。因此，我也愿意选择教师这个职业。

柳暗花明， 韩师岁月

访谈者：您当年是如何考上韩师的？

郑：1977 年，我第一次参加高考，分数远超过大学录取分数线，最后却没有被录取。而其原因是我岁数比较大，且已有家庭。但我毫不灰心，还到梅陇中学进行补习。1978 年，我第二次参加高考，这一次高考的分数仍比很多被录取的人高。当时同县一个校医的女儿也参加了高考，她的分数比我低，却被华南师范学院录取了，而我依然没有收到录取通知书。当时我的舅舅告诉我，这一次一定要写信到广东省政府反映。于是，我就写了一封信给广东省政府，大意是：根据政策，婚否不限，为什么我就没有被录取呢？而且我的分数很高，其他分数低的可以被录取，而我却不能？最后这封信也不知道被转到哪个部门。后来就有了新的政策，韩师接到省里的通知，可以进行扩招，便派陈宗民①主任去广州补录。后来他老人家回忆，有几个名额可供补录，他看了我的教育背景，是读过高中的，年龄又比较大，认为应该先录取我。于是，我就被补录了，就这样来到了韩师。

---

① 陈宗民，缅甸侨归时任韩师英语科主任，主要教授听说课。

陪访交流的校友（左起陈潜、邢煌、陈明和）

邢煌①（以下简称邢）：当时郑培贞因为年龄大，又有家庭，分数虽然很高，却无法被录取，幸逢扩招政策，最后才到韩师，真是一波三折，历经艰辛，但最终还是天遂人愿。她是我们班最有奋斗精神、矢志不渝的女性代表，我至今还印象深刻，佩服不已。

访谈者：您最初对韩师的印象如何？

郑：来到韩师，我感到特别高兴，特别满意。相比起我在海丰补习的梅陇中学，韩师各方面条件都比那里好。在这里，我可以继续实现我的理想。而且，我来报到的时候，班里的同学都很热情地接待我，我感到特别温暖。记得当时你们（指陪访的三位老校友）已经上了一学期的课，我是第二学期来报到的。当时同在梅陇考试的林振昌②比我先到韩师就读一学期。

访谈者：所修的课程主要有哪些呢？

郑：学习的课程有很多，当时英语专业的课程分得很细，有精读、泛读、听说、语法，还有第二外语，即日语。后来还开设一些公共课，包括教育学、心理学、哲学、政治经济学、中文、体育等。英语专业有很多教材：第一学期，我们的精读教材主要是由北京外国语学院主编的第一、二册，到第二学期，增加了由商务印书馆出版的许国璋主编的教材第二册；第二学年，使用许国璋主编的第三、四册；第三学年则使用俞大纲主编的第五、六册。此外，泛读课的教材还摘选英国教材 *Essential English* 和美国教材 *English For Today*；听说课的教材包括美国教材《英语 900 句》、英国教材 *New Concept*；语法教材

---

① 邢煌，中学英语高级教师。1981 年毕业于韩山师专英语专业，任教潮州市太平中学，1994 年起，在潮州市湘桥区虹桥职校任教，曾任英语教研组组长、外贸专业班班主任，并教授外贸英语、英语口语、听力课程，1996 年，所教班级 23 人参加英国剑桥大学商务英语一级证书（BEC）考试，21人顺利通过，其中 5 人取得 B 级成绩。

② 林振昌，在韩师与郑培贞为同班同学，毕业后又与郑培贞同分配到梅陇中学，共事四年。

为张道真著的《英语语法》以及郭伟器老师自编的教材。

访谈者：哪位老师给您留下了深刻的印象呢？

郑：印象比较深刻的有三位老师，分别是陈宗民老师、苏子锐老师和罗英风老师。陈宗民老师是缅甸归侨，当时是我们英语专业的主任，主要教听说课。陈老师在中华人民共和国成立之前，就放弃了国外的优厚待遇，立志回祖国，为中国建设出力，但是却不随人意，四处碰壁。然而他却没有放弃自己的理想，在"文革"结束后，毅然决然地选择继续留下来，为国家效力，虽已年近半百，但他在课堂教学时，精力非常充沛，十分有活力。我记得上听说课时，陈老师每讲完一段英语句子，便要求我们以个别或集体的形式交替复述，最后再整段复述，这样，有助于大家高度集中精神，认真听讲，我们也丝毫不敢懈怠；接着，陈老师又根据听说内容提出问题，要求个别、集体回答；然后，他要求同学们向他提问，或同学之间相互问答；最后，他要求同学们根据本节课的主要句型，两人一组或四人一组自编对话。在如此高强度的训练下，我们的英语听说能力都得到了很大的提高，也逐渐养成了平时讲英语的好习惯。这是我对陈老师的深刻印象，其他两位老师，我想请邢煌老师帮我介绍。

邢：我对其他两位老师的印象也是非常深刻的，苏子锐老师是新加坡归侨，说一口流利的英语，任大二、大三精读课的老师。他讲课幽默，妙语连珠，多次博得大家喝彩！这对我们来说，是难得的提高英语听力的机会，自从听了苏老师的课，我们全班的英语听力水平都得到了很大提高。苏老师除了认真授课外，还不时穿插讲述他在国外的生活经历，使我们不仅收获了课本的知识，也了解了国外的生活，既开拓了我们的眼界，又提高了我们的英语听说能力。他的特点是英语专业词汇量多、待人接物很有亲和力，业余时打羽毛球也十分了得。

提到罗英风老师，不得不让我们肃然起敬。他经历过反右倾运动、"文化大革命"的打击，历经艰难困苦，仍然保持一颗初心。他一直以来沉醉于教学中，也出版了不少著作。罗老师以学贯中西、文章翻译优美流畅著称，上课中不时给我们启发和点拨，令我们茅塞顿开。特别是针对我们在翻译中存在的问题，他指出，良好的翻译，要做到"信、达、雅"，而要达到"雅"，则应加强中文基础，增加古文阅读，才能提高翻译技巧。

访谈者：当时韩师的师资情况如何？

郑：陈潜书记①，你也来介绍一下吧！

陈潜（以下简称陈）：当时，教我们听说课的老师还有陈小芹、陈小玲两

---

① 陈潜，1981 年毕业于韩山师专英语专业，1981—2014 年（现退休）在汕头市鮀滨职业技术学校工作，曾任教师、教务处副主任、实训处副主任。

位刚大学毕业的年轻老师，由于教学经验、知识储备仍不足，她们备课都非常认真，不断地提高自身教学能力。她们的课堂上互动十分活跃，同学们都集中注意力认真听讲，两位老师都很有亲和力，给我们留下深刻的印象。

更让我难以忘怀的是，当时韩师大专英语专业刚建立，面临师资严重不足的问题，而努力建设一支过硬的教师团队，成为那时的当务之急。为此，陈宗民老师积极想办法，不断地扩大聘请，亲自到普宁发掘人才，聘请刚从新加坡归国的苏子锐老师；同时，还外聘了汕头农校的郭伟器老师，负责教语法；此外，还邀请了当时潮州城内比较有名的英语老师，如金山中学已退休的黄韩水老师和张钦宏老师作为客座教师，给我们开讲座，以此来充实师资队伍的力量，既解决了当时的师资不足的问题，又提高了我们的教学档次。陈宗民、罗英风、苏子锐三位老师，是我们知识的引路人，他们不仅授人以鱼，更授人以渔，使我们终身受益，改变了我们的命运。我们能有今日，都离不开老师们当年的辛勤付出。

另外，当时我们的教学设备还是相当落后的，录音机很重，需要两个人才能抬起来。后来，有位同学通过亲戚从国外购买了卡式录音机，这台录音机对比起原来的那台要轻便很多。当时我还跑出去录了一些语音材料，与大家一起分享。后来学校也增加了一些教学设备，并且还设置了专业的图书室，解决了我们当时面临的问题。

访谈者：当时的师资为什么会如此缺乏呢？

陈：韩师于1963年因形势需要，大专下马。我们入学前，学校叫作汕头地区师范学校，是中师。1977年之后，叫汕头地区师范学校大专班，1978年恢复大专时，改为韩山师专。当时的师资，教学模式、教学设施都是从中师的基础上发展的，所以多少带有中师的影子。但当时的老师都非常敬业，非常投入，不断地调整课程结构，充实教材，改进教学。学校也不断地招聘教师，完善教学设施。在英语学科带头人陈宗民老师的带领下，英语系建立了一支非常难得的教学团队。当初，我们并没有注意到这些变化，只有当自己毕业后成为一名老师，才知道当时我们的老师们是如何积极投入，如何改善教学质量、注重增加设备，并不断地改进，以满足教学需要的。

访谈者：韩师的老师真的很值得钦佩，这些老师里面有班主任吗？

郑：有，我们班是每一年换一位班主任，与现在大学的班主任制不同。我们入学的时候班主任是黄光辉老师，第二年是蔡来有老师，这两位老师都是音乐老师，第三年是吴兆福老师，主要教英语。

访谈者：当时的学习氛围如何？

郑：那时，我们都非常珍惜这来之不易的读书机会，认真地学习，每天都很早起床，做早操、背单词、读课文等。可能现在的年轻人很难体会到我两次高考后才入学的心情，那种对学习的渴望及艰辛的求学经历，让我加倍珍惜这来之不易的读书生活。当时真是夜以继日地读书，力争把过去的损失夺回来。像我这样的，班里还有几位同学，也是通过第二次高考考进来的，年龄比较大且来自农村。难以想象的是，我们凭着高度的自觉性和旺盛的求知欲，一直在刻苦学习。虽然在记忆力、英语发音、英语听说能力方面相对较，但我们不断纠正语音，增加阅读量，练习英语听说，甚至达到废寝忘食的地步。值得一提的是，晚上熄灯后，还有同学悄悄去教室自习或听录音训练听力，或躲在被子里，用手电筒照明，继续学习。最突出的是班里一位叫温名正的同学，他半夜在教室里秉烛夜读到凌晨四五点，而且一直坚持不变，这种精神难能可贵，令人钦佩。

陈：是啊！我们那个年代的人，一直秉持着拼命学习的精神，十年"文革"，教育凋零，有如此的局面，来之不易，所以，每个人都非常刻苦认真，不敢有丝毫懒惰。

访谈者：当时韩师的住宿环境是怎么样的呢？

陈：当时八人一室，第一年，我们住在山腰的 U 字楼，与韩文公祠相隔并排，坐西朝东，宿舍门离西边楼梯很近，东面被山墙挡着，无法通风，反而很潮湿；第二年，我们搬到山腰最顶层，即 U 字楼上面过天桥的山腰宿舍，坐西朝东，比韩文公祠更高。冬天，寒风凛冽，有时宿舍门被狂风吹开，冷得够呛；夏天，太阳西斜，宿舍又很闷热，住得很难受，但我们都毫不叫苦，尽量克服困难。教室也是一样的闷热，

酷暑时，陈潜穿着用水弄湿的背心，在教室学习

有时晚自习，汗流浃背，我们也坚持下去。我现在还留有一张照片，是夏天在教室自习时拍的，我穿一件特地用水打湿的背心，觉得这样才凉快些，真是冬练三九，夏练三伏啊！

访谈者：那时的生活条件如何？

郑：那时候读大学是不用钱的，政府还提供助学金，每月 21 元，作为生活补助。我们很感谢政府的政策，让我们可以专心致志、心无旁骛地学习。

陈：那时我们这些男同学经常肚子饿，有时便在学校大门外面的市场买菜，再到韩文公祠左边的 U 字楼宿舍内烹煮。当然这种情况大多出现在男生宿舍，女生宿舍很少。

邢：当时的学习环境、生活条件虽然比不上现在，但我们仍然迎难而上，丝毫不敢放松学习，可谓"卧薪尝胆"啊！同学之间虽然年龄相差很大，但彼此都关系都很好，年龄较大一点的同学对我们年纪较小的相当友善，而我们也很尊重他们。我是"文革"时期的学生，英语基础比较差，翻译能力的确比不上他们这些受过完整教育的年纪较大的同学，我经常向他们请教，他们也很热心地指导我，我们都相处得很融洽。

邢：为什么培贞老师能够成为我们的代表呢？这是由于她身上所散发的优秀品质使然。她因为"文革"，响应毛主席"知识青年到农村去，接受贫下中农的再教育"号召，奔赴海丰下乡，扎根农村，回城遥遥无期，年龄大了，在乡下成家。"文革"结束，因丈夫是本地农民，且已生育孩子有三，按当时政策不能回城工作。她希望通过高考，改变命运，第一次高考虽然获得高分却没有被录取，但她仍不忘初心，继续努力，没有放弃梦想，最终如愿以偿，圆了大学梦。

访谈者：郑老师很了不起，您怎么安排家庭与学习之间的关系？

郑：当时我已经是三个孩子的母亲，再加上大学学习任务繁重，对家庭是有一定影响的。还好有家人的支持，特别是我的母亲一直鼓励我好好读书。我本来打算把小孩带到学校照顾，再一边学习，但母亲坚决不同意，她说千万不能带孩子一起去，既然去学校读书，就要专心学习，孩子由她来带就好。最后我把7岁的大女儿托付给母亲，她在汕头市永平小学读书，后来因为政府政策规定，若家长一方没有在汕头市单位工作，则小孩不能在汕头求学，最后她只能回海丰读书。另外两个孩子原来也托付给了我的父母，后来因为住不惯，也被送回海丰老家了。幸好当时有家庭的支持，不然真的不知如何是好。

访谈者：那除了学习外，当时韩师是否有校训、校章、校歌以及文娱活动等呢？

郑：当时初办大专，各方面还不完善，没有像现在一样有学校的标志。不过有校徽，当时的校章跟中学老师的校章差不多一样。陈潜老师是我们班团支部书记，他了解得比较多。

陈：当时没有那么完善，但学校经常举行一些活动。我印象最深的是入学的时候，班主任黄光辉老师带我们唱《在太行山上》，我们都是有感而唱，觉得非常激奋、励志，可见我们对老一辈革命精神的崇敬。后期还组织过文艺演出，各班根据各自特点自编自演。我们是英语班，主要把英语故事改成英语短剧，同学们都很积极地参与这些活动。

访谈者：平时除了学习外，班里同学会组织一起去游玩吗？

郑：有。但是具体想不起来了。

陈明和①：有的。1979 年我们大家一起去西湖公园，那时我们利用节假日出去活动，并邀请陈宗民老师、陈小芹老师和蔡序鹏政治干事，还拍了一张大合照，这也是我们班第一次出游，当时培贞老师还没有来学校报到。

1979 年春，英语班举行活动，畅游潮州西湖公园，邀请陈宗民老师、陈小芹老师、蔡序鹏政治干事同游

陈明和：1980 年我们全班组织去桑浦山东山湖游玩。那时候除了我们自己班里的同学外，来深造的惠来中师班几个年纪小的同学也跟我们一起去游玩。每次活动主要是班长和团支部书记组织并负责拍照，这些照片现在还被我保存得很好，这是我大学时光里最为宝贵的东西。

访谈者：现在大家还有联系吗？

郑：有。1994 年和 1995 年共有两次聚会。2011 年，我们班举办毕业三十周年大聚会，全班同学基本都到齐了。当时我们这个班 50 多人，仅汕头就有 19 人。我这里有一张照片是在汕头市政府的会议室拍的，当时大家先到汕头市迎宾馆集中，第二天再出发到韩师聚会。遗憾的是，一毕业我就回到海丰，那时候通信很不方便，班里同学来自各市各县，因为距离太远，就断了联系，因此，我缺席了很多聚会。最后靠同学之间三三两两传来传去，最后才和大家联系起来。记得当时我偶然跟班里来自汕尾的陈华德同学联系，他就把我的电话号码告知来自南澳的吴德明同学，再由吴德明告知汕头市区的同学，最后我们才取得联系的。

---

① 陈明和，1981 年毕业于韩山师专。毕业后到汕头十一中学担任英语教学工作，直至退休。1992 年起任学校教研组组长，长期担任初三毕业班英语教学工作，教学成绩突出，数次获学校"优秀教师"称号。

1980 年 10 月 12 日，英语班组织活动，到潮州东山湖旅游，邀请班主任吴兆福老师参加

1994 年，韩师 78 级英语班师生聚会

访谈者：在韩师读书期间您还有什么印象比较深刻的事情？

郑：有些也记不太清楚了。只记得我们那时读书的时候，韩师环境非常安静。在韩师的山腰，韩文公祠成了橡胶厂，环境比较差。这次重游发现，韩师大变样了，发展得越来越美丽了。

访谈者：当时韩文公祠是什么样的？

邢：那时的韩师古朴而清静。当年韩师的大门既小又厚，进门的右边是大操场，左边是食堂与礼堂的组合。韩文公祠隔壁的 U 字楼是韩师最高的建筑，站在最顶层可以看见湘子桥的全景。每当韩江发大水时，我站在 U 字楼上俯瞰汹涌澎湃的江水，一泻千里；要是登临笔架山顶俯瞰江面，更惊心动魄。韩师的空气清新，夹杂着溪水味、山草味，环境清静，非常古朴。如今的韩师变得非常热闹，人口密度大，出入车辆多。如果过去出现一辆汽车，会是一件很不得了的事情。我常常看到人们从韩师附近直接走过湘子桥，到城里上班，桥上人来人往，川流不息。如今社会迅猛发展，昔日繁忙、拥挤的湘子桥，而今已经成了旅游观光的景点，更具浓厚的历史韵味了。

硕果累累， 心系韩师

邢：郑老师毕业分配不能如愿，无法回到汕头照顾年迈多病的双亲，被分配回原来下乡的地方教书。正所谓："白头双亲，倚闾望切，而乌哺为难，茹苦谁知？"她深感无助，只得含酸自咽。然而，她毫不气馁，舍小家为大家，仍积极工作，认真教学，硕果累累，最终还取得了中学高级教师资格。

访谈者：您能否谈谈您对英语教学的心得体会？

郑：讲一下我的教学工作吧。我认为英语教学最重要的是理解、记忆、运用，三者互相结合。对此，我提出以下三种方法探讨英语学科教学的特点，一是用"自主探究法"进行口语教学，让学生在英语教学中越学越灵活，越学越有探究创新精神；二是用"整体阅读法"进行课文阅读教学，它是客观规律的反映；三是用"全方位互动法"进行语言知识教学，即多种方法互相运用，让学生学有目的，学有方法，学得轻松愉快、确有所获。在理解的基础上进行记忆，在此过程中，英语发音要正，要教会学生运用"国际音标"这根"拐棍"，这样才能掌握发音的主观能动性，才能接近语言实际，容易记住，在听力训练方面亦如此。英语教学中"理解"方法的运用，主要有四方面需要强调：一是要进行有意义和有效性理解的教学；二是要在具体的语境中加强理解；三是要从最佳角度入手理解；四是要学会整体性和专题性相结合地理解。

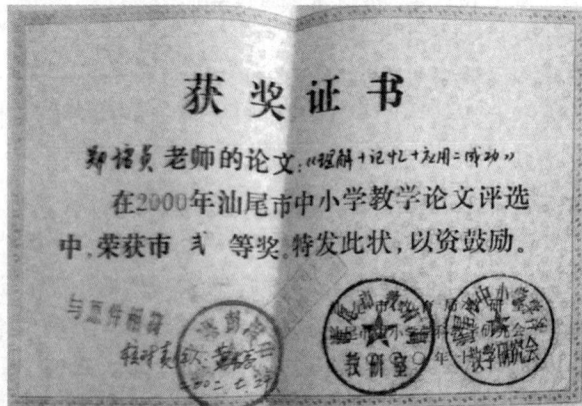

郑培贞的论文获奖证书

访谈者：您当时所教的学生水平如何？

郑：毕业后，我被分配至海丰县梅陇中学，那里的学生基础都不错，好学勤学，第二年，我带两个初三班参加中考时，我们学校（梅陇中学）英语科成绩拿了全县第二名，仅次于彭湃中学。最主要的是教学方法对，学生肯学习。后来，我调到彭湃中学任教，这是海丰县的重点中学，学生学习的自觉性和能动性更高，尊师重教蔚然成风。

访谈者：您与学生们有联系吗？

郑：有，但是联系比较少。那时候在梅陇中学任教，我还年轻，跟学生的感情比较深厚，所以他们聚会的时候也会邀请我。以前教他们的时候，他们年纪很小，在外面发展之后回来，变化很大，很多学生都认不出来，我退休后就很少联系了。但有一个学生给我留下深刻的印象，他之前在梅陇中学担任校长，后来调到电大当校长，最后调到彭湃中学担任校长，是我教过的优秀学生之一。

访谈者：您认为怎样才能成为一名合格的老师呢？

郑：我觉得要成为一名合格的人民教师，首先，要思想品德好，要忠诚党和人民的教育事业，要为人师表，处处以身作则，作学生的楷模。其次，要认真备课，上课时要胸有成竹，有的放矢，善于引导学生，让学生学到知识和本领，是老师的责任。还要重视对学生的个别辅导，因材施教，重视对学生作业的批改和评讲。再次，要积极参加教研活动，与同科组的老师们多沟通，交流教学上出现的问题，反馈到教学中来。

访谈者：能否谈谈韩师对您的影响？

郑：韩师对我的人生影响很大。如果没有读韩师，就没有我今天取得的成绩。感谢当年政府拨乱反正，恢复高考制度；感恩老师的培养和辛勤付出。当年的老师们教学非常认真，对学生非常关心，他们的教学方式很容易理解吸收。同时，老师也经常教导我们："从事教育事业是一件光荣的事，你们以后要继承韩师的精神。"我们是韩师的老师们培养出来的，更要把韩师的精神发扬光大。而韩师的精神便是要关心、严格要求学生，不仅要教授学生知识，还要传授学生做人的道理。

访谈者：您对韩师的学弟学妹有什么想说的话？

郑：作为韩师外语系第一届学生，如今看到外语系升格为外语学院，很高兴。我衷心地希望学弟学妹们能继承韩师校风，不忘初心，不断进步。

附录：郑培贞为韩师四十周年校庆而作的诗文

2018 年韩师再聚首有感

一九七八，举国欢腾；
结束动乱，百废待兴；
拨乱反正，高校招生。

不同年龄，却能同窗；
大专院校，培育精英；
师生发奋，科教复兴。

如饥似渴，学好课程；
你追我赶，万马奔腾；
听说读写，训练不停。

语法阅读，项项要精；
学无止境，互帮提升；
师生合力，众志成城。

春华秋实，硕果丰盈；
三年苦读，学业修成；
拜别师门，各奔前程。

汕头潮州，揭阳普宁；
潮阳澄海，海陆饶平；
韩师弟子，杏坛播种。

回首教坛，不忘初衷；
教书育人，乐在其中；
桃李芬芳，立德立功。

四十余载，今又重逢；
同窗聚首，情谊浓浓；
谈笑风生，老妪老翁。

感慨万千，岁月匆匆；
当时青年，鬓发染霜；
而今各位，婆婆公公。

值此盛会，互祝安康；
师恩浩大，永记心中；
母校韩师，事业兴隆。

访谈现场

林贤平

　　1957 年 11 月生，广东省饶平县洪洲人，韩山师专 1978 级体育班学生。中共党员，中学高级教师。毕业后分配到饶平县钱东中学。从教至今 40 余年，一直担任高中毕业班体育课教学训练工作。后调往饶平县洪洲中学、凤洲中学任副校长，担任潮州市体育理事会理事，饶平县体育理事会副理事长。1990 年以来多次被评为省、市、县优秀教师。1992 年被评为全国千名优秀体育教师。1996 年当选"第二届潮州市十大杰出青年"。潮州市首批学科带头人。饶平县第三届、第四届科学技术优秀人才。个人业绩收录于《新中国优秀体育教师汇编》《科学中国人中国专家人才库》等书。

　　本文初稿李俊峰、陈颖、张雪丽三位同学提供，他们曾于 2018 年在韩山书院、凤洲中学对林贤平校友进行访谈。本书编著者在组稿时进行了回访，对原稿做了修改与补充。

艰辛岁月

我 1957 年出生在饶平县洪州公社，和全国战斗英雄麦贤得是同乡。家里七口人，祖母、父母和我们二男二女四个子女。父亲在村渔业队，母亲种田，小时候我的家境很困难。父母都是挣工分，没什么现金收入，有时候要找两分钱买酱油都难。洪州人多地少，生产队分的口粮只够吃半个月，经常要找人先借。逢年过节最高兴的事就是可以吃顿饱饭了。我的父母虽然以种田和捕鱼为生，但是对子女教育很重视。1965 年，我开始读小学。读书期间，还要一边去学校读书一边帮家里干活，经常利用放学时间以及假期去捕点小鱼小虾、贴补家用。到海边抓鱼，脚被滩涂里的蚝壳划伤，手脚被蟹夹伤是常事。我经常和小伙伴在海沟里游水，把裤子套在头上，可以游几百米，人晒得黑黑的，小伙伴说我是"海水鬼"。读四年级时，我辍学一年，在家帮忙干活。"文化大革命"时期，我书读得很少，但《毛主席语录》是必读书目。印象深刻的是每天早上吃饭前要做"早敬"念"三忠于、四无限、四个伟大"①，做完早敬才可以吃饭。虽然当时笼罩着浓烈的政治氛围，但是我们年纪小，没有参与过多的运动。中学时期，我被选入了学校的田径队和篮球队，在田径队练撑竿跳高，在篮球队打后卫，其间还参加了汕头地区中学生运动会。1975 年高中毕业后，我留在洪洲中学当体育代课老师。那时候民办教师每个月的工资是 28 元，我不抽烟，因此每个月 10 元的生活费对于我来说就足够了。我还每个月拿出 15 元给父亲补贴家用，父亲非常开心。

1977 年 10 月，国家宣布恢复高考，给了我圆大学梦的机会。当时我报了文科，但成绩不好，没考上。第二年，我根据自己是体育老师的实际，改报体育。备战高考期间，我白天合理利用教学之余的零碎时间以及周末固定的时间进行训练，跑步、做引体向上等以提高自身的体育专业素质，晚上就恶补文化课，还记得帮我复习政治课的是杨合金老师。读书复习到深夜是经常的，考试前一个星期，复习时，我一晚上要吃三次夜宵。考试过后，我一直在等通知，很着急。后来等不及了，我就骑上单车到县城打探消息，走在街上，忽然听到有人对我大喊："贤平兄，你的录取通知书！"我一看，原来是同乡一起参加高考的林两吉，他刚到教育局领了他自己的录取通知书，看到有我的，就帮我拿了。得知这个好消息，我高兴极了，从林两吉手里拿到录取通知书，马上调转车头回去。一路上我边骑车边哼着歌，又时不时按了按放录取通知书的裤袋，生怕丢了。

---

① 三忠于：忠于毛主席、忠于毛泽东思想、忠于毛主席的无产阶级革命路线。四无限：对毛主席要无限热爱、无限信仰、无限崇拜、无限忠诚。四个伟大：伟大的导师、伟大的领袖、伟大的统帅、伟大的舵手。

得知我考上大学的消息后，家里人乃至整个家族都很高兴、骄傲。说实话，在当时能够考上大学实在不容易。毕竟十年"文革"，高考停办，只有少数人被"推荐"上大学，大多数知识青年被拒之门外。当恢复高考的喜讯传来后，报名人数极多，但苦于各方面条件的不成熟，当年的录取率很低。因此，在我们那个年代经历了最激烈的高考竞争后脱颖而出、历经艰辛终于得到改变命运的机会的人少之又少。后来我才知道，饶平被录取到韩山师专体育专业的才5人。而我生活拮据的家庭却为学费犯起了愁，母亲看到了洪洲靠近海边这一地理优势带来的"商机"，于是经常去海边买鱼再将其拿到山区卖，赚了一笔费用得以供我读书。

情牵韩师

韩师原来叫作汕头地区师范学校，我们1978年入学时学校仍保留了一个中专英语班。当时我们班是韩师开办的第一届体育大专班。全班56人，第二学期两个女同学转去中文科，人数减少至54人。入学新生的类型比较多，有的当过教师，有的是应届高中毕业生，有的是运动学校的运动员。学生都来自汕头地区。

当时学校的教学条件比较差。没有体育馆，只能找一间宽敞的教室替代，运动器材更是少得可怜。吃的方面，因为我们体育班学生是特殊生，享有学校的特殊待遇，每月会返还给学生十多元的伙食费。这笔费用足够大家吃得饱了，但是日常的生活用品等开销仍需自己负担。在住宿方面，十几人住一间，或几十人住一间，甚至有三四十人住一间房。没有住的地方，只能把教室当宿舍，弄成"鸭仔铺"上下床。

在湘子桥对面，进入韩师大门的右手边有一个200米的操场，曾因多次"湘桥春涨"导致操场浸满水无法正常上课。韩师办学一年后，由于条件限制，便依托汕头运动学校联合办学，体育班全体学生随即迁往汕头。在汕头，那里的条件如400米运动场、运动器材等基础设施比较成熟，为我们提供了良好的训练环境。上课时，大家积极配合老师的教学训练工作，课程结束后师生一起游戏娱乐、吃饭，师生关系非常融洽。虽然我们的年龄差距比较大，但是丝毫不影响师生间的友谊，犹如亲人一般。1981年，在汕头学习两年后我们回到韩师领取毕业证书，接受毕业安排。我和中文专业的李伟雄同学到饶平教育局报到，一同分配到钱东中学任教。

韩师首届体育大专班毕业照，第三排左五为林贤平

师生同窗情

我在韩师求学的过程中，有一些事情至今记忆犹新。我们的班主任是韩师中专体育班毕业的郑木生老师，虽然学历不高，但是他工作一丝不苟，非常关心学生，精心照顾安排学生的生活，平时注重与学生沟通交流，了解学生的思想动态，是一位好老师、好班主任。

我记得班里许松荣同学的 100 米跑成绩非常不错，还为我们班参加 400 米接力赛创下了韩师的历史纪录，是我们体育班全体同学的骄傲。印象深刻的还有一位叫余怀的同学，他当时准备参加第一届广东省大学生田径运动会，但在训练过程中不幸摔倒，手因受伤感染而截肢。住院期间，学校领导、老师、同班同学都前往探望。余怀同学因截肢无法洗澡与穿衣服，既是同乡又是班干部（团支部书记）的我前往医院照顾他，有时候他惹我生气，我就故意气他说："我不给你洗澡穿衣了。"这位同学后来参加全国残疾人运动会，拿了很多金牌，并在饶平实验中学任教。

那时候同学之间的关系非常好，但我们在读书期间男女同学的关系仍是比较传统的，毕业后，班里的许松荣和林石梅，奕才和杏花才开始谈恋爱。其实我在饶平洪洲中学教书之前就已经有了对象，但是由于要去读书，一心只想先把书读好，认为认真读书顺利毕业才是最重要的，因此直到我毕业后教了几年书才成家立业。

广东省第一届大学生田径运动会韩山师专体育专业代表队合影（第三排右三为林贤平）

后来，由于搬去汕头，体育生与韩师其他科的学生联系少，显得有点"隔阂"。为了联络感情，我们商量、确定比赛时间，预订场地举行篮球友谊比赛；曾代表学校与其他兄弟院校比赛，取得了骄人的成绩。工作后，我们体育班跟韩师的任课老师关系特别好，特别是跟余浩明老师。每次班级聚会，我们都会邀请体育课以及其他公共课的老师前来参加，路程远的就派专车接送。聚会期间大家谈谈工作方面取得的成绩，家庭情况等，可以说师生之间已经建立了深厚的友谊。我们一直称老师为恩师，可以看出老师在我们心中的分量有多重了。

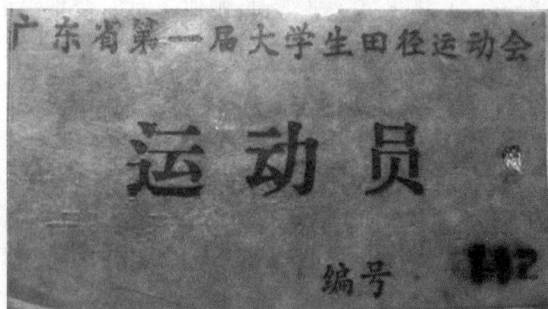

广东省第一届大学生田径运动会运动员证

教学有法

　　1981 年毕业后我抱着"一定要在这方面教出成绩，教出名堂出来"的坚定信念到饶平县钱东中学任教。钱东中学属于农村中学，面积 20 亩左右，是由老祠堂、老公社改造的。当时钱东中学的生源来自"三区一场"①，学生的文化科成绩比较差，我根据学校的实际，以体育作为龙头凸显学校鲜明的办学特色。在场地和训练器材严重缺乏的情况下，我用石球代替铅球，石担代替杠铃，自制沙包练习腿部力量，自制卧推椅练习上肢力量，这些自制工具好像原始时代的石器一样。

　　在教学训练方面，我根据实际情况制订详细的阶段性计划，按学生的文化科成绩进行分类排序，定时召开备考会议，分析每个学生的成绩处于什么程度，然后要求科任老师制订针对性的方案提高学生的学习成绩。举个例子：当时学生偏科现象严重，特别是英语科成绩比较差。学生如果平时考试考了 10 分，那在召开备考会议时，我会请科任老师想办法帮他提高到 15 分。学生的体育科成绩无论多么优秀，如果他的文化科成绩拖后腿，是上不了大学的，更不用说好的大学了。

　　同时，我也非常重视家长在学生成长成才中发挥的不可或缺的作用。为了让学生家长了解小孩在校期间的情况，我利用课余时间或者周末对学生进行家访。我每时每刻都在想，今天我要去哪个学生家，后天又要去哪个学生家。特别是在离高考一个月左右的最后一次家访，我会特别叮嘱有条件的家长给孩子补充营养。以前没有摩托车、汽车这些交通工具，而饶平那边是山区，最远的路程有三四十公里，全部都是弯弯曲曲的山路、沙路，我都是骑着单车到学生家里家访，虽然累，但是自己做这些事情，真的很开心。总之，作为一个老师，既得关心学生的学习生活，又得做好学生家长的思想工作！只有方方面面都照顾到，学生才会认可你。

　　教育在不同时期有不同的表现形式。现在是家长集中到学校开家长会，老师花一两个小时给家长通报一下学生的成绩以及出现的问题，而不是老师一对一进行针对性的家访。我们那时候是一定要家访的，不仅班主任要家访，专业课的老师也要家访。后来我当了校长，也延续着家访的优良传统。

硕果累累

　　我在钱东中学教学时间长达 18 年，可以说我的业绩是在钱东中学努力出

---

　　①　三区一场：钱东区、高堂区、樟溪区、万山红农场。

来的。

20 世纪 90 年代，我根据高考要求自编一套南拳（徒手）、棍术套路的武术教材，培养了一批又一批体育生考上北京体育大学、北京师范大学、华南师范大学、武汉体育学院、广州体育学院、军体院等高等院校。1990 年考上15 人，1991 年 22 人，1992 年 24 人，1993 年 37 人，1994 年 31 人，1995 年28 人，1996 年 26 人，1997 年 24 人。实践证明，自编的武术教材使 90% 的考生达到了上线率，所以这几十年来有几百人考上体育大学。可以自豪地说，钱东中学的体育成绩在整个汕头地区农村中学中是最优异的。由于出色的业绩，我受到了老师们以及领导的肯定。当时教育局组织教师前往钱东中学听课，我凭多年的教学经验做了"如何培养体育生考上体育大学"的主题演讲，获得了广泛好评。

1994 年之前，大部分读武术专项基础训练的毕业生由于身体素质过硬被安排到公检法战线。其他行业也涌现了许多优秀的人才，如钱东中学第一位考上体育大学的学生余平阳，曾代表广州参加大学生竞赛，获得南拳冠军，并代表国家前往日本、东南亚等国家和地区表演。还有很多学生后来分别在银行、高校、政府机关等单位任职，在不同的岗位上发挥自己的才干。

我指导培养的学生，参加市县理论知识统考优秀率达 98%，所带的田径队曾参加县学生田径运动会，获得高中组团体总分前三。指导考生参加全国高考，成绩优异。其中邱楚泉同学参加全省体育尖子生特招考试，以 48.4 秒的成绩获 400 米跑第一名，还代表广东大学生参加全国大学生运动会，荣获 4×100 米接力跑第一名，为广东争得荣誉。

后来我被调到凤洲中学担任副校长，走上行政岗位以后，更加注重自身综合素质的提高，工作之余，我积极参加各级各类专业培训，还攻读北京师范大学教师管理学专业研究生班课程，提高自身教学科研理论水平和管理能力。长期的实践和潜心研究探索，我先后撰写了《新时期学校管理的特点及校长应具有的素质》《谈五米三线折回跑成绩的一点体会》《谈高考备考的一些做法》《体育考生怎样在新考试科目设置模式中进行备考》等近 10 篇论文，其中《谈高考备考的一些做法》一文被录入《当代教育名家论坛》一书，同时被邀请出席在泰国举办的"第五届亚太华文教育新影响暨校务管理论坛"大会并作专题报告，个人业绩被编进《新中国优秀体育教师汇编》《科学中国人中国专家人才库》等书。此外，我积极指导培养青年教师参加市里举行的教学比赛和论文评比，均取得好成绩，吴镇州、庄义顺两位老师获市论文二等奖，林庆添、许永满两位老师获县教学公开课一等奖。

缺憾与骄傲

1989—1991 年，我的父母在三年内相继去世。父母住院病重期间，我经常下班后匆忙骑单车赶回家看望父母，送点钱给他们作为生活费。后来学校分配给我一套房子，父母却已逝去，无法接父母过来享福，实乃人生的一大缺憾！我现在有两件幸福骄傲的事：我教出来的学生在各行各业都很优秀，为老师争光；女儿在中山大学攻读旅游研究专业，毕业后保研读博，现在在美国读博士后，继续深造。

退休生活

以前上班时每天都很忙，现在退休了，每天都是星期天。如何有效、有意义地打发这些时间，是摆在每个退休人员面前的课题。

这些年来我每天按时就寝起床，按时洗漱，坚持晨练，参加体育活动和社会活动等。我做自己喜欢的事情来充实丰富自己的退休生活。我坚持每天腾出半小时至一小时伏案练字。平时我多看书，多练字，有时候一个字需要练习十遍、百遍、千遍，才能写好。练习书法是为了静心，我教了一辈子体育，有时候就需要坐下来，静下心来。

值此母校 115 周年校庆，我将保管多年的珍贵老照片交送活动筹备办公室，同时我也代表体育班将自己的书法作品送来参加展览。

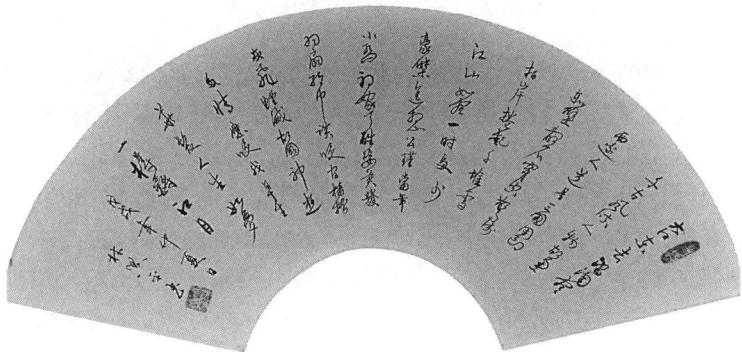

林贤平书法作品《念奴娇·赤壁怀古》

林贤平书法作品《家和万事兴》　　林贤平书法作品《如意》

建言寄语

在韩师求学的这段经历对我的人生产生了极其重要的影响。在我刚入学时，余浩明老师拿我的相关资料与我座谈，让我担任体育班的团支部书记，这是在政治素质上认可我的能力；在训练方面，我属于笨鸟先飞，上完课后严格要求自己，自觉刻苦训练，最后才能取得优良的成绩；我也积极参加党员培训，在思想和行动上与党靠拢，锤炼了共产党员的坚强意志。

回顾我的教学生涯，3 年的民办教师，钱东中学任教 18 年，洴洲中学任教 3 年，凤洲中学任教 18 年，前后近 43 年。我曾经写了一首打油诗总结我的教学生涯：

教坛勤耕四十年，风雨兼程无置疑。
教书育人好师德，因才就地局势逼。
早出晚归场上激，太阳晒过皮肤黑。
汗水流出显特色，省先国优条件测。
欲问师生何姓名，奖休成堆前面呈。
冬去春来一甲子，退休健身心已许。
油诗一首笔来举，留给后人在于此。

43 年的教学生涯让我深刻体会到，当一名老师容易，当一名合格的老师并不那么容易，当一名全国优秀教师就更不容易了。

韩师主要是培养老师的，责任重大。作为一名老教师、老学长、老校友，我的建议是：

第一，干一行，爱一行，钻一行，专一行。无论从事什么工作，首先要热爱这份工作，一步一个脚印，勤勤恳恳，踏踏实实，在工作岗位上不断钻研，做出一番成绩，才会得到他人与社会的认可。

第二，崇高师德，学为人师。学高为师，德高为范；教书育人者，必先学为人师，行为世范。师德是教育者价值体系的灵魂。由于教师所从事的是教育人、塑造人的事业，所以教师的道德素质比教师的文化素质更为重要。一名合格的教师，应该以身示范，在思想上崇尚师德，在行为上体现师德，在师德中体现自我价值，实现崇高的教育目标。

第三，爱岗敬业。爱岗，意味着尊重和珍惜自己的选择，表现为对教育事业全身心的投入和不悔的追求；敬业，就是对国家教育和学生成长有着强烈使命感和责任感，表现为对教育教学工作的认真负责、一丝不苟和精益求精。只有爱岗才能敬业。一名好教师，应该把他的全部身心献给教育事业。爱岗敬业就是淡泊名利、志存高远、奉献社会。用陶行知先生的话来说，就是"捧着一颗心来，不带半根草去"的无私奉献精神。汶川地震期间，广大的灾区人民教师在生死瞬间用血肉之躯为孩子们筑起保护生命的屏障，这就是爱岗敬业的最高表现。

第四，因地制宜，因材施教。当教师受到教学条件的制约时，应该从现

1992 年林贤平获"全国优秀体育教师"称号奖章

1996 年林贤平荣获"第二届潮州市十大杰出青年"称号留影

有的教学条件出发，因地制宜，研究有效的教学方法，实施并完成教学任务。我在钱东中学任教时，学校场地狭窄，教学设施一片空白，仅有的训练器材又很陈旧。但我根据固有的教学条件以及学生实际情况，创设了"五米三线折回跑""三角形障碍跑""后抛铅球"等教学新模式，自编武术套路进行教学，圆满完成教学任务，并在当年的高考中取

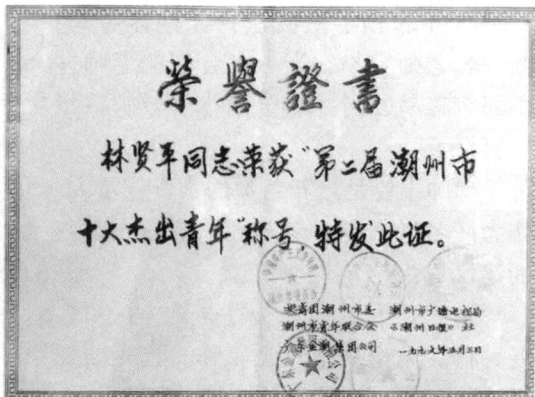

1996 年林贤平"第二届潮州市十大杰出青年"称号获奖证书

得佳绩。后来，我把这一做法进行总结，撰写出的论文在《体育考生高考指导》上发表。

第五，教师不仅要教书，也要育人。教书是育人的过程、手段和方法，育人则是教书的出发点和归宿。十年树木，百年树人。参天栋梁需要用心血栽种，用汗水浇灌，用精神培育。人民教师对国家和社会培养品德高尚、知识渊博、技能精湛的人才起着至关重要的作用，因此每位教师要循循善诱、诲人不倦、因材施教，培养学生的良好品行，激发学生的创新精神，促进学生全面发展。

访谈现场

郑衍旭

1956年生，广东省汕头市潮阳区人。韩山师专1978级体育班学生，广东省首批中学一级教师。1973年起任民办老师，1981年韩师毕业后被分配到潮阳棉城中学任学校教师团支部书记、体育老师，1986年承办校办服装厂，2001年创立广州市龙格派服饰有限公司。2012年起，被聘任为全国学生装专业委员会常务理事、广东省服装服饰行业协会副会长、广州服装行业协会副会长、广州龙洞街道商会副会长等。2013年始，陆续被评为"广东十佳童装设计师""广东十佳服装设计师"。龙格派自创立以来，一直致力于童装、学生装的研发与生产，是"学生健康生活"新理念倡导者。

本文初稿由李俊峰、陈颖、张雪丽三位同学提供，他们曾于2018年在郑衍旭校友的公司对其进行访谈，陈颖对文稿进行了整理。2020年8月29日，本书编著者李伟雄、刘心继及1978级体育班同学许松荣到广州再访郑衍旭，受访者对原稿做了较大的修改与补充。

家风传承， 自幼独立

我家族中第一位创业有成的，是我的二伯父周润生。我的父亲本来也姓周，为什么我现在姓郑呢？是这样的：父亲兄弟三个，他最小。二伯父是读书人，很斯文。我外曾祖母是郑家，只生了一个女儿嫁给周家，这个女儿就是我的祖母，她生了三个儿子。后来外曾祖母老了，就希望周家能有一个来入继郑家，延续郑家的香火，二伯父就到郑家"嗣外祖"①。按常理长子大伯父要接周家香火，父亲当时才十三岁，又太小。二伯父是读书人，在潮阳二中读书的他太斯文了，到郑家之后老挨欺负，就跟父亲商量："小弟，你调皮，人家不敢欺负你，你去'嗣外祖'，哥去泰国。"父亲当时也不懂事，就同意了。于是他从十三岁起就到郑家"嗣外祖"，并成家立业，生下我们兄弟姐妹八人。父母对长辈极为孝顺，含辛茹苦培养我们兄弟姐妹长大成人，这种持家精神一直深深地影响着我。

二伯父去泰国后就一直创业，奋斗到年近花甲，有十个小孩；我家兄弟姐妹八个，我最小。当时有二伯父的接济，我们就是不干活，也能过着充裕的生活。但是我当时就是自找"苦"吃，认为这些坐享其成的事不对！我十四周岁的时候，就提出要独立生活。于是我就挑了一套祖宗留下来的，下雨会漏水的，出太阳有"鸡蛋影"②的破房子，在那里生活。我十五六岁就承包了生产队的三亩六分地开始种田，是真正的农民出身。但我从读小学开始，学习成绩就一直保持在班里前几名。我一辈子就是太执着，所以才造成现在这把岁数还在操心。

我在韩师读书时，写信给二伯父汇报我的学习情况，没想到很快就收到远在泰国的二伯父的回信，他在信中写道："你二伯旅泰几十年，为谋一家生计，历尽艰辛，方得今日小成，你现宜努力学习，人生能吃苦方为志士。等你学习完成之时，伯父将委以重任。"

后来，二伯父有意让我到泰国接班。我自小就很独立，再说他有三个儿子、七个女儿，我认为自己没有理由去泰国享受那样的生活，二伯父就把事业交给了他的小女儿周美满。

二伯父成功的创业经历，深深地鼓舞了当时年幼的我。而二伯父也一直是我在读书、创业中的人生楷模，是每次我遇到困难时激励我迎难而上的动力源泉。

---

① 嗣外祖，即入继旁系外祖家，并随外祖家姓。口述者的父亲原姓周，入继外曾祖母郑家后，随郑姓。

② 鸡蛋影，潮汕俗语有"日出鸡蛋影，落雨摆钵仔"一说。指破漏的房子因屋顶残破导致阳光从漏洞射进屋内，雨天漏雨还得在屋子里摆钵罐接雨水。

春雷乍响，　冲刺高考

1973 年，我高中毕业之后，争取到了在一所八年制的农村学校当民办教师的机会。考入韩师之前，我已当了 5 年的民办教师。那时候的民办教师基本上就是"全能型"老师，哪一门学科缺老师，就去教哪一门，可以说各学科还没有细分，而当时的我就属于这样的"全能型"老师。民办教师的工资待遇很低，当时一个月的基本工资是 13 块钱，另外还有折约 13 块钱的"工分"，相当于一个月的收入是 26 块钱。但当时的农村也很封闭，我特别想出去看看外面的世界。

1977 年 10 月，国家恢复高考的消息如春雷乍响，我仿佛闻到了春天到来的气息，心情非常激动！我马上报名参加考试，希望通过读大学成为一名正式的老师。那一年备考时间相当紧迫，我利用零星时间自学高中课程。因为我既不是"老三届"，也不是应届生，而且我高中的大部分时间都用于参加学工、学农活动，像在物理课上，我们主要学习的是手扶拖拉机的工作原理等，这与高考物理考题相去甚远。所以我高考的物理成绩较差，虽然总分入围，但没能被我报考的广州医学院录取。高考入围却又落选并没有让我气馁，我暗下决心，准备继续参加第二年的考试。

1978 年高考前，我住的古屋已成危房，需要重新拆建，当时家里事无巨细都需要我去处理，根本无暇备考，但"想要上大学，想要当一名公办教师"的梦想却从未动摇。当我了解到距离教师梦最近的专业是体育时，我很激动，但按照当时的政策，理科生是没有资格报考的。好在天无绝人之路，当年出台了理科生可以加试文艺、体育的政策。最后我如愿以偿，被韩山师专的体育专业录取了。我从小没有受过正规的体育训练，却能够顺利被录取，于我而言，这是一件很幸运的事。我清清楚楚地记得，录取我到韩师就读的是余浩明老师，这也让我与他结下了不解之缘。

负笈韩山，　师友情深

考入韩师，是我人生命运的一个重要转折点。在这里，我度过了最美好的青春年华，憧憬过最美好的明天，也收获了最珍贵的师生情谊及同窗友谊。

那时候的韩师，校园面积和办学规模都很小，77、78 级招生总共还不到 1 000 人；办学条件也比较差，特别是住宿环境。我们班的男同学是集体挤住在一个由"暹华救荒会纪念厅"分割而成的宿舍里，一半居住，一半作为学生上课的教室，睡的是上下床的"鸭仔铺"。尽管条件比较差，学校的老师对我们却很关心，待我们如兄弟朋友。

当时我们的班主任是郑木生老师，他无论在生活上还是在学习上都对我们格外关心，与我们打成一片，师生之间的感情非常融洽。教我们体操课的是余浩明老师，他是位善于鼓励学生的老师。那时的我学体育，属于"半路出家"，不像其他同学都有业余体校训练的经历，所以我的体育综合素质不是很高。但余老师看中我当过老师的经历，认为我是练体育的好苗子，经常鼓励我。余老师真是我的恩师啊！教我们田径课的是邢建坤老师，他是揭阳人，对我们，特别是像我这样体育基础比较差的学生非常关心，课上精心教学，课后耐心辅导。

韩师暹华救荒会纪念厅，分隔为 78 级体育班的教室和男生宿舍

印象中还有一位教导主任叫张存辉，他的严谨和博学让我印象深刻，我打心里里佩服和尊敬他。每一次学校召开全校学生大会，他上台讲话，都会提前说明一下他的讲话有几部分内容、需要多长时间，而且具体到分。在没有戴手表的情况下，他居然能够说到做到，每分每秒都掐得非常准，每次讲完最后一句话都与预定结束时间刚刚好。他的另外一个特点就是博古通今。每次开会讲话时，他总能出口成章，特别是能灵活运用四大名著中的内容，比如四大名著中哪一句话出自哪个年代出版的哪本，具体在第几章第几页，他都记得清清楚楚。

除了老师，同学之间也建立了深厚的友谊。1978 年，韩师提供给体育专业学生的伙食并未按照提供给运动员的标准来执行，可以说，我们一直处于吃不饱、喝不足的状态。幸好我遇到了一帮像兄弟般的同学，一直给予我关心与照顾，经常与我分享食物。印象最深的就是我们班的副班长许松荣，他是潮州市区人，从家回来时总会带些点心或是好吃的零食送给我，有时甚至会带我到他家吃饭。偶尔周末他没有回家，他的父亲也会从家里带一些好吃的东西给他解解馋，每次都会分我一些。

另外一位潮阳籍的黄林周同学，家里有什么好吃的都会带到学校与我一起分享；还有来自陆丰的许俊国同学，他也给予我很多帮助。毕业至今，当年的同学们依然保持着密切联系，我的女儿结婚时，许松荣和黄建文等同学专程从潮州赶到广州贺喜。40 年来我们像兄弟一样互相关心、牵挂，无论谁遇到困难，大家都会及时伸出援手。因为韩师，我们走到了一起；因为韩师，我们结下了深厚的同窗情谊。毕业离开韩师 40 年，我们的情谊依然如故。

同学之间的情谊之所以这么深厚，也许是大家彼此欣赏的缘故吧。无论是文化课还是体育专业课，许松荣的学习成绩在班里都名列前茅。他原来是汕头地区青少年业余体校田径队的队长，短跑运动员出身的他，成绩优异，多次代表汕头地区参加广东省运动会（田径）少年组和成年组比赛。1980 年暑假，韩师体育代表团参加在华南师范学院举行的广东省第一届大学生田径运动会，许松荣个人参加体育专业组男子 200 米跑，取得第四名的优异成绩；另外由他和我们班的蔡礼强、黄建文、蔡贤彬组成的 4×100 米接力跑代表队获得了体育专业组铜牌的优秀成绩，并由此创造了韩师的田径纪录。①

由于许松荣的学习成绩优异，毕业之后他留校任教，同时留校的还有黄建文同学，当年韩师整个 78 级只有 3 人留校，我们班就有 2 人。许松荣在工作岗位上一直积极向上，35 岁就被评为副教授，是当时学校最为年轻的副教授之一。后来离开教学岗位转为从事行政管理工作，先后在学校多个部门任副处长、处长、院长等要职，为韩师的发展做出了贡献。我心里一直默默地为他点赞，然而他却十分羡慕我。

我离开教学岗位后，初心不忘，仍与教育结缘，自主创业并取得了一定成绩，所创的"望子成龙""子子成龙"品牌得到服装（校服）行业的认可。然而我并不觉得自己有多么成功，还要继续努力奋斗，进一步把这项与教育有缘的事业做得更强、更大。也正因为我们同学之间的彼此欣赏、互相激励，我们之间的感情才能如此历久弥深。

我们是韩山师专复办后的首届体育专业班。办学之初，百废待兴，体育专业的办学条件很差，场地不足、设备不够，特别是师资力量严重缺乏。入学的第二年，体育班不得不转战到体育场地设备齐全、各个体育项目师资（教练）比较充足的汕头体校。当时的公共课和一些专业理论课由韩师指派过去的老师讲授，而专业术科课则由汕头体校的教练们执教。教练们基本上都是国家队、省队专业运动员出身，专业技术好，训练指导水平高，这使得我们的专业技术水平很快得到了显著提高，学到了实实在在的"真功夫"，这也为我们毕业后从事体育教学、训练工作打下了坚实基础。

在汕头体校的两年，我们的生活相对有了改善。参照体校运动员的生活标准，学校每个月固定向每一个体育学生提供 45 斤大米和面粉，还提供白糖等辅助性食物。在计划经济年代，相比韩师其他专业的学生，可以说我们更

---

① 据口述者回忆补充，接力跑第一棒为蔡礼强，第二棒为黄建文，第三棒为蔡贤彬，第四棒为许松荣。

加幸运。

作为体育专业的师范学生，我们每一个专项科目都必须学习，如田径、篮球、体操、游泳、武术等。毕业考试时，老师要求每一个科目都要达到国家二级运动员标准。由于我一开始不是学体育专业的，起点比其他同学低，专业成绩经常排全班倒数第三。比如上单杠，半径越长做起动作来幅度就越大，困难度也越高，我身高一米八多，相对于个子小的同学来说，训练难度更大。所以我花了很多工夫在这上面，经过三年刻苦的学习和训练，毕业考试时，我每一项科目的成绩都达到80分以上。

1981年韩山师专首届体育专业师生合影，后排左四为郑衍旭

在韩师，每个同学都很自觉、刻苦、认真，大家都很珍惜在韩师接受教育的每一分每一秒，珍惜这来之不易的大学学习生活。一想到有机会能考上大学，当一名名副其实的大学生，毕业以后拥有一个"铁饭碗"，我们就有无尽的学习动力。当年夜自修，我们要么在教室学习，要么跑到图书馆看书，要么在运动场、篮球场、体操室训练。可以说，我们这一代人读书训练是相当努力刻苦的。比如我脸上有一块斑点，乍一看像是老人斑，其实不然，这是我在上体育课练双杠倒立时，摔倒后留下的一道疤，它是我当年努力训练的见证，每当照镜子看到这块斑点时，我都会想起在韩师的那段刻苦学习、难以忘怀的奋斗岁月，它一直鞭策着我："努力！加油！"

三年的学习时光匆匆而逝，那时候的我们还不会有意识地去参加一些社会活动。每一个考上韩师的学生都很不容易，家庭经济条件并不是那么富裕，不允许花费太多的时间、精力、金钱去参加各种活动。业余活动只是偶尔去看看电影，或者同学之间串串门，我有时也会邀请同学一起骑自行车到我的老家潮阳峡山做客。

作为韩师体育专业的学生，78级同学的专业成绩是历届最棒的。很多同学在入学前，运动成绩已经十分突出了。有曾与江嘉良一起在省中心业余体校乒乓球队参加训练的邱启栋，有汕头地区赫赫有名的女子羽毛球选手林红，有多次参加广东省比赛的汕头地区女子体操运动员周宝青，有在汕头地区业余体校女子篮球队担任教练（助理）的杨小伊，有代表汕头地区参加广东省运动会（少年、成年）田径比赛的许松荣、黄建文、陈华睦、卢瑞荣、黄木光等，还有参加广东省第一届大学生田径运动会体育专业组男子铁饼比赛获得冠军的林慎夫，等等。这些同学都给我留下了深刻的印象。

回首韩师岁月，深切感念，满怀感恩。感谢母校韩师，圆了我的大学梦、教师梦；感谢母校韩师，夯实了我走向社会的基础；感谢恩师余浩明老师；感谢亲如兄弟的同学们……因为他们，才有了我人生的一系列改变。在教育战线上，韩师培养出来的教师在社会上一直有着非常好的口碑，我常常以自己是韩师学子为傲。韩师于我，是一个"炼金炉"，它让我从一名民办教师蜕变为一名正式的大学生，最后顺利毕业，成为一名光荣的人民教师，让我有机会在教育的舞台上展现自我、实现梦想。

78级体育班澄海东里中学实习组全体同学与学校实习指导老师合影（1981年4月）

母校韩师培育我三年，赋予我全新的面貌，开启我全新的职业生涯。最令我感到欣喜的是，毕业之后，潮阳有许多学校都想聘请我去任职，这给我提供了很大的选择余地，也让我可以自主地选择理想的学校。

324 韩师情 学子心——韩山师范学院老校友口述历史（Ⅱ）

执教棉中， 尽心尽责

由于曾有民办教师的工作经历，且作为一名大学毕业生，特别是作为韩师毕业生，让我在工作中更多了几分自信。那时的我，就想尽心尽责地当好一名体育老师。在教学中，我认真备课，珍惜每一堂课，努力让每一堂课精益求精。我的教学设计比较独特，除了将在韩师所学到的专业知识传授给学生外，还会给学生讲故事。

比如我引用《汕头特区报》曾经登过的一则故事讲给学生们听。故事是这样的：孔子带着三个比较喜欢的学生去周游列国，走着走着迷失了方向，带的干粮吃完了，又刮起了北风，饥寒交迫。想要回家，又找不到回家的路。在这样艰难的情况下，他们遇到了一个马车夫。他的车上有棉袄，有干粮。孔子一行人向马车夫问路，一名学生问马车夫："师傅，我们要回家，路怎么走？"马车夫告诉他："你们要问我路怎么走，那我写一个字看你们认不认得，认得字我就告诉你们怎么走。"马车夫写了一个认真的"真"字。孔子最会读书，有哪个字是孔子认不出来的？孔子一行人就说，这个字是"真"，是认真的"真"。然后他们就准备等马车夫说出回家的路。马车夫却说，这个字不念"真"。一学生就说不是"真"，就是"假"。马车夫摇摇头。后来有个调皮的学生说，上面一个"直"，下面一个"八"，说这个字叫"直八"。马车夫笑着说猜对了，还说："我知道你们现在又冷又饿，你们上车吃东西、穿棉衣，我带你们回家。"我当时讲这个故事给他们听，用意在于告诉学生做人做事不要弄虚作假，还是真诚、直接一点好。

我深知中学生求知若渴的天性，所以在上体育课或者理论课时，我都会带着类似"天道酬勤""没有人能只依靠天分成功""居安思危、洪水未到先筑堤，豺狼未来先磨刀"等故事，讲给学生听，寓教于乐，通过故事来激发学生的学习热情，让学生既可以学到体育技能，又开阔了视野。

当时学校的领导很看重和信任我，一直有意培养我，除了教学外，还让我担任学校团支部书记、体育组组长并兼任班主任。记得最忙的时候，另外一位体育老师生病住院了，学校安排我帮忙带另外一支运动队，结果我一个人带一支田径队、一支篮球队和一个班，相当于一个人做了三个人的工作。

学生中总会有些调皮的，教育他们，一些老师会采用"错时孤立、憋尿制胜、视若无物或威吓学生"等方式，让他们听话。而我则选择尊重、倾听或"称兄道弟"的方式，因为我时常想起在韩师求学时那些待我如兄似父般的老师，如今我也接过老师手中的教鞭，成为别人的老师，理应以同样的方式对待自己的学生。作为过来人，我深知每一个学生渴望被尊重的心情，因此老师需要与学生多沟通，建立一种朋友关系。每当与学生之间建立起一定感情基础后，我便开始想方设法引导他们。在我的引导下，调皮学生的思想观念有了一定的变化，行为举止也越来越规范，原来自由散漫的班级，最后在我的带领下成为优秀班级。

棉城中学当时只有两个篮球场，没有跑道，在体育场地不够的情况下，我果断决定带运动队学生走出去。我知道长跑是锻炼运动员体力的最好方法，便安排他们每周固定一两次晨跑。在天还蒙蒙亮的时候，我亲自带运动员从棉城中学出发，一路跑到海门莲花峰沙滩，以此锻炼运动员的体力、耐力。此外，运动队的学生都是内宿生，我每周至少有三天早上五点半就带学生爬东山，从文光塔出发一路小跑到东山，跑完两三公里到东山脚下，然后爬山、爬台阶，锻炼体能、后蹬力。作为体育生，如果没有足够的体力，哪怕你的技术再过硬，也不会有好的运动成绩。这种训练理念和方式其实来自韩师，当年我们在韩师读书的时候，每天的晨练是从韩师跑到凤凰塔。每当看到运动员们训练的场景，我都会不由自主地想起在韩师训练的时光。

我带的学生大多成绩优秀，甚至有一年创造的短跑比赛和一百米跨栏比赛的纪录，在潮阳至今无人能破。1986年，《潮阳日报》对我进行了特别报道。文章中做出了设问，棉城中学的运动场地只有两个篮球场，而且没有跑道，为什么郑衍旭老师带出的运动员队伍参加市比赛仍能名列前茅？我当时还写了一篇名为《弹丸之地为什么能带出优秀运动员》的论文，对自己的教学经验进行了总结，在潮阳教育系统内产生了良好的影响。同年，我被评为广东省首批中学一级教师，是韩师体育专业班第一个获得这个荣誉的人。

辞别教坛，闯新天地

1986年，全国兴起勤工俭学热潮，根据广东省教育厅的指示，要棉城中学分出一个职业中学，以培养实用技术人才。当时从棉城中学分出来的棉城职业中学开设了服装裁剪专业，需要开办服装厂作为学生的实习基地，也作为学生勤工俭学的基地。广东省教育厅给予学校20万元免息贷款，以资助学校开办服装厂，但20万对办服装厂而言只是杯水车薪，并且办厂需要既懂专业技术，又能统筹管理的人才。学校领导知道我在高中时就接触过服装设计，认为我是开办服装厂的合适人选，于是委派我负责创办校办工厂。机缘巧合，我从教坛步入工厂，实现了人生的又一次转变。

接触服装行业是一种缘分。上高一的时候，我认识了一位服装裁剪专业的老师，她因开办了一个服装裁剪培训班，需要给每期学员派发培训教材。那时候的印刷技术落后，培训教材主要靠刻钢板油印，这位老师便找我帮忙，配合她画图、编辑、刻钢板、油印及编订成册。这份工作从我高一读书开始做，直到我从韩师毕业，一直持续了10年，因此，我也与服装裁剪老师建立起了深厚的友谊。在帮忙设计服装裁剪教材的时候，我学到了很多东西，渐渐地也了解了服装行业的发展过程，从中找到了服装设计的灵感，学会了动手设计服装的技术。其实，这也为我后来获评"广东十佳童装设计师""广东十佳服装设计师"奠定了基础，并且持续从事服装行业近50个年头。

创办校办工厂时，我已经有一个三岁的女儿。我很疼爱她，经常给她买衣服。但我发现市场上买到的衣服好多是劣质产品，最好的童装品牌是"米奇妙"这样的外国品牌，而在国产童装里，我找不到质量比较好的童装品牌。在我当老师的职业生涯中，我发现天下父母都是一样的，无不希望自己的子女能穿上好衣服，能健康成长，成为对社会、对国家有用的人才。从关爱自己的孩子，希望自己孩子能穿得舒服漂亮，联想到自己为人师，再拓展到关爱学生，也希望学生能穿上好衣服，健康地生活读书，由此，我萌发了打造一个具有中国文化特色的"望子成龙"品牌童装的决心，这也是后来我创立童装公司的初衷。

"把人做好，把事做对，就不愁人生得不到回报。"这是我从读书开始就信奉的人生信条，也是激励我一次次克服困难、迎难而上的动力源泉。

现在回想起校办工厂创办的头三年，仍清晰记得那一段辛酸苦涩的经历：我曾千里奔波到湖南、湖北、黑龙江等省份，对童装市场进行实地调研，研究各个省份的不同气候、不同文化。在设计不同类型产品的过程中，我经常通宵达旦，至少有半年时间每日工作超过18个小时。因当时我十分看好气候四季分明的东北市场，于是我奔波千里北上推销产品。每次去哈尔滨推销产品，我的两只手都拎着箱子，两个行李箱加起来有100多斤重，因为这两个箱子里装满了我要推销的服装样品。就这样，一路拎着沉重的箱子，我从潮阳坐十几个小时的大客车到广州火车站，然后排队买火车站台票，马不停蹄地挤上前往北京的火车，有时候能挤上两夜一天的快车，有时候只能挤上三夜两天的慢车。到达北京站后，再继续购买前往哈尔滨的火车票，每次购买去哈尔滨的火车票都得排"长龙"，有时排队排了大半天，还不一定买得到。当买不到直达哈尔滨的火车票时，我就只能买从北京到嫩江的火车，而到嫩江的火车都是午夜两三点到站的，到站后我还得拉着两个行李箱步行一个多小时，到火车上相识的嫩江县水果商店刘军经理家寄宿。

记得有一年冬天，因为下半夜在零下30℃的严寒中户外步行了一个多小时，我被冻到手脚长冻疮，鼻子、耳朵都肿了，那种饥寒交迫的折磨是常人无法想象的。还有一次，我从潮阳出发途经广州辗转到了北京，在火车站排"长龙"购买前往哈尔滨的车票时，因为沿途的过度劳累，出现了头晕、两腿发抖、虚脱的症状，按理应该在北京找旅馆休息一天再出发，但是当时北京的旅馆不好找，宾馆又太贵住不起，加上想到出差前与哈尔滨的客户通电报（当年的联系方式主要靠写信和通过邮局发送电报）约定好了见面时间，为了信守承诺，按时履约，我强忍着身体的不适、咬紧牙关，终于买到一张车票赶往哈尔滨，也正是那次坚持守诺、如期而至的"约会"，成就了双方多年友好的商务合作关系。

那些年为了开拓其他城市的市场，我一年中差不多有半年时间在各地奔波，由于赶车，忍饥挨饿是常事，经常连续几天吃点饼干、馒头、香蕉之类的食物充饥；没有座位只能整夜站着，偶然有机会能挤进座位下狭小的空间躺一下，都感到是一种莫大的幸福和满足。而这样的艰辛至少熬了三年。

古语云：生年不满百。我在校办服装工厂的岗位上一待便近十年，在大家的共同努力下，我们的工厂成为当年校办工厂的成功典范，产出的童装在北京燕莎、赛特，哈尔滨哈一百，石家庄人民商场，成都人民商场，武汉商场等全国各大商场都设有专柜，"望子成龙"品牌童装以时尚的设计风格、优良的品质赢得了行业及消费者的高度好评。

从韩师的学习，到棉中的教坛，再到创办校办工厂，这些经历让我深刻懂得，不管在哪个时期、哪个岗位，只要认真地付出努力、善于思考、敢于拼搏，就一定能取得成绩。

倡导健康，回馈社会

1995 年，是我从教坛步入校办工厂的第十个年头。近十年时间，我清楚地看到中国因改革开放而日渐发展，市场经济初具规模。我觉得自己可以做出另外一番事业，来实现自己的人生价值。这一年，我自主创办了一家童装（学生装）实业公司，将 1986 年就开始使用的"望子成龙"品牌向国家商标局申请了注册商标，后来又注册了"子子成龙"等商标，工厂基地选址在潮阳平北工业区。

1996 年，我对企业的品牌形象与产品结构进行了全新的定位。当年在研发四个季度的童装系列产品中，我发现英伦系列与时尚运动系列两类产品得到多家学校的青睐。于是，1997 年我们开始致力于学生装的设计与生产。

在 20 世纪 80 年代后期，校服已逐渐进入国人的视线。起初，校服的款式和版型不是很规范，校服也并非每个学校都有，教育主管部门对校服的质量标准没有统一规定，大多数校服在设计上显得土气。那时，我萌生了自己最大的终极梦想，就是让中国的学生穿上我设计的校服或者童装，让他们显得既美丽帅气又有文化特色。为了实现这个梦想，我带领公司的设计团队开始了新一轮的研发和攻关，确立了公司发展的愿景——"让中国的学生更自信，让中国的校园更精彩"。

同时，我倡导"学生健康生活"新理念：除了提倡常规的营养均衡、按时睡觉、保持充足睡眠、坚持体育锻炼、饭前饭后要洗手等生活习惯外，学生还应穿着"安全与舒适齐存，传统与时尚共有"的服装健康成长，从衣着开始，培养学生具备自律、自信、自尊、充满创意与活力的理念。我总认为学生的穿着与身心健康是密不可分的，于是倡议校服的设计除了考虑其实用性与功能性外，更应注重其文化属性与精神表达。比如，我们为执信中学设计生产的礼服，当时设计思路是采用执信中学创立者孙中山先生提倡的"中山装"，弘扬执信敢为人先的开拓精神；采用的色彩有墨绿、白、枣红，与执信中学建筑群独具特色的红墙绿瓦一脉相承，就是想让学生在"崇德瀹智"校训熏陶下，继续砥砺前行，勇攀高峰。这套校服的设计得到了很多学生和家长的喜爱，很多已经高中毕业的学生，无论是在海外留学，还是步入高等院校学府，都会再回来购买执信校服，在新生活中找到属于自己的归属感。

经过二十多年的发展，我们为众多名校提供的校服均会根据学校的办学理念、文化特色进行专属设计，从而增强学生对学校的归属感与荣誉感，充分提升学校的品牌形象。我们从选用纤维原材、纺织工艺、织物结构、印染加工到成衣制造各个环节，全程跟踪控制和实时质量把关，让学生穿得自信舒服，从而促进学生的身心健康发展。我认为，这就是在"做对的事"，并且决心一直做下去。

千禧之年，我创办了广州市望子成龙发展有限公司。第二年，我又成立了广州市龙格派服饰有限公司，凭借这个平台，依托广州的地理优势与良好的营商环境，基于对"一切为了孩子"的执着与追求，经过多年的发展和探索，公司创建了优秀的企业文化与先进的管理模式，形成以"望子成龙"品牌的使命、愿景与价值观为核心的企业文化。企业以"一切为了孩子"为使命；以"让中国的学生更自信，让中国的校园更精彩"为愿景；以"以客为先，通过为客户提供超值的服务，为客户创造实际价值来实现自身价值"为价值观，并且坚持善待员工和回馈社会。

凭借优秀的设计团队、杰出的市场营销队伍和卓越的企业文化，龙格派成为校服行业的标杆企业。在广东省教育厅、广州市教育局与质量监督管理局先后举办的"广东省中小学生校服工作会议""广州校服质量分析会"上，我曾多次应邀为全省各地区教育主管部门与全国各地区的同行做题为"如何创建优秀企业文化，如何做好精细服务""如何把好校服质量关，如何设计好学生喜欢的校服"的经验介绍，赢得了一致好评。

2009 年以来，在广东省教育厅、广州市教育局先后举办的七届校服设计大赛中，龙格派的参赛作品以独特的设计理念，诠释了对中华民族传统文化的理解，演绎了绿色、环保、成长、自信、自尊、自爱、自强和健康生活的新理念，连续七届大赛均获得总成绩第一名的荣誉。经过三十多年的不懈努力，龙格派是唯一一家被评为"改革开放四十周年、广东校服原创设计卓越贡献奖"的企业，"望子成龙"品牌是广东唯一被评为"最具影响力童装

（学生装）品牌"的服装品牌，历年来屡获"广州市著名商标""中国著名品牌""全国学生装知名品牌""全国学生装生产服务先进企业"、广州商业（零售）三十强企业、广东最美校服设计大赛一等奖等 100 多项荣誉。公司还与多所院校建立起产学研合作关系，教授们不定期带领服装专业学生到工厂参观学习，共同分享创业及职业生涯规划等心得。

在我看来，这些荣誉也许是我一直坚持"把人做好，把事做对"的信念，并努力将信念执行所获得的回报。

让我印象最为深刻感动的是："望子成龙""子子成龙"品牌在北京举办中国国际时装周专场发布会时，中国设计师协会主席张庆辉，广东省服装服饰行业协会刘会长、黄秘书长，广州服装行业协会秘书长等嘉宾专程从广州赶到北京秀场，观摩北京专场发布会并提出了很多建议；另外在广东时装周举办专场发布会的现场，我们还迎来了"最特别的头排看秀客"——韩师体育班的许松荣、黄健文、林贤平、许俊国、蔡丽丹等十几位同学，他们专程从潮汕赶到发布会现场，广东职业技术学院、广东轻工职业技术学院、广州市工贸技师学院等 40 多所大专院校的嘉宾也莅临现场，这些"特别的头排看秀客"，为这场发布会增添了许多精彩和温情。

基于"望子成龙"品牌在广东的良好口碑，广东时装周特别安排了发布会前的一场"广东学生装产学研交流会"，40 多位大专院校的领导嘉宾主动参加了由服装协会黄秘书长主持、由我主讲的产学研交流会，反响强烈。

"把人做好、把事做对"，正是龙格派从创业伊始就始终坚守的原则。"把人做好"体现在我们始终"以诚实的态度，处理公司与员工之间、公司与合作伙伴之间、公司与社会之间的关系"，我们也要求员工"实实在在做事、诚诚恳恳待人"。"把事做对"强调必须研发好学生喜欢的产品，设计好能让学生自信的版型，制作好每一道工艺，选择好健康的材料，服务好每一位客户。也正是因为我们公司始终坚持这样的原则和理念，所以得到了众多正直坦诚、有理想、有担当、有爱心、负责任、关心学生健康成长的教育主管部门领导及学校领导、家长、学生的认可和支持，从而让我们能够在风云变幻的市场中拥有一片广阔的天地，发挥自己的优势，更好地服务学生，服务社会。

我们在公司获得发展的同时，也没有忘记企业的社会责任。在扶贫助学等社会公益活动中，我们始终力所能及地回馈社会。龙格派是天河区龙洞街道商会副会长单位，而我本人担任副会长。2008 年汶川大地震时，企业 38 名员工自发报名献血，公司捐款捐物达一百多万元。面向新疆、贵州及广东梅州、清远等贫困地区及社会福利院等公益单位，我们积极响应号召、配合政府工作，积极扶贫助困。

龙格派党支部与龙洞街道帮扶的省级贫困村兴宁市叶塘镇下径村党支部共同组建基层共建党支部，旨在促进城乡基层党组织建设和互帮互助，双向受益，实现"基层组织共建、科学发展共赢、困难群众共帮、党建资源共享"，以"党建促企建、共建促发展"。我多次向龙洞街对口扶贫单位叶塘中学及其他小学捐赠校服和棉衣，献上我们的爱心。在新冠肺炎疫情期间，龙格派出资捐建地铁口人流分流区、龙洞村 20 多个出入口的雨棚等，积极履行企业的社会责任。

初心不改，情系韩师

参加工作至今，我一直秉持着"先做人，后做事"的原则。只有把人做好，才能够成功做好每一件事。无论是对自己，对他人，还是对待校服事业，我都不忘初心。

回首曲折奋斗的历程，我既欣慰，也遗憾。作为韩师培养出来的一名教师，"下海"创办服装企业并在校服行业取得一定的成就，实现了自己的人生价值，履行了自己的社会责任，我是无愧的；但也常常遗憾于自己有负韩师的栽培，设想当年如果没有离开教学岗位，我也许可以培养出更多优秀学生，实现"桃李满天下"的教学理想。恰是这一份欣慰和遗憾的交织，使我更加坚定地走在人生与事业的大道上。

感恩韩师的栽培和熏陶，直到今天，我还是打心底喜欢当老师，以曾经的教师经历为荣，以韩师为荣。我心里始终藏着一份对教师职业难以割舍的深情，以及想弥补而又难以弥补的职业遗憾！因此，我的名片上印着"广东省首批中学一级教师"，公司员工都亲切地叫我"郑老师"，商业伙伴也尊敬地叫我"郑老师"。

"郑老师"这三个字，是我此生永远的荣耀！"韩师"这两个字，是我此生永远的惦念！

建言寄语，心牵校庆

2018 年是我的母校韩师建校 115 周年，也是 77、78 级入学 40 周年纪念。如今的韩师在历届校领导和几代韩师人的共同努力下，已发生了翻天覆地的变化，发展成为一所知名的省属本科师范院校，为粤东乃至广东及周边省份培养出了一大批教育人才和经济建设人才。今天的韩师，校园如此美丽，办学条件如此优越，"勤教力学，为人师表"的优良校风得以发扬光大。

作为韩师的校友，我深为母校感到高兴和骄傲，也为学弟学妹们感到庆幸。作为学长，我想借此机会告诉韩师学子，你们赶上了最好的时代，党和国家越来越重视教育事业的发展，创造了更好的学习环境。你们要以能成为韩师学生为荣，要珍惜今天的学习机会和条件，刻苦完成学业，走上工作岗位后，更要努力发扬韩师的优良传统，为社会做贡献，为母校争光荣。

最后衷心祝愿韩师越办越好！

访谈合影，摄于 2018 年

回访合影，摄于 2020 年（左起：李伟雄、郑衍旭、许松荣）

杨洪生

1960年9月生，广东揭西棉湖人。韩山师专1978级普宁数学班学生，中共党员，中学特级教师。现任揭西县棉湖中学党总支书记、校长。1981年7月毕业于韩山师范专科学校数学专业，在揭阳地方中学从教近四十年，先后被评为广东省"南粤教坛新秀"、中学特级教师、广东省优秀共产党员、"全国先进教育工作者"，获"潮汕星河辉勇师表奖"。

本文初稿由冯宇婷、曾晨媛两位同学提供，她们曾于2018年在韩山书院对杨洪生校友进行访谈，孙建忠、黄向远和张松校友一同陪访。本书编著者在组稿时进行了回访，受访者对原稿做了较大的修改与补充。

久历风尘·塔头

1960 年，我出生在揭西县塔头一个小山村里。出生那一天，刚好发大水，父亲因此给我起了洪生这个名字，意思是洪水中出生。因为这个名字，当时塔头的乡亲们都知道我是什么时候出生的。我的家里有四兄弟，我排第三，还有爷爷奶奶。中华人民共和国成立后，父母一直在塔头教书。我虽然是揭西县棉湖人，但从小跟着父母在塔头生活、读书。

小时候家庭经济压力比较大。我小学放学后经常拿着锄头到农民已经收成过的地瓜地、花生地里去挖挖，想挖点剩下来的地瓜和花生，用来补充家里的粮食。家里三餐吃稀饭，干饭或粿条只有逢年过节才能吃到。小时候我学会了做许多家务，如挑水、砍柴、做饭、洗碗、洗衣服、缝衣服等。这些都是我对童年最深的记忆。

机缘巧合·韩师

1976 年我开始读高中时，"文化大革命"还没有结束。那时在学校一周有一半时间要参加社会生产劳动，主要是到山上开荒造田。后来，打倒了"四人帮"。1977 年底恢复了高考，我和几位同学以在读学生的身份被学校推荐参加高考。那年的高考是开卷考试，我没入围，也不知道考多少分。1978 年春节后，揭西县出台了高考培养人才新做法：在县里各所高中挑选了一批学习成绩较好的应届高中生进行集中辅导，客家地区的送到河婆中学，潮汕地区的送到棉湖中学。当时我在塔头中学读书，成绩比较好，1978 年 3 月，我被挑选到棉湖中学高考重点班参加培训。

那时小学读五年，初中读两年，高中读两年。参加高考时，我们相当于现在的初中生，对很多事情还懵懵懂懂，甚至对什么叫高考都搞不清楚，恢复高考之后，才知道我们可以通过高考上大学。我于 1978 年 3 月通过考试，被挑选到棉湖中学参加高考辅导班的学习，在高考前的短短四个月里，才是我真正用心读书的时段。高考集中辅导结束后，我回到塔头中学参加高考。在当年的高考中，我考了 293 分，入围了，当时的高考成绩由县教育局通知到塔头中学。得知入围后，我就开始填报志愿。那时候并不知道怎样填志愿，就只填自己感兴趣的学校。当时我对火车很感兴趣，记得听我舅舅说过，火车开得很平稳，一杯水放在座位上，水都不会溢出来。我对此非常好奇，就想当个火车工程师，我的第一志愿就报了湖南长沙铁道学院。但是，由于我有鼻炎，没有被录取。1978 年 9 月，我又到棉湖中学复读，准备次年再去参加高考。1979 年春节前，我接到韩师要扩招的通知，按我的高考成绩，符合韩师扩招录取分数线。与父母商量后，我填报了韩师数学专业，结果就被韩师录取了。得知被录取之后，我很高兴。当时觉得有大学读就好，因为塔头中学应届生只有我考上大专，我终于成为"文革"后第二届真正的大学生。

那时韩师扩招了五个师范大专班，由于校舍、老师缺乏，除了一个化学班留在校本部，其他四个班分别安排在四个不同的地方。我们数学专业的一个班放在汕头师范，排数学大专（3）班，一个班放在普宁师范，排数学大专（4）班，我就在普宁师范读书。从韩师发展史来说，这可以算是韩师特殊的产物吧，因为在这之后就再也没有出现这种情况了。所以我们也有幸成为韩师发展历史上特殊的大专毕业生。

普宁师范是一个新天地。学校后面有一座山，叫七头山。学校与这座山中间有条小溪，我们经常在小溪里游泳。当时我们到学校时，所有建筑物都是平房，学校占地面积 50 亩左右，校内有山有水，树木很茂盛，算是一个读书的好地方。但是当时各方面的条件并不是很好。我们上课的教室很普通，两个人坐一张长板凳，共用一张课桌。课室里面没有风扇，学校图书馆藏书较少，特别是高等数学的书刊更少（因为普宁师范是中师），学习资源不足，学习条件较差。但是班里的同学都刻苦学习，奋发向上，我们一起学习、一起生活、一起拼搏，共同解决了很多难题。记得有一个中午，我发现教室里有几位同学没有午休，而是在学习，深受感染和启发。自此之后，我中午也很少休息了，就在教室里学习。当时讲义里的数学练习题没有答案，老师就组织我们自己解题，班里同学互改。最后交老师核对解答无误，我们自己刻印，编成习题解答集。

78 级数学普宁班班委会、团支部合影

我至今还保留着当年我们自编自印的数学习题解答集，保存着当年读大学的所有课本和参考资料。读大学期间，我们做了大量的数学题，这为我们毕业出来教书打下了坚实的基础。

住宿方面，刚入校的时候，我们是住在两间教室里面，一间教室住26人，另一间教室住27人。第二年韩师拨款才建了宿舍，十人一间，宿舍很简陋，没有卫生间。我和孙建忠同宿舍，住上下铺。

饮食方面，当时学校的饭菜比家里的好。特别难忘的是，学校食堂养猪，所以，每到食堂杀猪的那一天，就是大家最开心的一天，因为这意味着每人可以吃到一盘猪肉了。当年国家每人月发生活补助费20.5元，困难补助费人均2元，由各班自行评定，这些生活补助费，除了用于每个月买饭票外，还有几块钱作为零用钱。当时我家经济状况不太好，所以用钱比较节省。记忆中，上大学后，我就没有向父母要钱，生活方方面面都自立了。

记得班里有55名同学，其中有2名女生。大部分同学来自普宁、潮州、潮阳，每个地方大概有10多个人。从揭西来的一共有3人，我是其中一个，还有几人来自惠来。

尽管年龄差距很大，但是同学之间相处非常融洽。在学校，年龄比较大的，我们叫哥。两位女生中一位年龄比较大，我们叫大姐。大家互相帮助，互相包容，同学之间的感情非常好。农忙时，同学们就跑去那些已婚的大哥家帮忙干农活，干完农活就在附近玩。平时周末我们还会一起去流沙影剧院看电影，跑去种有水果的同学家乡摘果子。我们也经常到学校后面的小溪

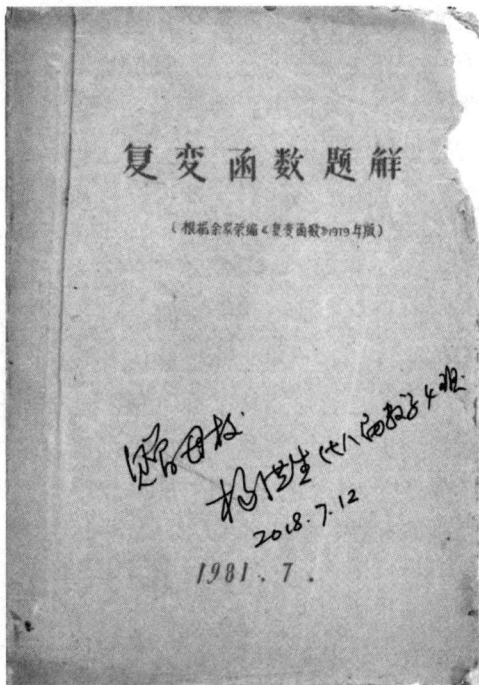

78级数学普宁班《复变函数题解》（1981年）

78级数学普宁班自编教材

去游泳，我本来不会游泳，但是有孙建忠大哥教我，后来也学会了。我们只有一个班在普宁师范，有时候也会举行一些集体活动，一起去郊游。班里有很多人才，琴棋书画都有人会，承强等同学下棋很厉害，张松等同学的文章写得很好。

普宁师范就我们一个大专班，学校配有几位老师专门教我们。这几位老师给我们的印象非常深刻，师生关系特别融洽，我们有什么困难找老师，老师都会倾力相助。

柯熙老师是教我们几何课的，他不仅有师德，而且教学基本功非常扎实，写字非常工整。几何分析这门课我们之前几乎没有接触过，刚学的时候非常吃力，但是老师能从平面几何、立体几何、高等几何的异同和各自的思维方式，一步一步地教我们，循序渐进，帮助我们构建起几何思维能力。当时老师住在办公室里，我们下课、放学有问题都会去办公室找他。我们毕业后柯老师就调到韩师本部继续教书了。

另一位老师杨炳城，当时因为家庭原因，从武汉一所学校调来执教。杨老师是我们的班主任，教高等数学。他比较年轻，很有魄力。他的课堂教学很高效，讲课的思路十分清晰。杨老师教我们高等数学时，给我们介绍古今数学思想发展史，把初高中的数学与高等数学很好地衔接起来，开阔了我们的视野，构建了我们以后当数学老师的思维和品质，对我们的帮助很大。我们毕业后，他被调到普宁二中任教并担任教导处主任，一直到退休。

还有一位老师，叫张柏利。他也非常厉害，教的是数学分析，张老师注重启发式教学，善于调动我们听课的积极性，上课时的课堂氛围很好，上他的课我们都很开心高兴，张老师的家就在学校附近，我们许多同学都去过他家，他帮助我们解决了很多学习生活中的问题。我们毕业后，他先后担任过普宁市副市长、揭阳市政协副主席等职务。

这三位老师对我们这些高中基础比较差的学生帮助很大，所以我对他们的印象最深刻。在读大学时遇到这些师德高尚、学问高深的老师真的十分幸运。

学校当时除了专业课之外，还有一些公共课，比如音乐、体育。音乐老师来自普宁师范。学校组织文艺演出的时候，我们班也出了一两个节目。学校还开设了思想政治、英语、心理学、教育学、物理等课程，课程比较齐全。

在学校管理这方面，我们与普宁师范的管理还是有冲突的。比如，在管理模式上采取中专学校的做法，让我们感受不到大学的教育氛围。在课程安排、作息时间、班级管理等都采取中专学校的形式，有一种好像不是上大学的滋味，因此有时也会产生一点逆反情绪。但是，我们班大部分同学还是很遵守纪律的，毕竟我们是在那里寄读，就得"入乡随俗"。

我们一般早上5：45起床，去操场或者学校外面跑步。7：00前吃早餐，

7：30 到课室，8：00 上课。早上 4 节课，有课间操可以休息；中午在食堂吃饭；下午一般情况下上 3 节课。放学后就继续运动，例如打篮球、跑步或者打羽毛球。下午洗澡时，无论洗热水澡还是洗冷水澡都要先排队打水，然后再拎着水进去洗澡。排队等水需要很长时间，特别是打热水，所以大部分同学都洗冷水澡。吃了饭后去上夜自修，学习到 10：00 下课。回到宿舍，大家聊天、下棋，10：30 熄灯睡觉。那时候生活简单，没有太多的娱乐活动。有时候周末就约几个同学去看电影，或者去附近的同学家玩，去普宁本地的同学家比较多，当时班里也有好多位同学来过我揭西棉湖的家。

1979 年春节后我们回到学校不久，有一个晚上，我们夜自修结束路过学校大礼堂，看到礼堂里来了许多解放军。当时我们都不知道发生了什么事，后来在报纸上才看到，1979 年 2 月 17 日，我国宣布进行对越南的自卫反击战。当时的解放军要赴广西前线打仗，路过我们学校，在礼堂休息。那些解放军战士的年龄和我们差不多，相比之下，我们在安全的校园里读书，而他们年纪轻轻去保家卫国，浴血奋战，还有可能会牺牲，我深觉幸福。所以，毕业工作后，一听说是参加过对越自卫反击战的人，我就知道他们当年的艰辛，他们是我最敬重的人。

我们去实习的日子也十分难忘。记得 1981 年春节后回校，学校就组织我们进行 3 个月的教育教学实习。当时班里一共分为 3 组，一组 20 个同学左右，实习氛围特别好。记得我被安排到距离学校不远的泥沟中学，这个学校是初中，学校规模不大，一个年级只有 6 个班。我们组实习的年级是初二，我们还被搭配到各班当班主任。那时我的年龄与学生只相差 5 岁左右，与学生很容易沟通（因为"文革"，当时许多学校的教师都出现青黄不接现象，学校的教师许多都是民办教师、代课教师）。我们是正规的高校师范生，接受了教师职业的正规教育，知道学生的心理需求，善于引导教育学生用心学习读书。学生都很喜欢我们。记得实习结束时，我们与学生都依依不舍，好多学生都买了笔记本送我们留念，流着眼泪送我们回学校，场面至今难忘。

我人生站在三尺讲台上给学生讲的第一课是平面几何中的"平行四边形"。我在备课中考虑最多的是利用直观，让学生从身边找出许许多多的平行四边形。先让学生在头脑中构建起这个图形，再给平行四边形下定义，然后教学生如何判别和证明一个四边形是否是平行四边形，最后再指出平行四边形的性质，通过例题的讲解让学生掌握巩固本节的相关知识。当时我们上课前都做了充分的准备，先备好课，交指导老师审核通过，在小组内进行试讲，听课的同学听完试讲后，再互相提意见，互相指正，一节课琢磨好几次才敢上台讲。这样的实习教学，对我们后来当老师起到的作用特别大。作为恢复高考后的第二届师范生，我们的教育教学基本功都很扎实，为我这 40 年的教育教学生涯打下坚实的基石。

78 级数学专业普宁班毕业照

始终不渝·教育

我 1981 年 7 月毕业。当时由国家统一分配工作，我回揭西县教育局报到后，被分配到高中时的母校塔头中学教书。我高中毕业后，塔头中学就改成初级中学了。

在塔头中学教书的那段时间，是我人生的重要转折点。刚刚毕业，我教的是初一数学。开学第一天上完课回家，母亲就对我说："我认识的一个朋友的女儿在你班级，女孩听了一天课，回家后告诉她母亲，今天上的课，只有数学课听得懂。"我听到母亲这一席话后，受到了极大的鼓舞。从那时候起，我就下决心把教师职业作为自己一生的事业来追求。在塔头教书，我完成了初一到初三数学课程的大循环教学。1982 年，在塔头中学教书期间，我还去报考华南师范学院的数学函授本科（首届）插本生，班里有十多位同学去考。我考上了，读了三年，获得了华南师范学院数学系本科学历。

1985 年 7 月，取得本科学历后，我被调到揭西县棉湖中学当高中老师。棉湖中学是我高考前参加集中辅导的地方，在我心目中，棉湖中学是培养大学生的摇篮，能成为棉湖中学的一名教师，是我的荣幸。正因为这个想法，我多次放弃了可以到深圳等地教书或转行的机会，一直坚持在棉湖中学当老师。在棉湖中学执教期间，我积极投入到教育教学改革中。1985—1988 年，我在教立体几何课的过程中，就如何启发学生的思维，提高学生的空间想象力，优化学生的思维品质，增强学生的分析问题和解决问题能力进行大胆的探索研究。我的论文《在立体几何教学中启发学生思维的几点做法》获得汕头市一等奖，同时在 1988 年，我获得了"汕头市青年教改积极分子"称号。

这是我当高中教师后的第一个成果,对我教育生涯的发展有很大的作用。我教育教学第二个大收获阶段,是 1990—2002 年,我连续教了 12 年高三毕业班,成了学校高考数学的把关骨干教师。我找准了高三数学备考的基本任务,就是对学生在高一、高二所学过的知识、方法、能力等进行全面的复习、整理、查缺、补漏、巩固、过关、训练、提升,从而达到较高的高考应试能力和水平。在数学复习课的教学中,我不断地探索、实践、总结,找到了一个高效率、高效果的高三课堂复习课的新路子。我的论文《浅谈题组在高三数学复习课中的作用》获得广东省教育厅数学论文评比二等奖,1994

1994 年杨洪生荣获广东省"南粤教坛新秀"称号

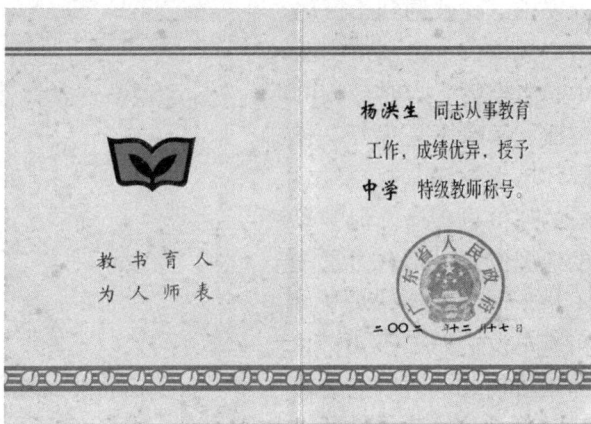

2002 年杨洪生荣获中学特级教师荣誉证书

年被评为广东省"南粤教坛新秀"。

1992 年后,汕头市分拆为三个地级市:汕头市、潮州市和揭阳市。我连续四届(第一届到第四届)担任揭阳市人大代表,一共 20 年。在这 20 年里,作为市人大代表,我更多了解到当地教育的发展状况,也积极为教育建言献策。我在 2002 年被评为中学特级教师,2003 年被评为广东省优秀共产党员。

1999 年,我的学生杨佳雄高考总分考了满分 900 分,成了广东省高考状元。1999 年后,我从教务处主任被提拔为分管教学工作的副校长。2002 年,我担任棉湖中学校长,当时的学校只有 30 多亩地,初中和高中的学生发展到了 3 000 多人,已经容不下了。县政府很重视这个问题,决定征地建新校区。建设新校区,困难很多,从征地、规划、报建、贷款、建设等各个环节,都要学校去办理。由于建校资金不足,学校采取了边建边使用的方式。那时学校环境特别恶劣,周边是垃圾场,苍蝇满天飞,校道是泥土路,校园一片荒凉，教学设施简陋。在这样的条件背景下，我紧紧依靠全校师生的力量，一边督促新校区建设，一边狠抓学校的管理，努力提高教育教学质量。经过五年的不懈努力，新校区基本建成，学校的高中部全部搬迁到新校区，学校也在 2005 年被评为"广东省一级学校"。

杨洪生的揭阳市 2003—2004 学年度十佳校长荣誉证书

2008 年 1 月，按组织的安排，我被调到市区的市直学校——揭阳市实验中学当校长。当时该校的校风、学风不是很好，校园环境也一般，社会对学校的评价也不高。但学校的地理位置、师资力量都不错，学生大部分是来自市直单位的职工子女，总体素质较好。所以一上任我就狠抓校风建设，调动起老师们的积极性，同时

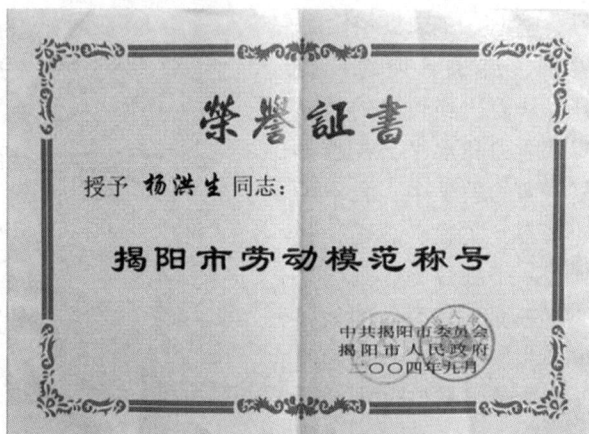

杨洪生的 2004 年揭阳市劳动模范称号荣誉证书

也想办法改善学校的办学环境。经过全校师生的共同努力，校风、学风、校貌逐渐好了起来，学生的中考成绩也提高了，学校的口碑也变好了。

在揭阳市实验中学工作了两年后，我又被调到揭阳一中任第一副校长兼揭阳一中南区学校校长。当时，揭阳一中南区学校还是一间私立初中学校。我调任后，根据揭阳市政府和教育主管部门的要求，对学校进行改制，把私立改为公立，把初级中学改为高级中学。在各级的重视和支持以及全校教职工的共同努力下，学校的改制任务顺利圆满完成，同时校园环境得到了改善，教学质量持续上升。

2014 年，揭西县委县政府提名，让我重新回到棉湖中学当校长。经过再三考虑：我能上大学是因为在棉湖中学进行了四个月的集训；我从教师到教学骨干，从学校的初级行政人员到校长，每一次进步和成长，都离不开棉湖中学；我去揭阳市市直学校前已在棉湖中学工作了二十多年，对棉湖中学有

着特别的感情。因此，怀着对棉湖中学的感恩，我重新回到棉湖中学工作，到现在也已经整整四个年头了。在这四年里，我主要做了以下五项工作：一是亲自起草制订了棉湖中学五年发展目标和各年度的工作要点，促使学校各项事业持续发展，制订出台《棉湖中学教学质量检测奖励办法》《棉湖中学周文明班评比方案》，全

杨洪生的 2011—2014 年揭阳市第六批优秀专家与拔尖人才证书

面完善教师教学质量和班主任综合评价体系；二是筹划和成立了学校教育发展促进会成立，筹集基金 1 100 万元，利用基金收益 300 多万元对师生进行了奖励，大大调动了师生的积极性；三是抓好学校行政班子建设；四是加强师资队伍建设和青年教师培养；五是培养学生健康成才。我经常到学校食堂用餐，是为了深入了解学生的需求，及时为学生排忧解难。每天上课时间及晚自修我都对三个年级进行巡视，及时掌握教学动态和学习动态。我还利用课余时间到操场与学生一起跑步，并与他们进行零距离交流，谈高考、谈理想、谈人生，教育学生要牢记习近平总书记提出的"幸福都是奋斗出来的"，争分夺秒，静心读书，开拓进取，迎难而上，勇于拼搏，力争考上理想的大学。四年里，学校的高考成绩创造了新纪录，年年被揭阳市授予"高考成绩优异单位"，被广东省教育厅评为"广东省依法治校示范校"。我的教育教学管理论文《彩虹总在风雨后——学校管理之我见》在《揭阳教育》发表，我还获得了"潮汕星河辉勇师表奖""全国先进教育工作者"的荣誉。

如今我已经 58 岁了，差不多到了退休的年纪。我始终认为，只要在职一天，就要认真负责一天，脚踏实地，走好脚下的每一步。感谢韩师，让我成为一名教老师。从我小时候到现在，我一直没有离开过学校，学校是我一生最熟悉的地方。

教学相长·所得

我从一名初中数学教师成长为高三数学把关教师，从一名普通教师到一名特级教师，现在从事学校管理工作已经十多年了。但我觉得，在学校当一名教师最潇洒。我认为当一名合格的教师必须经历以下四个环节：第一，从

师范生变为新教师，一定要先站稳讲台。要掌握当教师的基本技能，做好简单的班级管理和正确传授知识，让学生接纳你。第二，要发展成教学能手。能独立掌握处理课程知识和能力，能够灵活应对课堂的各个教育教学环节，随机应变。第三，要发展成学者型教师。通过学习，不断创新，不断更新知识体系，有自己独特的意见和见解，并积累一定数量的教育教学成果，使自身的教学在一定区域内有一定的影响力。第四，要成为一名教育教学的艺术家。课堂教学有高深的造诣，能把课堂变成传播知识的大舞台，学生在课堂中不但能轻松学到知识，还能把学习当成一种享受，对这样的课堂记忆犹新。这样的教育教学就能达到最高境界——教师是教育界的教育艺术家。

访谈现场

姚跃涌

　　1962年9月生，广东省揭阳市人，韩山师范专科学校78级物理揭阳班学生。中共党员，研究生学历，中学特级教师，广东省首批中学正高级教师，"百千万人才工程"省级教育专家，广东省优秀教师，全国优秀教研员。曾任粤教版《普通高中教科书·物理》副总主编，全国基础教育课程教学培训专家，华南师范大学硕士研究生导师。曾被聘任广东省人民政府督学、广东音像教材出版社董事长。教育科研成果荣获国家基础教学成果二等奖，多次参与国家、省高中课程改革和高考改革方案研制，在核心刊物发表教育教学论文20余篇，主持9项省部级课题研究，出版著作10部，教学用书6套。现任深圳市罗湖区教育科学研究院副院长。

　　本文初稿由李俊峰、陈颖和张雪丽三位同学提供，李俊峰、陈颖于2018年在姚跃涌校友家进行访谈。本书编著者对姚跃涌进行了回访，受访者对原稿做了较大的修改与补充。

束发之年上大学，人情世事尚懵懂

1962 年 10 月，我出生在揭阳县桂岭公社鸟围村。父母读过几年书，也算有些文化，家里五兄弟，还有个妹妹，我排行老三，年纪比我大的哥哥要种田，我年纪小，在家里就经常做饭、做家务，甚至潮汕地区叫"绣花"的手工活和织毛衣这种女子针线活我也会。那时候除了要帮忙做家务、煮饭，还要喂猪、捡狗屎。早上经常是煮好饭，就煮猪食，为节省时间，就边吃饭边喂猪，交生产队记工分。我深知读书很重要，所以一直很自觉，念书也没有落下。

我 1968 年开始读小学，一直到 1978 年高中毕业。按当时正常九年学制的话，我应该是 1977 年高中毕业。为什么多读了一年呢？因为我五岁时就跟我二哥去学校，二哥比我大三岁，我坐在他旁边，算是陪读。没想到老师讲的我都能听懂，老师让写的我都能写。这样听下去，我就算上学了，而且成绩比二哥还好。我们同个班，初中毕业后同时被保送到高中。当时有一个比我大五岁的同学，他的父母来找我父母商量，要我家让个名额给他的孩子，我父母同意了，就把我的名额给了他。所以我就多读了一年初二。1977 年底恢复高考，各地都开始认真抓教学。以前上课的时候都是老师讲什么，我们就听什么，记什么。尤其是高三最后一个学期，老师这一整天讲的内容，到晚上睡觉以前都必须记住，然后就这样靠记忆去复习，不像现在有课本、复习资料可以看，我们都得自己记住。

作为应届生，1978 年参加高考时我才 16 岁，我考了 316 分，比入围的分数高了 40 多分，填报志愿的时候，一个教过我初中的物理老师建议我填华南工学院，他说分数那么高，其他不用填了，我也就填了这么一所学校，其他的学校也没填。后来却一直没等到录取通知书，就去参加补习，准备 1979 年的高考。补习的时候，1979 年初，我接到通知被韩山师专扩招录取了。那时候也犹豫要不要去读大学，因为我年纪还小，身体刚开始发育，身高才 152 厘米。不过当时想到上大学就不用种田，又有米饭吃，于是就去韩师上学了。

我们这个扩招的物理班设在揭阳师范学校，当时叫作韩山师专物理揭阳班。以前读大学不像现在是可以选专业的，比如我们学物理就是学校安排的。可能是揭阳入围的人数多，这个地方就设一个物理班，数学班设在普宁，汕头也有一个数学班，化学班好像设在潮州。没有所谓的按兴趣爱好来选专业。当时揭阳师范的环境及教学生活设施等情况我现在已经想不起来了。

78 级物理揭阳班毕业照

　　我们班有 52 个人，只有 2 个女生，年龄最大的 36 岁，最小的才 16 岁。虽然年龄差距大，但也没觉得有代沟，年纪大的就把我们这些"小朋友"当孩子看，我们那会儿很单纯，能吃饱饭就很开心了。记得刚上大学第一天，中午到食堂打饭，由于取饭台面很高，我够不着，就跳上去扒到窗口饭台，食堂工友看到了以为我是教工子女来捣乱的，还赶我下来。念大学的头两年，我经常去跟溪对面的小孩玩扔石头。有一件挺有趣的事，那个时候班里有一个同学叫陈某林，今年应该有 70 多岁了。他来上大学之前已经参加工作了。我们有时候在聊天，我说这件事按道理应该这样，那件事按道理应该那样，他说社会上哪里有那么多按道理的，按道理从年龄上他可以是我的父辈了。而我当时就听不明白其中的意思。

　　我上学的时候年纪小，等到多年以后同学相聚的时候，他们好多都不认得我了，有些人我也认不得了。老师中印象比较深就是教体育的黄老师，他是体操专业的，个头不高，大概 160 厘米。我那时候身高 152 厘米，上体育课的时候，怎么跳都抓不到单杠，黄老师就把我抱上去。我个子虽然矮，但协调性好，学跳马、跳箱，黄老师把动作要领告诉我后，我很快就会做了，篮球课的三步上篮动作我也做得很规范，所以体育课做领操或者一些示范动作的时候他都会叫我去做。

　　那时每天的时间主要是用来读书。课余活动比较少，主要活动就是打篮球。那时候我们揭阳和普宁的人都挺喜欢打篮球的，这两个地方可以说是篮球之乡。而且我协调性好，平时就会去打打球，有时候可以跟中师班组织比赛。不过头两年的比赛我没法上场，因为身高还不够，但是到了第三年就可以上场比赛了，那时候我已经长到了 172 厘米。

　　我在学习的时候也经常遇到很多困难。因为中小学读的书比较少，初中和高中时劳动的时间比读书的时间还要长，知识基础很薄弱。进大学之后，一开始知识的衔接就出现问题了，我不懂的地方就反复读，但是像高等数学这些课程入门很难，十多岁的小孩，知识基础又比较差，去读这些书，真的读不明白。但是老师的课程还是要继续教。而且学校规定如果补考没过的话，是拿不到毕业证书的。我们班当时有一个同学就没毕业，后来通过自学改行当了医生。

由于知识基础薄弱，又想读好书，只有埋头苦读。晚上在学校熄灯后，我继续点煤油灯学习，有时回到宿舍后觉得有些问题还不理解，又马上打开手电筒继续学习，在课堂上更加集中注意力，课后主动问老师，或主动与同学探讨问题，所以后来我的成绩提高得很快。记得在二年级的期末光学科目考试，我做每道题时，有意放慢速度，明知道答案是什么，还要再看一次，再做一次，经过这样的磨炼，终于拿了满分，其实花的时间总共才 90 分钟。因为在此以前，别的同学考试用时 120 分钟，而我每次考试几乎都是 60 分钟做完就交卷，结果大多因为粗心大意没有一次拿满分，从那以后，我每次考试都能拿满分。

对韩师校本部的一些情况我现在想不起来了，以前回韩师就是去做实验，一些在揭阳没办法完成的实验就得去韩师完成，因为韩师的实验设备要好一些，大概一个学期去一次。

78 级物理揭阳班部分同学合影

不及弱冠登讲台，教书育人三十载

1981 年毕业的时候我不到 19 岁，被分配到陆丰县河西中学教书。当时韩师的毕业生分配原则上是"从哪里来到哪里去"，但也有从生源多的市县派遣部分毕业生到师资缺乏的地方去。例如潮州、澄海籍的学生支援饶平县，揭阳籍的学生支援陆丰县，普宁籍的学生支援海丰县，还有到韶关军工企业子弟学校的。我们这届好像还有分配去宝安县（今深圳市宝安区）的，但是没有人愿意去，因为那时候宝安还很偏僻，交通不发达，大家还是愿意去革命老区海陆丰，毕竟海陆丰通国道。

听班主任谢老师在毕业分配时说，韩师78级揭阳籍的学生有108人，调去陆丰的揭阳籍学生有15人，我们物理班的学生就占了7人。后来我才知道，韩师78级陆丰籍的学生只有11人，揭阳籍学生差不多是陆丰籍学生的10倍。海陆丰是革命老区，当时提倡支援海陆丰。到那边之后也要服从安排，哪所学校缺老师就去哪所学校。"文革"后各行业人才奇缺，我们作为恢复高考后的首批大学毕业生，别人很自然地觉得我们很能干，什么都能教，所以在学校里，哪个科目缺老师我们就教哪个科目。当时河西中学是一所比较偏僻简陋的初级中学。只有我一个人被分配到那里。学校一共6个班，初一到初三每个年级各2个班。我教初一数学、初二物理、初三物理、初三化学，每周24节

姚跃涌 1981 年 7 月毕业照

课，学校的课程表也都由我来安排，整个学校就好像由我在管理一样。到了周末，本地的老师回家了，学校里就剩我一个人。那时候教案什么的都是我自己手写的，很整洁，而且学校没有刻写、油印的职员，所以练习资料和试卷也都是我自己用钢板刻完再去油印的。

河西中学的学生比较调皮，我和他们的年纪又差不了几岁，有一些学生的年纪比我还大。我觉得对于这些调皮的学生很难用学识和师道尊严去降服他们，只能和他们做朋友，于是，课余我就教他们打球、练武术，练到学生累了、怕了，就佩服我了。另外，对于刚接手的班级，我会在两周内把所有学生都记住，包括他们的名字、长相、声音，甚至家庭住址。上课的时候，我在板书时，如果有哪个学生讲话，我不用转过头去看就直接喊他名字让他回答问题，他答对了就可以坐下。我也不批评他们，一般这样学生自己心中就会有数了，知道这个老师不好欺负，师生感情就慢慢建立起来了。到现在已经37年过去了，河西中学82级的这些学生有机会还会来看望我。

以前看到有些当地的学生生活很困苦，特别是读书成绩比较好的小孩因为经济困难想辍学，就觉得很可惜。我就跑到他们家里去问原因，小孩父母说供不起，没饭吃，我说那到我那里吃，在食堂多预订一份饭，书还是要继续读下去。有一个叫黄立涛的学生，他1983年考上高中，后来没考上大学，

但考上了村干部，经过努力，现在是一个镇的党委委员，也一直和我保持联系。无论我调去哪里工作他都会联系我，时不时会问候我，他也是我资助的第一个学生。以前就是觉得这些学生不读书很可惜，这是一种发自内心的自然的情感，就是希望这些小孩多读书，有什么困难大家一起来克服。还有一个叫蔡汉文的学生，他父亲是小学校长，但是由于家里儿女多，生活比较困难。我寒假回家就叫蔡汉文帮我看房子，周末的时候就招呼他来我这吃饭，最后他没考上高中，去东莞打工，直至后来当老板了，还一直挂念我，后来我们都成了好朋友。

刚毕业那会儿，我什么东西都会去学，比如通过"刊授"学习公文写作、公共应用管理等。因为原来知识基础薄弱，懂的东西太少，所以就多学习充实自己。后来我又订了一些计算机杂志，自学计算机知识。1982年我考进华南师范学院本科函授班插班学习，1985年7月，获得物理专业本科毕业证书。同年被评为广东省青少年读书积极分子。后来又参加硕士研究生入学考试，2001年取得广东省社科院政治经济学专业研究生毕业证书。

1983年，我被调到陆丰县师范学校，教三年级的物理，兼任教研组组长。教中师的时候，我考虑到这些学生以后是要当老师的，课堂上就重点教他们学习命题，布置作业也是命题，期中期末考试如果没有统考，我就要求学生命题然后给成绩。教学生就要结合他以后可能从事的职业，这是为了学生以后的发展。

在陆丰师范，我的教学态度还是跟教初中一样认真，每个年级92个人，我会把学生的档案都看一遍，同样在两周内就记住所有学生，我教的最后一届中师是85级的，一年级时分两个平行班，到二年级时两个班重新组合成一个英语班和一个普通班，我是英语班的班主任，恰好一年级时两个平行班的班长都分到英语班，在选班长时，我觉得他俩谁当班长都不合适，就推荐他们到学校学生会和团委会去发展，再重新选班长。第一次班会由我主持，后来的班会我就交给新班长主持，有问题我再过去。我认为这些学生以后是要当老师的，要有这种组织能力。这个同学后来被保送到惠州大学读专科，毕业后考了公务员，在政府部门上班，现在当了县长。陆丰师范1983年到1987年间总共培养了六届学生，到后来我调走时，有些还没有毕业，这些学生对当地教育事业的发展起到很大的作用。转行去做别的工作的学生也发展得很好。现在在汕尾和海陆丰教育系统有很多我的学生，有些担任教育局领导或校长，一直在为当地的教育事业做贡献。我也尽自己的力量一直在关注和支持我曾工作过的海陆丰地区。

1987年，我被调到陆丰县林启恩纪念中学教高中物理，又担任一个班的班主任。那时候学校选聘团委书记，我虽不是学校党支部安排的候选人，但学生最后投票选了我，民主推选出了他们心目中的团委书记。后来我有机会可以选调到县里当团委书记，但我从来没想过往这方面发展，干行政工作并不是我喜欢的，所以就放弃了。

我教书也从来不为名和利，例如我辅导学生去参加物理竞赛，每节课学校有 5 毛钱的补贴，但我也从来不是为了钱，也不管学校有没有要求参加这类竞赛，都会组织学生去参加，而且每一届学生都能拿到全省前十的成绩。每次比赛完，我就用工资去买书，当时叫竞赛书，送给获奖的学生作奖励。这些获奖的学生现在发展得都很好，有做软件开发的、有做编程的，也有在浙大等高校搞教学和科研的。1991 年我被评为广东省优秀青年知识分子，1993 年又被评为广东省优秀青年。

姚跃涌在 1987 年主题班会上表演太极拳

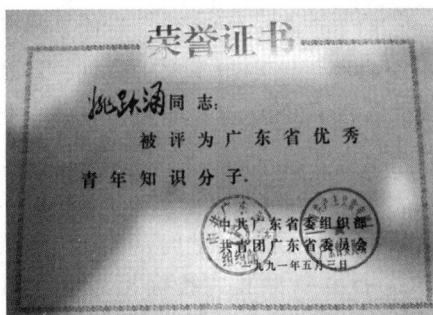

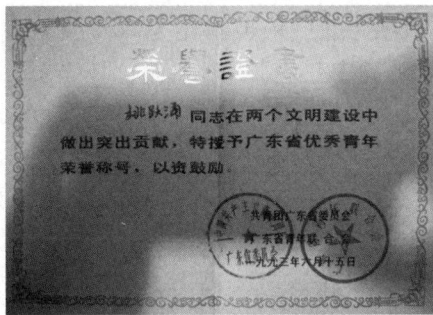

姚跃涌部分荣誉证书

当时我在高考备考方面有深入的研究，效果明显，在区域内小有名气，有一年学校定下 30 个上线指标，我可以完成 90 个。我在林启恩纪念中学当办公室主任的时候，还兼任一个年级的级长，我会想方设法让这个年级的上线指标翻倍。比如 1996 年，学校定下的上线的指标是 28 个，等到最后考完一共有 89 个上线。我不图奖金，这都是为学生好。

由于为学校高考成绩做出了卓越贡献，1997 年，我被汕尾市教育局选调当物理教研员。不久又担任汕尾市教育局教研室主任。此后，汕尾市的高考上线人数也不断翻倍。从 1998 年开始，我就采取科学的备考方法。统计、分析每一所学校的情况，分不同情况下达指标，到每一所学校做指导。到 2002

年的时候，汕尾市的高考平均分已经接近广东省的中等水平，广东省共有 21 个地级市，汕尾市最好的学科排第 12 名，最差的学科排第 16 名。2001 年我被评为广东省"南粤教书育人优秀教师"。

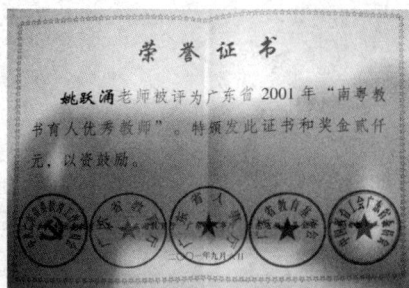

2001 年姚跃涌被评为广东省
"南粤教书育人优秀教师"

2002 年姚跃涌被评为中学特级教师

由于在地级市的业绩突出，2003 年开始新课程改革，我被选调去广东省教育厅教研室参与新课程改革的工作。15 年左右的时间里，我全程参与了广东省新课程改革工作和物理教学教材建设工作；编写并通过教育部审定的高中物理教材 12 本，著作 10 部，教学用书 8 套共 56 本；主持课题研究 9 项，有 8 项课题成果被转化为政府或教育行政部门正式文件印发，尤其是研制《普通高中教学水平评价指标体系》，并在全省开展高中教学水平评估，很大程度上规范了广东省的高中教学，在全国属首创。2009 年我成为广东省首批中学正高级教师。

今年，我被深圳市罗湖区作为高层次人才引进，任罗湖区教育科学研究院副院长。我听从组织安排和部署，负责区域教育教学质量提升工作。我先把重点放在高考，高考是窗口，得先把这个窗口擦亮。我提出了"两个20%""专题串讲""三跨上课"等科学备考措施，在全区领导和老师共同努力下，今年罗湖区的高考取得了很好的成绩，一人考上清华，一人考上北大，这是罗湖区近 20 年来没有过的好成绩。也正是我这么多年一步步教书积累的丰富经验，使我在这个年龄还发挥着余热，我曾任省级教研员、地级市教研员、区级教研员，我也欣然乐意继续开展研究。到我这个年龄，工作待遇和薪金已经无所谓了，都是兴趣使然。

年逾半百多感慨，教育路上不止步

2003 年我调到广东省教育厅从事教研工作后，接触的人多了，才知道有人当时拿到师专的录取通知书，选择不读师专去复读，想通过复读考取更好的大学。我觉得一个人读什么学校、读什么专业其实和最后能取得多大的成就没有必然关系，虽然起步不同，但是个人发展的过程充满了可能，你还可以去积累，所以每个人能取得什么成就并不是一开始就被决定了的。而且，要永远记住，无论从事什么工作，出发点一定是要帮人做事，为社会做贡献，不忘初心，方得始终。

每个人的成长路径都不同，只要脚踏实地地做好本职工作，与时俱进，跟随时代步伐不断地进取和学习，一步一个脚印，总会有收获。例如我认识的一位同行。他曾任某大学物理学院院长，现在是教务处处长，跟我同龄。他与我同一年参加高考，考上了某师专，但没去读。1980 年重考，他考上本科，四年后毕业分配到韶关师专当老师。后来他又考上了硕士和博士，毕业后留校当了大学老师。而我作为一名韩师的学生，从基层教育一线慢慢积累起来，通过自己的努力最后成为全省的物理学科带头人，我们虽在不同的岗位，但大家都为物理教育做出了贡献。

无论老师还是学生，要时刻保持一颗为他人服务的心，从身边做起。我教书从没看不起任何一个学生，不管学生会不会读书，只要学生有需要，我都会以家长或者大哥的角度来分析，并引导他们，给他们提供帮助。所以我和我的学生的情谊都快 35 年了，现在他们有时候都不称我为老师，就叫大哥。在我担任教研室管理工作的时候，我会与同事分享经验，某件事这样做会更好，那样做不行在哪里。就像我 2009 年在准备评选正高级教师的材料时，我希望让每个评委都能对我准备的材料一目了然，后来评委们也十分认可我的工作态度。我也分享了这些经验给一些老师，尽量帮他们规范高效地整理材料，省时省力。

韩山萱草有芳华，寸心不忘三春晖

以前回学校比较少，这两年去的比较多。作为国家级和省级的培训专家，有时我会到韩师去为一些地区的教师做培训。由于地理位置的问题，韩师的生源会受到一定影响，但是韩师培养的学生还是很优秀的。从培养学生的角度来看，韩师的学生毕业后多当中小学老师，专业扎实，不会给母校丢脸。但从发展角度来看，潮州除了韩师，周围没有其他大学，与汕头大学距离也比较远，缺少联盟，缺少氛围，其地理位置制约了学校的发展。

大概在十年前的一个校友会上，我提出过一个主张，韩师是一个培养老师的院校，师范院校的特色一定要继续打造，深化，做高做实。要在历届的校友中，推出那些在教育界做出成绩的前辈为榜样。我们韩师的办学特色应该是培养优秀的中小学老师，一定要把准这个定位。比如培养中学老师，那么学校培养了多少个骨干教师、中学特级教师和中学正高级教师？能评上特级教师和正高级教师的人对教育一定是有情怀的。大学看院士数量的多少，韩师可以看培养特级教师数量的多少，特级教师是基础教育的院士。要统计这个数量，要鼓励学生向特级教师、正高级教师的目标去奋斗，把这个目标放在突出位置。这就是我给韩师的建言。

访谈现场

陈伟群

1961 年 5 月生，广东省潮州市人。韩山师专 1978 级化学潮安班学生，中共党员，中学化学高级教师。1981 年从韩师毕业后，长期在潮州从事中学教育教学工作。1999—2005 年任潮州市实验学校副校长。2005—2016 年任潮州市高级实验学校校长。2016—2020 年，任潮州市绵德中学校长。1998 年，荣获"广东省化学教改积极分子"称号。2000 年、2002 年，两次荣获广东省教育科研黄华奖；2003 年，被评为"潮州市教书育人优秀教师"；2007 年，被评为广东省"南粤教书育人优秀教师"；2012 年，被评为潮州市精神文明建设先进个人和广东省创建绿色学校先进个人；2013 年获第三届"潮汕星河奖辉勇师表奖"。2015 年，被评为首届"潮州市尊师重教系列活动优秀校长"。

本文初稿由冯宇婷、曾晨媛两位同学提供，她们曾于 2018 年在韩山书院对陈伟群校友进行访谈。本书编著者李伟雄在韩山书院回访陈伟群两次，受访者对原稿做了修改与补充。

少年贫： 却是人生 "大财富"

　　我小时候生活在一个物质匮乏的时代，那时候很多家庭的温饱都成大问题。我家一共有四个兄弟姐妹，我是老大。当时父亲在潮安县抽纱公司工作，派驻东凤镇乡下。他一个月的工资大约是 36 元，除去自己花费，每月只能拿出 20 元回家养妻育儿，一家人要吃饭、要租房、要各种费用，家庭经济的确非常困难。母亲只有拼命绣花赚点工钱，夫妻两人勤作俭用，才能勉强解决一家人的温饱。

　　母亲含辛茹苦把我们养大，为我们付出了很多。我是 1961 年出生的，当时恰逢三年经济困难时期，全国性粮荒严重，潮州也不例外。人们吃不饱，只能吃白菜、萝卜、包菜充饥。在我需要母乳喂养的时候，母亲因为吃不饱，营养不良，奶水不足。而且由于市场食物奇缺，即使有钱，也很难买到可以充饥的粮食，更别说那些能够催乳的鱼和肉了。为了养活刚刚出生的我，她只得偶尔到巷子里买一些小 "沙茫鱼"，那是小孩子们玩的一种小斗鱼，大约三四厘米长，这种鱼是水沟池塘稻田里产的，很便宜，一条一两分钱。因为没多少肉，味道很腥，没人拿来吃。但是母亲没有奶水，为了催乳不得已去买来吃。事实上，家里也没多少钱，连 "沙茫鱼" 也不常买，我是靠吃糙米糊长大的。

　　母亲在街道的绣花场里做工，她的绣工又好又快，能绣出复杂高难的图案。为了多赚工钱，她起早摸黑，每天晚上都会绣到很晚，第二天一大早就起来做饭、洗衣服。母亲总是把好的食物留给我们，而她自己却吃我们剩下的东西，经常吃不饱，也穿不暖，冬天时，总见她的脚趾头被冻伤，红肿得可怕。

　　我是长子，看到父母这么辛劳，心里总想着如果能帮忙做一些家务劳动，母亲就会有更多的时间去绣花，就可以减轻家庭的负担，她也无奈只能让儿女小小年纪就帮做家务活。我在 7 岁上小学之前，就学会到粮店买米，会到街上捡甘蔗渣给家里当柴草，还会上市场买菜，回家煮饭炒菜。读小学三年级的时候，就要学做蜂窝煤，还要到很远的地方打水挑水，我颈部的韧带就是在那时挑水而受伤的。家里其他弟妹小时候都会帮忙做一些家务。

　　那时候，家里的粮食不够吃，我几乎每个星期都会到潮州西马路头一个卖地瓜的大妈那里，跟她赊地瓜。这位大妈现在差不多 90 岁了，我前段时间遇到她，她还回忆说我小时候总是提着一个篮子过来跟她赊地瓜。她是一位好人，知道凡是来她那里赊地瓜的，都是吃不饱的穷苦人家，所以她会尽量帮助人家。

　　很小的我就要去帮家里排队买猪肉了，以前逢年过节要买肉，大概在下半夜就要去排队。那时候卖猪肉的店都是国营的，现在没有了。一般来说排队没有人插队的，怎么排队呢？有些人可能上半夜就过去，搬一个大石头放在那里，这个位置就是他的了。小时候每到临近春节，我们去买猪脚、猪肚、猪头这些，要很早去才能买得到。当时天气特别冷，衣服不够御寒，我们又吃不饱，辛苦程度可想而知。排队的时候，就看到大街慢慢地变亮起来。现在有很多小孩都没有机会看到一个城市是怎么慢慢地醒过来、怎么亮起来的。我下半夜去排队买肉的时候，就看到城市的一个月亮又大又亮，那时城市没有多少霓虹灯，所以可以很清楚地看到是怎么天亮的。我现在也还想寻找记忆中儿时的月亮，有时候下半夜我专门起来，看一下夜空，但已经没有小时候那种美好的感觉了。

我就是在这样的家庭长大的，回过头来看，我个人的成长，受母亲的影响非常大。而我成家有了孩子之后，也意识到，母亲当时让我们从小就参加劳动是很有意义的。我们这代人的父母没怎么要求我们读书，而更多是要求我们分担家里的这些劳动。因为父母的压力实在太大，工资低，小孩多，社会的生产力又非常低下，温饱都成为大问题。

小时候放学回到家时，我第一件事就是揭开锅盖，看锅里有没有剩的粥或饭，没有就可能去吃一颗咸橄榄。肚子饿的时候就吃这个，但吃不饱，越吃肚子就越饿，有时也吃咸菜、萝卜干。有时还会看家里糖罐里有没有糖丁（糖疙瘩）。有就先把大的糖丁吃了，大的吃完再吃小的，但哪怕是小的糖丁也很珍贵。我们那时候每人每月就二两糖票，春节有白糖，平时就只有红糖。我认为，少年多吃点苦，酸甜苦辣各种滋味都要尝，才更懂得社会的真实情形。以苦为师，可以成为人生的大财富，这比要求孩子们多读书更加重要。

青春梦：搭上复考头班车

我念中小学的时候，当时社会提倡"学制要缩短，教育要革命"，所以只读了九年，其中小学五年，初中两年，高中两年，而且，以学工学农，生产劳动为主。

从1968年我读小学一年级开始到1977年高中毕业，正是"文化大革命"时期，可以说，九年中小学教育我并没有学到什么系统的知识。语文课本的内容以批判文章、毛主席语录为主，偶尔有一些好文章，也给我印象比较深刻，比如魏巍的《谁是最可爱的人》和鲁迅先生的一些文章。那时候，古诗文被看作封建的东西，很少收进教材里面，后来全国兴起了"批林批孔"，倒是从反面教材中学习了《三字经》和《论语》的零星内容。数学课主要学习测量，物理课学习关于"三机一泵"（柴油机、发电机、电动机、水泵）的内容，化学课学习化肥和农药的使用。

那时学校的首要任务是学工学农，是劳动，各个学校都有自己的农场和小工厂，还会养猪，操场被开垦用于种菜。我读小学时，潮安在搞"韩江改道"，要让韩江水破山出海，通过将韩江改道，把河床变耕地，可以一下子增加大片农田，还可以防止洪涝灾害。为做好"韩江改道"，全民掀起了"捶石仔"（把石头砸成碎石）的大运动，连小学生每人每星期都必须上交几十斤的碎石。潮州许多珍贵的石雕石刻文物，就在那时候被砸成碎石，大量被毁。读初中时，我们每学期都要去农场劳动一个月，到高中的时候就更多了。我读高一第一学期，潮安县要挖西山溪（今古巷镇和凤塘镇一带），全民动员起来，高中生当然必须参加，在工地挖土挑土一个月；高一第二学期，到潮安农机一厂学工一个月；高二第一学期，又战东溪（今意溪镇一带）；高二第二学期，不用到学校上课了，干脆就住在学校农场，学习各种农活，为毕业之后到农村去做准备。这样的学校教育，美其名曰"开门办学"，实际上是在学工学农中度过。

"文革"时期的知识青年要上山下乡，要到农村去。那时候的口号是"一辈子扎根农村"。当我们读完中学之后，就要报名到农村去，去接受贫下中农再教育，谁不去，居委干部就不断上门催你报名，再不报名，就可能面临被吊销户口。我们读书的结局，就是毕业后上山下乡去。读小学的时候，大家还没有那种紧迫感和危机感，到了初中、高中的时候，离上山下乡的日子越来越近，大家都感觉前途越来越迷茫，心中非常痛苦。然而，我的心中仍有梦，希望能上大学，将来成为一名技术员。

1977 年我高中毕业，当时恰好有一个政策，家里的长子可以留城，不用上山下乡，因此我留在了城里，到潮州塑料一厂做临时工，这是一个生产塑料鞋的工厂，以收购废旧的塑料鞋为原料，进行回炉再生产。废旧塑料不管多臭多脏，都被看作宝。那时的塑料鞋只有两种颜色，黑色和棕色。因为废料回收颜色混杂，用黑色或者棕色可以把颜色掩盖掉。我每天的工作就是把塑料放在一个大水池里面浸泡、清洗，手经常泡到发白、裂开，那些废旧塑料经浸泡之后，还会发出特别臭的气味。后来我又到注鞋车间，那些废旧塑料在热熔挤塑机被熔化，再冲压为成品，车间温度很高，充满着非常呛鼻的有毒气体，一下班，头发衣服都是增塑剂和废塑料的气味。后来，这类工厂都因为严重的污染问题而被关停了。尽管我的工作很辛苦，我还是非常满足，因为有一份工作，一个月可以拿到 18 块钱工资，可以为父母分担经济压力了。

在厂里工作了半年左右，1977 年底，国家恢复高考。一夜间，大家看到了人生的希望，可以去参加高考了，都非常高兴。但当时我还在工厂工作，家里经济条件不好，那十多块钱对我的家庭来说很重要。因此，我无法马上辞职去备考。于是我和厂里的工友商量，我尽量上夜班，当时工作实行三班制不间断生产，日班为上午 7 点至下午 3 点，上半夜班为下午 3 点至晚上 11

点，下半夜班为晚上 11 点到第二天上午 7 点。我经常是上完下半夜班，早上就去读补习班。这样下来，可以说是一天二十四小时都在忙碌了，以致听课常感到耳朵嗡嗡响，甚至会打瞌睡。就这样白天学习，晚上干体力活，上班时一边是发红的热熔挤塑机，一边是制鞋的冲床，现在想起来，真的是一件又累又危险的工作。

对我们来说，恢复高考有如在黑暗的隧道里见到了前面出口处的光明。当一个人心中有目标、有理想之后，就能够调动出自己的潜能，超越自己；就能够排除各种困难和干扰，一心一意地向目标冲锋。那段时光，尽管很苦很累，但心里总是热乎乎的，有使不完的干劲。

经历了一个多月的备考后，我就参加了高考。1977 年的准考证我还保存着。当时高考时间是 12 月的 11—13 日。我国自 1966 年取消高考，到 1977 年，积压了 12 年的高中毕业生，连同部分 1965 年及更早的学生，一齐奔赴考场，考生人数多，学位紧缺，竞争非常激烈。因为备考不足，这次我没考上。春节后，我就开始准备新一年的高考，因为

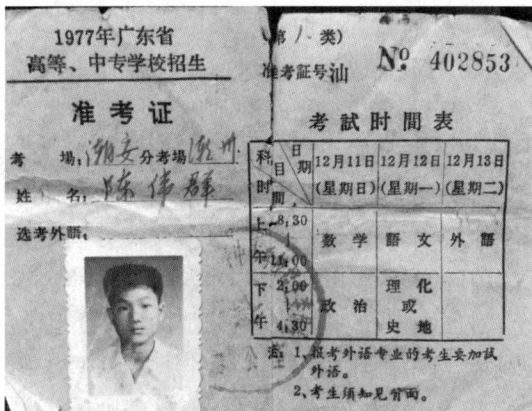

陈伟群的高考准考证

1978 年的高考是 7 月 7—9 日，所以准备的时间相对较长。由于我在学校学的东西几乎无用，备考只能从零开始，但自学又没有课本，于是就去向一位 1966 年高中毕业的亲戚借书，借来了一套数理化课本。尽管自学比较困难，一些知识都是一知半解的，但是那时候很好学，就坚持了下来。这样，又继续按照白天上补习班，晚上做工的模式备考。

1978 年高考后，就开始填志愿了。我好高骛远，志向有点远大（笑）。填志愿的时候，我所填志愿都是高分学校，并没有填韩师。成绩出来后，我的高考成绩非常不好，我记得是 295 分，后来觉得算错了，不会那么差吧，就申请去查分数，结果应该是 305 分。当年这分数应该可以被录取到汕大医学院（当时叫汕头医专）或者华师一类的学校，但因为我填报志愿的学校的分数线很高，我就没被录取。不过那时候我很不甘心，想再复读，等下一年再去考，一定要考上好大学。

因为 1977—1978 年报考的人数特别多，共有 12 届的学生一起考，录取率非常低，当年，广东省招大学、中专一共才 10 000 名学生，也就是说，当时在广东考上中专学校，起码要考进入全省前 10 000 名，若分出文科理科，那

就是前几千名了，不逊于现在考上中山大学。1979 年初，国家感到人才紧缺，要加快培养速度，因此决定扩大高校招生，凡是高考考了 300 分以上的学生，还可以参加扩招。我符合条件，于是，潮安符合条件的学生被召集到在中山路的潮安县教育局，一位姓蓝的干部传达了上级有关精神，重点向我们介绍韩师，说了当一名老师的众多好处。应该承认，他的演说很成功，我听了之后有点心动，但还不甘心，想再次高考，上一个更好的大学。很多亲戚也劝我去读韩师。以前读大学不用交学费，国家还有补助。我没有读大学的时候，1 个月有国家分配的 23 斤大米，读大学有 29 斤大米，饭票增加，读书不用钱，家里又可以减轻负担，所以，虽然有点不甘情愿，但我还是报了韩师的扩招，然后就被录取了。

虽然被录取了，我却不是到韩师本部读书，而是到复办不久的潮安师范学校寄读。我记得当时韩师因为扩招而另外增加了五个班，一个化学班留在校本部，其他四个班，一个班在潮安师范，也就是现在的潮州师范分院，一个班在普宁师范，一个班在揭阳师范，还有一个班在汕头师范。在潮州的是化学专业，汕头和普宁是数学专业，揭阳是物理专业。这些扩招的班，除了是韩师的招牌，其他所有的老师、教学实验室都不是韩师的，是属于那些师范学校的。我们很羡慕到韩师的同学，因为那里的老师、实验室、图书馆以及校园环境都比较好。事实上我们这些扩招进来的同学很多都很聪明，高考分数都比较高，有一些比录取进韩师的还要高。我记得我们班有一个同学考了 366 分，这个分数在当时至少可以录取到华南工学院。但可能是因为志愿填得不好，或是家庭成分的原因吧，就没有被重点大学录取。

求学路： 竹笋长在石缝中

我梦想中的大学应该是一大片绿草坪中矗立着的高大的教学大楼，有宽敞的阅览大厅，有整洁光亮的实验室。但现实与我的想象相差甚远。

那时候，"文革"刚刚结束，教育事业处于百废待兴的境况，潮安师范刚刚复办，条件比较艰苦，没有像样的图书馆，教学资源非常缺乏。

学校没有专门的化学实验室，只能在教室里用学生课桌拼起来做实验台。做实验的设备也没有规范的排水系统、排气系统，没有配套的器材和药品，连最简单的酒精灯也不够用，远远比不上当下的初级中学的实验室。班里的钟洪同学原来是玻璃厂的技师，就回到玻璃厂自己吹制出一批酒精灯拿来学校用。我们教室很简陋，没有电风扇，后来才有。晚上会上晚自习，灯光昏暗，学校的乌蚊仔（一种会吸血的小飞虫）和蚊子很多，尽管穿着厚裤厚袜，也难以抵挡蚊虫叮咬，有的同学还穿长筒水鞋以防蚊子。

潮安师范以前的行政楼，现为学生宿舍　　潮安师范原教学楼、实验室，现为行政楼

住宿方面，12 个人住一间，房间很小，差不多 20 平方米，两排铁架床上下都住人，铁架床很简陋。夏天非常闷热，宿舍没有电风扇，下雨的时候还会有积水，也没有套间，上厕所要走到很远的地方去，那时候大家几乎都不用热水洗澡，因为热水是在炒菜后的大铁锅里面煮的，上面总有一层油。所以大家都不愿意洗热水澡，就洗冷水澡。冬天洗冷水澡的时候特别冷，我们就边洗边拼命唱革命歌曲，或者高喊口号"毛主席万岁"，用大声吼叫来驱除寒冷。这些都是很有意思的回忆。

食堂也非常简陋，是竹棚搭的。吃饭时八个人围成一桌，每人带一个搪瓷碗，一桌就放一个大陶缽盛干饭或者稀饭，推选出一个组长负责分饭。米饭是陈米蒸的，又硬又有不好的味道，有两三盘菜，印象最深刻的是炒酸菜和通菜，肉很少见。当时国家一个月给每人补贴 22 元，吃饭用 16 元，如果不去吃饭就事先去登记，可以退一些钱。

虽然学校条件比较艰苦、资源比较缺乏，却丝毫没能影响大家的学习热情，大家非常向上，精神饱满，干劲冲天。20 世纪 70 年代末 80 年代初，中国刚刚改革开放，全国上下热血沸腾，大家都想为国家贡献力量。韩师本部的同学读什么书，我们就去买和他们一样的，甚至是要和中山大学、华南理工大学的同学读一样的书。我们很多同学都这么想，不但要完成大学学业，还要去考研究生。

当时大家学习的精神状态非常好，学习氛围特别浓。我记得每天早上五点，同学们就起床去跑步，然后拿英语书或者抄写的小册子去树下读英语。没有老师教我们，我们就刻苦自学。当时高等数学的教材是樊映川编写的，面向工科的本科大学生。刚开始学比较困难，后来觉得难度不够，许多同学托人到广州、上海买来数学专业必修的高等数学教材进行自学，只完成老师布置的作业还不过瘾，总是再从其他书籍找题目做。放假的时候，我和几位同学留在学校，把几本高等数学习题集都做完了。那时候，外面的诱惑很少，大家也不贪玩，一心一意读书，我们最大的快乐就是学习，如果经过千辛万苦解出了难题，那种快乐绝不逊于今天的青少年打通一关电子游戏。

我们学数学的时候，了解到化学里面有一个"薛定谔"的数学方程组，是学习量子化学的一个数学工具，很高深，人工去解很困难，工程量很大，需要用大型计算机进行运算。这门量子化学可能现在韩师的化学专业也只是简单一提就带过了。但是我们当时听说有量子化学这门学科，就要求老师开课来教我们。这确实很为难老师，因为老师也不知道量子化学是什么。于是我们去找一些数学书自学关于"薛定谔"的数学方程组，自学量子化学的内容，下决心要学会解这个方程。那时候我们确实很有钻研精神，都很认真，不断给自己施加压力，去找资料，不断吸收知识。我们开设的相关课程有无机化学、有机化学、分析化学、化学实验，还有中学化学教法。当时因为缺乏英语老师，所以英语课只上了半本书就停了，对此，我们还和学校提了很多意见，斗争了很多次，我们一定要开英语课，一定要用最好的英语教材，但是最终还是没有老师来教我们。

我记得我们当时化学的课本采用的是全国理科大学的课本，内容比较高深，老师教了好几章之后就换用其他浅显的教材来教，课本中的许多演示实验也没有仪器和药品可做，对此，学生很不满足、不过瘾。后来有一位老师回忆，当年学生们的学习精神很让人感动，欣慰，同时，也因为不能满足同学们求知的上进心，而深感歉意。

在课余生活方面，学校没有社团，有篮球场用作课外活动场地。早上我们会去跑步，下午会打打篮球。班里有男生打篮球打得特别好，曾代表潮州市去参加比赛。有的同学的动手能力很强，有的同学说相声很厉害，有的同学小提琴拉得很好，有的同学写了一手好字，还有的同学写作好，在报刊发表了一些文章。我记得黄少平（黄昏）同学诗写得不错，现在是潮州市作家协会的副主席，在韩师兼职诗社的辅导老师。

班里有52个人，其中有2个女生。班长是钟洪，团支书是庄建明，他们的高考分数很高，本应被录取至中大、华工，估计与韩师特别有缘吧，被录取到我班。当时读理科的女生非常少，她们女生打扮很朴素，白衬衣蓝长裤，像男生一样。那个年代，男生和女生很少说话，见面也不敢怎么说。当时一个女生是应届生，另一个是往届生，她是上山下乡的知青，像居里夫人那样严肃认真，没有跟班里的男生谈恋爱。但她们都很喜欢运动，经常去跑步。后来有一个女生在城南中学教化学，名声很大，退休了也闲不下来，在广州的民办学校继续当老师。我们班里同学的学生很多都成才了，因为那一代人自己用功，所以教出来的学生也不错。

同学之间年龄差别很大，但是相处融洽。一些同学是"老三届"的学生，当时已经三十多岁了，小孩都读初中了。我是十几岁去读的，年龄在班里比较小，高中毕业就赶上了高考，所以没有在社会上浪费过多岁月。我记得有一个同学是在潮阳的，他的兄弟姐妹比较多，父母丧失了劳动力，家里比较困难。有一次，他妹妹跑到学校告诉他家里的粮食已经断了。我们班的同学就帮忙捐给他一些粮票和钱，但也没办法捐很多，因为我们也是学生，一个月的零用钱也不多。后来出来工作后，同学之间也是相互帮助。有些同学家庭比较困难，有些生了病，班里就多次组织捐资帮助他们。

78级化学潮安班分组实（见）习名单

我们1981年毕业，当时班里有来自普宁、潮阳、潮州的同学，原则上是从哪里来就回到哪里去。我是湘桥的，被分配到了潮安浮洋镇。当时饶平还没有并入潮州市，由于饶平缺乏教师，所以我班有六位同学被分配到饶平，支持饶平教育。同学们工作后多数成为优秀的化学老师，有些人提拔为中层干部、学校领导；还有部分同学改行了，从商的有十几位，比如普宁、潮阳那里的经济比较活跃，很多同学就去做药材、化工或者建筑生意；也有几位从政了，到党政机关任职。但大部分同学还是从事教育事业，都是非常优秀的老师，现在都退休或者准备退休了。我们毕业后有三次同学聚会，第一次是1988年，在潮州；第二次在普宁，时间记不清了；第三次是2008年，在揭阳，基本上人都到齐了。直到现在同学之间还有联系。现在很多同学都退休了，我还必须继续努力再干几年。

78 级化学潮安班毕业照

当年，因为我们在潮州师范读书，那时我们班级的全称是"韩山师范专科学校潮安师范大专班"，同学们就自嘲为"潮师大"，有一个同学还写了一首歌，叫《潮师大之歌》。当时我们跟潮州师范的中师生在同个校园活动。那些中师生很羡慕我们，说我们是大学生，他们是中专生，但是我们听得心里并不是滋味，因为我们本来应该在韩师读书，但不知什么缘故，当时在潮州师范读书的时候，我们与韩师几乎没有什么联系，从不参加韩师任何活动，韩师对于我们更像是一个传说。打一个比方，如同把竹笋移到石缝中，这竹笋的生命力仍顽强，不嫌瘠土，不畏风霜，终于长得根深叶茂，绿遍山峦，成为风景。值得自豪的是，我们 52 位同学没有因为不在韩师读书就对自己放松要求，降低标准，而是都有争口气的决心，努力奋斗，努力做到对得起自己。

后来我们的学籍转到韩师，终于有点回归母校的感觉。这几个大专班，在韩师的历史上可以说是空前绝后的了。

师德高：风范长存学子心

我们在潮安师范的老师是当时潮安教育界中比较有名望的老教师。如班主任吴耀泽老师，教化学的胡权忠老师、李启华老师、江文友老师、刘振安老师、陈瑞华老师，教高等数学的黄斯贤老师，教物理的莫娄豪老师，等等。

胡权忠老师原是老金山中学的一位老师，见多识广，气质儒雅。新中国成立前他在国民党军队里面担任化学教官。"文革"时期他受到迫害，生活无着，只得在韩江边（北阁佛灯旁）以"捶石仔"为生，那时候的混凝土用的小石头需要手工捶打，不像现在用机器来碾。有很长一段时间他都在那里"捶石仔"，捶到手都出了老茧。我记得他上第一课的时候，讲了很多做人的道理，说做人既不要妄自菲薄，也不要骄傲自大，因为他走过的人生道路弯弯曲曲，所以他知道如果做人妄自菲薄或是骄傲自大的话就没有定力坚持下去。

李启华是一位教学严谨的化学老师，他喜欢穿着蓝黑色笔挺的中山装，语速不紧不缓，记得他上课写板书时不用黑板擦，从第一个字写到最后一个字，每一个字都有考究，没有一个字是多余的，写的字端端正正，板书内容很有章法，也非常整洁，而他身着的深色中山装，至下课时居然也不沾白色的粉笔尘。

教高等数学的是黄斯贤老师。他常常佝着背，口才一般，有时上课大家不太明白他在表达什么。但是他的数学功底很好，对学生也很有耐心，和学生的感情特别好。亲其师，信其道，因此，同学们高等数学都学得好。有什么问题请教他，他都会和学生讨论，所以学生都尊重他。记得当时他就住在现在的饶宗颐学术馆旁边，下水门街那里。他家楼下是一间做面包的店，面包店有一个很大的煤炉在不间断地蒸面包，他就住阁楼上，空间又热又小。但学生却喜欢到他那热得像蒸笼的家里去，或探讨数学，或聊天，有时去他家的人很多，以至找不到可以坐的地方。

当时教我们的老师，多是在"文化大革命"期间因为受到迫害，而被"开除"出队伍的，后来落实政策，才得以回来继续当老师。他们年纪比较大，又有很长一段时间离开讲台，从事体力劳动。由于"文革"时期我国的教育受到重创，恢复高考之后，老师非常紧缺，所以也没有多少对大学教学比较精通的老师。尽管如此，老师们对教育的情怀，对学生的关心，以及他们尽力克服当时条件下的种种困难的精神，深深地感染着我们，我们从他们身上学到了良好的品德，这些对我们的人生产生了很大的影响。

最幸福：今朝桃李满天下

1981—1984 年，我在潮安县浮洋镇工作。1984 年广东教育学院招收成人教育班，于是我有机会在广州脱产读了两年的本科，补齐了读专科时的"欠账"。广东教育学院离中大很近，我就经常到中大化学系旁听。1986 年本科毕业后，我被分配到潮州高级中学当老师。1886—1999 年，我在潮州高级中学当老师，当了 12 年的班主任。1999 年，我担任潮州市实验学校副校长，2005—2016 年任潮州市高级实验学校校长，2016 年至今，任潮州市绵德中学校长。自 1981 年至今，我已经从教 38 年了，学生遍布海内外，最早的一届学生已经当爷爷奶奶了。

老师要一身正气，怀一颗爱心，公平地对待每一位学生，认真负责地上好每一节课，以身作则，才能带出好班，赢得学生永远的尊重。"静以修身，俭以养德"，我一直以来都注重个人修养，希望成为一名文化人，读书是我生活的一部分。

我刚工作时的工资是一个月40块。当时物价其实也不低，买一小罐健力宝要2块半，买一部凤凰牌自行车要300多块，所以当时的老师很清贫。"文化大革命"中，老师一次次受到打击，被列为"臭老九"，无论是物质待遇还是政治待遇、社会地位，当老师在那个年代都看不到多大前景，有的老师连谈对象都特别困难。我记得有一个同事，别人给他介绍一个服装厂的女工，女工就嫌弃他当老师，没有出息，不愿嫁给他，订婚戒指都被退回来了，可以想象得出当时老师的社会地位较低。所以说实话，起初我对当老师并不是非常满意。

后来慢慢地，我发现当老师很有意义，学生尊重老师，会记住老师的每一句话。经常有学生说还记得我去家访时对他讲的那些话，如果没有当时的那句话，他就不会取得现在的成绩。世界上有这么多行业，老师讲一句话就能让一些人受益，并且永远记住你对他的影响，还可能会因为这句话而引导他走向成功。这样一想，老师是一个有大功德的职业，我感觉到非常自豪。

我当老师、班主任时会跟学生保持密切的联系，一路关心他。学生离开学校了，我们的师生情也不会断，我还会继续关心学生，关心他们考上什么大学？做什么工作？情感生活怎么样？我经常为学生介绍工作，向各行业推荐人才，也常常为学生介绍对象，韩师的老师中，就有三对是通过我介绍在一起的，他们现在都非常幸福。而学生们在工作中、在子女教育中遇到什么问题，也喜欢与我一起探讨。我认为，大千世界中，为什么人们会彼此认识？为什么有如此优秀的学子和我结成师生关系？这就是奇妙的缘分，要珍惜这种师生缘分。

我有一个学生在华南理工大学当教授，他曾经给我发信息："衷心感谢陈老师教我做人和为师的道理，几年来，我尽量如您以心对待我们一样，用爱和严格对待我的学生。"

虽然老师的工资不高，但老师自有老师的幸福——得到学生的尊重，收获真挚的感情。是这种幸福感坚定了我当老师的信念，改变了我当老师的态度，从刚开始的不情愿转变为后来的尽心尽责。如果摆在我面前有两份工作，一份是高工资的其他职业，一份是受到学生尊重的教育工作，我会选择后者。现在，我也常跟学校的老师说，要关心每一届、每个班的学生，为师如父母，把学生当作自己的子女，学生会尊重你，甚至对你会亲如自己的父母。

当时学校会要求家访。我跟学生的关系也比较好，我喜欢通过家访了解他们，建立良好的师生关系。以前在高级中学任教的时候，我的学生住在潮州各个地区。为了家访，我一大早就出发，骑自行车先到枫溪、浮洋、彩塘，再到庵埠，到庵埠已经是晚上，然后就在学生家里过夜。第二天就走护堤路，家访东凤、龙湖，一家家地去，出发时只有我和住在城里的一位班长，边走学生边加入，隔天回到学校时，已经成为二十多人的大队伍了。我几乎家访过班上所有的学生。记得去枫溪的一个学生家，他家很穷，连请老师喝的一杯茶都没有。当时那位学生周边的同龄人都出去打工了，他也想出去打工，我就劝他一定要继续读书，鼓励他考大学。后来他考上大学了，毕业后出来在佛山创业。五年前，我去珠海、中山参加会议，他特地从佛山开车来见我，对我说："老师啊，我记得当时您去我家里家访，我连一杯水都没有给您喝，我一直记在心里，今天我就来还这杯水。"在珠海、中山的几天，他就一直陪着我，和我一起到学生家家访。

我当老师时，学生有困难，我也会尽力帮助他们。1992 年，我的班上有一名来自农村的学生，父母相继病故，成为孤儿，悲痛和绝望使他多次想放弃学业，当时他正读高三，我积极联系他的亲戚帮助他，同时多次资助他，常常接他到家中，既当老师，又当兄长，陪他度过人生低谷。这位学生高考失利之后，我又多方帮他找工作。还有一次，班里有一个学生与父亲闹矛盾，半夜出走，我就召集其他学生一起去找他。后来他毕业了，三四十岁，又和家里闹矛盾，也是我带领其他学生去家里帮忙解决。我在高级实验学校当校长的时候，有个初中生读书不用功，很调皮。有一次他犯了错误，自己想退学，他的家长就跟我商量能不能让他留在学校，因为家长担心他在社会上会学坏。后来，他就在我家住了一年半。由于当时我的孩子读高中住内宿，所以就把我的孩子的房间空出来给他住，我妻子就负责他的生活起居，我们每天还陪他一同观看中央台的"今日说法"，从这入手教育他，感化他。这个学生后来考上了金山中学，现在还常回母校现身说法教育师弟师妹，他常说："如果没有陈校长的耐心，我早就离开学校成为一名闲荡的少年了。"

我的妻子非常理解、支持我的事业，她喜欢小孩，喜欢学生，学生们称她为师娘，学生有什么困难、什么心事也都愿意找她帮忙。因为有她的大力支持，我更加热爱教育事业。我想，会这样做的老师家属有很多吧。

谋筹划：学校须在图画中

1999 年，潮州市在新市区要创建一所九年一贯制的实验性学校，所以要从市直中小学抽调一批具有科研能力和创业精神的干部和教师，我当时在高级中学参与了梁步升校长的"学习指导""学习品德"等方面的研究课题，并取得了一点成绩，因而被推荐为潮州市实验学校筹备小组副组长，学校成立之后担任副校长，负责初中部工作。短短几年，潮州市实验学校以其办学质量、办学特色和教研科研而成为一所社会认可、学生向往的优质学校。

到 2005 年时，潮州市实验学校被一分为二，原小学部就是现在的潮州市实验学校，承担小学阶段教育；原初中部的就整体迁至西湖的高级中学，成为潮州市高级实验学校，从原来的 18 个班发展为 36 班，我成为该校首任校长。2016 年，我从潮州市高级实验学校调到绵德中学。

作为校长，我始终觉得，校长不是官，而是读书人，同时也是为读书人服务的书童，我的微信名就叫"湖山书僮（童）"，相比其他职业我还是更喜欢老师。

当好一名校长，除了需要有教育情怀、人文素养、行政能力之外，还要懂得一点美学。当校长的权利和责任，就是可以将学校按规划的蓝图去建设，让学校建设达到"校园在山水间，教室在绿树间，师生在图画间，心胸在天地间"的境界。一个忽视对美的追求，师生们缺乏美感体验的学校，是不会有美梦、诗意、激情、高雅的趣味和温馨的空气的，要充分挖掘学校的自然之美和人文之美，使自然景观和人文景观交相辉映。

潮州市高级实验学校坐落在西湖山麓，依山临水，风景秀丽。潮州"唐宋八贤"的卢侗、许申、林巽就曾在此结庐读书。依托千年文化，我把学校的办学定位为"具有山水文化特色的最美学校"，把学校文化定位为"景贤励志，立德崇文；情系湖山、胸怀天下"，建成了潮州城第一面五星红旗升旗台、卢侗纪念馆、景贤园、文化走廊、崇德楼等一批校园文化景观。学校开展感恩教育、礼仪教育、中华传统文化教育、艺术教学、课外文艺和科技活动等，初步形成了追求美的个性文化特质。

经过十多年的经营，学校依托"湖山灵气"，到 2016 年办成特色鲜明的、本地区的示范性窗口学校，成为"和谐校园、书香校园、生态校园、安全文明校园、现代化校园"。

在我担任两所学校校长期间，学校先后取得了"全国和谐校园先进学校""广东省安全文明校园""广东省心理健康教育示范学校""广东省书香校园""广东省首批德育工作示范学校""广东省绿色学校""广东省校本培训示范学校""潮州市精神文明先进单位""潮州市'十大安全细胞'""潮州市首批教学优质学校""潮州市美丽校园""广东省依法治校示范学校"等荣誉称号。我本人也被评为首届"潮州市尊师重教系列活动优秀校长"，荣获"潮汕星河辉勇师表奖"和广东省"南粤教书育人优秀教师"。

韩师缘： 祝福母校更美好

韩师是百年老校，有历史沉淀，应该把历史发扬光大。韩师培养了很多人才，潮汕地区的很多老师和校长都是韩师毕业的。我们学校共 190 多位老师，韩师毕业的就占了 120 多位。可见韩师为基础教育培养的人才不少，师范教育这一块是做得非常出色的。但是，韩师在潮州，潮州的地区经济不如珠三角地区发达，一定程度限制了韩师的发展。其实，好大学不一定要在大城市，国外一些好的大学，有的就在不起眼的小镇里。像韩师这样的百年师范老校，本来应该发展得更好，潮州有句俗话"骨头要家己生肉"①，借此机会，作为校友，谈一谈我的粗浅看法：

第一，希望每一位在读的韩师学生都练好内功，为母校争光。教育是立国之本，教师是教育的第一要素，要把中国建成现代化的强国，一定要打好教育这一基础，未来将需要大批有能力、有抱负的老师，因此，韩师要做好"师范生培养"这方面的工作。我在中小学工作，发现我们的韩师学生有抱负，能吃苦，丝毫不逊其他名牌师范院校的学生，在此，建议师弟师妹切不要妄自菲薄，一定要刻苦练好教学基本功，在韩师读书的四年里，要耐得住寂寞，抵得住诱惑。

第二，要提升韩师的知名度和影响力，许多人不知道韩师在哪，还以为韩师与韩国有什么关系。其实韩师的亮点不少，比如"潮文化""侨文化""潮汕地区非遗项目"等，除了学校官办的宣传推介活动，还可以调动校友和民间的力量。近年来，韩山书院在这方面做了很多实事，比如通过各种讲坛、学术交流和培训活动，"请进来，走出去"，向外推介韩师。作为韩师校友，我愿意为母校的前景而尽心尽力。一日韩师人，一生韩师人，我想每一个韩师人都会这样想。

访谈现场（左起：曾晨媛、陈伟群、陈俊华、伍巧静）

---

① 家己，即自己。这句俗语与"打铁还需自身硬"意思相近，强调要从自己出发，抓好自身建设。

回访中，摄于 2020 年（左起：陈伟群、李伟雄、陈伟群同班校友庄建明）

后 记

　　韩山师范学院是一所有历史积淀的高校，撑起了粤东地区基础教育的一片天地，被称为"千年学府、百年师范"。为韩师老校友做口述史，不仅是为了讲好韩师故事、丰富校史资料，也可以一窥我国地方师范教育发展的缩影。

　　韩师于110周年校庆时出版了《韩师情 学子心——韩山师范学院老校友口述历史》一书，时任校长林伦伦教授在为该书所作的序中写道："校友不仅指曾在这里求学的学生，还包括曾在这里工作过的老师，是老师与学生共同创造了学校的历史。希望有更多的校友继续'说下去'，把韩师校史编写、研究得更加完善。"本书是该系列的第二辑，共收录了30篇校友访谈稿，前11篇由图书馆完成，是馆藏校友口述史料中的部分成果，受访者在韩师求学或任教的时间跨度从20世纪30年代到70年代初，讲述的内容涉及省立第二师范、韩山师范学校到汕头地区工农师范学校，后19篇则是韩山书院与图书馆合作采访77、78级校友的成果，主要涉及1977年恢复高考后韩师的招生教学等情况。

　　需要补充说明的是，韩师在1977年全国恢复高考时的校名为汕头地区师范学校，大专建制，办学条件不足，师资较为缺乏，但有远见、有情怀的韩师仍想尽办法多招收被耽误多年的学生。据学校相关记载，77、78两级共招了18个班973名学生：77级共录取273名，分5个班，1978年5月27日入学；78级首批录取400名，分8个班，1978年10月15—16日入学；1978年底扩招300名，其中中文、数学、英语、体育专业共35名到校本部各班插班，余265名分5个班，1个在校本部，4个分别在潮安、汕头、揭阳、普宁四所师范学校寄读，分别在1979年2月和3月入学。于是就出现了很多奇特的现象：77、78两个年级同一年入学，78级分两年入学；78级中文专业学生年纪小的1963年生，年纪大的1944年生；77级数学专业一名男生中学时的师妹反而成为他的老师……总之，很多人有着当今年轻人难以置信的经历和故事。

　　77、78级校友受访者是由韩山书院组织各班推荐的，来自书院国学班和图书馆口述组的11名学生在陈俊华、李伟雄、陈丹琪3位老师带领下分为4组，或在西校区的韩山书院，或奔赴广州、深圳、揭阳等地，用音像兼文字采访的形式记录这批校友的故事，此后的回访与编辑工作由李伟雄、刘心继负责。

　　非常感谢校友们愿意接受采访，为我们留下珍贵的史料，带我们在缓缓的叙述中沉浸于历史苍茫感的过往岁月里，其中对老师的感恩铭记，对同窗情谊的深切追忆，对母校的真切感念、建议展望等，都给我们留下了深刻的印象。从民国时期到中华人民共和国建设初期，再到改革开放时期，一段段故事让我们看到韩师校友爱国、爱乡、爱校的家国情怀，明道、传道、学道的师道精神，求是、求真、求正的学人品质以及仁爱、进取、精诚的心灵境界。此外，也感谢参与学生的辛勤付出，他们或采访或整理文字，为一系列访谈尽心尽力，其间也收获了宝贵的人生经验和珍贵的友情。毫无疑问，他们是传承韩师家国情怀和师道精神的新一代，或许这种历史的滋养在不经意间也会成为他们前行的动力。

　　本书组稿时修改了部分稿件，有的增加了来自家属的感人附录，使人物故事更加丰满，也饱含着对已逝校友的深切怀念。

　　与韩师第一本校友口述史一样，我们关注受访者的人生历程，采访的内容不局限于韩师，大致包括家庭背景、来韩师之前的故事、在韩师的亲历亲闻，以及离开韩师后的种种经历和感悟等。口述史之所以关注生命个体，是因为每个人的故事与时代密切相关，其经历的种种曲折、艰难、平凡与不平凡，都在一定意义上反映了那个时代的一些共同特征和共同命运。从这个角度来看，个人记忆也是时代记忆的组成部分，其有一定的历史价值和现实意义，较之单纯的韩师故事，更能引发我们的回望和思考。

　　感谢学校各级领导和校友办对我们口述史工作的支持，感谢档案室的老师协助查找了大量的档案以核对史实；本书沿用110周年出书时林伦伦校长作的序和黄挺教授题的书名，感谢他们为书生色。在本书出版之际，谨向所有关注与支持我们的单位和个人表示诚挚的谢忱。囿于学识等各种因素，书中存在诸多不足之处和难以弥补的遗憾，在此表示深深的歉意，也恳请专家学者与读者们不吝赐教，批评指正。

编著者

2021 年 9 月